地方历史文献与文化

《西华师范大学学报》文选

杨和平 吴佩林 主编

国家图书馆出版社

图书在版编目（CIP）数据

地方历史文献与文化：《西华师范大学学报》文选 / 杨和平，吴佩林主编 . -- 北京：国家图书馆出版社，2017.8

ISBN 978-7-5013-6169-4

Ⅰ . ①地… Ⅱ . ①杨… ②吴… Ⅲ . ①地方史－文献－中国－文集 ②文化史－中国－文集 Ⅳ . ① K29-53 ② K203-53

中国版本图书馆 CIP 数据核字（2017）第 168263 号

书　　名	地方历史文献与文化：《西华师范大学学报》文选	
著　　者	杨和平　吴佩林　主编	
责任编辑	于　浩　王亚宏	
封面设计	陶　雷	

出　　版	国家图书馆出版社（100034 北京市西城区文津街 7 号）	
	（原书目文献出版社 北京图书馆出版社）	
发　　行	010-66114536　66126153　66151313　66175620	
	66121706（传真）　66126156（门市部）	
E-mail	nlcpress@nlc.cn（邮购）	
Website	www.nlcpress.com →投稿中心	
经　　销	新华书店	
印　　装	北京金康利印刷有限公司	
版　　次	2017 年 8 月第 1 版　2017 年 8 月第 1 次印刷	

开　　本	710×1000（毫米）　1/16	
印　　张	20.5	
字　　数	330 千字	

书　　号	ISBN 978-7-5013-6169-4	
定　　价	48.00 元	

目录

前　言

杨和平

本书系《西华师范大学学报》（哲学社会科学版）"地方历史文献与文化"专栏论文的选集。笔者系这一栏目的责任编辑，借结集成书的机会，于此交代栏目相关情况及编辑过程中的一些感悟。

一

2011 年，本人奉调学报编辑部，主持行政工作，接任学报哲学社会科学版副主编，不胜欣忭。一纸调令，虽不至于喜形于色，但我分明预感到多年来对这份学报的感情或可能会有别于以往的体验。

这份学报初创于 1979 年，当时学校名南充师范学院，学报亦因之而名《南充师范学院学报》。1983—1987 年，我在这所学校的历史系读书，经常会在图书馆期刊阅览室、历史系资料室看到这份学报，更重要的是，经常会看到全国非常知名的一些文学、历史、政治学科的本校老师的文章在上面发表。这些老师就在我们身边，在给我们上课。大学四年，因这本刊物而平生了许多亲切、敬仰、骄傲之情。那个时候，没有现在期刊的所谓 A、B、C 级一类"核心"之说，老师们搞科研、写论文也没有现在的立项资助、科研奖励，他们的学术研究无核心之扰，无报账之烦，发自内心，自然而又纯粹。现在想来，我在大学期间较早即准备考研，有志于学术，除了老师们的引导，也与受这份学报的影响有关。由于老师们的潜移默化，我也越发萌生了一种愿望，什么时候我也能有自己的学术论文铅印于这份学报呢？

后来，我的第一篇学术论文也的确是在这份学报上发表的，那是我的本科毕业论文。于我而言，那也是挺自豪的、曾经赋予了我一定自信心的一件事儿。

1987 年 7 月自南充师范学院历史系本科毕业后，9 月去华东师范大学历史系攻读硕士学位。初到上海，诸多不适应，如语言上的、环境上的，更多的还是学习上的。严师李巨廉教授主讲的"列宁的社会主义理论与实践"课程重在读列宁原著（按：此语实不确，因为读的还是人民出版社的翻译本），然后按老师的问题指向提交读书报告，虽然我也认真对待，丝毫不敢怠慢，但第一次交作业就被点名批评了。过去在南充的积累与现在老师的要求差距太大，因而很长一段时间都有一种自卑心理。第二学期后期，我的一位师兄，湖北的，是李老师门下 1986 级唯一一名研究生，但二年级还未结束，就被李师判定不能完成学业而要求肄业出门。作为"猴子"之一，我战战兢兢，更生紧张。

颓丧了一个暑期。二年级开学不久，我尝试着调整情绪，整理本科的毕业论文，图谋发表，希望能找回一点自信。

我的本科毕业论文写的是《论美国资产阶级革命的完成》，这个题目受自王明元老师课程的启发。当时王老师给我们上了"法国史专题"选修课，其中一个专题就是"论法国资产阶级革命的完成"。那时候，我专心于考研，后又去上海参加面试，论文题目是面试回来后才确定的。写作本身只用了一天时间。现在还清楚地记得，那是一个周末，睡了懒觉，11 点起床，吃午饭，然后去教室（今北湖校区黄葛树下二教楼最后面的阶梯教室）写论文，下午 5 点去吃晚饭，晚上 9 点左右完成。因为有王老师解析的理论框架，这个问题下笔前想得比较完整。那个时候，"资产阶级革命"是世界近代史领域学术研究的热点问题，非常热闹，准备研究生考试专业课的过程中看了国内学者不少相关的著作和论文，思路上、资料上都胸有成竹。论文交上去后，被评为优秀毕业论文，后来收录在了学校刊印的《南充师范学院学生毕业论文选（八三级）》中，那也算是我那篇论文的首次铅印。按现在的水准和要求，那文章并不怎么样，但当年，我自己还是挺满意的。只有一点遗憾，论文的第二部分，关于 1812 年战争，当时在南充，确实找不到更多的资料，在文本表述上与其他部分风格有异，明显底气不足。当时，我在稿子上还特别做了注释："关于 1812 年战争的研究在史学界是一个薄弱的环节。受条件的限制，我也不能对它进行较为深入的探讨和钻研，写在这里的文字仅仅是学习前辈既得的研究成果的一点体会，意在保持本文研究专题的完整性，同时也希望以此引起史界的重视和各位前辈专家的教诲。"

但是，到了上海，在华东师范大学历史系的资料室，这就不是问题了。于是，我找了一些资料，把关于 1812 年战争的部分内容替换了，形成了一个新的文本，然后用 500 字 1 页的方格稿纸抄录后寄给王明元老师，并请转投给母校的学报。令人欣喜的是，论文很快就在学报 1989 年的第 2 期上刊发出来了。当年，学校已更名为四川师范学院，学报也就随之而更名为了《四川师范学院学报》。现在看当年发表出来的文本，除勾起一些怀念之外，最不能接受的是文末注释中的英文错误，原因是我提供的手写稿中习惯性的一些写法，当时用字钉排版的人不好识别，还真不能怪"手民之误"。

更让我骄傲了一阵的是，这篇文章又很快被中国人民大学复印报刊资料《世界史（K5）》1989 年第 5 期全文复印了，这至少说明学报刊用此稿并不完全因为我是校友，也并不完全因为有王明元老师的推荐，文章本身在当时还是有其一定的贡献和价值的。2001 年，高等教育出版社出版的"面向 21 世纪课程教材"《高校世界历史配套教材·近代史卷》（刘文涛、陈海宏主编）还把这篇文章列入了"参考论著"。

1990 年 7 月，我回到母校做了老师。赶的时节不错，两年评讲师，再五年评副教授。那时候，评副高已逐步有了学术要求。我回到学校后把在华东师范大学完成的硕士论文拆成了 4 篇，每年在学报发 1 篇。这些文章篇篇都被中国人民大学复印报刊资料《世界史（K5）》全文复印了。幸好那时候没有要求 A、B、C 级，学校并没有歧视自己的学报不"核心"，也正是基因于此，我一直感念于心，完全可以说是这本学报成就了我的进步。后来，再五年，评教授，这方面的要求已越来越"高"。根据这些年的评价体制，学报没有进入所谓的"核心期刊"目录。出于学校的职称评审文件和科研奖励文件的导向，老师们为了评职称、为了科研奖励，优秀的论文不再交给学报，加之这是一种全国性的学术生态，于是外校的优秀的稿子也不投到学报来，学报的稿源自然也就不理想了。尽管如此，凭着对学报的感情和自己的钟爱，我还是高高兴兴地接受了学校的任命。

二

2011 年 6 月，我到学报编辑部上班。10 月，学校迎来了一件大喜事。由历史文化学院吴佩林教授领衔申报的国家哲学社会科学基金重大项目《清代南部县衙档案整理与研究》获准立项。于西华师范大学而言，这是一个开创性的零的突破。整个学校都着实兴奋了一阵子。我兴奋的是，这对学报也应该是一个机会，于是主动申请与项目组合作，在学报上开办一个专栏。上下左右，众皆响应，"地方历史文献研究"栏目应运而生，并在 2011 年第 6 期上以 4 篇论文的"阵容"正式启动，且留下了如下的"编者按"语：

> 随着视野的开阔和观念的更新，在学术资源的利用上，近些年来的传统文史研究者们已经跳出正史、政书等传统文献空间，深入到了地方出土文献、档案、方志，甚至是民间的族谱、碑刻、契约与账本等地方文献领域，史料与方法多元化的特征日益凸显，研究成果也相当丰硕。
>
> 对地方文献的整理与研究是西华师范大学数十年稳定的学术方向，涌现了诸如赵吕甫、李耀仙、龙显昭、胡嗣坤、杨世明等一批在海内外有影响的学者。近日，我校获得国家社科基金重大招标项目《清代南部县衙档案整理与研究》。为进一步推进此学术领域的繁荣，本刊特专设"地方历史文献研究"栏目，诚邀海内外学界同仁惠赐鸿文。
>
> 本期编发"南部档案"专题研究论文四篇，涉及清代南部县基层区划、南部县乡约的废除、清代书吏以及地方文献整理与研究的相关理念等课题，欢迎学界同道参与讨论。

此后，每年第 3 期、第 6 期刊发此专栏（按：从 2012 年第 6 期起，栏目更名为"地方历史文献与文化"）文章。如今，已五年余，前后已刊文 50 余篇。检索这些论文，可以发现，它们都是以地方历史文献为对象和依据的学术论文，居多的还是基于地方历史文献而进行的历史解释。但根据文献本身性质的不同，又可分成若干类型：

其一，以南部档案、巴县档案以及方志、契约、族谱之类地方文献等为依据而对若干历史问题进行的解释性研究。这 50 余篇论文中大多数属于这一类，本书选的也大多是这一类。

其二，对历史上留下的书面文献进行的考证性研究和文献价值评估，如《周洪谟现存著作考论》《〈乐庵语录〉辨证》《郭允蹈〈蜀鉴〉略论》《汪祚〈道命录〉后序的文献学价值》《〈同治增修南部县志〉略论》《皇甫录及其〈下陴纪谈〉述论》等。

其三，对金石文献的校读整理和考古研究，如《陕西神德寺塔出土文献Y0067〈佛说随愿往生经〉校录考订》《四川营山〈大蓬秀立山普济寺众修十王生七斋记〉校录整理》《广安冲相寺"唐代石刻导游图"辨误》等。

其四，对地方历史文化名人生平事迹及其思想的考辨、整理与研究，如《蜀中隐逸杨甲仁心学思想述论》《试论司马相如的学术思想》等。

其五，关于地方历史文献与文化研究的学术综述，本书精选了 3 篇。

其六，地方历史文献与文化研究学术书评，如《"地方性知识"的发掘与"升华"——读吴佩林著〈清代县域民事纠纷与法律秩序考察〉》。

限于篇幅，恕不能将这 50 余篇论文完整呈现，待他日第二辑、第三辑及以后各辑的推出，再行以相应的主题结集奉献。

三

以笔者愚见，本书所集之论最能体现历史学之本质元素和要求，一史料，一解释。

"历史学家靠文献来进行研究。……没有文献就没有历史。"[①] 确实，史料是史学的基础，是史家认识和重建过去的中介；没有史料，就无从谈及治史，也就等于没有历史。

就字面泛解，治史过程中使用的资料即为史料。梁启超界定，"史料者何？

---

① ［法］朗格诺瓦、［法］瑟诺博司著，余伟译：《史学原论》第一卷，郑州：大象出版社，2010 年，第 3 页。

过去人类思想行事所留之痕迹，有证据传留至今日者也"①。德国历史学家保罗·基恩 1947 年表示，"我们把可以从中获知关于过去之知识的所有文本、研究对象和事实都称为史料"②。今中国学者李剑鸣先生言，"凡治史过程中使用的研究性文献和常识以外的资料，都属于史料的范畴"③。

中国古史，"六经皆史"，刘知几《史通》概史著为二体，一当时之简，一后来之笔。当时之简，是当时人的记录，后来之笔，是后代人的概述。当时之简又析分为偏纪、小录、逸事、琐言、郡书、家史、别传、杂记、地理书、都邑簿十类，这可能是我国古史中关于史料最有影响的理论总结了。催生近代中国"新史学"的梁启超亦分史料为"具体史料"与"抽象史料"、"直接史料"与"间接史料"，其二分史料为"文字记录以外者""文字记录者"更为详备。"文字记录以外者"略分"现存之实迹""传述之口碑""遗下之古物"三类，包括"现存之实迹及口碑""实迹之部分的存留者""已湮之史迹，其全部意外发现者""原物之宝存或再现者""实物之模型及图影"；"文字记录者"如"旧史""关系史迹之文件""史部以外之群籍""类书及古逸书辑本""古逸书及古文件之再现""金石及其他镂文""外国人著述"等④。19 世纪末有西方史学方法论鼻祖之称的伯恩海姆（Ernst Bernheim，1854—1937，亦译伯伦汉）将所有的史料分为传说与遗迹两类，"凡事故方面所直接遗留至今尚存在者，谓之遗迹；其由事故方面传说而来，经过人之观解而重复述出之者，则谓之传说"。其所谓遗迹，则包括遗物、文件书契、纪念物品等等；其所谓传说，分为图画的、口头的及文字的三种⑤。这种史料的二分法，在西方史学界影响很大。西方整套的近代历史研究方法，奠基于原始史料与转手史料的划分此疆彼界，可见此种分类的重

①　梁启超：《中国历史研究法（外二种）》，石家庄：河北教育出版社，2000 年，第 49—50 页。

②　［德］斯特凡·约尔丹主编，孟钟捷译：《历史科学基本概念辞典》，北京：北京大学出版社，2012 年，第 221 页。

③　李剑鸣：《历史学家的修养和技艺》，上海：上海三联书店，2007 年，第 237 页。

④　梁启超：《中国历史研究法（外二种）》，石家庄：河北教育出版社，2000 年，第 87、102、51—79 页。

⑤　［德］伯伦汉著，陈韬译：《史学方法论》中册，上海：商务印书馆，1937 年，第 190—191 页。

要性。发动了 20 世纪"法国史学革命"①的年鉴学派大师马克·布洛赫（Marc Bloch）亦分史料为"有意史料"和"无意史料"两大类，即可见一斑②。所谓"有意史料"是指成文的历史著述、回忆录和公开的报道等，这类史料的原作者大都"有意"想以自己的文字左右时人和后人的视听；"无意史料"指政府的档案、军事文件、私人信件及各种文物等，这都是当时的人们在无意中留下的证据。如果说梁启超的论述全然取自西学脉络③，那么联系早此 1000 多年前刘知幾即作此分，当叹服刘公见解的卓越，亦足证中西史学之相通④。历史学的特性如此。

欧美古代史家著史，大多倚重史诗、档案和其他文学作品，包括大量的传说和见闻。近代科学历史学创立以来，兰克治史，但求"陈述历史的真况"⑤，以注重档案文献和史料考订著称。公私档案、碑刻铭文、书信、日记和回忆录，是 20 世纪中期以前欧美史家所利用的基本史料。这种史料观，也是民国时期创立的史语所所推崇的。1928 年，傅斯年创办史语所，"为中国史家所塑模的新形象，无非远绍西方的兰克"⑥，他把史语所的同道就称为"中国的兰克学派"⑦。对于当下中国学者而言，傅斯年的口号与主张大多耳熟能详，如"史学即史料学"，"不谈史观，乃纯就史料以探史实"，史家的职责就是"上穷碧落下黄泉，动手动脚找东西"，"一分材料出一分货，十分材料出十分货，没有材料便不出货"。那个时候，中国持此论者还多，比如梁启超所言："史料为史之组织细胞，史料不具或不确，则无复史可言。"⑧如此等等。

傅斯年的主张本是针对不重史料而放言空论的不实学风而崇尚"实学"。可

---

① ［英］彼得·伯克著，刘永华译：《法国史学革命：年鉴学派（1929—1989）》，北京：北京大学出版社，2006 年。

② ［法］马克·布洛赫著，张和声、程郁译：《历史学家的技艺》，上海：上海社会科学院出版社，1992 年，第 48—49 页。

③ 黄进兴：《后现代主义与史学研究》，北京：生活·读书·新知三联书店，2008 年，第 230 页。

④ 杜维运：《史学方法论》，北京：北京大学出版社，2006 年，第 110 页。

⑤ 黄进兴：《后现代主义与史学研究》，北京：生活·读书·新知三联书店，2008 年，第 130 页。

⑥ 同上书，第 132 页。

⑦ 朱渊清：《傅斯年的史学思想》，载傅斯年著，朱渊清导读：《史学方法导论》，上海：上海古籍出版社，2011 年，"导读"，第 6 页。

⑧ 梁启超：《中国历史研究法（外二种）》，石家庄：河北教育出版社，2000 年，第 49 页。

叹，现在的史学界，傅斯年的口号，很多人都能朗朗上口，但并不能照此治学的研究者却大有人在。只看到个别的材料，就试图推断一般性的结论；没有深入钻研史料，就敢于发表"新"观点；仅仅读了几本书，就言称要建构新的史学解释模式。20 世纪 80 年代中期，距离傅斯年的主张好几十年之后，韦庆远即曾指出：

> 前一个时期，我们史学界存在过一股不正之风，其重要表现之一就是拒绝在反映历史事实的原始资料上下苦功，到写文章时现找几条二手、三手的资料点缀一下，于是便放言高论，好像煞有介事。其实，不论犹可，愈论愈加深混乱，离开历史真实愈来愈远。人们戏称这种学风为"回锅肉史学"，因为它不过是在别人的成果上再加点佐料，回一下锅而已。也有人戏称之为"议论史学"，因为它除了空发议论之外，实在并没有在史学研究上做出任何真正的贡献。①

又 30 年过去了，"回锅肉史学"成果有增无减。"学术"著作、论文的体量大多了，但立足史料而有分量的研究成果比例却越来越小。一百多年前，英国史学家 F. 约克·鲍威尔（F. York Powell）曾说，"大量的垃圾已经阻碍了知识的进步"②，一百多年以后，这句话恐怕也并没有过时。笔者近几年从事学术期刊编辑工作，即常有制造学术垃圾的内心自责。

于中国史学而言，这恐怕也有"传统"的无奈。中国历史悠久，史学发达，举世著称③，但史料的毁损恐怕也是著于世、著于史的。欧洲各国历史资料也屡遭毁损，但大多是天灾或战乱所致④；进入现代以来，欧美各国保留的历史记录

---

① 韦庆远：《利用明清档案进行历史研究的体会》，《文史知识》1985 年第 11 期。

② ［英］F. 约克·鲍威尔：《致读者》，载［法］朗格诺瓦、［法］瑟诺博斯著，余伟译：《史学原论》，郑州：大象出版社，2010 年，第 2 页。

③ 美国著名学者、汉学家亚瑟·瑞德（Arthur Wright）言："全球上没有任何民族有像中华民族那样庞大的对他们过去历史的记录。二千五百年的正史里所记录下来的个别事件的总额是无法计算的。要将二十五史翻成英文，需要四千五百万个单词，而这还只代表那整个记录中的一小部分。"见甘阳：《〈文化：中国与世界新论〉缘起》，载生活·读书·新知三联书店《文化：中国与世界新论》丛书。

④ 价值无比的古罗马帝国政府文件连同成堆的文学、历史手稿曾在蛮族入侵之时毁于一旦。多少历史纪念馆和档案库在两次大战中被夷为平地。法军溃败之时，人们故意把军事文件烧为灰烬。历史悠久的圣·贝洛特·卢瓦尔大教堂的档案曾遭到四次火灾和一次抢劫。见［法］马克·布洛赫著，张和声、程郁译：《历史学家的技艺》，上海：上海社会科学院出版社，1992 年，第 57、59 页。

日趋完整，特别是公私档案、手稿以及地方记录愈益丰富，使用也愈益便捷。中国历代文献除了毁于天灾和战乱之外，因人祸造成的损失尤为严重。历代的当权者出于私欲或无知，毁损文献，如祖龙之虐、江陵焚书之类，图籍浩劫不绝于史①。梁启超曾说，中国历代被毁文献中，以史书居多。这一"历史"也留下了不少"历史之谜"，比如郑和远征的目的到底是什么，至今仍然未解，原因就在于明王朝实施海禁政策以后，有意将郑和远征的记录销毁了②。正是由于原始文献损毁亡佚，保存于正史中的有限史料，才具有了特殊的价值。"正史并非最原始的史料；但作正史时所据的材料，十九不存，故正史在大体上即为原始的史料。"③虽然"正史最重要之性质为保存材料"，但事实上，正史保存的史料不仅数量有限，而且多有删改讹夺，在价值上与原始史料是不可同日而语的。"试看马班以后诸纪传史家，那一位不是在那里抄实录，抄碑传，那一位曾经充分利用过直接材料？"④正所谓，"二十四史非史也，二十四姓之家谱而已"⑤，中国历代"国史""皆以史官所记为本"，事涉君亲，必有隐讳，以是历朝国史不可能有信史，或不可能完全是信史。

但在欧美史学界，"原始史料"与"转手史料"之别是分明的，这种"正史"虽不见得不可作为史料，但是没有我们国史的那种"史料"地位的。英美史学界常用 sources 指称史料，有时也用 documents，或者连用 sources and documents，分 primary sources、secondary sources，我们译为"第一手资料"、"第

---

① "康乾以来迭兴文字狱，再申禁书之令，其惨酷直为前史所未闻。他们对于自己的实录，不惮一改再改，对于明清之间的史料，不惮为大规模的焚毁。据兵部报告，自乾隆三十九年至四十七年，销毁次数计二十四回，书五百三十八种一万三千八百六十二部。此项禁令至乾隆五十三年尚严谕遵行。明清史料在这样禁令下所受的损失，简直是无从估计。""张之洞以大学士军机大臣管学部事，奏请以大库所藏书籍，设学部图书馆（今为北平图书馆），其余档案阁议概以'旧档无用'奏请焚毁。只这焚毁档案一事，可以想见清代阁僚知识的浅陋，而这许多贵重的史料，也几乎轻轻地被这四字断送了。"现在我们看到的"明清内阁大库档案"当年流散出去也"几乎走到唐山变做还魂纸"。见国立中央研究院历史语言研究所编《明清史料》首本徐中舒《内阁档案之由来及其整理》，蔡元培序，1930 年。
② 朱京哲：《深蓝帝国》，北京：北京大学出版社，2015 年，第 16 页。
③ 吕思勉：《史学四种》，上海：上海人民出版社，1981 年，第 73 页。
④ 蔡元培：《〈明清史料〉序》，载国立中央研究院历史语言研究所编：《明清史料》首本，1930 年。
⑤ 梁启超：《新史学》，载《梁启超史学论著四种》，长沙：岳麓书社，1985 年，第 242 页。

二手资料"，比如朗曼出版公司的 *The Longman Handbook of Modern European History* 在每一个专题后面列举参考文献都分三个层次，Sources and documents；Secondary works；Articles。"第一手资料"指的是历史事实发生时期留下的资料（如档案、当事人的日记和书信、实物和各种记录等），"第二手资料"则是历史学家对历史事实的研究结果，即我们通常说的学术专著。只有"第一手资料"才是史料，"第二手资料"中包含可以转引的史料，但它本身并不是史料。有学者说："一手资料就是从与问题相关的时代留下的证据。……二手资料是关于问题中的时代的研究，通常出自历史学家之手，有时只是那个时代的一部分层面，一般都是那个时代结束之后（长久之后）撰述而成。任何令人敬佩的历史研究，必须以一手资料为基础。所以，埋首文献之中是历史学家的要务，就如实验室之于科学家。"① 随着史学的进步，历史学家已经能强烈地意识到"二手资料"的不可靠性②，因而日益注重"无意"的史料，自觉地抵制"有意"史料的束缚。

如今的中国史学界重视史料尤其是"当时之简""第一手资料""无意史料"之类，观念上和行动上都已不是问题。这些年来官方档案的整理与开放、地方文献的发掘与研究，甚至于如沈志华先生之类凭个人之力、用个人之资在海内外广泛搜求档案之类的"壮举"，尤其是国家社科基金对地方文献整理项目的大范围资助都是这种观念的反映。但说到底，还是历史学意识、观念和方法的变化所致。这种变化与"法国史学革命"带给中国史学的影响有关。正如葛兆光先生的总结，20 世纪八九十年代于中国大陆学术界、知识界、文化界而言是一个分水岭，一个重要的标志就是文史领域关注重心和使用资料都出现了重大的变化。这个变化，实际都是受法国年鉴学派的影响③。20 世纪 70 年代末、80

---

① ［英］迈克尔·斯坦福著，刘世安译：《历史研究导论》，北京：世界图书出版公司北京公司，2012 年，第 126 页。

② "浮士蒂尔·德·古朗治毕生研究它所谓封建制度的'起源'，我恐怕他只是提供了一幅模糊的景象，由于受第二手资料的错误引导，他给农奴制的起源涂上了一层完全虚假的色彩。"［法］马克·布洛赫著，张和声、程郁译：《历史学家的技艺》，上海：上海社会科学院出版社，1992 年，第 38 页。

③ 葛兆光：《思想史研究课堂讲录：视野、角度与方法》，北京：生活·读书·新知三联书店，2005 年，"引言"。

年代初开始，国内的《法国史通讯》《国外社会科学》《现代外国哲学社会科学文摘》《世界史研究动态》等刊物逐渐将"年鉴学派"翻译介绍进来。张芝联先生1978年于《法国史通讯》第1期发表的《法国年鉴派史学》一文是国内学界年鉴派研究的开山之作①。尽管年鉴学派创始于20世纪20年代末，但就西方史学而言，1955年是一个转折点，那一年，"直接或间接地发端于马克·布洛赫和吕西安·费弗尔的新思想才开始充分发挥影响"，"费弗尔终生'为历史学而战'，但是，1955年却是这场战斗最终赢得胜利的一年"②。当然，到20世纪末，年鉴学派经历三个阶段之后，已经完成"从阁楼到地窖"到"从地窖到阁楼"的转变，但"对于中国文史学界来说，年鉴学派发生最大影响的东西，还是第一阶段的那些理论和方法"③。

年鉴学派纲领的核心所在是坚持要求扩展历史学的研究领域，扩大历史学家的视野。这种拓展最直接地体现在重视过去历史学并不注意的很多问题，比如自然环境、地理变迁、身体、健康、医疗等等，与之相关联的自然就需要拓展历史学与其他学科特别是社会科学的联系，相应地，也就开辟了更广泛的历史学资料范围。当然，还有一个非常重要的历史学思想方法问题，那就是提出问题④。"一件文字史料就是一个见证人，而且像大多数见证人一样，只有人们开始向它提出问题，它才会开口说话。"因此，"历史学研究若要顺利开展，第一个必要前提就是提出问题。""新历史学必须从文字档案和由文字档案造成的限制中解放出来。它必须利用人类的一切创造物——语言、符号、农村的证据、土地制度、项圈、手镯——以及任何其他可利用的史料。"⑤只是，所谓史料也原本是抱有不同目标、不同观念的人的"陈述"，偏见与误读如影随形，伴随着研究过程的始终。历史学家既可能迷失在材料的迷宫中，茫然不知所措；也

---

① 樊江宏：《法国年鉴学派研究》，首都师范大学博士学位论文，2013年，第17页。

② ［英］杰弗里·巴勒克拉夫著，杨豫译：《当代史学主要趋势》，上海：上海译文出版社，1987年，第53、54页。

③ 葛兆光：《思想史研究课堂讲录：视野、角度与方法》，北京：生活·读书·新知三联书店，2005年，第26页。

④ 王加丰：《试论年鉴派的"问题史学"》，《浙江社会科学》2006年第5期。

⑤ ［英］杰弗里·巴勒克拉夫：《当代史学主要趋势》，上海：上海译文出版社，1987年，第54—56页。

可能误入意识形态、观念预设、逻辑悖论、个人好恶的歧途，看似满载而归，其实一无所获。人们缺少的不是历史，而是发现历史的眼睛。我们这个时代拥有太多的成果与课题，却太缺少"问题"，尤其是新问题。学术史在某种程度上可以归结为一部问题如何提出、衍生、变化的历史，学术由于有了不断提出的新问题取代被认为已解决的问题以及被证明不是问题的"伪问题"而取得进步，问题的新陈代谢是学术向前发展的动力。但提问题不仅是"纯学术"的事情，问题隐含了时代的脉动①。正是视野、角度和方法的创新，才铸就了辉煌的"法国史学革命"，以至于"20世纪最富创见、最难以忘怀、最有意义的历史论著中，有相当数量是在法国完成的"②。

　　但是，有一点是明确的。识认西方近代史学肇始于兰克，最重要的原因是兰克建立了一套有规可循的史料批评体系，且以身作则在实际研究上取得丰硕的成果③，年鉴学派的观念中，历史学家"主要的兴趣还是搞清史料，让史料说明问题"④。如今世界的历史学发展，相对于客观主义史学而言，西方后现代史学反"实证史学"，行"语言的转向"，否认史学的客观性和真实性，一个基本的依据就是，史家所依据的史料本身既不客观，也不真实，它不仅包含着记述者的偏见、局限和误解，而且只是一种与客观实在没有必然联系的语言形式；因此，依据史料而撰写的历史不可能是客观真实的，历史只是一种类似文学的"想象"的产物。按照后现代主义者的这种逻辑，史料中不一定包含关于过去事件的真实信息，史家运用这样的史料来解释历史，只是一种语言层面上的"智力游戏"。纵向地看，以兰克为代表的"实证史学"高举"如实直书"的大旗，为历史学的进步做出了不可磨灭的贡献，年鉴学派当然是作为兰克学派的对立面以"革命者"的形象而出现在史坛的，但是他们对兰克学派的批判只是一种

① 韦兵：《问题隐含了时代的脉动》，《读书》2006年第7期。

② ［英］彼得·伯克著，刘永华译：《法国史学革命：年鉴学派（1929—1989）》，北京：北京大学出版社，2006年，"导论"，第1页。

③ 黄进兴：《后现代主义与史学研究》，北京：生活·读书·新知三联书店，2008年，第97页。

④ ［法］马克·布洛赫著，张和声、程郁译：《历史学家的技艺》，上海：上海社会科学院出版社，1992年，第68页。

"扬弃"，并不全面否定史料的考证，唯此才标志着西方史学的进步。若如后现代史家所主张的那样，极而端之，"文本之外，别无他物"（德里达语），完全切断"文本"与"过去"的连锁，进而轻视史料，撇开史料对解释的制约，否认史料在史学中的核心的和基础性的地位，恐怕会从根本上颠覆史学存在的正当性，史家"所建立的历史，必将化为子虚乌有的符号游戏，而别无实指"①。

但是，正如美国历史学家乔伊斯·阿普尔比等人所评论的："从很多方面看，后现代主义是一种冷嘲热讽的，甚至是绝望的世界观，在其最极端的形式里几乎没有一般所知的历史学的容身之处。从另一方面看，后现代主义提出有关真实性、客观性、历史学的疑问，都不可置之不理。"② 这种新的"史料"观念，重新界定了史料的性质，打破了对史料的轻信乃至迷信，对于史家更谨慎地利用史料无疑是富有启示的。

承认谨慎地利用史料，当然并不意味着可以有抛开史料的历史学。本来，人之为人，在于有记忆的需求，恐惧失忆。只要承认人类有必要了解和记住过去，就不能否认史学存在的必要性。学界通识，治史贵在求真③，亦难在求真，往往"求尽则尽无止境，责实则实无所指"④，求完全的"真"是不可能的，这恐怕也就是历史学家们感叹历史学"在所有科学中难度最大"⑤ 的原因之一端吧！写出的史书与当时的真正的历史，总不可能一模一样，但求其尽可能地接近真，则是可能的。史家常常皓首穷经，倾其一生在浩如烟海的史料里，梳耙

---

① 黄进兴：《后现代主义与史学研究》，北京：生活·读书·新知三联书店，2008年，第138页。

② ［美］乔伊斯·阿普尔比、［美］林恩·亨特、［美］玛格丽特·雅各布著，刘北成、薛绚译：《历史的真相》，上海：上海人民出版社，2011年，第178—179页。

③ 诚如近代史学的先驱者——贝尔（Pierre Bayle，1647—1706）在《历史批判辞典》中所言，"真实乃是历史的灵魂"。倘若缺乏"真实"，历史就算写得尽善尽美，亦只能介于"寓言"与"传奇"之间，却绝难称得上是真正的历史。转引自黄进兴：《后现代主义与史学研究》，北京：生活·读书·新知三联书店，2008年，第41页。

④ 钱钟书：《汪荣祖〈史传通说〉序》，载《钱钟书散文》，杭州：浙江文艺出版社，1997年，第464页。

⑤ ［法］马克·布洛赫著，张和声、程郁译：《历史学家的技艺》，上海：上海社会科学院出版社，1992年，第14页。梁启超说："史学所以至今未能完成一科学者，盖其得资料之道，视他学为独难。"梁启超：《中国历史研究法（外二种）》，石家庄：河北教育出版社，2000年，第49页。

考证，正是为了求其"真"。史料固然存在种种缺陷和局限，但试想，除了史料，还有什么其他更可靠的材料可以帮助史家"真实"地了解和解释过去呢？确实，对于历史研究而言，世间没有比史料更有用的依据；依据史料所撰写的历史固不完全可信，但抛开了史料就根本无法写出任何历史。史学要存在，除了依靠这种并不完美的史料，并没有其他更好的办法。史家还是得一门心思地找史料。对历史学而言，"惟有通过艰苦的资料整理工作，才能有所更新和发现"①。

所以，恐怕不能否认后现代史学观念对于我们甄别和使用史料确有方法和意识上的借鉴意义，但史学还是要以史料为基础的，"史料的尽量扩充"始终是必要的。基于此，本书所收集的论文是值得推介的，也是应当鼓励的。本书所集辑的论文中的"史料"多属档案、文书、契约、族谱之类地方文献，这是史学的坚实基础，一如蔡元培云："史学本是史料学，坚实的事实只能得之于最下层的史料中。"②

本书集辑之文所依据的档案，主要是《清代南部县衙档案》（简称"南部档案"）、《清代巴县衙门档案》（简称"巴县档案"）等等。南部档案近年来蜚声海内外，与西华师范大学南部档案课题组的研究工作是分不开的。"南部档案"2003 年 10 月入选第二批《中国档案文献遗产名录》，次年 12 月被列入国家清史纂修工程项目。此档案的珍贵在于：其一，它是目前发现的历时最长的清代州县档案；其二，它是档案数量在一万卷（件）以上的唯一一种仍按"房"归档保存的清代地方档案；其三，档案数量在目前发现的清代地方档案中位居第二，仅次于巴县档案；其四，档案文种齐全，涉及内容广泛，具有极高的档案学、历史学、文献学、文物学、法学研究价值。此档案最早存于南部县公安局，移交南充市档案馆后，1965 年春、20 世纪 70 年代末、1984—1986 年先后进行了三次整理。自 2005 年起，西华师范大学与南充市档案馆通力合作，在国家清史编纂委员会的资助下，开始对这批档案进行进一步的整理、著录。这是对

① ［法］马克·布洛赫著，张和声、程郁译：《历史学家的技艺》，上海：上海社会科学院出版社，1992 年，第 66 页。

② 蔡元培：《〈明清史料〉序》，载国立中央研究院历史语言研究所编：《明清史料》首本，1930 年。

南部档案的第四次整理。此间，课题组成员有了一系列以南部档案为研究对象和依据的国家社科基金一般项目、教育部项目，积累了坚实的基础，国家社科基金重大项目获准立项也多少因此而顺理成章。此后几年，课题组取得了令史学界瞩目的一系列成果。本书相对集中编发的一批论文算是成果的一部分，于此亦可见一斑。更主要的是，他们在整理和研究南部档案的过程中，承继过去档案整理的意识和方法，在关于档案整理和利用方面有了许多新的认识，比如，课题组首席专家吴佩林教授关于"地方档案整理向何处去"的一系列思考即尤其值得珍视。是保持原档风貌，还是另行分类？是点校，还是影印？是黑白制作，还是原色翻印？是选编，还是全部出版？如何提供研究者所需的数据？① 作者对过往的档案整理和现在仍然还在继续的一些档案整理的方案之优劣均十分了然，所表达出来的明确的倾向性以及提出来的一些值得认真反思、改进和解决的问题也许是比整理南部档案本身更有价值的贡献。

"19 世纪对事实的顶礼膜拜由对档案的顶礼膜拜而达到出神入化的地步，并得到合法的证明。档案就是事实圣殿中的约柜。"② 但卡尔告诉我们，"对于历史学家而言，事实和档案是本质的东西。但是不能盲目崇拜事实与档案。就其实质来说，事实与档案并不构建历史；他们本身也不为'历史是什么'这个烦人的问题提供现成的答案。"③ 他举了一个关于魏玛共和国斯特雷泽曼外交档案的例证④。1929 年，魏玛共和国外交部长斯特雷泽曼去世，留下了大量的——满满 300 箱——官方、半官方以及私人的文件，这些文件几乎全部与他担任六年外交部长的职务有关。他的秘书伯恩哈特用了三年时间从 300 箱文件中精选了三卷交付出版，书名《斯特雷泽曼的遗产》。斯特雷泽曼去世的时候，他的西方政策已经取得一系列辉煌的成就，伯恩哈特的选本也就重在突出斯特雷泽曼这一"重要的、值得赞扬的部分"，相比而言，其东方政策（主要是德国与苏联的关系）似乎并没有在任何地方产生特别的效果，"既然谈判只产生一些微

---

① 吴佩林：《地方档案整理向何处去——基于清代地方档案整理现状的反思》，《光明日报》2016 年 4 月 9 日第 11 版。

② ［英］E.H. 卡尔著，陈恒译：《历史是什么》，北京：商务印书馆，2007 年，第 98 页。

③ 同上书，第 102 页。

④ 同上书，第 99—102 页。

不足道的结果，那么有关谈判的大量档案就不太吸引人的注意力，况且这些档案并不能增加斯特雷泽曼的声望"，于是伯恩哈特的选本很少涉及与苏联关系的文件，给人的印象，似乎魏玛共和国并不重视与苏联的关系。如果依据这种选本做研究，显然无法了解当时魏玛共和国外交的全貌，"事实上，斯特雷泽曼更加不断地、也更加焦虑地投入精力关注与苏联的关系，从总体上来看，德苏之间的关系在其外交政策中扮演着极其重要的作用。"1935 年，一位英国出版商出版了伯恩哈特选本的节译本——伯恩哈特选集的选集，大约压缩了原书的三分之一，"省略一些对英国读者或学生来说意义不大……或者不太有趣的东西"，这样一来，在伯恩哈特选本中本来就表现不多的斯特雷泽曼的东方政策就更加退居次要地位了。假若斯特雷泽曼留下的档案原件不存了，后来的历史学家应当也会对这些选本心存感激，但以此种选本为依据解释出来的斯特雷泽曼的外交政策、德苏关系之类"历史"恐怕去"真实"就很远了。这个关于档案、档案整理的故事告诉我们，档案的编选往往反映了编选者的立场和见解，通常难以保留档案所包含的完整信息。在有条件查阅档案原件或全文的情况下，应当尽量使用原件或全文本，对于选编本要慎重对待，尽量不要使用相对便利的档案选本。

　　卡尔所讲的故事在几十年后的中国学界依然在继续。比如，巴县档案，20世纪八九十年代四川省档案馆与四川大学历史系合作整理的《清代乾嘉道巴县档案选编》（2 册），四川省档案馆整理出版的《清代巴县档案汇编·乾隆卷》，算是当年的一个重大成果，一直为学界重视和利用，但它的缺点也日益为学界所认知。比如，整理者打破了档案原有的"按房保存"的格局，根据今人的划分标准将它按内政、司法两大类进行了人为的分割；该选编皆从"卷"中剥离出来，以"件"为选取单位。这样的整理，其结果是阅读者很难看到一个完整的故事——这对研究而言是非常不利的，难以复原一个完整的历史场景，当然也就难以得出符合历史实际的、可以确而信之的结论[①]。本刊编辑部曾收到《利益、治安与风水：清代巴县档案中的采矿纠纷》一文，这是一个很有价值的选题，

---

① 吴佩林：《地方档案整理向何处去——基于清代地方档案整理现状的反思》，《光明日报》2016 年 4 月 9 日第 11 版。

但南部档案课题组一位教授审读这篇来稿后却给出了如下审稿意见："文章最大的问题是资料问题，从作者所引的文献看，主要是四川大学等单位编辑出版的巴县档案的选编，这个选编当然是很重要的资料，对研究相关问题甚有价值，但问题是选编略去了很多重要细节，特别是诉讼纠纷，很多案子不完整，也缺乏知县最后的判决，而仅仅依靠知县在告状或者诉状之后的批词来做研究，结论是很危险的。而且大量涉及矿产纠纷的案件或许根本就没选到选编里。因此，要修改好这篇文章，关键还是去档案馆查阅原始档案，这样得出的结论方令人信服。"由此亦可见，学界对于既往档案整理的不足、今后的档案整理"向何处去"的意识是明确的。此当属相对于某一档案整理本身而言更有价值的进步。

近年来，地方档案文献整理已经是国家支持的一个重要的学术增长点，比如，2016年立项的国家社科基金重大项目，大约20%左右都属于这一类，其中也包括上面提到的巴县档案的整理（"清代巴县衙门档案整理与研究"）①。相信南部档案课题组形成的有关地方文献整理的认识对于这些新项目的整理工作会有指导意义。在此基础上形成的论文也会把中国历史学推向一个新的高度。本刊"地方历史文献与文化"栏目渴盼着为这种论文提供发表的平台和版面。

四

"历史研究者从来不能无拘无束，历史是历史学家的暴君，它自觉不自觉地严禁史学家了解任何它没有透露的东西。"②但"历史不是叫我们哭的，也不是叫我们笑的，乃是要求我们明白它的"③。然而，碎片化的"史料"却并不足以让人明白，历史需要解释。荣孟源先生说，史料学是历史科学的辅助课目，任务是搜集史料、研究史料和编辑史料，但搜集史料、研究史料、编辑史料并不就是史学。史料对于历史科学虽然是不可缺少的，但它的作用仅仅是提供材料，

① http://www.npopss-cn.gov.cn/n1/2016/1116/c219469-28872835.html
② ［法］马克·布洛赫著，张和声、程郁译：《历史学家的技艺》，上海：上海社会科学院出版社，1992年，第47页。
③ 陈衡哲：《西洋史》，北京：中国工人出版社，2013年，"导言"，第1页。

只有材料还不能解决历史发展规律的问题。① 进而言之，对于历史学而言，这些地方历史文献的价值更重要的是体现在研究者的解释上，体现在研究者利用这些文献对相关历史人物、历史事件、历史行迹等进行的历史解释上。本刊"地方历史文献与文化"栏目更倾向于此，刊发的大多是这方面的论文。编发这些论文，也有一些体会。

彭刚先生基于 20 世纪西方史学理论视野，对历史事实与历史解释关系的历史学走向进行了梳理。20 世纪西方史学理论中关于历史学性质、历史学家工作与过往历史实在之间关系的看法，可以区分为重构论、建构论与解构论三种观点。在重构论看来，历史学家的历史是尽可能逼近历史实在；在建构论看来，历史学家的历史是以特定历史学家的特定视角呈现史家对历史某个面相的理解；解构论则认定，人们无从突破史料的限制或者说是文本性的限制而触及过去本身。由此出发，它们在历史事实与历史解释关系上也持有不同的论点。重构论认为，历史事实自身就会呈现出意义，从而支配着历史解释。在建构论看来，史家对于历史事实的建构当中就包含了解释的因素，事实与解释并非截然分离。后现代主义史学理论在这一问题上所持立场也即解构论的主要特征，是历史的文本化、解释对于事实的支配地位以及历史解释的多元论立场。② 以兰克、阿克顿为代表的重构论者所追求的还原历史真实与客观的"高贵的梦想"在很大程度上不过是永远无法兑现的乌托邦，过去实实在在发生过的事实是我们无法直接接触到的，留下来的痕迹是根本无法还原过去历史的全貌的；建构论者的逻辑，我们熟知克罗齐"一切历史都是当代史"、柯林伍德"一切历史都是思想史"的命题，就历史事实与历史解释而言，卡尔说得更明白："过去常说，让事实本身说话。当然，这话是不确切的。只有当历史学家要事实说话的时候，事实才会说话：由哪些事实说话、按什么秩序说话或者在什么样的背景下说话，这一切都是由历史学家决定的。……正是历史学家按照自己的目的来选择凯撒渡过溪流卢比孔作为历史事实，可是此前此后有成千上万的人渡

① 荣孟源:《史料和历史科学》，北京:人民出版社，1987 年，第 9—10 页。

② 彭刚:《历史事实与历史解释——20 世纪西方史学理论视野下的考察》，《北京师范大学学报》2010 年第 2 期。

过这条溪流，却丝毫没有引起任何人的兴趣。……历史学家当然对事实有所选择。相信历史事实的硬核客观独立于历史学家的解释之外的信念是一种可笑的谬论，但这也是一种难以根除的谬论。"① 我们看到的历史更主要的是一种解释，历史事实本身就包含了解释的因素；至于解构论，主要是后现代主义学者们的思路。他们认为，"历史学家不能洞穿语言给历史事实蒙上的面纱，换言之，历史学家仅能书写文学文本，而非真相"②。海登·怀特区分"事件"和"事实"，"事件"发生于过去，"事实"则是历史学家们建构出来的。在见证了事件发生的档案中，由对事件或档案进行评论的相关各方，由历史学家——他们的兴趣在于对过去真实发生过的事情给出真确的记述，并将其与可能只不过貌似发生过的东西区分开来——来建构。正是"事实"才是不稳固的，要受到修正和进一步的解释，并且甚至在有了充足根据的情况下被清除一旁。因此，"事实"——不同于"事件"——是语言学意义上的存在体（linguistic entity），"事实"乃是"置于某种描述之下的事件"③。"过去"真实地发生过若干事实，这一点不可否认。然而，过去本身的若干事实中并不存在任何意义和结构，历史实在本身是一片没有形式的混沌。在混沌中创造出意义和结构，正是史家之所为。历史叙事的结构、历史学家所讲述的故事，是史家施加于过往事实之上的，"过去系幻想的乐土"，"'过去'本不具任何意义，'历史'之有意义，纯为史家的语艺行为"④。按这种思路，很显然，历史解释主导着历史事实。人们能够认识过去，这是历史学得以成立的前提。然而，人们所要求于历史学家的，并不是简单地从史料中挖掘出历史事实，而是要帮助人们达到对于过往的某个层面或者某个片断的理解。虽然后现代主义以其解构论取向，将历史文本化，动摇了传统史学的若干基础，但是没有也不可能建立起没有史料的历史学，倒是以解释来主

---

①　［英］E.H.卡尔著，陈恒译：《历史是什么》，北京：商务印书馆，2007年，第93页。

②　［英］理查德·艾文斯著，张仲民、潘玮林、章可译：《捍卫历史》，桂林：广西师范大学出版社，2009年，第276页。

③　彭刚：《历史事实与历史解释——20世纪西方史学理论视野下的考察》，《北京师范大学学报》2010年第2期。彭刚：《叙事的转向：当代西方史学理论的考察》，第四章《史料、事实与解释：20世纪西方史学理论视野下的考察》，北京：北京大学出版社，2009年。

④　黄进兴：《后现代主义与史学研究》，北京：生活·读书·新知三联书店，2008年，第71页。

导和支配事实的理论阐释值得传统历史学反思。"'过去'是不存在的，试图通过努力重组残篇断片，为'一堆遗体'恢复生命，是一种错误的幻想。常规的历史学便是在这样的幻想中失足的。"①

正如李剑鸣教授所说，研究历史须从史料出发，史料占有的多少和质量，决定一项研究的价值②。接续下去的话，一项研究的价值高低更取决于对史料的解读和利用史料对历史发展进行的解释。不同的学者都在利用这些资料的时候，水平的高下就体现出来了。你从史料中看到了三分信息，他从中看到了七分，他就是高手。何以成高手？取决于研究者的"智力"③，取决于研究者自身对相关历史事项的基础和把握，进而能产生更多的纵横联系，从而对一则史料有了更多的提出问题和解释问题的维度。

这里的解释，大而言之包括两个方面，一是对史料本身的解读（文本考辨、意义阐释），二是基于此上的历史解释。

史料是通过人的记录而留存的，并不等于所记录的事实本身，而只是对这一事实的一种观察。文本考辨目的是确定史料文本的性质和价值，主要包括"鉴别史料"（辨别真伪，辨别时间、空间、作者、版本和用途）、"考订记事"（史料所记之事的真伪和准确性）、"校勘文字"（考据难以确定的文字）和"解释史料"（主要是词句的解读）。

过去，我们不大提"历史解释"，更喜欢"历史评价"，更喜欢总结"历史规律"。其实，"解释"与"评价"存在典型的意识位置的不同，评价是把自己摆在高于评价对象的位置上行使一种权力，而解释则是采取一种平等的姿态，关注历史的进程、情势和联系。所以，解释更能体现史学的要求和特征，因为史家只是过去的诠释者，而不是裁判官和辩护人。史料本身是不会说话的，史实的意义也不是不证自明的，不同史实之间的关联通常也是深藏不露的。"历史文献只有当博学明达之士把那些确实的情况传达给我们的时候，才是可靠

---

① ［英］杰弗里·巴勒克拉夫著，杨豫译：《当代史学主要趋势》，上海：上海译文出版社，1987 年，第 56 页。

② 李剑鸣：《历史学家的修养和技艺》，上海：上海三联书店，2007 年，第 248 页。

③ 威廉·洪堡认为，理解系"智力与探讨对象的交融"。转引自黄进兴：《后现代主义与史学研究》，北京：生活·读书·新知三联书店，2008 年，第 105 页。

的。"①（伏尔泰语）如果不经史家的选择、编排、联络和阐释，就没有历史知识可言。所谓历史解释就是将零散而混乱的过去信息变成有条理有意义的历史知识，第一位的就是确定历史事实。沈志华教授这些年来搜集、整理档案、以档案治史，史界有目共睹。他的一个基本思想出发点就是揭示历史的事实真相。他说得很形象："史学家的职责首先就是把真相搞清楚。就像拼图游戏，这块儿放这儿，那块儿放那儿，这儿应该是什么样子，突然你找到了，一贴就是它，多有意思啊！图出来了，你就有资格解释了。"②"研究历史的基本和主要目的就是还原历史，就是以当代人的认知和感受，在最新发现和发掘出来的更丰富、更详实的史料的基础上，再现历史的本来面貌。""这个再现的过程就像做拼图游戏，散碎的各种形式的历史资料就是拼图零件，而历史学家的任务就是对这些丰富多彩、真真假假的构件进行鉴别、筛选，去伪存真，去粗取精，再按照自己的思维逻辑把它们拼装在一起，形成一幅图像——也就是历史学家眼中的历史。""拼得越合理，就越能接近历史的原貌。"③ 这个"图像"就成了"有条理有意义的历史知识"，拼出这幅清晰的图像才是历史学家最重要的工作，毕竟，对历史事件来龙去脉的探索，要比简单的定性论断难度更大。

再进一步的历史解释最重要的就是"因果解释"。这一点，中外史家认识上是一致的。"人类行动和人类历史像自然界一样严格服从于因果律。""历史是一个打不断的因果链。"④ 波兰著名史学家耶日·托波尔斯基说："只有因果性解释可以当作严格意义上的一种解释。提出因果性解释是历史学家超出简单的事件描述，并且将他的研究与科学规律和理论研究结合起来的基本程序。"⑤ 我国著名史学先贤、中国文化学的奠基人柳诒徵论得更简明："历史之学，最重因果。人事不能有因而无果，亦不能有果而无因。治历史者，职在

① 转引自陈乐民：《启蒙札记》，北京：生活·读书·新知三联书店 2009 年，第 41 页。

② 《历史教学》编辑部编：《新生代历史学者访谈录》第一辑，天津：天津古籍出版社，2005年，第 182—183 页。

③ 同上书，第 201 页。

④ ［英］J.B. 伯里著，周颖如译：《思想自由史》，北京：商务印书馆，2012 年，第 118 页。

⑤ ［波］耶日·托波尔斯基著，张家哲等译：《历史学方法论》，北京：华夏出版社，1990年，第 528 页。

综合人类过去时代复杂之事实，推求其因果而为之解析，以诏示来兹，舍此无所谓史学也。"① 王国维亦论："欲求知识之真与道理之是者，不可不知事物道理之所以存在之由，与其变迁之故"，"求事物变迁之迹，而明其因果者，谓之史学。"②

何以建构合理的历史解释？关键在于理解，一如马克·布洛赫语，"'理解'才是历史研究的指路明灯"③。这一点，中外史学家的主张也是相类的，说明历史学的本质是一致的。怎样"理解"？中国学者最熟悉的可能是陈寅恪的"了解之同情"，西方学者主张"心通意会"亦是此意。英国学者巴特菲尔德所论较为典型：

> 我们如果不从历史人物的内心来看他们，不像一个演员感受他所扮演的角色那样来感受他们——把他们的想法再想一遍，坐在行动者而不是观察者的位置上——就不可能正确地讲述故事。……（这一点的确难以做到）……但无论如何，历史学家必须把自己置于历史人物的位置上，必须感受其处境，必须像那个人一样思想。如果没有这种艺术，不仅不可能正确地讲述故事，而且也不可能解读那些重构历史所依靠的文件。传统的历史写作强调富于同情的想象（sympathetic imagination）的重要性，目的是要进入人类的内心。④

对于历史事实的建构，历史学者需要回到历史的现场，"与立说之古人，处于同一境界，而对于其持论所以不得不如是之苦心孤诣，表一种同情。"不是说感情上的倾向，而是求理解基础上的认同，更为要紧的是，不仅"同情"历史事实中的当事者，更须"同情"为历史留下痕迹的记史者以及以后的研究历史者。历史学总是以特定的视角与史料打交道的，史料中的事实要受到历史

———————————

① 柳诒徵：《中国文化史》，上海：上海古籍出版社，2001年，"绪论"，第1页。

② 王国维：《〈国学丛刊〉序》，载方麟选编：《王国维文存》，南京：江苏人民出版社，2014年，第701页。

③ ［法］马克·布洛赫著，张和声、程郁译：《历史学家的技艺》，上海：上海社会科学院出版社，1992年，第105页。参阅王加丰：《"理解"——20世纪西方历史学的追求》，《历史研究》2001年第3期。

④ 转引自李剑鸣：《历史学家的修养和技艺》，上海：上海三联书店，2007年，第298页。

学家的关注并被纳入历史学家的历史构图，其中的前提必须是历史学家思想的光亮投射到原本一片暗寂的史料之中的某个部分，求其因果，这里的历史学家也是需要"了解之同情"的。

进一步讲，地方历史文献对于我们建构对人类历史解释是必要的，但是，怎样定位这些地方文献的解释能力恐怕也始终是历史学需要注意把握的。比如，每一个地方都有一幅历史图像，地方与地方的历史图像则是不同的，随着更多的地方文献的发现，我们可以看到越来越多的"地方"历史图像了。历史学的目标并不止于发掘和呈现一幅又一幅不同的"地方"历史图像，探讨这些不同"地方"历史图像之上的共相可能是认识人类历史的一个更重要也必须的任务，只有在此基础上才能形成对一个更大范围的地区、国家、民族的历史发展规律的认识。"共相"何来？从比较中来。"没有一定程度的比较就不会有真正的理解"，"在单一的事件中，没法区别出特殊的因素，因此，也就不能阐明事实的真相"，"只有了解同类的其他事实，才能更好地了解任何人类事实"①。而我们现在的史学界，通过挖掘"地方历史文献"呈现差异性的"地方"历史图像者众，但似乎没有多少人去关注、讨论和探索那些"共相"的历史规律，多见在一些"地方"、微观的个案问题上自说自话，而没有共同关心的问题，也就难以看到多少真正意义上的讨论和交锋。林林总总、不同层级的学术讨论会闭幕开幕，虽然告示上都有一个会议主题，但却很少看到直奔主题而去的百家争鸣。

这里事实上存在一个研究地方史的意识位置问题。本栏目曾刊登过一篇颇有问题指向的论文，那是四川大学杨天宏教授为吴佩林著《清代县域民事纠纷与法律秩序考察》一书所做的书评②。文中，杨天宏教授很权威地肯定了吴著基于南部档案对清代南部县域民事纠纷与法律秩序所做的深入细致的研究，同时也点明了该书似乎隐含的一个有关"地方性知识"与"普适性"价值、南部县地方故事与"清代中国"全局性判断之间的"悖论"和作者面对这个"悖论"

---

① ［法］马克·布洛赫著，张和声、程郁译：《历史学家的技艺》，上海：上海社会科学院出版社，1992 年，第 35、107 页。

② 杨天宏：《"地方性知识"的发掘与"升华"——读吴佩林著＜清代县域民事纠纷与法律秩序考察＞》，《西华师范大学学报》（哲学社会科学版）2013 年第 3 期。

在进一步的研究工作中需要努力克服的问题。

佩林博士的著作似乎包含了一个悖论。在我看来，他的研究的潜在价值在于可望凭借据说保存完整度超过迄今所能见到的任何其他县级地区的档案去讲述一个川外学者或许不太熟知的在清初曾一度作为四川"省治所在"的"地方"的讼狱故事，如果他这样做了（事实上他在一定程度上也是这样做的），将会与吉尔兹主张的"地方性知识"探求的学术进路合辙，颇有些颠覆标榜系统性学术取向的"后学"味道，有资格因其独到的"乡土味"而进入新派主流学界的学术盛宴。然而在"清代南部县"这一特定的时空位置选定之后，作为川人的佩林好像有些因缺乏自信而踌躇了：仅仅讲述南部县的讼狱故事究竟有无为学界认同的价值和意义？经过思考，佩林给出了否定性结论。于是他设计了摆脱这一困境的出路，即改从南部县的角度来审视整个清代中国，以发生在南部县的区域性案例来推论发生在清代中国的全部案例。结果一部仅仅讨论南部县且偏重诉讼程序的法律史著作被冠以《清代县域民事纠纷与法律秩序考察》的名目。从内容上看，书中本应只是基于南部县得出的地方性、局部性判断几乎全部为全局性的"清代中国"判断所替代。如果不看具体的论证材料而只看判断和结论，读者一定会以为这是一部讨论清代全国范围内所有"地方"讼狱共案的研究论著。而一旦佩林试图通过这样的努力"提升"其著作的"价值"时，本来因其论域选择的"地方性"以及因提供了大量"地方性知识"所赋予其著作的学术价值却大打折扣。

吴著包含的悖论或许反映了吉尔兹理论在国内学者认知中概念的不周延。在吉尔兹那里"地方"是相对"全球"而言，任何独立文化赖以生成的区域都是"地方"，按此逻辑，即便一种文化的"中央"也可能仅具"地方"含义，因而所谓法律是"地方性知识"其实是说法律乃特定文化中的存在。但"地方"的释读却有考究。本来，在"地方"可以立法的彼岸，如联邦制的英、美，法律是"地方性知识"这一判断应无可置疑，但在中国或类似中国的国度"地方"立法的权力受到限制，法律是"地方性知识"的含义就明显与英、美等国有别，不能随意套用西方概念来指谓中国。如果要套用这一概念，可以适用的只是"法律的运用"而非法律本身。在运用层面，国人积累的知识大多为"地方性"的，但法律制度却在较大范围具有普适性。不过在这一认知下所作"地方史"研究并不包含吉尔兹试图颠覆一元化文化及思想认知的含义，恰恰相反，它是整体史或一元文化的一种补充。从这层意义上看，佩林博士理解的"地方"与吉尔兹所言"地方"在概念的内涵与外延上尚不能重合，他仍然停留在传统意义的"地方"或吉尔兹"地方"的"地方"层面，未能意识到与非"地方"的不同正是其著作应当发掘的"价值"。这种多少有些舍长就短的学术作为出自成长中的年轻学子，虽不必厚非，亦殊觉遗憾。

杨天宏教授解释，时下历史学者关注"地方"自有内力驱动，一方面是因为史家偏重揭示特殊的历史现象，对"普遍性"不感兴趣，也未必认同"普世价值"，基于特殊历史现象归纳出的一般性或规律性结论，无法找到同样的历史环境重演以证明其"正确"；另一方面则是因为偏重描述或对事实重建具有极大依赖性的史学在做"整体史"的时候总是显得志大才疏，无能为力，因而在技术上相对具有可操作性的"地方史"便纳入了历史学者的研究范畴。

但是，历史学者在挖掘"地方"史料、解释"地方"历史行迹的时候，可能还是需要确立起另外一种意识，亦如王东杰教授在研究近代四川的文化、社会和地方认同时所表达的，著作一部地方史，议题受制于一个有限的地理空间，更多关注地方性，但也绝不是把国史中的内容在地方层面上复述一遍即可了事。它所主要关心的是，与全国及国内其他地区相比，某一地区呈现的历史"差异性"是什么。在中国这样一个广土众民的国度，这一层面的认知尤为重要。它使我们不再把中原或江南一隅视为整个中国的样板，而是令我们看到在"中国"两字之下所包含着的多元性、复杂性和丰富性。"地方性"并非自足之物，一个地方是在和外部世界的互动（包括交流和区异）中才得以成为一个"地方"的。讲四川，必须看到外省，看到中国，甚至需要看到世界：他们虽相异而不隔。此中存在一个普适性的道理，对中国这样一个有着悠久统一传统的国家来说，尤其重要。虽然，民族意义上的"中国"，是晚清以来才逐渐明晰化的概念，但同样清楚的是，它的确是在一个传统国家的基础上转化而来的。在此历史条件制约下，任何一个"地方"都无法不受一个相对统一的"大传统"的影响。

中国的"地方性"也毋宁是一种"全国地方"——其中有"全国性",也有"地方性",而这两者之中也相互掺杂了对方的因子,已经构成一个不可离析的整体。同样,在这个视野下来看中华文化,它乃是一个充满异质性的连续体①。

认识和理解这种观念可能不难,但要以这种观念去指挥和调度具体的课题研究恐怕确实需要时时修炼并刻意而为之。据称,吴著书名原有副标题,但受制于全国哲学社会科学规划办公室的要求而去之,这也说明,无论是学者自身还是"全国哲学社会科学规划办公室",相应的观念似非不具,只是于学术研究而言,"地方"自有"地方"的价值,见"全国"之大亦应当然,但强"立其大"并非正途,可能心到意到方得真正见其大。

其实,这个问题已经引起当下学界的广泛警觉,上述杨天宏教授的评论可作一例。中山大学陈春声教授也指出,20世纪90年代以后,新的学术世代好像更加愿意回归到另一个被重塑过的学术传统中去,罕见或珍稀资料的收集整理、具体的个案或人物研究以及自以为传承自民国时代某些知名学者的若干问题与课题,吸引了众多年轻而聪颖的头脑的关注。大量的罕见史籍、文稿钞本、民间文献和口述资料被搜集、整理、出版和数字化,许多原来不入"正统"历史学家法眼的课题被关注、描述和分析,影印出版的各类史料丛书琳琅满目。海内外公私藏的善本、古籍和其他文献大量翻印出版,以往较为冷僻的地方文献和民间文书大规模搜集和公开发表,各级各类档案对公众开放。但是,"小题大做"的背后欠缺大的问题意识,许多个案研究、专题研究、人物研究的著作实际上是在自言自语,带有"终极关怀"意义的方向感相当薄弱,即使是在相当具体的研究领域内部,为数不多的研究者们也常常是在自说自话,缺乏共同的问题与理论取向。新的学术世代如何在研究选题"碎片化"的趋势之下,拥有超越学科、地域、学术圈子和个人生活经验的共同的问题意识,如何通过解构的、碎片的研究,辩证地培养起把握整体的"中国文明"或"人类文明"的意识和雄心,是这一代人终究要直接面对的沉重的问题。"世代交替"之下中国史学的发展,可能又到了重新关注理论思考的学术价值的时候了。更大的理论

---

① 王东杰:《国中的"异乡"——近代四川的文化、社会与地方认同》,北京:北京师范大学出版社,2016年,"导言"。

关怀和超越具体研究课题的问题意识，对于新一代史学家来说，可能已经成为与其学术生命生死攸关的问题。进入 21 世纪之后，占有所谓冷僻资料或发现新资料这类具有"学术积累"意义的工作，已经越来越成为普通史学工作者日常研究过程的一部分，毫无惊喜可言。"数字人文"时代历史学者的功力，可能更多地表现在眼界和通识方面。新一代历史学者的工作，若要引起国内外同行的重视，更重要的是要有深厚学术史背景的思想建构，也就是说，"出思想"与否，可能会成为新的学术世代衡量史学研究成果优劣高低更重要的尺度 [①]。

感谢这些年来为"地方历史文献与文化"栏目供稿的学者们，编发你们的文稿于笔者而言既是一种荣幸，也是笔者自身愿意努力为之的一桩乐事。本栏目将继续为你们的学术努力服务，更期待你们惠赐鸿文，热诚护持。

---

① 　陈春声：《新一代史学家应更关注"出思想"》，《史学月刊》2016 年第 6 期。

清代南部县研究六题

蔡东洲

《清代南部县衙档案》（以下简称《南部档案》）是清朝南部县官衙形成或保存下来的清朝文书，其中绝大部分是清代南部县政权履行职责、执法行政的官方文件，包括朝廷的诏旨、上级官府的札令、同级衙署的咨函、本县的札牌等，少部分属于县域民间社会的私人文书，如契约、文约等。因而，弄清清代南部县的历史沿革、境域城池、官衙设置、基层区划等问题，对于研究《南部档案》的形成、存传、内容和价值颇有裨益，亦不失为《南部档案》研究之一端。

一、清代南部县的释名

清代南部县的县名始于此县创设之时。据《元和郡县图志》记载，"梁置南部郡，周闵帝天和初改为南部县"[①]，隶属隆州盘龙郡（治阆中）。此载无梁朝设置"南部郡"的具体时间，而周废郡改南部县则在"周闵帝天和初"，即公元557年。然而闵帝在位不足一年，且无"天和"年号。据《周书·武帝纪》，"天和"（566—571）乃周武帝年号。若据"天和初"，则南部县的建置当在公元566年，然《太平寰宇记》则载："梁于此置南部郡。后周闵帝元年，罢郡，立南部县。"[②]依此，南部县的建置乃在公元557年。南部县创建的文献记载表

---

① （宋）王象之：《舆地纪胜》卷一百八十五，成都：四川大学出版社，2005年；《（雍正）四川通志》卷二《南国》，"梁天监二年改曰南部县"。天监二年即503年。不知此说何据。

② （宋）乐史：《太平寰宇记》卷八十六，载《景印文渊阁四库全书》，台北：台湾商务印书馆，1986年。

明，"南部郡"为南朝萧梁所置，而"南部县"则为北朝后周所设。

对于南部县之得名，历史文献有两种说法：一是位于"阆中之南"，故称"南部"。《太平寰宇记》首持此说，所谓"以地居阆中之南，故曰南部"①。后世亦有沿袭此说者，如李贤等撰的《明一统志》曰："以县居巴西郡南，故名。"②保宁府顾祖禹《读史方舆纪要》叙述南部县时亦道："以县居郡南而名。"③如果按照这一说法，则南部当名"阆南"，或"中南"。这显然欠妥，因而不为当今学者和地方文史工作者所采用。二是位于"阆州之南"，故名"南部"。此亦当首见于《太平寰宇记》。《舆地纪胜》转引《太平寰宇记》此条作："以居阆州之南，故曰南部。"④如果按照这一说法，则南部当名"阆南"，或"州南"。为何叫"南部"呢？对此，曹学佺在《蜀中广记》中望文生义，"以部分在郡之南"而名南部⑤。就方位而言，这个说法是正确的。但就史实而言，则大错特错。汉武帝设置"十三州刺史部"，习称"州部"，在"州部之南"乃称"南部"，"阆中之南"与"阆州之南"在文字上仅有一字之别，在内容上却有实质之差。这一说法被当今述及南部历史沿革者所采纳。

笔者以为"阆州之南"虽然比"阆中之南"的解释合理，但仍有疑问。汉武帝在全国设置的"十三州刺史部"（简称"州部"）中并无"阆州刺史部"，既无此"州部"，岂有此"州部之南"！何况设置南部县时尚无"阆州"之名。据明清《一统志》载："后汉建安六年，刘璋分阆中置巴西郡。晋因之。宋曰北巴西郡。齐因之。梁天监八年于郡置南梁州，西魏废帝三年改曰隆州盘龙郡，隋开皇初废郡存州。"⑥梁州（治今陕西汉中）是汉武所置十三刺史部之一。盖

---

① （宋）王象之：《舆地纪胜》卷一百八十五，成都：四川大学出版社，2005 年。

② （明）李贤等：《明一统志》卷六十八，载《景印文渊阁四库全书》，台北：台湾商务印书馆，1986 年。

③ （清）顾祖禹撰，贺次君等点校：《读史方舆纪要》卷六十八《四川三》，北京：中华书局，2005 年。

④ （宋）王象之：《舆地纪胜》卷一百八十五，成都：四川大学出版社，2005 年。

⑤ （明）曹学佺：《蜀中广记》卷五十四，载《景印文渊阁四库全书》，台北：台湾商务印书馆，1986 年。

⑥ （明）李贤等：《明一统志》卷六十八《保宁府》，载《景印文渊阁四库全书》，台北：台湾商务印书馆，1986 年。（清）和珅等：《（乾隆）大清一统志》卷二百九十七《保宁府》亦有同样的记载。

因阆中在梁州之南，梁朝时乃在天监八年（509）于此置"南梁州"，而西魏废帝三年（554）始改称隆州盘龙郡，直到唐先天元年（712），才因避玄宗讳而改曰阆州。虽然"南梁州"同后来的隆州、阆州皆治阆中，但南部得名时并无"阆州"之名，南部县与"南梁州"亦正好创置于这一时期，因而释南部得名于"南梁州之南"更为妥切。当然南北朝之"州部"与汉武之"州部"的政治性质相去甚远，但并不影响其名称的使用。

总之，南部县得名于"南梁州之南"更加合乎史情，且南部县之名总是随"南梁州"之名的变化而变化。南梁州更名为隆州，南部县随之更名为南隆。隆州避讳改阆州，南隆亦随再更名南部①。这是中国古县名称中随上属府州变化而变化的典型代表。

二、清代南部县的历史沿革

同全国的众多的古县相比，清代南部县的历史沿革要复杂得多。自汉以来，在其境内先后设置过充国县、南充国县（一度省称南国县）、西充国县（一度省称西国县）、南部县、晋安县、晋城县、新井县、新政县、西水县九县和南部、金迁二郡②，还置过金迁、掌夫二戍，这些郡县多数为统一中央王朝设置的，也有的是南北对峙时期北朝设立的，或南朝设立的，这些郡县基本上随设置王朝的消亡而消亡，唯"西充"一名竟成为附近一县之名，存留至今。可见，历史时期南部县分合整并的复杂性。正因为如此，古之县志编者和今之地方文史工作者很少将南部县的发展演变、分合整并梳理清楚。

清代南部县境域为先秦的巴国，秦灭巴则为阆中县地。汉高帝初年，析阆中以南部地区置安汉县。此时南部境域应该仍属阆中县，至少绝大部分属阆中县。约在元、成之时（公元前48—前7年），朝廷又于阆中与安汉之间置"充国县"，为巴郡所辖十一县之一。后汉光武帝时在全国范围内"省官并县"，"充国县"被省入阆中县。和帝永元二年（90），再次分阆中设置"充国县"。献帝

① （明）杨思震等：《（嘉靖）保宁府志》卷一《舆地纪》，明嘉靖二十二年（1543）刻本。
② 历史地理文献中还有置南充郡、新安郡的记载，或存短暂，又无佐证。本文略之不叙。

初平四年（193），复分"充国县"置"南充国县"，并改原充国县为"西充国县"。二充国县，俱属巴郡。西充国县，治在今南部县大桥镇东北新井村。南充国县，据《隋书·地理志上》云："南部，旧曰南充国。"由此可见，汉代之"充国县""南充国县""西充国县"皆在清代南部境内，自"充国县"而"南充国县"的治所皆在今南部县县城所在的南隆镇。

东晋以流民李特起兵，战火绵延巴蜀，嘉陵江中游诸县受祸尤甚，造成郡县荒废，乃侨置郡县于异地。西充国、南充国两县曾在晋孝武帝时一度侨置于今四川省绵阳市安县等地。且据《宋书·州郡志三》，到南朝刘宋时，西充国已省称为"西国"，南充国省称为"南国"。

东晋安帝时分巴西郡置新巴郡，所领县有"晋安""晋城"二县[①]。晋安县，在今南部县升钟镇晋安坝。晋城县，今在阆中市西木兰乡。此东晋所置晋城县，非西魏所置晋城县，两个晋城县时地非一。

南朝萧梁时，魏、周南下侵梁，嘉陵江流域再度战事频仍。南北双方各置州县，其县名迭有改易，名实亦混淆难明。"西水县"即置于这个年代。据《通典·州郡五》，"西水，梁置"。另据《舆地纪胜》，"梁大同中于今县西北三十五里置'掌天戍'，后魏废戍，后周闵帝元年改为西水县，以界内西水为名"，治在今南部县西河乡。

西魏废帝二年（553），魏军大举南进，占领巴蜀地区。西魏袭置南部、西水、晋安三县，而改西国县为晋城县，不久又并入晋安县[②]。至此，西国县从今南部县境域内消失。此晋城县治在今南部县大桥镇，与东晋所置晋城县名同而治异。西魏时虽仅四县，然其境域仍包有梁时的五县。

据《太平寰宇记》卷八十六引《四夷县道记》，梁朝曾于晋安县"金迁戍"，周闵帝则改为金迁郡，"仍置晋安、晋城、西水三县以属焉，郡理晋安。隋开皇三年罢郡，仍省晋安县，自今县东十四里移晋城于晋安旧理。"也就是说，开皇三年（583）将晋安县并入晋城县，而把晋城县治由今南部县大桥镇移至升钟镇晋安坝。西水县治则在大业元年（605）年移于彭定故宅，在今南部县

①　（南朝梁）沈约：《宋书》卷三十七《州郡志三》，北京：中华书局，1974年。
②　（唐）魏徵等：《隋书》卷二十九《地理志上》，北京：中华书局，1973年。

西北保城乡。

唐高祖武德元年（618），改晋城县为晋安县，再分南部、晋安二县置新井县（治今四川省南部县大桥镇），以其"界颇有盐井，因斯立名"。武德四年（621），又分相如、南部二县置新城县（治今四川省仪陇县新政镇），旋以避太子建成讳，改为新政县。宋初因唐之旧，在南部县境内仍置南部、西水、晋安、新井、新政五县。据《舆地纪胜》卷一百八十五，神宗熙宁五年（1072），省晋安为镇，并入西水县。元丰五年（1082），新政县徙治于晋安。据清嘉庆《四川通志》卷五十一，宋理宗宝祐中，为防蒙军乃迁南部县治于县南之跨鳌山，入元后，复还旧治。

元朝统一，兵火之后，人烟稀少，行政区划再次调整。新井、西水、新政三县并入南部县，但仍然属于下县级别[1]。明朝南部县区划没有多大变化，唯洪武十年（1377）将南部县并入阆中县，但到十四年（1381），又复置南部县[2]。这是南部县自南朝置县以来唯一一次被裁撤，共计4年时间。清朝南部县域没有多少的变化，据今修《南部县志》称，清初因明定远侯王弼之后裔，以世袭禄地粮民册来献，富村驿山场界牌垭以东一片土地，遂入南部县[3]。

三、清代南部县城的位置与城池

清代南部县的治所设置在今天县城所在的南隆镇。据龙显昭先生的研究，南部自建县以来，其治所一直在南隆镇[4]。道光《南部县志》对县城的地理形势有这样的描绘："一溪绕前，重岭背后。萃山川之奇，结灵秀之胜。四郊地利，险据上游。嘉陵、西河二水回绕东南，灵云、跨鳌重岭拱于西北。"[5]

---

① （明）宋濂等：《元史》卷六十《地理志》，北京：中华书局，1976年。
② （清）张廷玉等：《明史》卷四十三《地理志》，北京：中华书局，1974年。
③ 南部县志编委会：《南部县志》，成都：四川人民出版社，1994；（清）黄廷桂等：《（雍正）四川通志》，载《景印文渊阁四库全书》，台北：台湾商务印书馆，1986年；《清代四川南部县衙门档案全宗指南》（内部资料）作系此事于康熙三年（1664）。
④ 南充市编志委员会：《南充市志（历史沿革）》（内部资料），2010年。
⑤ （清）王瑞庆等：《（道光）南部县志》卷二《舆地志》，清道光二十九年（1849）刻本。

实际上，南部县城的具体地理位置有城南之"跨鳌山麓"与城北之"灵云山麓"之别。明人徐绍吉在《重修南部县衙记》中记载："治旧在跨鳌山麓，洪武初始徙置今所。"①刘振益在《增砌四门石城记》中亦说："明兴自跨鳌山移灵云山麓。"可见，徐绍吉所称的"今所"就是刘振益所说的"灵云山麓"。但"旧治"是徐绍吉的"跨鳌山麓"还是刘振益的"跨鳌山"呢？

若答案是前者，则南部县治在历史上只有两次迁移：第一次是宋末将县治由"跨鳌山麓"移至"跨鳌山上"，到元朝统一后复还"跨鳌山麓"。此次迁徙，史有明载，宋理宗后期余玠镇蜀，推行"山城防御战术"，以抵抗蒙古的进攻，川峡四路府、州、军、县皆移治所山上。南部县治于宝祐年间（1253—1258）移至城南的"跨鳌山上"，但到元朝统一后便复还"旧治"了②。第二次是明初又将县治从"跨鳌山麓"移至"灵云山麓"。此次迁徙已见徐绍吉《重修南部县衙记》。

若答案是后者，则南部县治历史上有三次迁移，即除以上两次外，还有元末仿效宋末又一次将县治移至"跨鳌山上"，到明初才复还"跨鳌山麓"。笔者以为明人所谓的"旧治"是指"跨鳌山麓"，而不是"跨鳌山上"。历史文献并没有元朝复还"旧治"后而到元末又效法宋末再朝移治"跨鳌山上"的记载。

清朝的南部县城即在"灵云山麓"。当然由于县城不断向南展拓，逐步将"跨鳌山麓"和"灵云山麓"连成一片，而今俱为县城街道矣。

正是因为明初县城北迁到"灵云山麓"，所以明朝前期很长一个时段的南部县城无城垣，仅仅是"依山为城，凿涧为池"，借助特殊地理形势为险固。直到成化二年（1466），蒋矩任知县，才"卫以木栅"，算是有了简易城垣。弘治年间，知县陈伯龄组织修筑土城，内外俱甃以石，为门四：东曰蓬莱，南曰跨鳌，西曰状元，北曰阆苑。终于完成了城墙和四门的兴建。嘉靖二十二年（1543），金事杨瞻命南部知县董福又立四关，而各树以楼，东曰迎旭，南曰临江，西曰神武，北曰拱辰③。这才完善了城楼、城关的建设。万历初年，南部县

---

① （清）王瑞庆等：《（道光）南部县志》卷二十八《艺文志》，清道光二十九年（1849）刻本。

② （清）黄廷桂等：《（雍正）四川通志》卷二十六《古迹志》，载《景印文渊阁四库全书》，台北：台湾商务印书馆，1986年。

③ （明）杨思震等：《（嘉靖）保宁府志》卷三《建置纪》，明嘉靖二十二年（1543）刻本。

进行过一次较大规模的修建，时人刘振益在《增砌四门石城记》中说："甲戌（1574）秋，以滨大江，每触江涨，荡而易倾。时邑侯饶公从众议，绳砌以石，因号饶公城云。但规模卑隘，不足以守。己亥（1575）秋，我邑侯欧阳公奉太守黄公命特增修焉。视旧增三尺有奇，雉堞岿然。"① 所谓饶公、欧阳公，乃万历初年的两任知县饶一中、欧阳炳。据道光《南部县志》，这次修建砌石为城，高一丈八尺，周二里八分，计四百八十六丈。城门三道：灵云、跨鳌、状元。这应该是清人的误会，可以肯定明代南部城建设有四道门。刘振益为纪念此次城墙修复而撰写的《增砌四门石城记》就是确证。至于三门的说法，盖因县城东抵嘉陵江边，在江水冲溢下逐渐倒塌，以致清朝时没有东门了。

清朝的南部县城便是在此基础上多次修补而完善的。清军刚到川北，巡抚李国英就檄南部知县李元柱修理垣垛②。此修理城垛的具体情况已无从知晓，但可以推断，当时只是对明代的南部城略加整修，以备清初的战事所需，没有改变明朝南部县城城墙的长度和城门。到清乾隆时南部县城周二里有奇，只有三道城门。这在当时城池中可谓另类。乾隆三十二年（1767）至三十三年，知县查淳的改建城门，增为四门，分别命名为承煦、延爽、迎薰、瞻极③。乾隆四十九年（1784）、嘉庆十六年（1811）虽有城池补修的记载，但这两次补修并未改变四道城门的规制。今见道光《南部县志》所载《南部县城池图》，即系乾隆三十三年改修后的城池图。另据《南部档案》，光绪六年（1880）冬天，南部县城城垣有过一次修复，这年夏秋嘉陵江江水上涨，冲毁围墙及城门，于是知县刘际昌下拨专款"城工经费"三百五十千文修复④。这应当是南部县城墙及城门的最后一次修复。

四、清代南部县的基层区划

南部县境内的基层区划情况最早见载于宋代历史文献。据乐史《太平寰

---

① （清）王瑞庆等：《（道光）南部县志》卷二十八《艺文志》，清道光二十九年（1849）刻本。
② 同上书，卷二《舆地志》。
③ 同上。
④ 四川省档案馆编：《巴蜀撷影》，北京：中国人民大学出版社，2009 年，第 117 页。

宇记》，"南部县旧十四乡，今十二乡"；"新井县十九乡"；"晋安县旧十二乡，今十乡"；"新政县依旧十乡，西水县依旧十五乡"①。这5县66乡中的绝大多数仍在清代的南部县境内，然而只有这些数字，没有乡名的记载。到北宋中期的"熙丰变法"中，全国行政区划有过较大规模的调整，晋安县在这次调整中被并入西水县。《元丰九域志》记载了调整后的基层区划情况：南部县辖5乡及富安、泉会、南坪3镇；新井县辖13乡，王井、封山2镇；新政县辖3乡，长利、利溪、安溪、普安、重山、龙延6镇；西水县辖4乡，晋安、木奴、玉山、花林、永安、金仙6镇②。即把原来5县66乡合并成4县25乡17镇。历史文献中开始有了乡镇名称的记载，这些乡镇名称中个别沿用到了明清，乃至今天。

元朝对南部县行政区划再一次调整，从而奠定了明清南部县行政区划的基础，乃至今天南部县境内区划的格局。元初，针对兵火之后地广人稀的状况，在全国范围内进行行政区划的调整，这次调整实质上也是由军事管制向行政治理的过渡。早在蒙哥统治时期，蒙军便占领了川北，稍后即在阆中置川东元帅府，至元十三年（1276）升阆州为保宁府，二十年（1283），罢元帅府，置保宁府路。同时，对保宁府所辖州县进行合并，把新井、新政、西水三县并入南部县③，全县设置15乡及富安、南坪、泉会、玉井、封山、长利、利溪、安溪、普安、重山、龙延、晋安、木奴、玉山、花林、永安、金仙17镇。

明初，巴蜀地区仍为明氏大夏政权的势力范围。洪武四年（1371），明军攻入四川，大夏灭亡。明朝势力控制川北后，仍然置有南部县。据嘉靖《保宁府志》，明代南部县"所辖之乡凡九：安仁、政教、金兴、临江、永丰、宣化、崇教、仁丰、积善"④。曹学佺在《蜀中广记》中指出："新政县，元省入南部县，治今之积善乡是。废新井县，唐武德中置，县界颇有盐井，因立斯名，元省入

① （宋）乐史：《太平寰宇记》卷八十六，载《景印文渊阁四库全书》，台北：台湾商务印书馆，1986年。

② （宋）王存：《元丰九域志》卷八，北京：中华书局，2005年。

③ （明）宋濂等：《元史》卷六十《地理志》，北京：中华书局，1976年。

④ （明）杨思震等：《（嘉靖）保宁府志》卷一《舆地志》，明嘉靖二十二年（1543）刻本。

南部县，治今之政教乡是。"① 即积善乡乃唐宋新政县旧址，治今四川省仪陇县新政镇。政教乡乃唐宋新井县旧址，治今四川省南部县大桥镇东北新井村。

清朝对川北地区的行政区划没有做大规模的调整，故道光《保宁府志》涉及南部县建置时但云"国朝因之"②。唯由明朝的九乡变成了十乡，即把积善分为积善上和积善下两个乡，简称积上、积下。如此，则清代南部县十乡有：积上乡、积下乡、崇教乡、临江乡、金兴乡、宣化乡、富义乡、政教乡、永丰乡、安仁乡③。

同全国一样，南部县乡以下基层组织是里甲和保甲。据《南部档案》，乾隆时南部县在10个乡下面编设了里甲组织和保甲组织，其中安仁乡8里3保22甲，金兴乡8里3保31甲，临江乡8里3保23甲，永丰、政教乡各9里3保14甲，宣化乡10里3保18甲，富义乡2里1保3甲，崇教乡7里3保10甲，积上乡6里1保12甲，积下乡6里2保21甲。全县共73里25保168甲④。清制规定"一里十甲"，则南部县73里之下当设730甲，然因资料阙失，不得其详。而25保之下并未250甲，只有168甲。可见，清朝南部县基层区划的实际情况并非如清朝典制规定的那样整齐划一，只要能够取得"里甲主于役，保甲主于卫"的实际效果即可⑤，不在乎设置数量是否符合制度规定。

交织在各乡里之间、各保甲之间还有几十个市镇，《南部档案》中称之曰"场"。这些场并非归属于乡的基层单位，仅仅是商品货物流通的集散地。这些场按东、南、西、北划分为四路，这四路亦非基层单位，仅仅为市场相对县城所处方位的标识。据道光《南部县志》，东路有盘龙驿、永定场、石河场、李渡场、窑场坝、熊家垭、富利场、东坝场、石龙场、碑院寺、养班场、太平场、中兴场、楠木寺、福德场、大堰坝、新镇坝、梅家坝、双河场、河坝场、马

---

① （明）曹学佺：《蜀中广记》卷五十四，载《景印文渊阁四库全书》，台北：台湾商务印书馆，1986年。

② （清）黎学锦等：《（道光）保宁府志》卷二《舆地志》，载《中国地方志集成·四川府县志辑》，成都：巴蜀书社，1992年。

③ （清）王瑞庆等：《（道光）南部县志》卷二《舆地志》，清道光二十九年（1849）刻本。

④ 南充市档案馆藏：《清代南部县衙档案》Q1-2-10-1。

⑤ （清）徐栋：《保甲书》卷三《广存》，清道光戊申（1848）刻本。

鞍场等 21 个场。西路有定水寺、杜家井、大桥场、元山场、观音场、老观场、石垭场、柳边驿、金峰寺、凤鸣场、赛金场、兴木场、富村驿等 13 个场。南路有黄连垭、流马场、永兴场、建兴场、镇江庙、三富场、碾垭场、回龙场、万年场、升钟寺等 10 个场。北路有老鸦岩、金垭场、保城场、印垭场、分水岭、思依场、皂角垭、神坝场、三河场、店子垭、兴隆场等 11 个场。

清朝末年，南部县推行地方自治，最初将原来的 10 乡析并为 1 城 4 镇 6 乡[①]，旋即又将 1 城 4 镇 6 乡改为 11 个自治区：第 1 区辖县城、老鸦岩、谢家河、盘龙驿、元坝井（满福坝）。第 2 区辖碑院寺、养班场、楠木寺、中兴场、泸溪场、三合场、永定场。第 3 区辖新政坝、双河场、平头场、鲜店子、福德场、石河场、三清庙、清平场、五灵场。第 4 区辖王家场、富利场。第 5 区辖东坝场、河坝场、梅家场、李渡场、马鞍场、大堰坝、蟠龙场、太平桥、石龙场。第 6 区辖流马场、碾垭场、黄金垭、建兴场、龙凤场、三官堂、李家桥、金源场、大王庙、寒坡岭。第 7 区辖大桥场、老观场、石墙垭、杜家井、打磨垭、狮子场、永兴场、定水寺。第 8 区辖镇江庙、大力寨、伏虎桥、大河坝、万年场、义和场、罐子场、回龙场。第 9 区辖富村驿、金峰寺、双合场、小元山、柳边驿、赛金场、光木山、凤鸣场、神坝场。第 10 区辖升钟寺、万年垭、观音场、寒坡岭（石板庙）、元山场、皂角垭、回龙场、枣碧庙、双柏垭、思依场、陈家垭、兴隆场。第 11 区辖保城庙、双凤场、城隍垭、肖家坝、兴隆场、猪槽垭、店子垭、分水岭、丘垭场、昌平庙、三河场、花林寺、太极庵。各区设议事会和董事会，议事会为自治议事机关。董事会为自治行政机关。董事会设董、佐各 1 人，执行议事会议决的各项事务。

当然，这 11 个自治区因清朝迅速灭亡没有取得多少自治实效，但这种基层组织形式一直保留下来，民国时南部县仍然按照这些区划管理基层社会。

五、清代南部县的首任知县

顺治三年（1646），清军占领川北，驻扎在保宁府的四川巡抚李国英不断以朝命向新征服的州县委派官员，其委派的首任南部知县就是清朝统治管理南

---

① 南充市档案馆藏：《清代南部县衙档案》Q1-22-784-3。

部的开端。方志中对此也有记载，但说法不一。

道光《南部县志》卷二《舆地志》在记载南部县城池时说："国朝顺治四年，巡抚李国英驻军保宁，檄知县李元柱修理垣堞。"据此，顺治四年（1647）的李元柱为清朝的第一任南部知县。但道光《南部县志》卷十一《职官志》则以顺治七年（1650）的辽东广宁贡生崔鹿鸣为清朝首任南部知县，置陕西人李元柱于第二任孙时之后为第三任南部知县①。雍正《四川通志》也与后者记载相同。对于道光《南部县志》的矛盾记载，今修《南部县志》未加辨析，唯以顺治七年为清朝治理南部之始，即依从了《职官志》之载。笔者以为，当据《舆地志》之载，以顺治四年为治理南部之始。

乾隆《西安府志》证实，清军初到川北的顺治三年崔鹿鸣还在陕西盩厔任知县②。我们认为，以顺治四年李元柱为首任知县更为妥当。清军入蜀，所到之处，总是及时委官治理，如乐山士人张振祚于顺治十一年（1654）寻找其赴京投考的弟弟振祺，抵达保宁府，"巡抚李国英拔署梓潼县"③，因而，李国英不可能拖至数年后才任命辖区内最近一县南部的官员。对于道光《南部县志》中的矛盾记载，今修《南部县志》无法解释，乃不置一词。其实，李元柱应为明代投诚清朝的首任知县，而崔鹿鸣则是清廷自选的首任知县。雍正《四川通志》还记载，顺治八年（1648）辽东拔贡崔鹿鸣出任首任射洪知县④，其后升任江宁府理刑同知，离开了四川⑤。

六、清代南部县的官衙设置

清代南部县的官衙是由明朝的官衙设置损益而来的。明朝南部县的官衙设

---

① 四川省南部县县志编纂委员会《南部县志》（四川人民出版社，1994年）、《清代四川南部档案全宗指南》（内部资料）等今人所编地方文史资料皆以顺治七年为清朝治理南部之始。

② （清）严长明等：《（乾隆）西安府志》卷二十六《职官志》，中国基本古籍库。

③ （清）潘锡恩等：《（嘉庆）大清一统志》卷一百二十四，涵芬楼本。

④ （清）黄廷桂等：《（雍正）四川通志》卷三十一，载《景印文渊阁四库全书》，台北：台湾商务印书馆，1986年。

⑤ （清）韩世琦：《抚吴疏草》卷六《题崔鹿鸣等承追赃罚完欠分数疏》，中国基本古籍库。

置当详见于明时编修的《南部县志》，但明修《南部县志》没有存传下来①。根据明代其他文献仍然可以知晓明朝南部县的官衙设置情况。陶承庆在《大明一统文武诸司衙门官制》中载："南部县在府南七十里，编户九里，无丞，僻繁，盐课受累，土产盐有井。儒学、柳边马驿、阴阳医学、僧道会司。"②按照明朝县级官署设置的统一规制，一般皆置有知县署、主簿署和典史署，故而陶氏不再重复此类常设官衙，而只列举了南部县有儒学署、柳边马驿站、阴阳医学署、僧道会司等官署，并特别强调"无丞"。嘉靖《保宁府志》卷七《宦迹纪》中开列有嘉靖二十一年以前历任南部知县、主簿、典史、教谕、训导的姓名，县丞则仅吴澄一人，且曰"寻裁撤此缺不置"③。这是明朝的南部县官衙设置情况的实录。

清代的南部县官衙设置相对明朝有哪些损益呢？

第一，清代南部县衙设置裁损了主簿。

明朝曾在南部县设置过主簿，嘉靖《保宁府志》中开列着明朝嘉靖二十一年以前13任南部县主簿的姓名、籍贯、出身和上任时间④，但清朝则始终没有设立过此官，故道光《南部县志》还特别声明："国朝此缺已裁。"⑤在现存《南部档案》中亦无主簿设置或行政的点滴信息。不知论者以清代南部县设"主簿一名负责全县军事、治安"，有何据⑥。

第二，清代南部县衙设置增益了县丞。

清代的县丞可以驻守县城，亦可以派驻县域内的冲要关津。驻守县城的县丞衙署相对知县衙署的"大堂"而称"二堂"。又因其一般位在知县衙署之左，俗称"左堂"，与右侧的典史衙门"右堂"相对。派驻冲要关津的县丞衙署则称"分县"。清代南部县丞衙署从未驻守过县城。道光《南部县志》载："县丞

---

①　（明）张萱《内阁藏书目录》卷六、（清）黄虞稷《千顷堂书目》卷七俱载有嘉靖《南部县志》抄本，缺编纂人姓氏。

②　（明）陶承庆：《大明一统文武诸司衙门官制》卷三，中国基本古籍库。

③　嘉靖《保宁府志》卷七《宦迹纪》开列着嘉靖以前历任知县、主簿、典史、训导的姓名。

④　（明）杨思震等：《（嘉靖）保宁府志》卷七《宦迹纪》，明嘉靖二十二年（1543）刻本。

⑤　（清）王瑞庆等：《（道光）南部县志》卷十一《职官志·题名》，清道光二十九年（1849）刻本。

⑥　张新、王晓春：《一宗县衙档案　半部清史写照》，《中国档案》2005年第2期。

署，旧在西水口，乾隆初改驻富村驿，道光五年移置新镇坝。"①据此，县丞署前后置移西水口、富村驿（今四川省盐亭县富驿镇）、新政坝（今四川省仪陇县新政镇）三个地方。而据《南部档案》，则只有后两个地方。乾隆三十二年（1767）十一月，四川总督阿尔泰奏准朝廷，对南部县官署设置进行了调整：原置于南部县西水口的盐大使"止于查核井灶，无所别事，似属冗设"，而"富村驿地方相距县城一百八十余里，地方冲要，民刁俗悍，烟户稠密，易于藏奸匿匪"，乃"将盐大使裁汰，改设县丞，移驻富村驿"，且"令其兼理盐务"②。可见，原设在西水口的是盐大使署，即基层盐务机构"盐课司"，而非县丞署，由于取代之而设的富村驿县丞衙门兼领其司盐职责，道光《南部县志》的编修者将盐大使署与县丞署混同了。到道光五年（1825），又以"新镇坝，滨临大江，为卑县盐斤水运必经之所，该处人烟稠密，五方杂处，较之富村驿尤为冲要"③，把县丞署从富村驿移驻新政坝。

《大清会典》对县丞的地位和职掌有这样的规定："县佐贰为县丞、主簿，所管或粮，或捕，或水利"。《清史稿》记述其事权说：县丞、与主簿"分掌粮马、征税、户籍、缉捕"等事。但《南部档案》不少档案中所体现出来的县丞事权与这些规定或记载出入颇大。无论是驻扎富村驿，还是移置新政坝，县丞都是独当一面的，除"兼理盐务"外，在富村驿时分辖富义、永丰、安仁三乡，"遇有盗贼、匪徒、赌博、斗殴、私宰、窝娼等事，俱听该县丞稽查办理"④，到新政坝后，改辖积上、积下、临江三乡，"其应管地方，除命盗重案归县审办外，其贼盗、匪徒、赌博、斗殴、私宰、窝娼等事，俱听该县丞就近照例查办。遇有盗劫、抢夺等犯脱逃，限满无获，照例开参。"可见，县丞还拥有分辖区内的听理词讼权，责任追究亦有例可循，《南部档案》中也确实存有县丞听理词讼的档案。清朝典制规定："佐杂人员不许准理词讼，遇有控诉到案，即呈送印

① （清）王瑞庆等：《（道光）南部县志》卷二《舆地志·公署》，清道光二十九年（1849）刻本。"新镇"当作"新政"，由新政废县所在而得名。

② 南充市档案馆藏：《清代南部县衙档案》Q1-4-368-1。

③ 同上。

④ 南充市档案馆藏：《清代南部县衙档案》Q1-84-369-2。

官查办。"①《南部档案》保存有四川布政使、按察使重申朝廷禁止"佐贰杂职擅受民词"、干预司法公正的札令②，而南部县的事实却与之相去辽远，尤为奇怪的是，这种严重违背制度规定的行为，也是其上级保宁府、四川布政使司认可的，因为赋予南部县丞这些权力的正是保宁府下发的一道札文。③

第三，清代南部县衙设置增益了盐大使。

南部县是当时川北地区最重要的产盐县。据丁宝桢《四川盐法志》，南部县除完成本县食盐配额陆引504张外④，还要补配阆中县水引24张，陆引403张。足见，南部盐产量不小。清朝在盐场、盐井设立盐课司，专门掌管各盐池、场之生产、交易、征税等基层盐务，其长官称盐课司大使，简称盐大使，官秩为正八品。

乾隆元年（1736）三月，四川巡抚杨馝奏准朝廷，添设四川产盐区盐大使，其中川北地区添设南部、南充、西充盐场大使各一员⑤。次年（1737），南部盐大使正式在县城东35里的西水口置司课盐，《南部档案》中的一份奏折透露其职掌说："从前县东设有盐大使一员，专管井灶。"⑥即掌理县内食盐生产。但到乾隆三十二年（1767），四川总督阿尔泰认为，"该大使止于查核井灶，无所别事，似属冗设"，乃"将盐大使裁汰，改设县丞，移驻富村驿"，且"令其兼理盐务"⑦。于是，南部县盐课司存在了40年就被裁汰，其司盐职责亦并入县丞衙署。

第四，清代南部县衙设置增益了巡检司。

清代在冲要关津地方设置巡检司，"掌捕盗贼，诘奸宄"⑧。被当今学者视为

---

① （清）吏部：《钦定吏部处分则例》卷四十七，载《故宫珍本丛刊》，海口：海南出版社，2000年。

② 四川省档案馆编：《巴蜀撷影》，北京：中国人民大学出版社，2009年，第4页。

③ 南充市档案馆藏：《清代南部县衙档案》Q1-4-369-1。

④ （清）丁宝桢：《四川盐法志》卷十七，中国基本古籍库。

⑤ 《清高宗实录》卷十五，乾隆元年三月壬子，北京：中华书局，1986年。

⑥ 南充市档案馆藏：《清代南部县衙档案》Q1-4-369-1。

⑦ 南充市档案馆藏：《清代南部县衙档案》Q1-4-368-2。

⑧ 赵尔巽等：《清史稿》卷一百一十六《职官志》，北京：中华书局，1977年。

"次县级政权的主体之一"①。南部县巡检司始设于雍正八年（1730）在县城东南嘉陵江与西河交汇的西水口，此设乃朝廷应允时任四川巡抚宪德之奏请②。十三年（1735）裁撤此缺，代之以盐大使③，仅存在五六年时间。尽管如此，《南部档案》中仍留几件与此处巡检相关的档案，内容涉及奉旨搜查原任大将军岳钟琪宦资文件④。到道光五年（1825），因取代盐大使的县丞衙署由富村驿迁驻新政坝，为了弥补这一权力真空，又在富村驿设置巡检司。因而，道光《南部县志》载云，"巡检署在富村驿，道光五年设"。实际上，初次创设的巡检衙署并不在富村驿，而在代之而设的盐大使所在地西水口，在《南部档案》中即有时任巡检署名"西水口巡检司巡检何宪"字样⑤。

南部富村驿再度设置的巡检司，实际上是把原驻广元县朝天镇的巡检司移驻富村驿而已。这个巡检司除"弹压缉匪"外⑥，还有部分司法权，《南部档案》所存相关抄札称："富村驿县丞衙门，因离城较远，遇有命案，例准就近相验。今富村驿改设巡检，亦应准其就近相验，请添仵作一名，学习仵作一名。其岁支工食银九两，应请归于南部县地丁项下扣留支给。"⑦

第五，清朝南部县城增驻过保宁府同知。

清朝在府、直隶州置有佐贰官，称同知、通判，分掌粮运、捕盗、海防、江防、清军、理事、抚苗、水利、盐务诸事，其衙门可与知府、知州同驻一城，亦派驻所辖区内某一县。雍正十一年（1733）五月，四川总督宪德请准朝廷，将原驻阆中城内的保宁府同知移驻南部县城，铸给"茶盐同知关防"⑧。《南部档案》中的一份奏折透露其职掌说："县内分驻保宁府同知一员，督理盐务。"⑨ 可

①　胡恒：《〈清史稿·地理志〉巡检司项校正》，《中国历史地理论丛》2009 年第 3 期。

②　《清高宗实录》卷九十二，雍正八年庚戌一月戊子，北京：中华书局，1986 年。

③　南充市档案馆藏：《清代南部县衙档案》Q1-2-1-1。

④　南充市档案馆藏：《清代南部县衙档案》Q1-1-12-1。

⑤　南充市档案馆藏：《清代南部县衙档案》Q1-1-12-3。

⑥　南充市档案馆藏：《清代南部县衙档案》Q1-4-369-2。

⑦　同上。

⑧　（清）鄂尔泰等：《（雍正）八旗通志》卷一百八十九《宪德传》，载《景印文渊阁四库全书》，台北：台湾商务印书馆，1986 年。

⑨　南充市档案馆藏：《清代南部县衙档案》Q1-4-369-1。

见，保宁府驻南部县同知主要职责是"督理盐务"，此与铸给的"茶盐同知关防"吻合，其衙门乃康熙朝名宦南部县人李先复之子李绎捐献入官的一座住宅①。但到嘉庆十三年（1808），又将此缺裁撤了。当时朝廷"勘定马边、峨眉两处夷匪，案内将分驻南部县同知裁撤，改为马边厅抚夷同知"②。这样，保宁府同知衙门在南部县城驻扎了75年。同知衙门实属保宁府的派出机关，虽驻南部县城，却非南部县官衙。

综之，清代南部县官衙设置呈现出以下特点：典制规定的有些官员始终不置，如主簿；有的官员则时废时置，如盐大使；有的官员又因需而置，如县丞；还有的官员及衙署虽设在县城却非县级官署，如同知。可见，清朝南部县实际官员设置亦不像清朝典制规定的那样整齐划一、常设不变。这些充分体现了清朝制度的规范性与实际运行的差异性。

---

① 《清高宗实录》卷一百二十一，乾隆五年闰六月丙辰，北京：中华书局1986年。
② 南充市档案馆藏：《清代南部县衙档案》Q1-4-369-2。

从南部档案看清代县志的编修与征集

金生杨

清代是我国封建社会地方志编修的全盛时期，学术界对清代的方志政策、方志编修的概况、方志学理论有较深入的认识，但对于基层县级政府在方志工作上有何作为，则罕有专门论述。然而现存清代地方志5701种县志中就有4714种，占总量的82%①，加之与县志相关的各项工作，以及县志内容的翔实丰富，都说明县志值得特别关注。清代南部县衙档案（以下简称"南部档案"）保存了有清一代四川省南部县的衙署档案，其中有不少档案涉及方志的问题。以此为基础，结合现存南部县的清代旧志等史料，梳理清代县级政府在方志方面的作为，对深入研究方志学、方志史及清代历史皆有重要意义。

一、一统志、国史与县志的编修与征集

清代无论是朝廷一统志、国史的修纂，还是各地通志、府志的编修，都直接关系到州县方志的修纂与征集。

（一）一统志与省、府、县志的编修与征集

继元明而后，清代在编修一统志上有了进一步的制度完善。清朝特别重视方志的编修，曾于康熙、雍正、乾隆、嘉庆、道光、宣统时，为编纂《大清一统志》，令全国各地纂修、上呈方志。其中府州县志由各级地方长官负责，汇

---

① 仓修良：《方志学通论》，济南：齐鲁书社，1990年，第371—372页。

辑而为直省通志；通志由各直省督抚主持，再汇为一统志。一统志的编纂不仅促进了县志的不断编修完善，而且也对其刊刷流传起到了重要作用。

1. 康熙《大清一统志》与四川省、保宁府、南部县志的编修

早在清朝建立之初，一些地方官员出于编志传统、改善地方治理的需要，已自发编修本地方志。顺治十八年（1661），河南巡抚贾汉复下令编纂《河南通志》，并令各府、州、县相继纂修志书，是为显例。康熙十一年（1672），卫周祚奏请各直省纂辑通志，"总发翰林院，汇为《大清一统志》"①。康熙诏允其请，颁《河南通志》于天下。

清代四川通志的修纂也早于一统志起步，康熙十一年便完成《四川总志》36卷，时"爰俞阁臣请肇修一统志，诏下督抚诸臣修各省通志以进，而蜀志适以是时告成，故达于御也，于诸省最先"②。

康熙《四川总志》没有以先修各府州县志为前提，而是聘礼州县博洽之士参与其事，大体以明志为基础，修订润色而成，"以兵燹之后，文献无征，亦多所脱漏"③。李先复称："康熙九年，抚宪罗公（森）纂修《总志》，聘礼州县博洽之士。县父母焦公（澍）以先叔勉斋闻，辞病不就。意以修《总志》，则全省不乏人，而南邑县志未修，将来继《总志》而修县志，余始不敢辞。"④康熙二十二年春，礼部奉旨檄催各省通志，限三月成书。二十三年，李钟峨据万历四十年《四川总志》手录《保宁府志》一册⑤。二十四年夏，清廷敕修《大清一统志》，诏天下各修府州县志。其秋，黄贞泰"候秩京华"，以"奉宪檄纂修县志，事不容缓"，于是邀集邑绅雍居敬、李先复等新修《南部县志》，复因应召入京，未及书成⑥。徐浩继任，设局于城南书院，借雍、李二手，完成《南部县志》的修纂。

①   来新夏、郭凤岐：《天津通志（旧志点校卷）》，天津：南开大学出版社，1999年，第5页。

②   （清）蔡毓荣：《（康熙）四川总志》卷首《四川总志序》，清康熙十二年（1673）刻本。

③   （清）永瑢等：《四库全书总目》，北京：中华书局，1965年，第608页。

④   （清）王瑞庆等：《（道光）南部县志》卷首李先复序，清道光二十九年（1849）刻本。

⑤   （清）黎学锦等：《（道光）保宁府志》，载《中国地方志集成·四川府县志辑》第56册，成都：巴蜀书社，1992年，第433—434页。

⑥   （清）王瑞庆等：《（道光）南部县志》卷首黄贞泰序，清道光二十九年（1849）刻本。

　　由于一统志历久未成，雍正三年（1725）、六年、七年，清廷反复谕令修志，并下令各省、府、州、县志书六十年一修，著为功令。四川巡抚宪德"凛遵谕旨，遴委贤员，以永宁道刘嵩龄总其事，布政司刘应鼎督其成，并延聘老成绅士、博雅工文者"①，具体负责编纂事宜。十一年，内阁一统志馆照会户部，要求详查直隶各省、府、州、县户口、田赋等事项，依据所附行事14条，逐条详查造册送馆。此以调查表册为修志服务，各地便可以在不修志的情况下完成要求。此年冬十月，雍正《四川通志》完成，仍"因前明总志之旧而衰益之"②，参与其事的有四川各地方官绅，但并未明确有南部县人，在南部档案中也未见相关资料。

　　乾隆即位后，继续进行康熙一统志的编修工作，至乾隆五年，《大清一统志》修成，凡356卷。

　　2. 乾隆《钦定大清一统志》、嘉庆《重修大清一统志》与嘉庆《四川通志》的纂修

　　因平定准噶尔部、征服回疆，加之各省府厅州县分并改隶、职官增减移驻等，乾隆于二十九年敕令重修一统志，"诏取直省志乘以进"③。至四十九年《钦定大清一统志》纂修告竣。其间，清廷平定大小金川，随后西南少数民族地区改土归流，无论是四川通志，还是相关府州县志皆需改订新修，但四川通志、保宁府及南部县志均未有新修者。

　　嘉庆十六年（1811）正月，方略馆奏请补修乾隆《钦定大清一统志》，清廷于是下令再次重修一统志，交由国史馆纂办。经国史馆议奏，"所有通体沿革、裁改各事宜，其在京各衙门，令于三月内交全；在外各省，令于半年内交全。俟各衙门、各直省交全后，立限二年将全书纂校进呈，俟钦定后咨送武英殿刊刻"④。同年，四川总督常明奏请开局修志，至嘉庆二十年（1815）编纂完成《四

---

　　① （清）黄廷桂等：《（雍正）四川通志》，载《景印文渊阁四库全书》第559册，台北：台湾商务印书馆，1986年，第16页。

　　② （清）常明、杨芳灿等：《（嘉庆）四川通志》，成都：巴蜀书社，1984年，第12页。

　　③ （清）阿思哈等：《（乾隆）续河南通志》卷首阿思哈序，清乾隆三十二年（1767）刻本。

　　④ 乔治忠、朱洪斌：《增订中国史学史资料编年（清代卷）》，北京：商务印书馆，2013年，第450页。

川通志》。在其"新修之时，檄取各县志稿，而各县之素未有志者，仓卒应命，或不免于卤莽灭裂"①。当时保宁府未有志，南部县虽有康熙旧志，但未能修成新志。道光二十二年（1842），嘉庆《重修一统志》始告完成，而叙事止于嘉庆二十五年，嘉庆《四川通志》叙事则止于二十年。

康熙修一统志，采取了逐级修纂汇总的方式。"夫修志之役必始于县，县志成乃上之府，府荟集之为府志。府志成，上之督抚，督抚荟集之为通志。通志归之礼部，然后辑为一统志。于是无所不该，山川、贡赋、土产、人物之类，无所不备。"②不过，这一模式在随后的历史发展中却逐渐发生变化。"乾隆朝与嘉庆朝纂修《大清一统志》，已经不依赖于各地新修方志来提供资料，即《大清一统志》的纂修与全国各地的编纂方志活动，已经从组织机制上分离。"③他们所依据的材料，以中央、地方各机构新编文献、档案以及已有方志为基础，加之编志机构（前者为方略馆，后者为国史馆）开列直接征集的相关事项，督促各地官员造册送交，作为补充新资料、新内容的主要来源。国史馆于道光五年九月拟定的《一统志凡例》就明确说："本书全凭各部院及外省文册甄载……咨取各部院及外省文册，必须现纂官自行检查应咨事宜，撰一草稿，将紧要之处，分晰指示。"④因此，乾隆、嘉庆编修一统志，对编修各省府州县志的直接要求并不明显，反倒是六十年一修的规定及一统志的示范作用，起到了很好的促进作用。因此出现官修志书日益充积，而地方长官以开局修志为"斯文重任"，即便自己学识不够，也要罗致博学之士，为之纂辑，而自居主修之名⑤。梁启超便说："清之盛时，各省、府、州、县皆以修志相尚。"⑥"文化稍高之区，或长吏及士绅有贤而好事者，未尝不以修志为务，旧志未湮，新志踵起。计今所存，

---

①　（清）徐继镛修，（清）李惺等纂：《（咸丰）阆中县志》卷首李惺序，清咸丰元年（1851）刻本。

②　（清）伊继善等：《（乾隆）江南通志》，载《景印文渊阁四库全书》第507册，台北：台湾商务印书馆，1986年，第7页。

③　乔治忠：《中国史学史》，北京：中国人民大学出版社，2011年，第269页。

④　乔治忠、朱洪斌：《增订中国史学史资料编年（清代卷）》，北京：商务印书馆，2013年，第464—465页。

⑤　张舜徽：《以地域为记载中心的方志》，载金恩晖主编，地方史志研究组编：《中国地方志总论》，长春：吉林省图书馆，1981年，第102页。

⑥　朱维铮校注：《梁启超论清学史二种》，上海：复旦大学出版社，1985年，第45页。

恐不下二三千种也。"①

3.六十年一修志书的持续发酵与四川省、保宁府、南部县志的编修与征集

尽管清修一统志的工作告一段落,但六十年一修志书的规定及由此引发的修志风潮持续发酵,各地仍不断地新修志书,保宁府、南部县也受此影响。

府志的编修深受通志的影响。"保宁之有府志,则有道光元年,其体制一如新通志之式。"②道光元年春,川北兵备道黎学锦"精延嗜古之儒","广搜旧典,博采耆闻,别类分门,发凡起例"③,于本年修纂完成《保宁府志》。其间,既有南部县知县李文德"协理",也有教谕张怀洵、训导杜应枚、癸酉科拔贡陈观林"采访",还有县丞陈叙硕"督梓"④,不同程度地参与到编纂工作中去。

在省、府修志的影响下,南部县也在道光年间新修了县志,并在同治年间再行增订。"自有新通志,而郡县之修志者率以新通志为蓝本;自保宁有府志,而属县之修志者又兼以府志为蓝本。"⑤道光《南部县志》便经"网罗旧闻,取保郡新旧志书,参互考订"⑥,历王瑞庆、李澍两任知县主持而成。同治九年(1870),知县承绥复请李咸若总纂,续补而增刻之,是为同治《重修南部县志》。

光绪初年,四川总督丁宝桢札称"本省通志自嘉庆二十年重修,迄今已届六十年,现值邻氛渐靖,民气咸和,足征文献",下令纂修通志。办理四川采访忠节总局奉督宪札,"通饬各属,遴选公正通达儒绅耆士,周谘博采,毋滥毋遗,自前届修纂后,以及于今,将历任职官题名政绩、历科进士举贡文武生监、封荫荐辟、历年殉难殉节忠臣义士孝子节妇贞女,以及学额、营伍之增添,人物、艺文之可传者,各按体例,分类修辑申局,以备编纂"。于是"各属新志陆续申赍到局"。但南部县"新旧志俱未申覆",于是办理四川采访忠节总局

①　朱维铮校注:《梁启超论清学史二种》,上海:复旦大学出版社,1985年,第441页。

②　(清)徐继镛修,(清)李惺等纂:《(咸丰)阆中县志》卷首李惺序,清咸丰元年(1851)刻本。

③　(清)黎学锦等:《(道光)保宁府志》,载《中国地方志集成·四川府县志辑》第56册,成都:巴蜀书社,1992年,第6页。

④　同上书,第16—17页。

⑤　(清)徐继镛修,(清)李惺等纂:《(咸丰)阆中县志》卷首李惺序,清咸丰元年(1851)刻本。

⑥　(清)王瑞庆等:《(道光)南部县志》卷首李澍序,清道光二十九年(1849)刻本。

"因开局在迩，未便再行延缓"，于光绪七年（1881）七月二十五日，再行严催南部县，"务将修志一事，赶紧举办，如已修辑成编，督率绅耆迅速刊刻刷印申送，以备编纂。或刊刻无赀，即将嘉庆二十年以后迄光绪年间止，应志各事宜，分类搜辑，按年编纂，缮成清册，妥为校对，连旧志一并申送，以资采择，无论实缺署事，及代理人员，均不得借辞推诿，亦不得借端加派，致扰闾阎"①。南部知县张宗瀛为此于闰七月十八日移知县儒学，按照要求办理②。

4. 清末续修一统志与南部县志的续订刊印

清朝末年，政事日非，清廷为应对新兴事宜，试图以修志来维系统治。宣统二年（1910），《民政部奏设立图志馆折》称：

> 奏为臣部设立图志馆，搜罗图籍，以备续修一统新志，恭折仰祈圣鉴事。窃维国家富强之要图，不外军备、农商、财赋、交通诸大端，而方舆一职实为庶政之枢纽。……伏查《大清一统志》成书已越二百余年，各省通志自乾隆以后半未续修，而嘉庆、道光一统志均未见颁行。近来私家著述，更鲜善本。方舆所关，至为重大，亟应准今酌古，继轨重编，上以昭列圣疆理之隆规，下以资中外士庶之研究。……前经奏明，调取各衙门、行省图志，并颁发地理表式，饬令详细报告，各在案。兹谨设立图志馆，汇萃图书，并督率司员，悉心纂述，严定体例，分门编辑，并随时调取各衙门案卷，借供参考，以为续修一统新志之预备。③

续修一统志的准备工作早在此前已经着实地开展，故宣统二年（1910）四月，南部县知县侯昌镇面谕县绅修理旧志，刷印多部。五月，南部县奉到这份民政部奏折，无疑进一步促使南部县在修饬方志上下功夫。

五月三十日，南部县举人汪麟洲等人因志板残阙，续编、刷印需费，禀请筹措经费：

> 窃维志乘流传，足资激劝；板张残阙，急待补修。南邑世传原有旧志，自献逆毁烬，简篇所在，湮没无存。逮国朝康熙九年，得雍、李二先达纂修，

---

① 南充市档案馆藏：《清代南部县衙档案》Q1-8-429-2。
② 南充市档案馆藏：《清代南部县衙档案》Q1-8-429-1。
③ 南充市档案馆藏：《清代南部县衙档案》Q1-21-821-1。

历道光己酉，复蒙李主续订，一时纪盛扬徽，灿大备。凡城乡士绅，家靡不有志，以资观感。同治九年，续加增修，距今又数十年，遗编散失，访之旧家，鲜有存者。上月恩主面谕修理刷印多部，散存绅者，诚惧年移时异，灭没无征，垂念至为深远。但刻下请同学师检阅旧板，选可印者，仅得八十三张，其余三百余张，残阙杯滥，概不适用，是惟另刊新板，乃可刷印。且自同治迄今数十年来，邑中忠义节孝，又当补入，统计采访编纂，及刊刻刷印等费，不下六七百串，决非妥筹巨款，不能开工藏事，是以举等恩恩作主，或在三费余款提拨，或在别项公款拨用，或出印簿募捐，筹定的款，方便开办。事关邑乘重件，理合禀呈监督大人台前施行。①

知县侯昌镇同意请求，"准出印簿，募捐以光志乘"。此禀历述康熙、道光、同治间修志历史，唯雍、李修志时在康熙二十四年（1685），康熙九年并未修志。另外，该禀对两部《南部县舆图说》、一部《南部县乡土志》的历史则未予记述，是为不备。

从禀文来看，当时旧志不仅遗编散失、鲜有存者，而且保存在县衙的旧印版大多不适用，可以想见其状况堪忧。汪麟洲等人试图借此机会筹措经费，补全板片，续修志书，并重新刷印，尽管无果而终，但一统志的编修对地方志书的修纂与传播的巨大推动作用仍彰显无遗。

（二）国史与县志的编修与征集

光绪年间清廷编纂《大清会典》，一再向全国州县催修、上交志书，南部县接到的是查明古昔陵寝、先贤祠墓札饬，未提到上交志书。

光绪十七年（1891）二月，办理四川采访忠节总局奉国史馆咨取方志，札饬南部县申解县志。十月，四川采访忠节总局再次飞札严催南部县，"迅将该县志书赶紧刷印二部，装锭齐全，备文解送来局，以凭汇齐，详请咨送。此等奉文饬取要件，万不能因该县一处，停而不解"②。十八年二月，四川采访忠节总局以"各厅州县志书系奉国史馆咨取之件，立候汇解，岂能久延，久经本局

----

① 南充市档案馆藏：《清代南部县衙档案》Q1-21-821-2。
② 南充市档案馆藏：《清代南部县衙档案》Q1-11-426-1。

飞催，已及年余，未据该县申解"，于是"将延不申覆、置身事外之地方官存记，详请记过"，并"专札严催"，要求"迅即会学督绅，将新旧各志书，以及地图刷印二部，克期申解来局，立等咨送"①。

三月初一日，南部知县联武禀称，"自嘉庆年间以后，并未续修新志，所有从前旧志，已历多年，板片遗失，朽烂不全……公事纷繁，正拟督绅设法筹款，雇匠补刊修整刷申……旋据该绅等佥称刊补板片，不特费年，所出抑且有需时日"，于是在"城乡觅旧存县志二部，恳请申解"②。嘉庆以后无修志之举是虚，而板片或佚或烂是实，至于地方事务繁剧，长官更代，经费难筹等，则反映出续修、新印志书不易。三月三十日，四川采访忠节总局收讫旧志后，指示"亟应会学督绅修纂齐全，以备随时咨取考核"③。

光绪二十一年（1895），国史馆因地理志"现届续修，飞查各直省及府厅州县原存志书及续修新志无足以成信史，希即一律札取，从速咨解。至于全省总图及各府厅州县分图如有绘存之本，亦望一并咨送，俾可征信，即须按季次第进呈，立候纂辑，务望随到随解，幸勿刻延"。四川总督鹿传霖于是札饬各地："速将原存旧志舆图及续修地理新志汇成一帙，各呈二部，迅速申送来院，以凭咨送。"④二十七日，南部知县袁用宾复以前因相禀，而"将前任县补刊整刷县志二部，仍装订成帙，备具文批，专差申解"⑤。由此可知，光绪二十二年袁用宾主持重刻《南部县舆图说》正与国史馆的修纂要求有关，而其刊刻之成则是因仍前任知县联武承命申呈旧志并力加刊刷的结果。

需要说明的是，嘉庆《重修大清一统志》完成于道光二十二年，而八年道光帝下诏重修一统志，以完成嘉庆帝未了心愿，十一年又命儒臣续辑一统志，并征收天下舆图。当时主持重修一统志者正是国史馆。尽管一统志的重修已经不依于各地新修方志来提供资料，上述又是国史馆因续地理志而征集方志，但仍与重修一统志有莫大关系。

---

① 南充市档案馆藏:《清代南部县衙档案》Q1-11-426-2。
② 南充市档案馆藏:《清代南部县衙档案》Q1-11-425-1。
③ 南充市档案馆藏:《清代南部县衙档案》Q1-11-425-4。
④ 南充市档案馆藏:《清代南部县衙档案》Q1-12-870-2。
⑤ 南充市档案馆藏:《清代南部县衙档案》Q1-12-870-1。

二、加强治理与县志的编修与征集

地方志对于治理地方有重要的参考价值，因此在清代，无论是中央还是地方，对地方志都十分重视，在强化治理时往往编修、征集方志，以做参考。

（一）地方治理与《南部县舆图说》的编纂

康熙年间，清廷曾派遣西方传教士到全国各地用西法测绘地图，编纂舆图成为清代地方志的重要内容。乾隆四十七年（1782），清廷便完成了《钦定皇舆西域图志》48卷。

乾隆初年，陈宏谋任职地方，以舆图作为了解地方、熟悉地方事务、革弊兴利、提高治理水平的手段[①]。他治理地方的手段与方法得到了南部县地方官吏的认可与切实执行，知县袁用宾就称："国初陈文恭公任封疆时，饬州县各绘舆图一册，备载境内之道里远近，幅员宽狭，村庄疏密，山林川泽之形势，城郭原隰之规模，俾留心民事者，随时寓目，视四境之内如一室，萃万民之众如一身，足迹虽有未经，精神自无不贯，治一邑而一邑靖，治天下而天下平，直不啻身之使臂，臂之使指矣。"[②]四川提刑按察使冯煦也称"各属投递"的"舆图事宜册"乃"仿陈文恭州县图说为之，得以知险易，察利病"[③]。

咸丰元年（1851），朱凤枟接任南部知县后，"巡历乡村，按籍而稽"，编纂完成《南部县舆图说》[④]，以87幅图文说明各乡场集。朱氏之法除取鉴于"周鉴台公《金汤十二筹》，逐设分方之法为之"外，又得"熙宁就村振济、张咏照保粜米，徐宁孙逐镇放散，朱文公（熹）分都支给"之遗意，复参佐"前明吕司寇（新吾）之《乡兵救命书》，金文毅之《友助事宜》，周敬修制府之《守望约》《团练条规》《小条规》，许信臣阁学之《乡守辑要》"[⑤]，具有历史的继承性，企图通过分方、保甲、团练，以达到强化治安、稳定地方的效果。编纂《县舆

---

① 侯俊云：《试论陈宏谋胥吏管理之实践》，《兰州学刊》2005年第4期。
② （清）袁用宾：《（光绪）南部县舆图说》卷首袁用宾序，清光绪二十二年（1896）刻本。
③ 南充市档案馆藏：《清代南部县衙档案》Q1-16-93-3。
④ （清）朱凤枟：《（同治）南部县舆图说》卷首朱凤枟序，清同治八年（1869）刻本。
⑤ 同上。

图说》，在于"随时寓目，遇事考证，境内情形，了如指掌"，"遇有审事拘人，缉凶捕盗，或查荒赈，或兴水利，或清保甲，或办团防，因地制宜，均易措置，一举而数善备"①。光绪二十二年，袁用宾以其"篇残简断，旧板荡焉无存，且今昔有变迁之局，市镇有兴废之殊，爰命手民，重加刊绘，阙者补之，残者续之，讹者更正之"②，续刻《南部县舆图说》而传之。

（二）地方治理与绘制舆图、编造清册

光绪二十八年十月，川东道道员贺伦夔饬令各州县照绘详确舆图，以为防剿张本，并上禀总督岑春煊。岑氏有感于地方治理之难，盛赞该道贤而有权责，要求"布政司转移遵照，并将该道赍到图式及饬绘地图札文，由司照录照绘，移知各道，转饬所属一体遵照测绘，呈院备查"③。南部知县张景旭"奉文后即选派通测量之人，驰诣各处，查照图式，分别测绘"④，制成舆图1张申赍。

二十九年七月，提刑按察使冯煦称："本司到官以来，各属投递红批及舆图事宜册各一分，此仿陈文恭州县图说为之，得以知险易，察利病，本司方幸广所未喻，为问俗采风之助，乃一经批览，图则蒙混不清，册则挂漏非一，祗同具文，初无实用，为此专札饬查。札到该员立即遵照后开各条详细登复，毋再草率疏脱，名存实亡。该员等既任知府、知州、知县之官，即当周知一府、一州、一县之事，任而不知，是谓不明，知而不举，是谓不忠，该员等必不出此也。"⑤其所开者凡12条，以陈宏谋饬令所属编纂饬取舆图、事宜册之法为之，完全可以与地方志的各门类相对应，纳入舆地图、舆地志、食货志、学校志、武备志、人物志等类别中。南部知县张景旭清楚其强化治理、整顿风俗之目的，对各项事宜逐一调查落实，然后据实上呈，并申赍开方舆图一纸、清单一、清

---

① （清）袁用宾：《（光绪）南部县舆图说》卷首袁用宾《附刊绘舆图说》，清光绪二十二年（1896）刻本。

② （清）袁用宾：《（光绪）南部县舆图说》卷首袁用宾序，清光绪二十二年（1896）刻本。

③ 南充市档案馆藏：《清代南部县衙档案》Q1-16-93-8。

④ 南充市档案馆藏：《清代南部县衙档案》Q1-16-93-2。

⑤ 南充市档案馆藏：《清代南部县衙档案》Q1-16-93-3。

册三本①。其中称:"南部县志重修多年,现在刊板已坏,合县舆图、志书所载,亦不详细。去岁办赈时至各乡周知大概,旋奉上宪饬绘,即选派精于测量之人,驰诣各乡绘就,谨再图呈。"②

此次四川总督岑春煊借川东道贺伦夔禀呈治理地方事宜而饬令各属测绘舆图,进而上呈方志及各有关事项,乃出于地方治理、应对教匪等社会棘手问题。除上呈旧志、舆图外,新测绘舆图及上报事项,皆关乎方志内容,几可视为续修志书之具体事项,完全可以补入新修方志相应各门类之中。冯煦称"仿陈文恭州县图说为之",说明各府州县上报内容依据的是陈宏谋任职地方时命令各属编纂饬取舆图、事宜册的处理方式,更近乎志书之修纂。尽管此次只针对当下事务而设,并未要求新修地方志,但这样的调查上报,为以后的方志修纂打下了基础,充实了资料,可以省却不少采访的工作。

(三)军事交通与县志的征集、调查表的填报

清朝末年,新式交通成为西方列强侵入中国的重要工具。光绪三十三年(1907)冬间,陆军部以"各直省及西北路安设驿台等站,均为军务而设,现当筹备军用国道,所有原设驿站,关系至要,惟各省处所属各站,或逐渐增设,或随时改并,今昔情形,间有不同,亟宜切实调查,详细编订",要求"各督抚将军大臣将国界、省界、府厅州县及乡村镇界,并台站界、土司界内驿站所经之处分析造表,绘图咨报"③。嗣后,陆军部又因"湖南巡抚将全省驿铺详绘总分各图及水陆各道弁夫马经费,分列各表,并附设裁始末等说,造送到部",而"核其图表甚为详备,各省处均可照式办理",于是转发其图表式,并咨行各督,"饬属妥速照办,统限于半年内汇齐,粘订成册,咨送本部,以凭考核筹办"④。

四川按察使江毓昌认为"仍令各属绘造,势必仍前不能合用,司署案籍不全,无从考镜,必须调取各属志书、舆图,方能有所取则",要求所属"详细

① 南充市档案馆藏:《清代南部县衙档案》Q1-16-93-6。
② 南充市档案馆藏:《清代南部县衙档案》Q1-16-93-1。
③ 南充市档案馆藏:《清代南部县衙档案》Q1-21-58。
④ 同上。

绘具舆图一纸，务将水道原委流域、塘铺经过里数、上下程站接替员弁夫马经费等项，逐一填具表册，检同志书壹部，克日申赍来司，以凭汇办"①。这无疑又在陆军部调查要求的基础上，增加了上呈志书一书。宣统二年（1910）二月十九日，南部知县侯昌镇批示"该房遵照绘图造册，并备志书一部申送"②，三月七日便申赍舆图一张、清册一本、志书一部，并一一禀明本县水道原委流域、塘铺经过里数、上下程站接替、夫马经费等情况③。

宣统元年，陆军部下设的军咨处以"近今环球各国讲求军备者，尤以路事与军事有密切之关系"，筹办军事交通，考虑到"建筑军用道路，需款浩繁，何者宜急，何者宜缓，何者宜仍其旧，何者宜加变通，调查不厌其精详，考求务底于细密"，又"恐从前图籍所载道路、桥梁、山林、川泽，以及江海险要，揆诸现势，今昔不无异同"，于是咨请各总督"饬取所属各府厅州县志及旧有舆图，汇送本处，借资参考外，所有山川道路，水陆里程，与夫车辆船舶，举凡关于输运等事，业经本处订就调查表三纸，相应咨请贵督，按照各表式样，刊印多张，分发各府厅州县，并饬由督练公所选派军官分往各地方，会同调查，详为纪载，期于明年五月以前汇送本，以凭规画"④，并随咨下发《调查章程》《水道调查一览表》《驿站道里调查表》《水道驿站里程一览表》等。各省督署部堂承准军咨处咨文，檄令各地督练公所依准咨事理，刷印调查表，转发各府厅州县遵办，并由公所派军官分往各属会同调查，按照表内所列有关输运事项，逐一详查明确，详晰填表具报，复由公所复核汇订成册，依限详请咨送。四川督练公所参谋处还拟定《调查暂行简章》，下发各属。

二年二月，四川督练公所参谋处委派六十六标炮兵三营督队官何光昭、营中队排长姚锦章赴南部县会同详晰调查，选派人员包括了会同各属调查军官、直接调查驿站军官、直接调查水道军官三类，携带器具则有图板、图囊、米达尺、两脚器、小罗针、日记簿、驿站表、测图纸、水筒、饭盒、水道表、水道

<hr>

① 南充市档案馆藏：《清代南部县衙档案》Q1-21-58。

② 同上。

③ 南充市档案馆藏：《清代南部县衙档案》Q1-21-60。

④ 《督宪通饬各属按照军谘处咨送调查表认真调查札文》，《四川官报》1910年第4期。

驿站表、各府直隶厅州图、照相机及附片等。二十三日，知县侯昌镇因"调查委员姚业已到县"，便"即委绅分路调查，以凭填注式样"，要求"该绅立即遵照来城，听候委员指示调查方法，并研究应需调查各项事宜"，"该绅限于本月二十五日到县，风雨不改。至该绅调查期内，每日支旅费钱五百文，按日发给，自下乡调查之日起，查毕回县止"，此外还开列"调查辅助员应支夫马清单"，"总共应领夫马各十日钱叁拾千"，以辅助调查①。三月，四川督练公所参谋处"请调取各府厅县志书一册，以资印证而备采择，纵难尽期确实，要可得其端倪，于军事不无裨补"②，通饬各府厅州县申送书志一部，限文到 10 日赍送。

综合来看，陆军部面临军事国防的现代化，要求改革传统的路政，筹备军事交通。为此，他们一方面征集传统志书，作为规划考核的参考资料，另一方面考虑到旧志书跟不上新时代，又制定章程，设计调查表，由各省委员会同调查，逐一详晰绘图、填表上报。从形式上看，这是对前期因编纂一统志而征集志书、调查资料的进一步完善。

三、因中央、地方机构职责所系而编纂、征集县志

地方县志之编修与征集还有些是因为中央、地方某些机构职责所系而出现的。为了很好地履行职责，有关机构往往要求地方编修方志，或者上呈旧志，以备稽核。据南部档案的材料，这种情况主要集中在晚清时期。

由于清末废科举，兴学堂，学部颁令编修乡土志教材。光绪五年（1879），吴大澂撰山西《保德州乡土志》，成为清代最早出现的乡土志。二十七年，清廷议废科举，立学部，兴学堂，翌年颁布《钦定学堂章程》，"史学""舆地"成为小学阶段必修的两门课程，学部通令各地编修乡土志作为小学堂的教材。二十九年，学部颁发《奏定初等小学堂章程》，规定开设历史、地理课程，其历史"尤当先讲乡土历史"，"令人敬师叹慕，增长志气者，为之解说，以动其希贤慕善之心"，其地理"尤当先讲乡土有关系之地理，以养成其爱乡土之

---

① 南充市档案馆藏：《清代南部县衙档案》Q1-21-59。
② 南充市档案馆藏：《清代南部县衙档案》Q1-21-860-1。

心"①。三十一年，学部颁发《乡土志例目》，作为编纂乡土史地教材的指导方案，详细规定乡土志书的内容及体例。三十二年，南部县学廪生王道履遵式编纂《南部县乡土志》。全志分历史、地理、物产三个部分，卷首王道履叙明确为初等小学教材而编，以培养振发学生爱乡爱国之精神；叙末编志体例明确纂次谨遵《例目》，唯其以"城内""区内"加分别，较其他县乡土志为简切。

由保甲而警务也是清末的重大变革，其间为筹办巡警，四川通省巡警道曾下令上呈志书。光绪二十九年（1903）四月，四川将原有的保甲局裁撤改设，成立警察总局。三十一年，警察总局改名四川通省警察总局。三十三年六月，改设四川通省巡警道，主持四川警务公所，管理全川警务，兼管成都市区警务。宣统二年（1910）十月，四川通省巡警道周善培总办札饬南部县称："本道现就警务公所设立图书室，搜集新旧书报，以充学识。各府厅州县志书，尤为筹办巡警必应考究之书，合行札饬。为此札仰该县即便遵照该□，如刊有志书，速即捡出一部，申送来道，以备考查。"② 显然，这是出于四川通省巡警道就警务公所设立图书室而搜集方志，目的是为筹办巡警做参考。

光绪三十二年十二月七日，民政部"会同军机大臣奏定官制章程折内设立疆理专司，管理户部划归之疆理事项"，而"疆理司之职掌以图、志两项为最要"。由于"各直省地势或有变迁，区域不无分合，必须有新绘之图、新修之志，方足以资参考"，民政部于是札饬各地征集方志，"应请将最新出版之省、府、州、县图志咨送本部，嗣后如有增析裁并之处，并希随时咨报，以便查核"③。此乃出于中央机构职责所系而征集地方图、志。

四川咨议局职责以议事为先，而议事以了解民风民俗为先。宣统元年十一月，为查考应兴应革事，四川咨议局移文南部县，征集方志。其移文称："本局应办事件，以议决本省应兴应革事件为第一。惟查川省幅员辽阔，民情风俗习惯多不相同，若不先事查考，议事难期妥协。所有各属志书，亟须检阅，以资

---

① 朱有瓛：《中国近代学制史料》第二辑（上），上海：华东师范大学出版社，1987年，第178页。

② 南充市档案馆藏：《清代南部县衙档案》Q1-21-705。

③ 南充市档案馆藏：《清代南部县衙档案》Q1-18-465。

考证。除分移外，相应备文移请，为此合移贵县，希将志书及新编乡土志等书，各检送一分，俾供参考，实为公便，须至移者。"① 从此次征集来看，包括了本地的各种志书，甚至是最近为中小学堂教学而新编的乡土志教材。此乃出于地方机构职责所系者。

清代的有关政策还直接影响到民国。清朝末年，在宣扬打倒清朝、废除科举的同时，宋育仁等提出学习张之洞在湖北废除科举教学后创办存古学堂类似新学的主张。宣统二年，原陕甘总督杨遇春后人将位于成都外南门街故第献出，作为存古学堂校址。后来为了扩大这所学府，从各方面培养人才，设立近代学科教学，遂将四川军政府枢密院的原址扩大为学堂校址，并于 1912 年更名为"四川国学院"②。四川内务司因四川国学院有"应办事宜，若审定乡土志、续修通志之属，均为专责"而征集方志③，更揭示民国初年对地方志的重视。1916 年以后，宋育仁任四川国学院院长，创办《国学月刊》，兼四川通志局总纂，负责编纂《四川通志》。

四、结语

从清代南部县衙档案及现存南部县旧志等史料来看，清代县志的编修、征集与纂修国史、一统志，以及整顿地方、加强治理等有着密切的关系。

清代方志的编修一般持续很长的时间，往往经过了多人接续不断的努力。这一方面是因为上级始终持续催促地方志的编修与征集，三部一统志的修纂用时皆久，而光绪十七年至二十二年因国史馆修史而持续征集南部县志，也足见一斑；另一方面地方政务繁剧，修志人力、物力难以筹措，地方长官负责方志的编修与上呈，使这一工作得到了可靠的保障，地方长官负责制起到了很大的作用。此外，出于了解民生民情、强化地方治理的需要，很多务实能干的地方官吏都特别看重方志的编修与征集，即使不修方志，在调查上报相关清册、图

① 南充市档案馆藏：《清代南部县衙档案》Q1-20-911。
② 杨正苞：《四川国学院述略》，《西华大学学报》（哲学社会科学版）2009 年第 1 期。
③ 南充市档案馆藏：《清代南部县衙档案》Q1-21-860-2。

表上也能实事求是、详尽具体，成为以后修志可资查证利用的档案史料。

　　清代方志的编修十分强调统一的范式。为统一规范，上级衙门甚至札发样书、条例，或逐条调查事项、调查图式、调查表，开列调查章程，甚至派员分往各地会同调查，用心至细，调查至密。不过，"编修方志既有一定公式，各地所修志书，就免不了千篇一律，面目如一。这使得许多修志人员，不是从本地实际情况出发拟定篇目，不在本地区应写内容上下功夫，而是在名目上做文章"①。这样的弊端，我们单看《南部县乡土志》即可见一斑。从正面来讲，统一的规范，不仅将社会治理急需的事项登载无遗，而且确保了事项的完善性、可靠性，避免了地方敷衍塞责，草草了事。

　　地方志有资治、教化、存史三大功能。明代杨宗气为嘉靖《山西通志》作序称："治天下以史为鉴，治郡国以志为鉴。"方志的修纂与征集，既有备国史采择，备考稽、治理的功能，也是考核官吏政绩的重要方面。清廷善于保存资料，教化百姓，随时征集相关数据，忠节采访局等部门不断征集、保存相关史料，为修地方志服务。也就是说，方志的修纂，有着严密完整的档案基础与依据，是一个长效的工作，而六十年一修通志的制度，更确保了方志的持续有效修纂。

　　为了应对时局的变化，清末进行了一系列机构、制度改革，而这些改革的背后都有着一系列新的问题需要解决。为此，清廷大量借助传统方志，通过它们来重新梳理相关的历史与现状，然后做出相应的对策。如为应对地方治理、履行职责、发展军事交通，适应变革，而重新调查、征集方志等等。为弥补传统方志的不足，清代各级政府又通过新的调查图表、事务清册，实时地完善相关事项，在无意中推动了地方志编纂形式与内容的转变，并最终催生了新式方志的产生。调查图表、事务清册注重时效性，方志重视稳定性，两相结合，互为补充，互为促进，保证了各级政府对地方情况的认知。

　　当然，地方上志书修纂的拖延敷衍，方志征集的久拖不至，以及各时、各部门重复征集方志等等，也反映出清代方志编修与征集有很多的弊病，值得我们反思与改进。

---

　　① 仓修良：《方志学通论》，济南：齐鲁书社，1990年，第377页。

清代的乡是行政区划还是地理概念？

——以四川南部县为个案的分析

苟德仪

乡制萌芽于唐虞，草创于夏商，定型于西周，以后历代皆置，是历史悠久且沿用至今的基层区域单位，在中国史上发挥过重要作用，如袁用宾云："苟一乡之不治，何论一邑。一邑之不治，何论天下。天下非一人所能理，于是有省，有府，有州县。州县非一人所能理，于是有乡，有保，有排甲。省与府大吏合治之，有司分治之。州与县，牧令合治之，保甲分治之。其势异，其理同。其事异，其道同。譬诸一元之运浑于太极，得二气五行而化成焉。一人之身，主于心思，赖五官四体而事理焉。"[1] 类似言论在清代颇为常见。如徐栋所言："天下非一人所能理，于是有省有府有州县，州县亦非一人所能理，于是有乡有保有甲。"[2] 自清末提倡"地方自治"以来，"乡""乡镇""乡政""区乡"等词渐成流行语。

"乡"字在中国古典语汇中不仅读音多，涵义亦复杂。据《辞源》统计，乡的读音有3，基本涵义11，组成词语64。与本文主旨相涉者主要是11种基本涵义中的第一种，即"行政区域单位。所辖范围，历代不同。"比如周制，万二千五百家为乡。春秋齐制，郊内以五家为轨，十轨为里，四里为连，十连为乡；郊外以五家为轨，六轨为邑，十邑为率，十率为乡。而秦汉以十里为亭，十亭为乡。秦汉以后"多指县以下行政区域单位"[3]。

---

① （清）袁用宾：《慎选各乡总保论》，载《（光绪）南部县舆图说》，清光绪二十二年（1896）刻本。

② （清）徐栋：《保甲书》卷四《原始》，清道光戊申（1848）刻本。

③ 商务印书馆编辑部：《辞源（修订本）》，北京：商务印书馆，1998年，第3115页。

目前，学者已对乡的起源、演变、性质、管辖范围、职能等问题进行了探讨，为进一步研究奠定了良好基础。但泛泛而论者多，详细深入者少；宏观论述多，微观研究少；整体研究多，个案研究少，以致遗留不少有争议的问题[①]。比如萧一山曾列举了清代乡的名称近20种，如"乡""里""区""社""坊""镇""铺""厢""集""图""都""保""总""村""庄""营""圩""甲""牌"[②]。李映发研究后证明乡与镇、村、寨、庄、集等并非等同[③]。再如学者对清代的乡是否是行政区划也有分歧。《辞源》谓"乡"为"县以下行政区域单位"。任军也认为："秦汉以后，乡作为一级行政组织被固定下来，成为一种稳固的政治制度。"[④]肖唐镖指出，千年一贯、相对稳定的乡里制度，只是到了20世纪初才开始发生根本性变革。与现在的乡镇体制相比，传统乡制的最大特点在于：乡虽然是国家在农村地区划立的一级行政区划，但不是作为一级国家政权而存在，而是作为地方性自治组织而存在。乡一级既没有设立官府，也没有安排吃"皇粮"、拿俸禄的官员[⑤]。李映发注意到，乡有广义和狭义之别：广义，如城乡之乡，指广大乡村；狭义，指镇之下，

① 有关乡制的研究主要有余学明：《我国历代乡制简论》，《安徽史学》1986年第5期；李映发：《清代州县下社会基层组织考察》，《四川大学学报》（哲学社会科学版）1997年第2期；肖唐镖：《中国乡村社会的治理与乡制变迁》，《宁波党校学报》2002年第5期；魏光奇：《清末至北洋政府时期区乡行政制度考略》，《北京师范大学学报》（社会科学版）2004年第2期；任军：《称谓所见中国古代"乡制"的缘起和演变》，《甘肃社会科学》2004年第6期；董巧霞：《先秦时期的基层组织——乡》，《历史教学》2008年第16期；张研：《清代县以下行政区划》，《安徽史学》2009年第1期。另外，有学者在一些综合性的研究中以有限篇幅旁及，具有一定参考价值的论著有，闻钧天：《中国保甲制度》，上海：商务印书馆，1935年；萧一山：《清史大纲》，上海：上海古籍出版社，2005年；张哲郎：《吾土与吾民》，载杜正胜主编：《中国文化新论·社会篇》，台北：联经出版事业公司，1982年；从翰香主编：《近代冀鲁豫乡村》，北京：中国社会科学出版社，1995年；赵秀玲：《中国乡里制度》，北京：社会科学文献出版社，1998年；张研：《清代社会的慢变量——从清代基层社会组织看中国封建社会结构与经济结构的演变趋势》，太原：山西人民出版社，2000年；魏光奇：《官治与自治——20世纪上半期的中国县制》，北京：商务印书馆，2004年。
② 萧一山：《清史大纲》，上海：上海古籍出版社，2005年，第82页。
③ 李映发：《清代州县下社会基层组织考察》，《四川大学学报》（哲学社会科学版）1997年第2期。
④ 任军：《称谓所见中国古代"乡制"的缘起和演变》，《甘肃社会科学》2004年第6期。
⑤ 肖唐镖：《中国乡村社会的治理与乡制变迁》，《宁波党校学报》2002年第5期。

村之上的一级行政组织，即乡场①。杜赞奇亦指出，在大多数县份，县衙下最高一级为乡或保。他引萧公权的话说，大多数县份划分为4个乡，乡是一个包括许多村庄、市集，一个或多个市镇的单位，它起源于宋。最初是一个下辖数里的行政单位，但到清朝时不再是一个行政（官方）区划②。从翰香在《近代冀鲁豫乡村》一书中更是明确说："清朝文献中常有'乡'或'四乡'之称，但从方志中来看，'乡'是一个地理或方位概念，而非行政或社会区划。因为，'乡'不仅常冠于东、南、西、北四个方位定词，而且，更为重要的是，从现存方志和其他资料中并未发现与'乡'概念相应的管辖区域、行政组织和官佐人员。"③

　　近来的研究已证明，乡并非起源于宋。如按杜赞奇所言，乡开始为行政区划，至清代变为非行政区划。问题就在于，如果这是事实，那么这一转变是如何实现的，开始于何时？如果不是事实，清代的乡，到底是一级行政区划，还是一个地理概念，这是亟待解决的问题。这些问题的解决，关系到清代完整的乡村史重建。鉴于此，本文以南部县为实例，对此略陈管见，敬请方家不吝赐教。

一、清以前南部县乡制之演变

　　南部县位于四川盆地北部、嘉陵江中游，历来是川东北重镇。该县创建于北周孝闵帝时期。杜佑《通典》记载阆中郡南部县时云："汉充国县地。后周置县。"④此语境中，"后周"显系北朝时期的"北周"（557—581年）。据《太平寰宇记》载："充国县地，梁于此置南部郡。后周闵帝元年罢郡，立南部县，属盘龙郡，以地居阆中之南，故曰南部。"⑤若据此，则南部县建于后周闵帝元年

---

① 李映发：《清代州县下社会基层组织考察》，《四川大学学报》（哲学社会科学版）1997年第2期。

② ［美］杜赞奇著，王福明译：《文化、权力与国家——1900—1942年的华北农村》，南京：江苏人民出版社，1996年，第42页。

③ 从翰香主编：《近代冀鲁豫乡村》，北京：中国社会科学出版社，1995年，第11页。

④ （唐）杜佑：《通典》，北京：中华书局，1992年，第4593页。

⑤ （宋）乐史著，王文楚点校：《太平寰宇记》，北京：中华书局，2007年，第1717页。

（557）①。

南部县古属梁州之域，西周时并梁州入雍州。春秋时为巴国之地。秦置巴郡。汉在此置充国县，属巴郡。后汉因之。初平四年（193）分置南充国县。晋省充国，以南充国属巴西郡。刘宋曰南国县，属北巴西郡。萧齐因之。梁设南隆郡，寻改为南隆县，以县居郡治南，故名。西魏置新安郡。后周置南部县。隋亦曰南部县，属巴西郡（开皇初即新安郡地析置南部、奉国二县）。唐初复为南隆县，寻改为南部县，属阆州（开元元年（713）避明皇讳，改隆为部）。宋因之。元省新井、新政、西水三县地入焉。明朝洪武四年（1371）仍为南部，十年并入阆中，十四年复置南部，隶保宁府。此南部县历史沿革之大要②。

因之，该县境域不断变化，尤其是元时新井、新政、西水县的并入，奠定了明清两代（乃至今天）南部县境域的基础。新井因盐井得名，唐时析南部县、晋安县地置。《太平寰宇记》云：新井县在阆州西南九十里。本汉充国县地，唐武德元年（618）割南部、晋安二县置，县界颇有盐井，因斯立名③。新政县也是唐武德年间析相如、南部二县之地而置。始称新城县，后以隐太子讳，改名新政县。故《太平寰宇记》称其为"汉充国县地"。《舆地纪胜》云："元丰五年，徙治晋安。"《元史》曰："至元二十年并入南部。"西水县以水为名，其名创于周闵帝元年。《舆地纪胜》称大业中以水泛涨，徙治彭定故宅。宋因之。元省入南部。另据《保宁府志》载："晋安废县"。《一统志》：在县西北四十里。《寰宇记》：晋安县在阆州西七十里。本阆中县地，晋于此置晋安县。贾耽《四夷县道记》：梁于此置金迁戍，周闵帝改为金迁郡，仍置晋安、晋城、西水三

---

① 关于南部县创建的时间，自唐以来，有7说，经笔者考证，北周闵帝元年说较可信。详情参见拙文《南部县创建时间及有关诸说考辨》，《西华师范大学学报》（哲学社会科学版）2016年第3期。

② 此段论述主要综合了以下资料：（明）杨思震等：《（嘉靖）保宁府志》卷一《舆地纪》，明嘉靖二十二年（1543）刻本；（清）黎学锦等：《（道光）保宁府志》卷二《舆地志·沿革》，清道光元年（1821）刻本；（清）王瑞庆等：《（道光）南部县志》卷二《舆地志》，清道光二十九年（1849）刻本；（清）王道履：《南部县乡土志》之《历史》，载姚乐野、王晓波主编：《四川大学图书馆馆藏珍稀四川地方志丛刊》第3册，成都：巴蜀书社，2009年。

③ （宋）乐史著，王文楚点校：《太平寰宇记》，北京：中华书局，2007年，第1715页。

县属焉，郡理晋安，隋开皇三年罢郡省晋安县，移晋城于晋安旧理，唐武德四年改晋城为晋安县。《九域志》：熙宁三年省为镇，入西水①。可见，西水县并入南部县时，实已合并了晋安县。该县在北周时为金迁郡治，隋开皇初被废，移晋城县于晋安旧址，唐武德初改晋城为晋安。由此可知，明朝时期的南部县，实合并唐宋的南部县、新井县、新政县、西水县、晋安县等而来。

　　宋以前，南部县之乡制不见载于文献。从乡制在这一时期的持续普遍存在，或可推知南部县在隋唐已设乡②。隋朝建立，颁布新令。《隋书》卷二十四《食货志》曰："制人五家为保，保有长。保五为闾，闾四为族，皆有正。畿外置里正，比闾正，党长比族正，以相检察焉。"可见隋初实行的是族、闾、保三级制，一度废了"乡"。开皇九年（589），在苏威等人的奏请下，朝廷恢复了乡的建制，即"五百家为乡，正一人；百家为里，长一人"③。乡正主要负责编查户口、办理民间词讼等事务。不管如何变化，乡制继承前代而来是无疑的。唐高祖灭隋不久，即重新调整乡制。《旧唐书》曰："百户为里，五里为乡。两京及州县之郭内，分为坊，郊外为村。里及坊村皆有正，以司督察。四家为邻，五邻为保。保有长，以相禁约。"④《通典》称："凡百户为一里，里置正一人；五里为一乡，乡置耆老一人。以耆年平谨者，县补之，亦曰父老。贞观九年（635），每乡置长一人，佐二人，至十五年省。"⑤李吉甫的《元和郡县志》中记载了大量的乡，同样证明唐时县下设乡很普遍⑥。据余学明统计，《元和郡县志》中所记载的乡，开元年间共有 12695 个乡，元和年间共 7331 个乡。可惜阆州等地的资料缺失，南部县之详情自然无法知晓了。

---

　　① 以上内容参见黎学锦等：《（道光）保宁府志》卷十五《舆地志·古迹》。

　　② 对乡制演变的研究，参见张哲郎：《吾土与吾民》，载杜正胜主编：《中国文化新论·社会篇》，台北：联经出版事业公司，1982 年，第 195—201 页；赵秀玲：《中国乡里制度》，北京：社会科学文献出版社，1998 年，第 1—59 页。

　　③ （唐）魏征等：《隋书》，北京：中华书局，1982 年，第 32 页。

　　④ （后晋）刘昫：《旧唐书》，北京：中华书局，1975 年，第 1825 页。

　　⑤ （唐）杜佑：《通典》，北京：中华书局，1992 年，第 924 页。

　　⑥ 如《元和郡县志》卷二记载凤翔府时称"乡九十二"。卷三记载泾州时云"开元户一万九千四百六十一。乡四十九。元和户二千六百七十。乡四十九。"参见（唐）李吉甫撰，贺次君点校：《元和郡县志》，北京：中华书局，1983 年，第 40、55 页。

南部县之乡制最早见载于北宋文献。如《太平寰宇记》道："南部县，东南七十里。旧十四乡，今十二乡。"[1] 仅见乡之数，不知乡之名。"旧十四乡"一语，实提示了该县的乡制并非始于宋，而是此前就有。到北宋中期的"熙丰变法"中，全国行政区划有过较大规模的调整。《元丰九域志》记载了调整后的南部县乡制情况：当时南部县辖 5 乡及富安、泉会、南坪 3 镇[2]。

元朝时，南部县乡制亦不见记载[3]。《元史》称"新井、新政、西水总入南部县"[4]，并未提及乡制。翻检《元一统志》《大元混一方舆胜览》等关于元代地理的志书，仍未查出有关该县乡制的信息[5]。

明初，四川地区为明玉珍大夏政权的势力范围。洪武四年（1371），明军攻入四川，大夏灭亡。明朝控制川北后，仍置南部县。据嘉靖《保宁府志》载，明代南部县"所辖乡凡九：安仁、政教、金兴、临江、永丰、宣化、崇教、仁丰、积善"[6]。其中，积善乡乃唐宋新政县旧址，今四川省仪陇县新政镇。政教乡乃唐宋新井县旧址，今四川省南部县大桥镇东北新井村。其余七乡，由于数百年的变化，很难确定出今天的具体位置。

综上，南部县之乡制由来已久，北宋前曾分十四乡，北宋初年分十二乡，明朝时分九乡。

二、清初至清末南部县的乡制

清顺治三年（1646），大清肃王豪格率军入保宁，随后入南部县。翌年，

---

① （宋）乐史著，王文楚点校：《太平寰宇记》，北京：中华书局，2007 年，第 1717 页。

② （宋）王存等：《元丰九域志》，上海：商务印书馆，1937 年，第 371 页。

③ 有记载称，元至元二十年（1283），新井、新政、西水三县并入南部后，全县有 15 乡及富安、南坪、泉会、玉（王）井、封山、长利、利溪、安溪、普安、重山、龙延、晋安、木奴、玉山、花林、永安、金仙 17 镇。不知所本，疑将《元丰九域志》所载的内容相加而来，不可信。参见四川省南部县志编纂委员会编：《南部县志》，成都：四川人民出版社，1994 年，第 49 页。

④ （明）宋濂等：《元史》，北京：中华书局，1976 年，第 1437 页。

⑤ 参见（元）刘应李等著，郭声波整理：《大元混一方舆胜览》，成都：四川大学出版社，2003 年，第 305—306 页；（元）孛兰肹等撰，赵万里校辑：《元一统志》下册，北京：中华书局，1966 年，第 511 页。

⑥ （明）杨思震等：《（嘉靖）保宁府志》卷一《舆地纪》，明嘉靖二十二年（1543）刻本。

驻军保宁府的四川巡抚李国英檄南部知县李元柱修理该县垣垛①，说明清初已在该县设官治理。

　　清军占领南部县后，对这一区域的乡制做了些调整，从乾隆时期的《南部档案》记载看，该县分为十乡，即安仁、永丰、政教、宣化、金兴、临江、崇教、积上、积下、富义，也就是说在明代九乡基础上增加一乡②。至道光时期，该县乡制未改，仍是十乡，乡名同前③。与明朝相比，乡名的变化不大，见表1：

表 1　明清时期南部县乡名对比表④

朝代	相同乡名	不同乡名
明朝	安仁、政教、金兴、临江、永丰、宣化、崇教	仁丰、积善
清朝	安仁、政教、金兴、临江、永丰、宣化、崇教	积上、积下、富义

　　表1显示，除了新增富义乡，并将积善乡分为积善上乡和积善下乡（简称积上乡和积下乡）外，其余7乡的名称和明朝完全相同，可谓"清承明制，略加损益"。这十乡的具体位置，如《南部县乡土志》所云："积上乡在城之正东三十里。积下乡在城之正东一百二十里。崇教乡在城之东南五十里。临江乡在城之东南九十里。金兴乡在城之正南八十里。宣化乡在城之西南九十里。富义乡在城之西一百二十里。政教乡在城之正西一百里。永丰乡在城之西北一百五十里。安仁乡在城之正北一百六十里。"⑤如果将这十乡的具体位置从地图上标示出来，则如图1所示⑥：

---

① （清）王瑞庆等：《（道光）南部县志》卷二《舆地志》，清道光二十九年（1849）刻本。

② 南充市档案馆藏：《清代南部县衙档案》Q1-2-10-1。

③ （清）王瑞庆等：《（道光）南部县志》卷二《舆地志》，清道光二十九年（1849）刻本。

④ 此表资料来源于杨思震等：《（嘉靖）保宁府志》卷一《舆地纪》，明嘉靖二十二年（1543）刻本；王瑞庆等：《（道光）南部县志》卷二《舆地志》，清道光二十九年（1849）刻本。

⑤ （清）王道履：《南部县乡土志》之《地理》，载姚乐野、王晓波主编：《四川大学图书馆馆藏珍稀四川地方志丛刊》第3册，成都：巴蜀书社，2009年，第392页。

⑥ 原图参见王道履：《南部县乡土志》，载姚乐野、王晓波主编：《四川大学图书馆馆藏珍稀四川地方志丛刊》第3册，成都：巴蜀书社，2009年，第328页。粗线条为笔者所加。

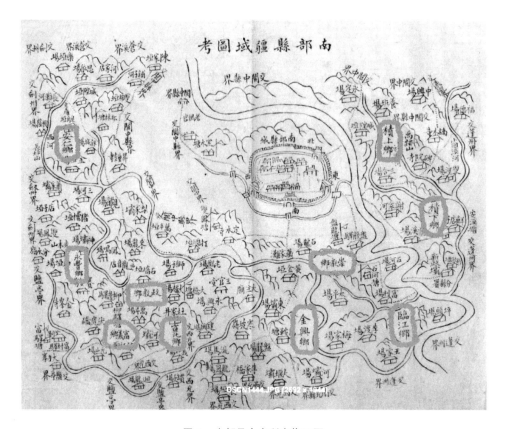

图 1　南部县十乡所在位置图

不仅如此，这十乡之"四界"也非常清楚：

积上乡：东界福德场、楠木寺、碑院寺、双河场；南界三合场；西界城隍垭；北界养班场、中兴场、永定场。

积下乡：东界鲜店子；南界新政坝；西界泸溪场；北界双河场。

崇教乡：东界石河场；南界太平场；西界石龙场；北界盘龙驿。

临江乡：东界坪头场；南界王家场；西界李渡场；北界富利场。

金兴乡：东界梅家场；南界河坝场；西界流马场、寒坡岭、马鞍塘；北界东坝场、黄金垭。

宣化乡：东界大王庙、三官堂、建兴场；南界义和场、罐子场；西界大河坝；北界打礤垭、老鹳场。

政教乡：东界大桥场；南界万年场；西界石墙垭；北界狮子场。

　　富义乡：东界万年场；南界镇江庙；西界元山场；北界柳边驿。

　　永丰乡：东界凤鸣场、梨家坝、来龙场；南界金峰寺、伏虎碛、富村驿；西界邱垭场；北界猪槽垭、双凤场、分水岭。

　　安仁乡：东界双柏垭、保城场；南界三河场、观音场；西界萧家坝、店子垭；北界乐垭场、思依场、何家店、铺子河。①

　　场镇是商品货物流通的集散地。道光时，南部县有 56 个场镇，其中东路 22，西路 13，南路 10，北路 11②。随着人口的增长和商品经济的发展，场镇数大幅度增长③。咸丰时，该县共计 80 场镇：东路 19，南路 20，西路 16，北路 25④。各场镇的具体位置也很清楚，比如城东的三合场，东至千坵旁，抵县城之界；直下马尿溪，抵谢家河之界；南至徐家碛、通耳洞、抵碑院寺之界；西至赶山寺，抵养班场之界；北自白云庵、刘家碛、何家沟抵永定场之界，离城凡二十五里⑤。其余各场镇离城距离与"四至"界限，具载于《县境分方图说》中。

　　该县十乡四界以场镇为基础，而场镇的地理位置、范围等是非常清楚的，这就说明十乡的地理位置和范围也是清楚的。该县十乡制至清末新政时，方发生巨大变化。

三、清朝末年南部县乡制变革

　　清末推行地方自治，对乡制影响甚大。光绪三十四年（1908），宪政编查馆拟定预备立宪《逐年筹备事宜清单》，对地方自治的实施步骤做了统筹规划。同年底，清政府正式颁布宪政编查馆核议的《城镇乡地方自治章程》和《城镇乡地方自治选举章程》。至此，地方自治制度初具规模。

---

①　（清）王道履：《南部县乡土志》之《地理》，载姚乐野、王晓波主编：《四川大学图书馆馆藏珍稀四川地方志丛刊》第 3 册，成都：巴蜀书社，2009 年，第 392 页。

②　（清）王瑞庆等：《（道光）南部县志》卷二《舆地志》，清道光二十九年（1849）刻本。

③　档案中保留了大量兴设场市的原始档案。参见《清代南部县衙档案》Q1-4-213-1、Q1-4-220-1、Q1-6-565-1、Q1-7-117-2 等。

④　（清）朱凤枟：《县境分方图说》，清同治八年（1869）刻本。

⑤　同上书。

四川地处西陲，风气晚开，地方自治亦较他省略晚。光绪三十四年（1908）初，时人观察到，已有部分官绅创立了宪政讲习会、法政研究会等组织推动川省的预备立宪，但不利于民间普及。护理川督赵尔丰有鉴于此，援南北洋之例，设地方自治会以为立宪之基础，以《天津地方自治会章程》为标准，经诸司道讨论，"大约夏间定当实行"①。

宣统元年（1909）二月初九日，川督赵尔巽奉上谕，二月十五日收到宪政编查馆奏定的《城镇乡地方自治章程》，迅即筹办城镇乡地方自治事宜。他回奏称，上年夏，护理川督赵尔丰设有成都自治局，筹办首郡自治事宜。他被调任川督后，"即饬该局仿照鄂省办法，增大规模，重订规制，改名为四川全省地方自治局，中设法制、调查、文牍、庶务四科，分曹治事"，并以布政、按察、提学三使为总办，巡警、劝业、盐茶三道为会办，"总司其事，一切法令之解释、章制之编制，以及各属筹办地方自治各事宜，皆由该局考核主持"②。

在川省自治局的领导下，南部县的地方自治事宜逐渐开展起来。地方自治的内容涉及自治区域的划分、居民与选民、自治范围、自治经费、自治机关和自治监督等。自治区域的划分是实行地方自治的前提。按照《城镇乡地方自治章程》第二节第二条规定："凡府厅州县治城厢地方为城，其余市镇村庄屯集等各地方，人口满五万以上者为镇，人口不满五万者为乡。"第三条称："城镇乡之区域，各以本地方固有之境界为准。若境界不明，或必须另行析并者，由该管地方官详确分划，申请本省督抚核定。嗣后城镇乡区域如有应行变更或彼此争议之处，由各该城镇乡议事会拟具草案，移交府厅州县议事会议决之。"③依此原则，宣统二年（1910），在知县侯昌镇主持下，将该县划分为一城四镇十乡④，成为巡警区、劝学区划分的标准。一城即指南部县城，为该县治所。四镇即新政、富驿、王家、东坝。十乡即老鸦、邱垭、思依、大桥、镇江、升钟、黄金、建兴、盘龙、碑院，具体所辖范围如表2：

---

① 《广益丛报》1908 年第 6 期。

② 《广益丛报》1909 年第 17 期。

③ 故宫博物院明清档案部编：《清末筹备立宪档案史料》，北京：中华书局，1979 年，第 728 页。

④ 南充市档案馆藏：《清代南部县衙档案》Q1-22-784-2。

表2 清末南部县自治区域的范围

类 别		包含区域	资料来源	备 注
一城	县城			
四镇	新政	中兴场、石河场等	《清代南部县衙档案》（简称《南档》）Q1-22-784-4	
	富驿	富村驿、金峰寺、元山场、双合场、柳边驿、赛金场、光木山、凤鸣场、神坝场	《南档》Q1-22-599-4	
	王家	梅家场、李渡场、富利场	《南档》Q-22-784-4	
	东坝	马鞍场、大堰坝、盘龙场、石龙场、太平桥、梅家场、李渡场	《南档》Q1-17-494-14	
十乡	老鸦	老鸦岩、猫儿井、元坝井、老君山、双桥子、黑水塘	《南档》Q1-22-784-4	
	邱垭	邱垭场、分水岭、兴隆场、三合场、金垭场、保城庙、店子垭、猪槽垭、罐垭场、萧家坝、彭家河、双凤场	《南档》Q1-22-784-4	
	思依	思依场、洛垭山、木兰庙、陈家垭、城隍垭	《南档》Q1-22-784-4	
	大桥	大桥场、石板庙、庙垭山、老观场、打礤垭、狮子场、永兴场、石墙垭、杜家井	《南档》Q1-22-784-4	
	镇江	镇江场、罐子垭、回龙场、义和场、万年场、大河坝、伏虎硚、曲家桥	《南档》Q1-22-784-4	《南档》Q1-21-597-1中明确提及镇江乡
	升钟	皂角垭、罗汉院、万年垭、枣壁庙、珑玲庙、双柏垭、观音场、寒坡岭、敬华峰	《南档》Q1-22-784-4	
	黄金	萧家滩、黄金垭、定水寺、郑家垭、寒坡岭	《南档》Q1-22-784-4	
	建兴	大王庙、三官堂、牛王庙、大堰坝、流马场、盘龙场、金源场、碾垭庙、龙凤场、李家桥、建兴场	《南档》Q1-22-784-4	
	盘龙	石河场、盘龙驿、谢家河	《南档》Q1-22-784-4	
	碑院	碑院场、三河场、养班场、永定场、楠木寺、柴家井、泸溪场	《南档》Q1-22-784-4	

从档案的提示可知，侯昌镇曾向上级部门呈达这些区域的划分详图，惜未见到原图。所以此表是根据相关档案整理出来的，可能与县衙所呈之图有差异。值得注意的是，档案的记载本身前后也多有抵牾。比如东坝镇，有称其为乡者，包含东坝场、太平桥、河坝场、马鞍塘[①]；也有称其为镇者[②]。再如王家镇，宣统三年（1911）知县称："以王家乡并入新政镇。"[③]又有称"王家乡守望所"者[④]。而在另一处，又称王家镇自治筹办绅为汪全秾和徐国华，调查员为汪堃等[⑤]。再如建兴，既有称镇者，又有称乡者[⑥]。这种混乱情形，实不难理解，或因前后有变迁，或划分本来就混乱，从当时人的禀呈中已可见一斑[⑦]。

因事属初创，急于求成，筹备也不充分，一城四镇十乡之划分，引发了许多矛盾，官、绅、民在税收、学务、警务等问题上，分歧很大。于是，宣统三年二月，该县的士绅杨光俊等十余人联名上呈，指陈区划之弊，"间有一场成立一乡会，别无别场款产以相抵注，竟强划为一独立区域者，如北区之老鸦乡是也。其他各乡镇支离偏枯之处，尤难缕数，分区既未停匀，行政即多窒碍"，于是请求将其析并为一城四镇五乡。得知此情形，护理川督王人文批示道："城镇乡自治区域以依照固有之境界为原则，必确有不便情形，始可另议析并。据禀称该县原划之一城四镇十乡分剖割裂，窒碍甚多，自应通筹全局分别改定，以顺舆情，惟事关经界，一误不容再误，究竟此次所分区域，是否悉臻妥协，希自治筹办处细核饬遵。"[⑧]由于史料关系，不知结果如何。

宣统三年闰六月，知县伏衍羲针对咨议局议员的初选名册事上呈保宁府知府云："查上届选举投票，原分九区，未免辽阔。而现定自治区域，又系十二区，

---

①　南充市档案馆藏：《清代南部县衙档案》Q1-22-784-4。

②　南充市档案馆藏：《清代南部县衙档案》Q1-19-252-1。

③　南充市档案馆藏：《清代南部县衙档案》Q1-22-829-6。

④　南充市档案馆藏：《清代南部县衙档案》Q1-22-573-1。

⑤　南充市档案馆藏：《清代南部县衙档案》Q1-22-784-4。

⑥　同上。

⑦　南充市档案馆藏：《清代南部县衙档案》Q1-22-784-1、Q1-21-597-1。

⑧　南充市档案馆藏：《清代南部县衙档案》Q1-22-784-3。

反觉太繁，当酌量归并，以王家乡并入新政镇，老鸦乡并入城区，共划为十区，均已依限绘图出示通知。"① 由此可知，清末南部县的自治区域，还有 9 区、12 区、10 区之别，皆是析并乡镇而来②。

由此可知，清末地方自治中，南部县乡制变化甚大。虽然朝廷要求"城镇乡之区域，各以本地方固有之境界为准"，又必须满足"人口满五万以上者为镇，人口不满五万者为乡"的大原则，划分的结果不论一城四镇十乡，还是一城四镇五乡，或是 9、12、10 自治区，已与原来十乡完全不同。清末的很多乡镇乃是在原来场镇基础上划分而来。这一结论仍然可以从民国时期南部县的乡镇划分上得到印证。据《嘉陵江志》载，民国时期南部县的乡镇分为二镇四十八乡七百四十九保。很多乡镇，实乃清代的场镇演变而来③。

四、南部县的基层组织与乡制

清朝统治者所设计的控制基层社会的理想手段，主要是承担征税的里甲制、负责治安的保甲制、御贼自卫的团练制、主管教化的乡约制等的结合。这些基层组织在赋役催征、地方治安、地方教化、公共事务等方面，均发挥了重要作用。

清代南部县的基层组织亦主要以里甲制、保甲制、团练制、乡约制等组成。这些基层组织几乎都是以乡为基础设置的。从《南部档案》记载看，乾隆时，该县将 10 乡编为 73 里，如安仁乡、金兴乡、临江乡编为 8 里；永丰乡、政教乡编为 9 里；宣化乡为 10 里；富义乡编为 2 里；崇教乡编为 7 里；其余两乡（积上、积下）均编为 6 里。每里设里正 1 人，负责"每年承催各里地丁钱粮银两"。见表 3：

---

① 南充市档案馆藏：《清代南部县衙档案》Q1-22-829-6。

② 有记载称，清末南部县分为 11 自治区，还罗列了各区的乡场。不知所本，仅做参考。参见四川省南部县志编纂委员会编：《南部县志》，成都：四川人民出版社，1994 年，第 49 页。

③ 马以愚：《嘉陵江志》，上海：商务印书馆，1947 年，第 181—182 页。

表3   南部县里甲的编制（乾隆二十八年前后）①

乡　名	里甲编制		乡　名	里甲编制	
	所编里数	里正数		所编里数	里正数
安仁乡	8	8	金兴乡	8	8
永丰乡	9	9	临江乡	8	8
政教乡	9	9	崇教乡	7	7
宣化乡	10	10	积上乡	6	6
富义乡	2	2	积下乡	6	6

同样，南部县在乾隆时已编连保甲，如安仁乡，设立保正3名，甲长22名；永丰乡亦设保正3名，甲长14名，等等，全县合计10乡25保168甲长，如表4所示：

表4   南部县保甲的编制（乾隆二十八年前后）②

乡　名	保甲编制		乡　名	保甲编制	
	所编保正数	甲长数		所编保正数	甲长数
安仁乡	3	22	金兴乡	3	31
永丰乡	3	14	临江乡	3	23
政教乡	3	14	崇教乡	3	10
宣化乡	3	18	积上乡	1	12
富义乡	1	3	积下乡	2	21

南部县之团练兴起于嘉庆初，在镇压白莲教起义中发挥了重要作用。不过随着战事的停止，团练也渐销声匿迹，直到咸同时期，为镇压太平军起义，又逐渐复兴。知县朱凤枟可谓功不可没。咸丰元年（1851），朱接任南部县篆务。至该县后，巡历乡村，采分方之法，恢复保甲制，并在此基础上行团练制。同治《南部县舆图说》中保留的《公议团练章程》，应为朱凤枟所定。该章程规定了选首人（包括总保正、总团首、团首）、设局（总局设在衙神祠）、操演、薪资等问题。如第一条规定："南邑幅员辽阔，向分十乡。每乡选择公正绅士派

① 此表根据《清代南部县衙档案》Q1-2-10-1整理而成。
② 同上。

充总保正一名，总团首一名，综理其事。其余各按场市大小，团内户口多寡，酌选公正绅耆，每团派定团首一二名，分司其事，用专责成。至总保正、总团首，俱系秉公慎选，明于大义，且生长是乡，情形熟悉，责令就近督率，尽心竭力，敬慎将事，以总其成。"① 使团练有章可循，可法可依。故《南部县乡土志》修撰者赞朱凤壵曰："川西贼匪蔡黄扰川北界，公以邑十乡为连属，分置团卫，编《分方图说》一书，守望有法，声威大振，贼不敢犯。"② 团练以乡为基础设立，由此可见一斑。

乡约是地方绅士、街邻等推举，经官府发给执照认可的，在地方事务中有部分自治权的官方控制下的基层劝化约束组织。在南部县有城约和乡约之分。正所谓"在城则每门设立城约，在乡则每乡设立乡约"是也③。城约可通称为乡约，有城约赵宗清认状为证："城约赵宗清今于大老爷台前为任，充结状事。情民当堂充当南关外乡约，凡遇鼠牙雀角滋非务须与人排解，及一切差事勤慎奉公，不致违误。"④ 乡约多设在乡上，从下面的史料可见一斑。嘉庆二十二年（1817），金兴乡文生陈元吉、乡民赵昌书等推举邹德忠充当乡约时云："生等金兴乡虽有乡约邹汝楷、赵绍禹，自今汝楷现在染病，且金兴乡地方辽阔，凡遇公件绍禹一人难以承办，是以生等公举邹德忠充当乡约，俾专责成。"⑤

要之，该县基层组织多以乡为基础设置，已是明证。当然，我们的目的不仅是罗列这些史实，而是由此探讨乡到底是行政区划还是地理概念。

五、结论

探讨清代的乡是否是一级行政区划，首先需要对"行政区划"进行解释。据笔者所知，对于什么是行政区划，在周振鹤主编的《中国行政区划通史》出

---

① （清）朱凤壵：《县境分方图说》，清同治八年（1869）刻本。

② 参见（清）王道履：《南部县乡土志》之《政绩录》，载姚乐野、王晓波主编：《四川大学图书馆馆藏珍稀四川地方志丛刊》第3册，成都：巴蜀书社，2009年，第335页。

③ （清）朱凤壵：《县境分方图说》，清同治八年（1869）刻本。

④ 南充市档案馆藏：《清代南部县衙档案》Q1-15-588-5。

⑤ 南充市档案馆藏：《清代南部县衙档案》Q1-3-83-1。

版以前，并无严格的专门定义。《中国大百科全书·政治学》卷中，称行政区划是"国家行政机关实行分级管理而进行的区域划分"。周振鹤认为这一概念解决了行政区划"是什么的问题"，但没有解决什么是行政区划的问题？在他看来，所谓的行政区划：就是国家对于行政区域的划分。有狭义与广义之分，狭义的行政区划就是指国家划定的正式的行政管理区域，如先秦的县、郡，东汉末年以后的州等。广义的则指一切具有行政管理职能的区域[①]。他罗列了行政区划的形成必须具备以下条件："必要条件是一个行政区划必须有一定的地域范围，有一定数量人口，存在一个行政机构；充分条件是这个行政区划一般都处于一定的层级之中，有相对明确的边界，有一个行政中心，有时有等第之别，也有立法机构。"[②] 按此标准，反观历史上乡制，是否是行政区划就一目了然了。

乡制于南部县创立前久已盛行。所辖范围，历代不同。比如周制，"五州为乡，有乡大夫"，换句话说，此时的乡管辖了 12500 户，且设有乡大夫。春秋齐制，郊内以五家为轨，十轨为里，四里为连，十连为乡；郊外以五家为轨，六轨为邑，十邑为率，十率为乡。简言之，此时的乡，或辖 2000 户，或辖 3000 户，且都设有"乡良人"（宋国称乡正），故有学者称之为"乡作为县以下的一级行政机构，春秋战国为始"[③]。秦汉以十里（百家为里）为亭，十亭为乡，乡设三老、有秩、啬夫、游徼，佐县令以治乡。直到隋唐，乡仍是里之上的单位，五里为一乡，即 500 户，设有乡正、乡长、乡佐等职，主持民间词讼案件、户口编查等。安史之乱后，乡制受到前所未有的冲击。有学者注意到："乡制到了唐代，已经名存实亡了。"[④] 赵秀玲认为，隋唐是乡里制度演变的转折点，也就是说，中国乡里制度由乡官制向职役制的转变，其发生的时期应是隋唐两代，更具体言之，应为唐中期[⑤]。经王棣的研究，唐代废除乡长、乡佐后，在乡村社

---

① 周振鹤等：《中国行政区划通史》（总论、先秦卷），上海：复旦大学出版社，2009 年，第 7、11 页。

② 同上书，第 9 页。

③ 余学明：《我国历代乡制简论》，《安徽史学》1986 年第 5 期。

④ 张哲郎：《吾土与吾民》，载杜正胜主编：《中国文化新论·社会篇》，台北：联经出版事业公司，1983 年，第 200 页。

⑤ 赵秀玲：《中国乡里制度》，北京：社会科学文献出版社，1998 年，第 22 页。

会起实际作用的是里正，非乡长，因此自唐贞观十五年废乡长之后至五代时乡村实行的是以里为中心的一级基层政权体制①。

南部县在北宋初分 12 乡，"熙丰变法"后，改为 5 乡 3 镇。北宋初地方基层政府的县治以下，有乡、有里。不过宋代的乡并不像唐代那样严格遵守五百户的规定，其户数远较五百户为多。且这时的乡，并不是按照户数来划分的，而是以地区来划分的②。从《宋史》的记载看，乡是大规模存在的。如卷八十八，记载赣州辖县十，其中兴国县，乃"太平兴国中析赣县之七乡置"，而会昌县乃"太平兴国中析雩都六乡于九州镇置"。在记载潭州之善化县时云："元符元年以长沙县五乡，湘潭县两乡为善化县。"在记载郴州之兴宁县时云："嘉定二年析郴县资兴、程水二乡置资兴县，后改今名"，又称桂东县："本郴县地，嘉定四年析桂阳之零陵、宜城二乡置，今县于上犹砦。"在记载新城县时云："绍兴八年析南城五乡置。"③这里提及许多析乡置县的案例，时间由太平兴国（976—984）经元符元年（1098）至绍兴八年（1138），跨越了北宋和南宋，乡不断被整合。尽管学界对宋代的乡是否是一级基层行政政权或行政区划尚存争议④，不过宋代的乡不仅持续存在，且具有相对稳定的地域范围，乡的功能主要是登记土地、确定税则和税额等财政方面，职役性非常典型，是可以肯定的。而宋代的镇，是"最为普遍的县以下政区"，一般置有县尉、县丞、主簿、巡检等官，管理该镇治安、催理税赋、受接民讼、缉捕盗贼、兼理烟火等等⑤。

自宋以降，因保甲和乡约法的奉行，乡里制逐渐被乡都制取代。特别是经界法的施行，乡逐渐成为一种地域单位⑥。这种变化实成为元代乡制分为两部

---

① 王棣：《宋代乡里两级制度质疑》，《历史研究》1999 年第 4 期。

② 张哲郎：《吾土与吾民》，载杜正胜主编：《中国文化新论·社会篇》，台北：联经出版事业公司，1983 年，第 201、202 页。

③ （元）脱脱等：《宋史》卷八十八《地理志第四十一》，清乾隆武英殿刻本。

④ 王棣：《宋代乡里两级制度质疑》，《历史研究》1999 年第 4 期；夏维中：《宋代乡村基层组织衍变的基本趋势——与〈宋代乡里两级制度质疑〉一文商榷》，《历史研究》2003 年第 4 期。

⑤ 余蔚：《宋代地方行政制度研究》，复旦大学历史地理研究中心博士学位论文，2003 年，第 41—43 页。

⑥ 夏维中：《宋代乡村基层组织衍变的基本趋势——与〈宋代乡里两级制度质疑〉一文商榷》，《历史研究》2003 年第 4 期。

之先导。元代的乡里组织，一为分乡民于社，置社长以董督之，内中一切，多类于后来的地方自治。其二，为里正等乡役，沿唐宋旧制，掌管课税，办差等事务[①]。通检《元史·地理志》，省县为乡，并乡置县的史实是常有的。比如卷五十八中，阐述济宁路的沿革时云："唐麟州，周于此置济州，元太宗七年割属东平府，至元六年以济州还治巨野，仍析郓城之四乡来属。"同卷，记载乐平县，提及至元二年省县为乡，至元七年复置县。《元一统志》中，很多路府州县下专设"坊郭乡镇"条，不过在该条目中，有坊无乡者有之，有乡无坊者有之，有的为镇，有称管者，有云保者，有谓甸者，有曰邑者，不一而足。我们对该志明确提及的"乡"进行了粗略统计，至少有 260 个[②]。多者如平江路的吴县计21 乡，少者如成都路之通化县仅 1 乡。由此可知，乡仍是元代的地域单位，不过并非所有的府州县下皆置乡。《元一统志》中所载乡的数量与唐宋时期相比，已大为减少，乡的职能当然也淡化了，很可能是延续此前的称谓而已。

　　明代南部县分九乡。乡是明代较稳定的乡村组织，当时北方的乡村可分为三级：最大的叫做乡，其次是社，最小的是村。乡与唐宋元以来的乡一样，仍是乡村组织中最大的单位，但已渐失其重要性。社在元代由 50 户组成，但明代已超过这数。村是比社还小的组织。在南方，乡村的组织比较复杂，大致可分为四级：乡、保、村、里。乡是最大的村落，南北皆然。保由宋代的都保制而来，故在明代，南方的保也称都保。村的组织南北皆有，是很普遍的村落名称。里并非里甲制的里，而是原有的自然乡村的名称，也是南方最小的村落[③]。尽管后来在全国实行里甲制，里甲制中行老人制，部分地方实行乡约与保甲制，但并未破坏自然村落的结构。从地方志记载看，乡普遍存在，地理位置也很明确，比如正德《光化县志》卷二云："固封乡，在县西三里。西化乡，在县西三

---

① 江士杰：《里甲制度考略》，上海：商务印书馆，1944 年，第 36 页。

② 详见（元）孛兰盼等撰，赵万里校辑：《元一统志》，第 8、192、227、228、248、308、355、490、571、578、587、595、638、652、666、719、731、744、757、766 页。

③ 张哲郎：《吾土与吾民》，载杜正胜主编：《中国文化新论·社会篇》，台北：联经出版事业公司，1983 年，第 209 页。

里。太和乡，在县南二十里。"[1] 按照行政区划的标准看，未见行政机构的设置，故严格地说，明代的乡不是一级行政区划。

清代南部县的乡制，变化甚大。从清初到光绪末，基本都是 10 乡。这些乡的地理位置和范围都是明确的。从《南部档案》记载看，里甲、保甲、团练、乡约等基层组织几乎都以这 10 乡为基础，在基层行政中发挥重要作用。这与周振鹤提出的行政区划的标准，仅一步之遥。至清末施行地方自治后，南部县重新划分了自治区域，不仅有边界，有固定的人口，也设有董事会、议事会等机构，成为名副其实的行政区划。

总之，通过以南部县为实例的考察，我们认为春秋战国乃至秦汉时的乡，俨然为一级行政区划。逮至唐中期，乡逐渐成为一种地域单位和地理概念。宋元因之。明朝中后期至清朝大部分时间里，乡成为介于地理概念和行政区划之间的地域单位。如果按照周振鹤教授提出的广义上的行政区划，即具有行政管理职能的行政区域，清代南部县 10 乡基本就是这样的行政区域。因为该县的 10 乡不仅有一定的地域范围，还以 10 乡为基础建置了里甲、保甲、团练、乡约等基层组织，在基层的税收、治安、教化、自卫等行政事务中发挥重要作用。清末新政，尽管改变了 10 乡的建制，但承袭了此前各乡的基础。经过清末地方自治的洗礼，乡成为正式的行政区划。民国以降，延续之。因此，片面地说清代的乡不是一个行政区划（如杜赞奇）或者单纯地称之为地理或方位概念（如从翰香）都是对清代乡制的简单化理解，甚至是误解。

---

① （明）曹璘纂修：《（正德）光化县志》卷二《乡社类》，载上海古籍书店辑：《天一阁藏明代方志选刊》，上海：上海古籍书店，1964 年。

清代州县书吏探析

左 平

古代官吏联称："官掌印发命令，吏执笔作文书"。可见，书吏乃"官之爪牙，一日不可无，一事不能少"①。故对于书吏的研究，一直以来就是清代州县官吏研究的重点之一，不少学者已从组织、职责、经济待遇、地位、监察管理等宏观层面加以论述，且已取得较为丰硕的成果②。《清代南部县衙档案》是目前国内时间跨度较长、较为完整系统的清代县级行政档案，是清代南部县衙行政管理活动的全方位记录，具有极高的档案学、文献学、历史学、文物学及法

---

① （清）何耿绳：《学治一得编·学治述略》，清同治十三年（1874）刻本。

② 主要论著有：瞿同祖著，范忠信等译：《清代地方政府》，北京：法律出版社，2003年；赵世瑜：《吏与中国传统社会》，杭州：浙江人民出版社，1994年；刘小萌：《胥吏》，北京：北京图书馆出版社，1998年；［美］白德瑞：《爪牙：清代县衙之书吏及差役》，美国：斯坦福大学出版社，2000年；周保明：《清代地方吏役制度研究》，上海：上海书店出版社，2009年；等等。主要论文有：刘敏：《清代胥吏与官僚政治》，《厦门大学学报》1983年第3期；倪道善：《清代书吏考略》，《社会科学研究》1988年第2期；李荣忠：《清代巴县衙门书吏与差役》，《历史档案》1989年1期；吴吉远：《试论清代吏、役的作用和地位》，《清史研究》1993年第3期；李国荣：《论雍正帝对官衙书吏的整饬》，《社会科学辑刊》1995年第3期；张锡田：《论清代文档管理中的书吏之害》，《中山大学学报》1999年第4期；王雪华：《清代吏员的录用、迁转与离役》，《武汉大学学报》2004年第3期；刘彦波：《清代书吏以文档谋利弄权原因探析》，《档案学研究》2007年第2期；苟德仪：《清代州县衙署内部建置考》，《西华师范大学学报》（哲学社会科学版）2009年3期；等等。

学价值。近年来，该档案整理与研究的成果斐然①。本文拟以《清代南部县衙档案》（以下简称《南部档案》）为中心，从微观层面进一步探讨清代书吏的类别、职责和充任，以考察清代制度的表达与实践之间的关系。

一、书吏的类别

对于什么是书吏，光绪《大清会典》明确载曰："设在官之人以治其房科之事曰吏"②。可知，吏乃各衙门专办"房科之事"者。就制度层面而言，书吏有京吏与外吏之分，经制书吏与非经制书吏之别。

所谓京吏，即清朝中央各衙门所设之书吏，亦因衙门地位重轻而异。京吏有供事、经承、儒士三种。供事司职于宗人府、内阁、上谕馆、文渊阁、翰林院、詹事府、中书科、内廷三馆及修书各馆、各衙门则例馆。经承乃各部院衙门之吏，且以役分名，有堂吏、门吏、都吏、书吏、知印、火房、狱典之别。而礼部于经承之外，复有儒士。所谓外吏，即清朝直省各衙门所设之书吏，亦因衙门层级而不同。外吏之别有四：一曰书吏，乃总督、巡抚、学政、各仓各关监督之吏；二曰承差，总督、巡抚于书吏之外，复设承差；三曰典吏，即司、道、府、厅、州、县之吏；四曰攒典，是首领官、佐贰官、杂职官之吏③。

所谓经制书吏，就是各衙门根据律例定额招募的书吏，京吏和外吏即属经

---

① 主要论著有：蔡东洲、左平等编：《清代南部县衙档案目录》，北京：中华书局，2009 年；里赞：《晚清州县诉讼中的审断问题：侧重四川南部县的实践》，北京：法律出版社，2010 年。主要论文有：杨兴梅：《从劝导到禁罚：清季四川反缠足努力述略》，《历史研究》2000 年第 6 期；赵娓妮：《晚清知县对婚姻讼案之审断——晚清四川南部县档案与〈樊山政书〉的互考》，《中国法学》2007 年第 6 期；郑杰文：《清代南部县衙档案所见川北民风民俗》，《民俗研究》2008 年第 1 期；苟德仪：《清代〈南部县档案〉中"虫月"等名称考释》，《历史档案》2008 年第 2 期；吴佩林：《法律社会学视野下的清代官代书研究》，《法学研究》2008 年第 2 期；蔡东洲：《从〈南部档案〉看清代州县衙役充任》，《历史教学》（下半月刊）2010 年第 6 期；左平：《清代县丞初探——以〈清代南部县衙档案〉为中心》，《史学月刊》2011 年第 4 期；吴佩林：《清末新政时期官制婚书之推行：以四川为例》，《历史研究》2011 年第 5 期；等等。此外，美国斯坦福大学苏成捷博士、日本立命馆大学唐泽靖彦博士等也利用该档案进行了相关研究。

② （清）昆岗等：《（光绪）钦定大清会典》卷十二，台北：鼎文书局，1975 年。

③ 同上。

制书吏。经制书吏额数较少，但一旦设定，各衙门不得擅自增减，否则惩处。光绪四年（1878）奏定，"各衙门正额书吏，原因该衙门事务之繁简，定其额数之多寡，不容擅自增益……倘各官员于经制书吏，擅自酌增额数，除将本人照例黜革外，该管官一并议处"①。所谓非经制书吏，亦称贴写、帮书、贴书、经书等，清初额定的少量的经制书吏，后因公务繁冗，不敷指使，乃增设非经制书吏。对此，乾隆帝谕曰："设正额书役实不敷用，不妨于贴写、帮役中择其淳谨者酌量存留，亦必严加约束。"②

在清代，"法律法令并不总是被遵守，文字上的法与现实中的法经常是有差距的"③。州县书吏制度亦然。如州县之吏照例应称典史，而方志和现存州县档案中常称之为吏书④，甚至经承⑤，首领、佐贰、杂官之吏照例应称攒典，而方志中常称之为书办⑥。此外，经制书吏和非经制书吏之外，尚有白书和挂名书吏。

白书，或称清书、小书、散书，是典史等经制书吏和贴写等非经制书吏在官员的默许下招募的入房办公的学徒，并不入卯册，亦不申报省府，更遑论上报吏部。在清代巴县，书吏分为典史、经书、清书和小书⑦。山东省馆陶县知县衙门设置经承、经书及散书⑧。清代南部县知县衙门则设典史、经书和散书⑨。典史为一房之首，督率众吏办公。经书乃"幼读未成，弃儒从公"者，且以入房时间先后和工作优劣排名，典史遗缺一般由排名靠前的经书顶补。散书是典史、经书招收的学徒，历役年久，可以承充经书甚至典史。

① （清）昆岗等：《（光绪）钦定大清会典事例》卷一百四十六，北京：中华书局，1991年。

② （清）刘锦藻编：《清朝文献通考》卷二十四，杭州：浙江古籍出版社，1988年。

③ 瞿同祖著，范忠信等译：《清代地方政府》，北京：法律出版社，2003年，第2页。

④ 李荣忠：《清代巴县衙门书吏与差役》，《历史档案》1989年第1期；（清）于琨：《（康熙）常州府志》卷八，南京：江苏古籍出版社，1991年；（清）徐永言：《（康熙）无锡县志》卷二十九，南京：凤凰出版社，2010年。

⑤ （清）周家楣等：《（光绪）顺天府志》卷五十四，北京：北京古籍出版社，1987年；丁世恭等：《（民国）馆陶县志》卷二，台北：成文出版社，1968年。

⑥ （清）于琨：《（康熙）常州府志》卷八，南京：江苏古籍出版社，1991年；（清）徐永言：《（康熙）无锡县志》卷二十九，南京：凤凰出版社，2010年。

⑦ 李荣忠：《清代巴县衙门书吏与差役》，《历史档案》1989年第1期。

⑧ 丁世恭等：《（民国）馆陶县志》卷二，台北：成文出版社，1968年。

⑨ 南充市档案馆藏：《清代南部县衙档案》Q1-18-639-2。

　　挂名书吏是为了保护自己及家财，或逃避徭役，出钱在书吏卯册上买个名衔，并不到衙办事。清人田文镜曾言："所谓挂名书役者，乃足迹不至衙门，经年不见本官，不知办案为何事，差遣为何事，按册有名，服役无人，惟津贴纸笔之费，以帮办事书役，此则谓之挂名书役也。"① 而清廷在制度上严禁挂名书吏之存在，否则惩处。"嘉庆五年，又奏准，各省大小衙门，将不在公之人，作为挂名书吏者，降三级调用（今改为知情者，降三级调用，不知情者，降一级留任），接任官不行查出，降一级留任。如系刺字革役挂名，接任官降二级调用。"②

　　由于经制书吏之外有非经制书吏，非经制书吏之外复有白书和挂名书吏，故清代州县衙门书吏人数远超定制，"大邑每至二三千人，次者六七百人，至少亦不下三四百人"③。而廉政之州县官针对书吏浮于事的现象，常加整饬。光绪三十四年（1908），南部县知县史久龙就曾整饬裁汰书吏，据《南部档案》载：

　　　　正堂史全衔谕各房书吏及仵作等知悉，照得各衙署设立书吏，以佐本官办理公务，自须心地明白、公事熟悉者方可充当。查本署八房书吏多至三百，而谙练公事者，实不多观，尤有亟须革除者。则各房分为春冬、夏秋两班，往往两班交替之后，此班所办公事，询之彼班，茫无头绪，窒碍之处，不一而足。然卯名虽多至三百，一经分成两班，则在署办公者，实止百余人。是此百余人已敷办公，彼下班之百余人，讵非赘疣？公门中钱造孽者多，尔等各有身家，又何乐此而不疲耶？本县现将分班分乡之名永远裁除，仰尔各房典吏，限五日内，将经清各书，分别能办事、不能办事，各开清折，先行呈阅，候示期考试点验，以定去留。一经留卯，则须常川在署，不得私自回家。至应留之数，除典吏外，户仓、刑房公事较多，户仓房准留六十人，刑房准留五十人，吏礼兵工盐承发各房，准留十人，其余统俟点验后，各自归家，另寻生计。将来承行公事，即照此次卯册，周而复始，轮流承值，不得紊乱。至仵作关系甚重，亦应一律改正，准留十

---

① （清）贺长龄：《皇朝经世文编》卷二十四，台北：文海出版社，1973年。
② （清）昆冈等：《（光绪）钦定大清会典事例》卷九十八，北京：中华书局，1991年。
③ （清）盛康：《皇朝经世文续编》卷二十二，台北：文海出版社，1973年。

人承值，先行将能验不能验开单呈阅，听候一体考试点验。其各凛遵，勿违。特谕。①

上述档案表明，光绪三十四年，南部县知县衙门设置吏、户仓、礼、兵、刑、工、盐、承发等八房，各房分为春冬、夏秋两班，书吏一度多至三百，其数量远超额设书吏②，但"窒碍之处，不一而足"。所以知县史久龙加以裁汰，公事较多的户仓房准留六十人，刑房准留五十人，其余各房准留十人，被裁汰之书吏则"各自归家，另寻生计"。

值得一提的是，清代州县书吏习惯上被笼统地称为"六房"书吏，实际上此称谓值得商榷。其一，在清代，一县之内，除知县衙门设置书吏外，其他佐杂官衙门如县丞衙门、典史衙门、巡检衙门、儒学衙门等虽例置书吏，但仅各置攒典一名，根本就无"六房"书吏；其二，知县衙门除吏、户、礼、兵、刑、工六房之外，还因地因时增置其他科房，如承发房、盐房、柬房、仓房、库房等。因此，清代知县衙门常常不止六房书吏③，"六房"书吏之称并未准确地反映清代州县衙门书吏设置的实际。

学者常以知州、知县衙门为对象论述清代州县衙门书吏设置。事实上，清代州县衙门书吏设置有地域、王朝、科房之别。以知县衙门为例，不同的省府属县，其知县衙门书吏设置有所不同。清代直隶大兴县知县衙门"承发，经承四人；吏房，经承四人；户房，经承四人；礼房，经承一人；兵房，经承一人；刑房，经承一人；工房，经承三人；仓房，经承一人；库房，经承一人"④。宛平县知县衙门"吏房，经承二人；户房，经承二人；礼房，经承二人；兵房，经承二人；刑房，经承一人；工房，经承二人；仓房，经承一人；库房，经承一人"⑤。清代四川省巴县知县衙门在吏、户、礼、兵、刑、工六房外，因需增设了承发房、

①　南充市档案馆藏：《清代南部县衙档案》Q1-18-639-4。

②　南部县知县衙门额设"典吏十人"，多于同府其他诸县（阆中县"典吏九人"，苍溪县"典吏八人"，广元县"典吏九人"，昭化县"典吏八人"）。详见《（光绪）钦定大清会典事例》卷一百五十《吏部·各省吏额·四川》。

③　至于清代州县衙署科房内部建置，详见苟德仪：《清代州县衙署内部建置考》，《西华师范大学学报》（哲学社会科学版）2009 年 3 期。

④　（清）周家楣等：《光绪顺天府志》卷五十四，北京：北京古籍出版社，1987 年。

⑤　同上。

仓房、盐房、柬房，总共十房，"额定典吏 15 名[1]，其中吏、仓、盐、工、承发房各 1 名，刑房、礼房各 2 名，户房、兵房各 3 名"[2]。知县衙门书吏设置亦因时而异，以清代巴县为例，知县衙门定例兵房典吏 3 名，"咸丰六年兵房典吏减至 2 名，光绪十七年减至 1 名"[3]。总之，清代知县衙门书吏设置因地因时因房而异。所属省府不同，事务繁简有别，知县衙门科房设置也不同，书吏数量随之而异。所处王朝不同，知县衙门各房书吏数量也有所调整。所属科房不同，书吏数量也不同。但各房经制书吏一般不超过 4 名，且以户房、刑房经制书吏相对较多。

二、书吏的职责

清代书吏的职责，从制度上看，乃"缮写文书，收贮档案"[4]。但在州县行政实践中，其具体分管职责因县因房而异。曾为官山东郯城的清人黄六鸿认为六房职责如下："吏房：经管吏书官属及本治候选官员等项；户房：经管应征解给夏税、秋粮、丁差、徭役、杂课等项（亦有户房止管田粮丁口，其杂课另设户杂科者）；礼房：经管春秋祭祀、宾兴、考试、乡绅、学校、庆贺、旌表、先贤祠墓、古迹等项；兵房：经管门军、皂快、民壮、铺司兵、驿递夫马等项；刑房：经管人命、盗逃、词讼、保甲、捕役、监仓、禁卒等项；工房：经管修造及置办军需等项。"[5]

据民国《灌县志》载：灌县知县衙门"设九房，即吏、户、礼、兵、刑、工、承、仓、盐……吏房办理报捐各职及各房承、顶、参、缺、保、准，书办注册到任各官履历，职官报丁、起复等事……户房办理丁粮、契税、田地词讼案件，并申解文稿。因事繁设库于大堂左侧，专理田房、契税及粮税各款储存汇

---

① 对于巴县额设书吏之数，光绪《钦定大清会典事例》卷一百五十《吏部·各省吏额·四川》记载为："巴县，典吏十有六人。县丞、木洞镇巡检攒典各二人。典史、儒学攒典各一人。"

② 李荣忠：《清代巴县衙门书吏与差役》，《历史档案》1989 年第 1 期。

③ 同上。

④ （清）昆岗等：《（光绪）钦定大清会典事例》卷一百四十六，北京：中华书局，1991 年。

⑤ （清）黄六鸿：《福惠全书》卷二，载《官箴书集成》，合肥：黄山书社，1998 年。

缴。设征粮一处，每日经收丁粮各款，交库保存……礼房办理科岁考试、文童申送府试、院试及祭祀与婚姻词讼案件……兵房办理武童县府院考试及武职报捐、荫袭注册、丁忧、起复与兵、流、差等案……刑房办理命盗、奸淫词讼案件，无论何案，伤人即属刑事……工房办理碾榨磨课、堰工及债账、田土界址词讼案件……承发房办理词讼格式、挂号记批、呈上发下送交各房应办案件及检查卷宗等事……仓房办理旗米、仓廒及斗张等事……盐茶房办理盐茶税课"①。

清代巴县知县衙门"吏房：经理一切上行及本官佐杂各员到任交代，俸廉、役食各款银两奏销，并各捐案暨考绩月报、年终简明表等件；户房：经理人丁户口，冬防保甲，更换监、保、里正（乾嘉及稍晚之时由刑房经理），孤贫口粮，每年奏销交代，各县监盘，实行国家、地方等税申解，津捐、租股、晴雨、银钱价值月报，银两等件；礼房：经理学务、报章，厅、州、县城乡自治各事并育婴及各善堂，商务牙行当课，春秋祭典，祷晴祷雨，迎官接诏，封开印信，日月食，朝贺忌辰月香，迎春打春、清明、下元、中元、厉坛等件；兵房：经理巡警、肉厘、巡防各军，铺司、红船、衙役、驿站、牛羊、戏捐等件；刑房：经理过道人犯，护送洋人、各教堂、洋行，按季申报有无军流徒犯，月报各商号银两收入、习艺人犯，月报三费报销、禁种戒烟统计、司法各表；工房：经理度量衡，劝工农政，矿务蚕桑，京铜京铅，银币铜币、制钱、硝磺、田制等局，糖业棉业牙课，城垣地理报告表并各差务等件；承发房：经理分发上宪、平移文牍号簿和投文发出，日行查卷，调文录批散发各房，公件挂号，传单及审判提验各案卷宗；盐房：管理盐茶；仓房：管理积贮"②。

清代南部县知县衙门"吏房分管文官及官制、行政机构及其改革、科目捐照等"，"户房分管田土房屋、人丁户口、赋税课征、仓库出入、雨雪阴晴及赈灾等"，"礼房分管典礼、礼仪、科举、学校、宗教、迷信、外交、婚姻、天文、医学、地方自治等"，"兵房分管武官除授、封荫、考绩、抚恤、邮驿、马政、军资、军籍、军纪等"，"刑房分管刑罚政令、狱政、治安、肉厘、私

---

① 叶大锵：《（民国）灌县志·灌志掌故》卷一，载《中国地方志集成·四川府县志辑》，成都：巴蜀书社，1992年。

② 四川省档案馆编：《清代巴县档案汇编》，北京：档案出版社，1991年，"序言"。

铸等"，"工房分管'工关'、农业、（手）工业、商业、交通、禁烟、硝务等"，
"盐房分管盐、茶"①。

州县科房虽各有职分，但由于现实的利益，有时会出现职权之争，或各房
典吏共同理明，或州县官亲自调处，常达妥协之果。如光绪二十四年（1898），
汪炳镛接充吏房典吏后，承领晋边、直隶等捐款执照共一百零八张，但礼科争
竞，结果两房关办，吏房承办六十二张②。

在知州知县衙门各房内部，书吏分工合作。在清代巴县，"各房公牍各有专
司"。如吏房书吏，有的"总理命盗上行详参各稿件"，有的经办"命盗上行自理
词讼及各房月报"，有的经管存放档案的稿柜，有的管理存放钱物的经柜，有的
值堂录供，"分办公件，历久无紊"。具体地说，典吏是一房之首，督率房众办公，
掌管一切银钱器物；经书承担起草文件、值堂录供、保管档案钱物及其他差务；
清书和小书则抄写校对，学习办理文案③。在清代南部县，各房安排书吏专门应
对各上级衙门，如"刑房张接贵对督、何泽先对臬、伏吉元对巡、陈子富对府"④。

从知州知县衙门各房的木制印章亦可窥探其内部分工。根据《学治体行录》
记载，每房都有一个木制印章，其上半部横刻着该房的名称，下半部纵向依次
刻着五个条目：发房、送稿、判行、送签、发行⑤。清代巴县各房也有文书处理
章，且其项目因时而异。道光五年（1825）各房印章上的项目为：房名、发房
日期、放行日期、签押日期、呈稿经书。道光二十一年印章上的项目为：房名、
发房日期、签押日期、放行日期、呈稿经书、书写人、对读人、封发人、粘卷
人⑥。清代南部县各房亦有文书处理章。道光十一年各房印章的上半部右端空
着，左端刻着"房"字。下半部纵向从右至左依次刻着以下项目：年月日到房、
月日呈稿、月日送签、月日发稿、月日发签⑦。道光三十年各房印章的上半部右

①　侯文俸：《清代四川南部县衙门档案——"地方文献宝库"》，《档案学通讯（增刊）》
2005年。

②　南充市档案馆藏：《清代南部县衙档案》Q1-16-3-3。

③　李荣忠：《清代巴县衙门书吏与差役》，《历史档案》1989年第1期。

④　南充市档案馆藏：《清代南部县衙档案》Q1-4-167-1。

⑤　（清）王凤生：《学治体行录》卷上，清道光四年（1824）刻本。

⑥　张永海：《巴县衙门的文书档案工作》，《档案学通讯》1983年第2—3期。

⑦　南充市档案馆藏：《清代南部县衙档案》Q1-4-135-2。

端空着，左端刻着"房"字。下半部纵向从右至左依次刻着以下项目：典吏、呈稿、缮清、磨对①。咸丰二年各房印章有所变化，印章的上半部右端空着，左端刻着"房"字。下半部纵向从右至左依次刻着以下项目：典吏、日呈稿、日缮清、日磨对、日封发、日判行、月日时申发②。

三、书吏的充任

按照典例，清代州县典吏和攒典由知县、典史等官员"选于民而充之"③，充任条件是"载粮民籍，身家清白，并无重役过犯违碍等弊"，且"心地明白，文理通顺"④，或"心地明白，公事熟练"⑤。

清制，典吏和攒典"役五年而更焉"，即任期为五年。期满之后，他们可以参加每年秋天督抚主持的"考职"考试（试以"告示、申文各一"），通过考试者被授予品级或任以适当官职，但考试通过率"无过十之五"。故不少役满及革退书役常常通过更易姓名或改移籍贯继续留任，尽管按照律例将被革职并杖一百。清代律例对滥准役满及革退书役入册的官员也做出了相应的处分规定："如系役满革退书役，本官明知故纵，滥准入册，将本官照革役复入衙门例革职。其役满革役，本官实不知情，止系一时失察，准其承充者，降一级调用……倘前官将役满革退书役及挂名旷役滥准承充，接任官未经查出揭报，经上司查出，如系役满革退书役，将未经查出之接任官降一级调用。"⑥

典吏所遗名缺，由非经制书吏顶补。《牧令须知》记载的典吏充补文式为：

> 为钦奉恩诏，敬陈管见事。窃查阜州县衙门某房典吏某人，业已役满，所遗名缺，例应选补接充，以符定制。兹查有该房清书某人，在房年久，公事熟习，堪以顶补接充。理合取具该吏亲供及里邻甘结，粘连印结，造具清册，具文申

---

①　南充市档案馆藏：《清代南部县衙档案》Q1-4-395-1。

②　南充市档案馆藏：《清代南部县衙档案》Q1-5-21-1。

③　（清）昆岗等：《（光绪）钦定大清会典》卷十二，台北：鼎文书局，1975 年。

④　李荣忠：《清代巴县衙门书吏与差役》，《历史档案》1989 年第 1 期。

⑤　南充市档案馆藏：《清代南部县衙档案》Q1-18-639-4。

⑥　（清）昆岗等：《（光绪）钦定大清会典事例》卷九十八，北京：中华书局，1991 年。

报。请祈宪台俯赐查核，详请给照收参。为此备由具申，伏乞照验实行。[①]

从《南部档案》来看，清代南部县经书汪炳镛顶补典吏的禀文如下：

> 具禀吏房经书汪炳镛为顶补着役日期事。情书房前吏何金荣于光绪十九年九月初八日起，至二十四年五月初三日因病身故，当经具文申报在案，所遗名缺蒙恩选书顶补。恳祈给文申报，以专责成，伏乞大老爷台前施行。[②]

南部县申报给四川布政使的汪炳镛顶补典吏的申文如次：

> 保宁府南部县为申报着役事。窃阜县吏房典吏何金荣于光绪二十四年五月初三日因病身故，当经具文申报在案，所遗名缺，例应另选经书顶补。兹选得吏房经书汪炳镛，系阜县载粮民籍，身家清白，熟习公事，勤慎小心，堪以顶补。已于光绪二十四年六月十一日着役，理合取具该书供甘各结，加结粘钤，并造具年貌、籍贯、三代姓氏及着役日期清册，具文申赍宪台俯赐察核，并请给发执照，以专责成。为此备由申乞照验施行，须至申者。[③]

在经制书吏的补充过程中，常常出现买卖现象。"某书管某县，某吏值某科，皆量其出息之多寡，以为授受。"[④]清末之郑观应亦感叹："每缺或万余金，或数千金不等。"[⑤]有时甚至出现所谓"缺主"的垄断现象。"凡经制书役年满缺出，该管官在现充书识内佥点更替，其弊也，老吏把持所管，止令新吏出名任事，而操纵贪缘仍属老吏，或索取租银，谓之缺主。虽律有明禁，无能斥革者。"[⑥]同治间江苏巡抚丁日昌曰："内而部院，外而督抚司道州县衙门书吏，皆有缺主。每一缺主，或万余金，或数千金，自为授受。奸黠之人，买一书吏缺，其利息强于置产十倍，与在署办事之书吏朋比为奸，而无须见官之面，即或误公，而官但能革在署办事之书吏，不能革外间坐缺把持之书吏。"[⑦]因此清代州县书吏"子孙相沿袭，亲若友相援引"[⑧]。

---

① （清）刚毅：《牧令须知》卷三，台北：文海出版社，1988年。

② 南充市档案馆藏：《清代南部县衙档案》Q1-14-2-1。

③ 南充市档案馆藏：《清代南部县衙档案》Q1-14-2-2。

④ （清）贺长龄：《皇朝经世文编》卷二十四，台北：文海出版社，1973年。

⑤ （清）郑观应：《盛世危言·书吏》，郑州：中州古籍出版社，1998年。

⑥ （清）刘锦藻编：《清朝文献通考》卷二十三，杭州：浙江古籍出版社，1988年。

⑦ 同上。

⑧ （清）贺长龄：《皇朝经世文编》卷二十四，台北：文海出版社，1973年。

四、结语

综上，清代书吏制度虽甚为完善，但其州县行政实践与制度表达不完全相符。就制度层面而言，州县书吏有经制书吏和非经制书吏之别；职司"抱案牍，考章程，备缮写"①；由身家清白之良民充任，任期五年。但在州县行政实践中，经制书吏和非经制书吏之外复有白书和挂名书吏，且其类别和数量远超制度规定，"六房"书吏之称也并未准确地反映清代州县衙门书吏设置的实际。书吏具体职责因县因房而异，在各房内部，在经制书吏的督率下，非经制书吏与白书分工合作，共同完成文书缮写等任务。但由于现实的利益，各科房之间会出现职权之争。经制书吏的充任常常出现买卖甚至垄断现象，其例定任期五年，相当于清代知州知县平均任期二年多②的二倍，恰如"官有升迁，吏无更换"③。但役满书吏想方设法保留其职位，"朝而革，暮而复，入革于此，复移于彼"④，于是"州县地方政府便形成了一种特殊格局：不断更替且缺乏经验的州县官们'领导'着一帮久据其职久操其事且老于世故的当地书吏"⑤。而典史作为各房的负责人，其言或比州县官的话更有权威，正如冯桂芬所言："州县官曰可，吏曰不可，斯不可也"⑥。清末甚至出现书吏专权的积弊，所谓"本朝大弊，只三字，曰：吏、例、利"⑦。

---

① （清）贺长龄：《皇朝经世文编》卷二十四，台北：文海出版社，1973年。

② 刘鹏九等统计认为清代内乡县276年历任县官113任，除连任、临时升用、卒于官职、丁忧去职等特殊情况，平均任期为2.5年。详见刘鹏九等：《清代县官制度述论》，《清史研究》1995年第3期。

③ （清）郑观应：《郑观应集》上册，上海：上海人民出版社，1982年。

④ （清）贺长龄：《皇朝经世文编》卷二十四，台北：文海出版社，1973年。

⑤ 瞿同祖著，范忠信等译：《清代地方政府》，北京：法律出版社，2003年，第65页。

⑥ （清）冯桂芬：《校邠庐抗议》上册，北京：上海书店出版社，2002年。

⑦ 徐珂：《清稗类钞》，北京：中华书局，1984年，第5250页。.

"丙午江油之役"考辨

——以《南部档案》为中心

黎春林

邹鲁《中国国民党史稿》认为"四川党人之发难，始于江油"，故将《丙午江油之役》列于《四川诸役》之首，并为首事者李实专设《列传》以记其事[①]。然清代南部县衙档案中保存的百余件光绪三十二年（1906，丙午）四川南部县起义原始档案表明，邹鲁对李实"丙午江油之役"的叙述存在诸多疑点，有重新审视的必要。

一

邹鲁称，李实初欲举大义于江油，事泄遇袭后逃往南部，率众居于小燕山（即南部光木山），何如道、李映棠、李云麟、达星五、蒲定川等人皆"远来附之"，与策大计。然据清代南部县衙档案，何如道实为光绪三十二年南部起义军首领，光木山是其聚众起义的根据地。

据清代南部县衙档案，何如道本名黄世礼，又名唐无量，南部人，"素习红拳"，早在光绪三十年就开始在南部、阆中、盐亭、梓潼等周边各县以传授"神拳"的方式发展信徒。

光绪三十一年（1905）七月，何如道来至南部县窑坝寺，以"培修寺庙佛像"的方式赢得众人信任，并趁考课之时制造"齐圣临坛"的假象，宣称自己

---

① 邹鲁:《中国国民党史稿》，重庆：商务印书馆，1944 年，第 894、1397 页。

为"其祥皇帝"。后因信资纠纷,被阆中警察巡兵盘获押解至南部县,时任知县王廷赞以"念佛惑众,藉端敛钱,供峨眉县人,未便客留在境"为由将何如道移解峨眉县[①]。途中,何如道在三元亭"与人画水治病,假师惑众",被收回讯问。同年十一月二十四日,何如道被再次移解峨眉县,中途脱逃,继续在南部一带以"义和拳"的形式传道纠众。经查,何如道当时"倚为死党诪数,在各处纠众助逆者,盐亭县为达星五,资阳县为陈孝先,昭化县为邓守桢、邓巩生叔侄,梓潼县为马少武"[②],而李映棠、李云麟、达星五、蒲定川等人均参与其中,并在光绪三十二年起义军攻打剑阁广平场时"受有伪职"。

在清代南部县衙档案中,何如道案卷宗达百余件,所涉案犯均将"何如道"称为习拳之"师尊",在往来政府公文中亦指斥何如道为"匪首""逆首"。光绪三十二年八月,起义军自南部袭击剑州,并在剑阁广平场与官兵"开枪接火",何如道趁乱脱逃,总督锡良"悬立重赏""期于必获",并在抓捕何如道后,专上《擒获南部匪首请奖员弁折》,为各出力人员请功邀赏。折中,锡良强调"南部为该匪聚众起事处所",称起义者为"南部邪匪",起义为"南部匪案"[③]。

据此可知,在李实江油起义前,何如道已在南部一带"纠众习邪,伪立官职,制备旗帜、枪械、药弹",准备起义,光木山是其聚众起义的根据地,而并非李实逃至光木山后,何如道等人方才"远来附之"。

二

邹鲁称"知南部县事某,闻风上报,锡良飞檄巡防军统领张孝侯,悉众来攻",李实阵亡,何如道等皆被执并先后死狱中。然据清代南部县衙档案,镇压何如道起义的实为"驻扎保宁府巡防右军前营哨官黄鼎",而非"巡防军统领张孝侯"。

光绪三十二年八月,署南部县知县宝震向四川总督锡良密禀"有匪首何如

---

① 南充市档案馆藏:《清代南部县衙档案》Q1-17-165-7,光绪三十一年十一月廿二日。

② 锡良:《锡良遗稿》卷五,第一册,北京:中华书局,1959年,第622页。

③ 同上书,第622-624页。

道，即吴如道，又名唐无量，在该县境与剑州、盐亭交界之光木山，聚众演习邪教"①，并称自己带兵往捕，但何如道等闻风先逃，仅获其党杨先弟等数名，起有伪示、符咒等件。对此，四川总督锡良批饬："切实清查保甲，会合邻封，上紧严拿何如道等，务获以绝祸萌。"②剑州知州章仪庆闻警，立即在剑州南部交界处督团布置。八月中旬，何如道、达星五等"率党数百人扰剑州属元山、仁和、金仙、广平各场，及店子垭、演圣寺、候子铺，白龙庙各处"③。同年九月二十八日，四川总督锡良在《剿办南部邪匪并奖劾官弁折》中如此描述：

> 九月初十日，果有匪股数百人，自南部窜扰该境（剑州）广平场等处。该团绅集众备御，一面分投飞报府州。驻扎保宁府巡防右军前营哨官黄鼎，暨该州（剑州知州章仪庆）星夜督队，先后驰至，会合民团兜拿，流匪胆敢恃众抗拒，开枪接仗，伤我勇团八人。经该文武督众奋力进击，阵歼伪总军王文朗等十一名，阵获伪领队何添才等及妖道、妖僧共五十七名，各团亦有擒获，余匪逃散无踪，现在地方已一律平靖。④

此后，四川总督锡良将署南部知县宝震撤任，并将剑州知州章仪庆调署南部认真查缉，一面严饬各邻封协同缉拿，一面密委干员带弁勇团练严密访拿。不久，达星五、李映棠等人相继被捕，以"习邪谋逆"罪处死。

十一月初二日，何如道在成都大面铺被捕，四川总督锡良上《擒获南部匪首请奖员弁折》与《南部匪案肃清奖劾员弁片》，并在奏折中再次详细描述了黄鼎的功劳：

> 查南部匪案，前折奏请先予加级之巡防军哨官黄鼎，该哨官于逆匪大股突窜剑州时，闻警由郡星夜驰赴，所带勇丁仅数十人，首先奋勇痛击，民团随之，登时将巨目悍匪擒斩过半，匪股从此星散，用能首要次第就擒，不烦兵力，洵属卓著勋劳。拟恳恩施，将已保游击骑都尉世职黄鼎免补游

① 南充市档案馆藏：《清代南部县衙档案》Q1-17-685-3，光绪三十二年十二月十五日。同见于锡良：《锡良遗稿》卷五，第一册，北京：中华书局，1959年，第609页。

② 同上。

③ 张政等：《（民国）剑阁县续志》卷三，成都：巴蜀书社，1992年，第896页。

④ 南充市档案馆藏：《清代南部县衙档案》Q1-17-685-3，光绪三十二年十二月十五日。同见于锡良：《锡良遗稿》卷五，第一册，北京：中华书局，1959年，第609页。

击，以参将尽先补用，以励戎行。①

纵观四川总督锡良为禀报"南部邪匪"所上三封奏折，无论是叙述镇压起义过程，还是逐一赏罚功过，均对"巡防军统领张孝侯"只字未提，相反"巡防右军前营哨官黄鼎"却事迹突出，多次提到。

另据《清实录》卷五百六十八载：光绪三十二年十二月，据四川总督锡良奏请，清政府"以拿获谋逆邪匪出力，复已革四川南部县知县王廷赞等原官。予游击黄鼎以参将用，余升叙有差"②，更可证实率兵来攻打何如道等人的是"巡防右军前营哨官黄鼎"，而并非"巡防军统领张孝侯"。

<h1 style="text-align:center">三</h1>

邹鲁称，李实"始闻种族之说，且日疢于清廷腐窳横毒之状，私心患之，遂奋身入同盟会籍……日以排满革政之说相传播，逢人辄娓娓道之"，故李实应为早期四川革命党人无疑。然据清代南部县衙档案，光绪三十二年南部何如道起义实属"纠众习邪"，而非"排满革政"。

南部起义者的信仰对象非常繁杂，三清老祖、观音圣母、唐僧悟空八戒沙僧、少林祖师、关圣父子皆为其信仰对象③，而革命者所主张的"黄帝"等体现"排满"信仰的神灵并未列入其中。领导者何如道在组织起义之初，就利用巫法迷信手段制造"齐圣临坛"的假象，宣布自己为"其祥皇帝"。除此以外，画水治病④、传授拳法符咒，宣称练习灵通后能避枪炮、治病保家是何如道等人发展下层民众、壮大起义队伍的常用手段。光绪三十二年八月，南部县知县宝震曾在县属花林寺（今盐亭县富驿镇火星村）拿获的沙盘、纸旗、泥人等物，即为起义者所遗留之物证。

清代南部县衙档案中还保留着光绪三十二年五月二十日起义参与者的来往信件，信中以"峨眉山金顶上锡瓦殿了明方丈和尚"名义宣扬："近来上司政出

① 锡良：《锡良遗稿》卷五，第一册，北京：中华书局，1959年，第624页。

② 清实录馆：《清德宗景（光绪）皇帝实录》卷五百六十八，北京：中华书局，1987年。

③ 南充市档案馆藏：《清代南部县衙档案》Q1-17-635-4，光绪三十二年十二月廿六日。

④ 南充市档案馆藏：《清代南部县衙档案》Q1-17-165-7，光绪三十一年十一月。

多门，小民久遭涂炭，兼之外洋劣凶极恶，恃势宣谣，神人之所共恨，大地之所不容，故隐昧不现，四路寻访英才……救生民于水火之中，上顺天理，下快人心。天必相佑，民必相从，我师必以鸿恩相报。"[1] 无独有偶，在四川总督锡良《剿办南部邪匪并奖劢官弁折》中对起义前舆论宣传手段也做了总结："迹其煽惑之计，要亦不外两端：其激民忿也，恒挟外人之传教以为仇；其构民怨也，辄指公家之取民以为虐"[2]，仔细推敲，二者均难以反映同盟会"驱除鞑虏，恢复中华"，即李实"排满革政"主张的影子。

值得一提的是，重庆同盟会掌握的旨在"树新风，作民气"的《广益丛报》亦曾对此次南部起义进行过报道。《广益丛报》1906年第24期称："保属剑州各地，今有土匪肇乱，势颇猖獗，幸当道早为察觉，派驻郡巡防军剿办，现已擒获数十名，及伪印告示等物，昭化、阆中、南部亦时有匪徒滋事，上宪饬各属认真防堵，又派警察防营各乡弹压，以免串扰云云。"[3] 1906年第27期又称："保属剑州一带土匪滋事，派勇剿办各节已记前报，兹悉其实是邪教，已拿获多人，并获得符扇咒语伪示等物，保宁府文太尊亲身到彼讯办，已正法数名，现该地稍觉安静云云。"[4]

从上可知，《广益丛报》先将光绪三十二年何如道等人起义定性为"土匪"，后又论定"其实是邪教"，亦未借此宣扬其"排满革命"的立场。而事后南部县专门立碑"让妇人小子皆知，再不从匪习邪，容留歹人，见碑即触目惊心，永远不忘"的举动[5]，亦可证明此次何如道所领导的南部起义性质实为"聚众习邪"，而非"排满革政"。

另外，此次南部何如道起义还有明确的起义计划和集结地，即"八月十五日聚松盖坝（广元昭化松盖坝），令各处声震地"[6]。由此，不难理解何如道率领

---

①　南充市档案馆藏：《清代南部县衙档案》Q1-17-641-3，光绪三十二年五月廿五日。

②　南充市档案馆藏：《清代南部县衙档案》Q1-17-685-3，光绪三十二年十二月十五日。同见于锡良：《锡良遗稿》卷五，第一册，北京：中华书局，1959年，第609页。

③　佚名：《保属匪警》，《广益丛报》1906年第24期。

④　佚名：《保属匪警》，《广益丛报》1906年第27期。

⑤　南充市档案馆藏：《清代南部县衙档案》Q1-18-955-6，光绪三十三年十二月廿一日。

⑥　南充市档案馆藏：《清代南部县衙档案》Q1-17-641-3，光绪三十二年五月廿五日。

起义军径直北上，攻打剑阁，以及在剑阁广平场抗击官兵失败后，参与者邓守桢率余党经剑川、江油、平武、马昭一路北上潜逃回松盖坝，在当地继续组织起义的举动[1]。

综上所述，由"素习红拳"之何如道所领导的光绪三十二年南部起义，其起义信仰、宗旨、组织手段等均符合义和团起义特征，而非"排满革政"，故张力在其著作《四川义和团运动》中特以"何如道袭击剑州"专题叙述，并将其列入义和团在四川的"继续斗争时期"[2]，学者则将光绪三十三年（1907）的"永宁首义"作为同盟会在四川领导的首次起义[3]。

四

根据清代南部县衙档案，光绪三十二年南部起义以南部光木山为根据地，以何如道为宗教首领，以松盖坝为各地起义军集合地，以巫法迷信的方式联合下层民众，以联合各地力量推翻清政府统治为目的，其性质更倾向于义和团起义，而非"排满革命"，其起义首领、起义过程与起义的镇压者均与邹鲁《中国国民党史稿》说法不同。因此，笔者大胆猜测，邹鲁《中国国民党史稿》中《丙午江油之役》与《李实传》中所提及有关何如道部分史实应属于四川南部义和团起义，因其与李实所领导的"江油起义"均发生在"光绪三十二年八月"，故被混为一谈。当然，也不排除李实"江油起义"事泄遭袭后，逃至南部，加入何如道起义队伍北上剑阁，最后力竭阵亡的可能，但此亦不足以改变何如道等人起义的计划与性质。纵观邹鲁《中国国民党史稿》，其对李实发动的"丙午江油起义"语焉不详，却将何如道领导的南部起义归入其中，并视其为"四川首役"而大力渲染，实属"喧宾夺主"，甚为不妥。

那么李实的"江油之役"究竟如何呢？"欢喜道人"李杰的经历或可说明一二：李杰，字太清，号永宏，四川江油县明镜乡人，光绪三十二年同盟会四

---

① 南充市档案馆藏：《清代南部县衙档案》Q1-17-643-2，光绪三十二年。

② 张力：《四川义和团运动》，成都：四川人民出版社，1982年，第122页。

③ 丹山樵夫：《同盟会在四川领导的首次起义》，《四川档案》2011年第5期。

川党人李实至江油联络义士而入会。后同盟会众对江油县衙发起进攻，四川总督锡良派遣巡防总领张孝侯率部至江油镇压，起义失败。李杰脱逃，后至四川灌县青城山，出家从道[①]。

由此可知，李实所领导的"江油之役"，似应为对江油县衙的进攻，因巡防总领张孝侯率部至江油镇压而失败。然史料匮乏，无以佐证，故列疑于此，以待方家。

---

① 王庆余：《秘传道家筋经内丹功》，北京：人民体育出版社，1990年，第210页。

先秦时期嘉陵江流域文化空间的演变

赵炳清　伍小琴

随着历史的进步，社会生产力水平的提高，人类文化之间的交流与融合受地理环境的制约越来越小，在同一国家的社会空间里也很难找到相对独立的、有特征的文化现象。而在人类社会的初期，由于山脉河流等地理障碍的阻遏，文化空间的分异现象十分地突出，形成一些相对独特的文化区域。当然，完全封闭独立的文化空间是并不存在的，人类空间行为的选择，使得文化的交流与融合持续发生，旧的文化空间被突破，而新的更大的文化空间得以形成。特别是在一些文化交汇地带，文化空间的演变十分错综复杂。因此，研究和揭示这种文化空间的演变无疑是十分有意义的。

嘉陵江为长江的第二大支流，干流全长 1119 公里，流域面积 16 万平方公里，是长江支流中流域面积最大的河流。该流域自古就有河流、道路与周边地区相通，是一个文化交汇影响的地带。本文依据目前的考古发现和文献记载，对先秦时期嘉陵江流域文化空间的演变进行分析，并揭示地理环境在文化空间演变中的基础作用，不妥之处，敬请指教。

一、先秦时期嘉陵江流域文化遗存的地理分布

嘉陵江流域地势东、北、西三面较高，向东南逐渐降低，地势渐趋平缓，是一个典型的扇形向心结构。流域包括嘉陵江干流、渠江、涪江三大水系，干流自北向南，渠江自东北向西南，涪江自西北向东南，三大水系在合川附近汇合，最后在重庆朝天门汇入长江。

嘉陵江干流西源白龙江，发源于四川松潘高原若尔盖县的郎木寺，大部分流域位于甘南的西秦岭山地。根据一些地质学者的研究[①]，白龙江流域属于海西褶皱地带，沉留了巨厚的易碎岩石，在地质时期的几次造山运动中，隆起形成高峻的秦岭，使得谷岭的相对高差达 1000—2000 米，再加上雨水的相对集中，因而泥石流活动十分频繁。白龙江流域河边台地的形成是长期泥石流活动的结果。这些台地一般面积比较大，地面很平缓，台缘距河面的相对高差为 5—10 米，台中为 20—40 米，不易受到洪水的威胁，因此成了先民理想的聚居地，分布着不少先秦时期的文化遗址。如大李家坪遗址[②]位于武都县马街乡东 2 公里的白龙江支流北峪河南岸二级黄土台地上。整个台地南依中梁山，北临北峪河，地势南高北低，呈缓坡状。

正源西汉水发源于甘肃天水市秦城区的齐寿山，位于秦岭南坡，地质地貌特征从北到南变化较大，北部上游地区分布着 2350 余平方公里的黄土高原地貌，以黄土梁状丘陵为主，河流切割现象十分严重，形成一些面积较大的山前台地、河岸台地及两河交汇形成的沉积台地。在这些台地上发现了不少先秦时期的文化遗址。如已经发掘的西山遗址[③]位于礼县县城西的西山台地上，在台地前燕河与西汉水交汇向西南流去。南部下游地区由黄土丘陵沟壑区过渡到土质山区。

东源嘉陵江发源于陕西宝鸡市大散岭，流经凤县，在略阳县与西汉水汇合。此区山高谷深，属于秦岭侵蚀山地，因此在水流平缓处的河流两岸常形成一些沉积的面积不大的河谷阶地。先民就聚居在这些河岸阶地上，调查发现的十一处新石器时代遗址全在凤县[④]。

①　王协康、方铎：《白龙江流域泥石流形态非线性研究》，《人民长江》1999 年第 5 期；王建力、王勇、师玉娥：《白龙江流域全新世泥石流与环境演变的初步研究》，《西南师范大学学报》（自然科学版）2000 年第 4 期。

②　北京大学考古系、甘肃文物考古研究所：《甘肃武都县大李家坪新石器时代遗址发掘报告》，载刘庆柱主编：《考古学集刊》第 13 集，北京：中国大百科全书出版社，2000 年。

③　赵丛苍、王志友、侯红伟：《甘肃礼县西山遗址发掘取得重要收获》，《中国文物报》2008 年 4 月 4 日。

④　陕西省社会科学院考古研究所汉水队：《陕西汉中专区考古调查简报》，《考古》1962 年第 6 期。

　　嘉陵江干流自广元以下，河谷逐渐开阔，地形从深丘过渡到浅丘，河曲、阶地和冲沟发育，与涪江、渠江构成川中盆地。涪江发源于四川松潘县境内岷山雪宝顶北麓，从西北向东南由川西北高山区进入盆地丘陵区，至重庆合川汇入嘉陵江，成为嘉陵江右岸最大支流。渠江有东西二源：西源巴河，发源于川、陕两省界米仓山南麓，东源州河发源于川、陕两省边界大巴山西南麓，在渠县三汇镇汇合后就称为渠江，至重庆合川汇入嘉陵江，是嘉陵江左岸最大支流。在河流上游地区，由于山体峻峭，河流比降大，沉积作用不明显，因而不易形成河谷阶地。随着风化和雨水侵蚀，山麓前形成了一些面积不大的平缓坡地。在这些坡地上也发现了先秦时期的文化遗址。如边堆山遗址① 位于绵阳市市中区新皂乡姜家湾边堆山南山腰的缓坡地带上。2002 年，四川省文物考古研究院在渠江流域进行的为期一个月的考古调查中，在通江流域发现了 6 处新石器时代遗址（如凤凰包、大梁上、禹王宫等），其选址共同特点是居住在半山腰的缓坡地带②。在河流中下游地区，由于地势缓平，河流比降小，沿岸有多级阶地，并局部地与低山、浅丘连接，形成较广阔的缓丘平坝。发现的先秦时期的文化遗址就多分布在这些平坝台地上。如阆中蓝家坝遗址③ 就位于阆中市城郊嘉陵江边的台地上，南充淄佛寺遗址④ 位于南充市南郊的嘉陵江右岸台地。这些遗址多位于浅丘地区的临河地带，距水源较近，但又有一定的高差，可以避开洪水，且有一定面积的平地供人们居住和生产。临水的方便，也利于人们频繁的接触和文化交流，从而形成文化面貌一致的古代民族和文化空间。

　　人类文化都是在特定的地理环境中产生的，因此，地理环境必然会对人类生产生活和文化面貌产生相应的影响，从而在不同的地理环境形成不同的文化空间。先秦时期嘉陵江流域文化遗存的不同的地理分布，正是嘉陵江流域文化空间形成的基础。同时，从文化地理区位来看，嘉陵江流域地处汉水流域、渭水流域、洮河流域、三峡地区和成都平原之间，自古就有河流、道路与周边地

---

　　① 　中国社会科学院考古研究所四川工作队：《四川绵阳市边堆山新石器时代遗存调查简报》，《考古》1990 年第 4 期；何志国：《绵阳边堆山文化初探》，《四川文物》1993 年第 6 期。

　　② 　四川省文物考古研究院：《渠江流域古遗址调查简报》，《四川文物》2005 年第 6 期。

　　③ 　重庆市博物馆：《四川嘉陵江中下游新石器时代遗址调查》，《考古》1983 年第 6 期。

　　④ 　同上。

区相通。这种地缘上的优势，导致在先秦时期，嘉陵江流域的文化不断受到周边地区文化的辐射和影响，从而使得文化性质与空间发生演变，形成新的文化空间。

二、先秦时期嘉陵江流域文化空间的演变

先秦时期的嘉陵江流域，由于处在中原文献记述视野之外，文献多未有系统记载，若以之来考察其文化空间的演变，尚不可得。目前，随着早秦文化的探索，嘉陵江流域的考古资料也日渐丰富，特别是西汉水流域的考古发掘。因此，我们主要运用考古资料来进行文化空间演变的分析。

嘉陵江上游流域是指广元市昭化镇以上的陇南地区，由白龙江流域、西汉水流域和东源嘉陵江流域组成。该区域北靠秦岭、东依汉王山，东南为米仓山，西南接岷山，山高谷深，属于秦岭侵蚀山地，在一些河谷的台地或阶地上，分布着人类文化的遗存。因此，弄清这些文化遗存的面貌、时代与分布区域，无疑是探索嘉陵江上游流域文化空间演变的关键。

从石器时代来看，嘉陵江上游流域目前旧石器时期的文化遗存尚不见报告，而经过正式发掘，材料已经发表的新石器时期遗址也并不多见，主要有武都县的大李家坪和礼县的高寺头，其他的多为调查材料。大李家坪遗址位于武都县马街乡东 2 公里的白龙江支流北峪河南岸二级黄土台地上，1995 年北京大学考古系、甘肃省文物考古研究所等单位进行了发掘[①]，出土了大量的陶、石、骨等器物，其中以生活类陶器为主，有钵、盆、双錾盆、小口尖底瓶、泥质缸、瓮、侈口夹砂罐等。根据地层叠压关系和陶器形制的变化，发掘者将大李家坪遗址的文化遗存分为三期六段，第一期文化性质为仰韶文化半坡类型，第二期文化性质为仰韶文化大地湾类型，第三期文化遗存最为丰富，为马家窑文化类型。高寺头遗址位于礼县高寺头村北侧，1986 年甘肃文物考古研究所进行了发

---

① 北京大学考古系、甘肃文物考古研究所：《甘肃武都县大李家坪新石器时代遗址发掘报告》，载刘庆柱主编：《考古学集刊》第 13 集，北京：中国大百科全书出版社，2000 年。

掘^①，出土了彩陶钵、卷沿陶盆、小口尖底瓶、直口圜底钵、泥质缸等文化遗物。通过对二者以及一些调查材料的比较研究，有学者认为："白龙江流域第一期至第三期文化阶段，西汉水流域的新石器时代文化与白龙江流域没有太大的差别，均可归入大地湾二期至四期的文化系统中，但到了白龙江流域第四期文化阶段，随着甘肃东部和中西部文化的分化，白龙江流域和西汉水流域的新石器文化也发生了分化。"^②

2004 年，为了进一步弄清楚西汉水流域史前文化发展序列和周、秦文化的相关问题，甘肃文物考古研究所、陕西考古研究所、中国国家博物馆、北京大学考古文博学院、西北大学考古系等联合组成了早期秦文化联合课题组和考古队，对西汉水上游流域进行全面勘察^③。从他们的调查材料来看，西汉水上游也普遍存在着马家窑文化遗存。只不过与白龙江流域第四期文化阶段单纯的马家窑文化相比，西汉水上游的文化因素更为复杂，有龙山时期的庙底沟二期文化、常山下层文化和齐家文化等。又从陕西凤县的新石器时期遗存的调查材料^④来看，嘉陵江东源流域存在着仰韶文化遗存。由此可见，在新石器时期的仰韶时期，嘉陵江上游流域普遍分布着仰韶文化遗存，无疑是属于仰韶文化区域。而在仰韶晚期和龙山时期，嘉陵江上游区域却普遍分布着马家窑文化遗存，应为马家窑文化空间，尽管在西汉水上游流域，也有庙底沟二期文化、常山下层文化等文化。

进入三代时期，在我国西北部地区生活的主要是西戎族群，在不同的历史时期，他们有灿烂丰富的文化，嘉陵江上游流域的文化面貌无疑深受其影响。在黄河上游，继马家窑文化发展的是齐家文化，这是早期青铜文化。齐家文化的来源，可能不单纯来源于马家窑文化，也受了陇山以东乃至关中文化的影响，年代上限相当公元前 2000 年，已进入夏代编年范围。据学者研究^⑤，齐家文化

①　赵建龙：《甘肃礼县高寺头新石器时代遗址》，载中国考古学会编：《中国考古学年鉴·1987 年》，北京：文物出版社，1988 年，第 270—271 页。

②　张强禄：《白龙江流域新石器时代文化谱系的初步研究》，《考古》2005 年第 2 期。

③　早期秦文化联合考古队：《西汉水上游新石器时代遗址调查简报》，《考古与文物》2004 年第 6 期。

④　陕西省社会科学院考古研究所汉水队：《陕西汉中专区考古调查简报》，《考古》1962 年第 6 期。

⑤　裴卷举：《浅述白龙江流域中史前文化发展的内涵》，《西北史地》1996 年第 3 期。

在白龙江流域也有广泛的分布，往往与马家窑文化遗址共处一地，或与寺洼文化合处一地，遗存内涵丰富，出土完整陶器甚多，主要分布在舟曲的八楞、三角坪乡、大年乡、南峪乡的马各坪、城关乡的北上坪（上层）、巴藏乡上坝子（上层）以及武都县两水镇后村、宕昌县上堠乡清水村和文县、迭部县的一些台地遗址。可见，嘉陵江上游流域也从马家窑文化演变为齐家文化，相应的也是齐家文化的分布空间。

继齐家文化发展的黄河上游青铜文化是寺洼文化，年代约为公元前14—前7世纪，主要分布在兰州以东的甘肃省境内，并扩及陕西省千水、泾水流域。根据早期秦文化联合考古队的考古调查材料[1]，他们在西汉水上游流域发现寺洼文化的遗址22处，而且一些遗址面积大，内涵单一，可能是该文化的地区中心。这些遗址分布在礼县县城南侧石沟坪、雷神庙遗址以南的区域，与北面的周秦文化相对峙。寺洼文化是这次考古调查的一大发现，以前在西汉水上游流域尚没发现有寺洼文化的遗存。在白龙江流域，寺洼文化遗存主要分布在迭部县东部和舟曲县的曲瓦、巴藏、大峪、南峪、大川、城关等地，以及武都县的北峪河的一些台地上[2]。可见，在嘉陵江上游流域，除了西汉水上游流域的北部地域是周秦文化分布区而外，其余地域演变为寺洼文化的分布空间。

据《史记·秦本纪》记载，秦的先祖中潏"以亲故归周，保西垂，西垂以其故和睦"。周孝王时，"非子居犬丘，好马及畜"，被周孝王赐为附庸，以秦为邑。周厉王时，戎人攻占犬丘，秦人大宗大骆一族被灭。周宣王时，秦庄公伐戎，收复了犬丘。犬丘何在？成为早秦文化研究的一个难点。1994年甘肃文物考古所对礼县大堡子山被盗掘的残墓进行了抢救性发掘[3]，从而证实这是秦公西垂陵墓区，为寻找早秦文化提供了新的线索。2004年的早期秦文化联合考古队的考古调查，发现了大量周秦时期秦人的相关遗址[4]，在47处周代遗址中，

---

① 早期秦文化联合考古队：《西汉水上游新石器时代遗址调查简报》，《考古与文物》2004年第6期。

② 赵雪野、司有为：《甘肃白龙江流域古文化遗址调查简报》，《考古与文物》1993年第4期。

③ 戴春阳：《礼县大堡子山秦公墓地及有关问题》，《文物》2000年第5期。

④ 早期秦文化联合考古队：《西汉水上游新石器时代遗址调查简报》，《考古与文物》2004年第6期。

以秦文化为主的遗址有 38 处，其中有"六八图——费家庄""大堡子山——赵坪""雷神庙（西山）——石沟坪"三个相对独立、又相互联系大遗址群，每一个遗址群包含着大、中、小不同层级的遗址，占据了流域的不同位置，是早期秦人活动中心。2005 年和 2006 年，联合考古队先后对西山和大堡子山两处遗址进行了发掘①，确认西山为早期秦人的中心聚落，其使用年代从西周时期一直沿用到战国时期，大堡子山遗址为秦公及早期秦人贵族的墓地，繁荣在春秋时期。在这两处遗址中，都发现了城址遗址，其中西山城址依山势而建，面积 10 万平方米，城内有大型的建筑基址和宗教祭祀遗迹。从对城墙的试掘解剖来看，城墙在西周晚期到春秋早期已经废弃，因此，有学者认为西山遗址是犬丘故地②。可见，早秦文化是外来文化，主要分布在西汉水上游北部流域。

嘉陵江中下游流域是指广元以下的川中盆地区，主要由涪江流域、渠江流域和嘉陵江干流流域组成。该区域北靠岷山和大巴山，东接华蓥山，西为丘陵，与成都平原相连。目前该区域经过正式发掘、材料已经发表的先秦时期的考古遗址有广元中子铺、张家坡，通江擂鼓寨，宣汉罗家坝，绵阳边堆山，合川沙梁子等③，广元邓家坪、鲁家坟，巴中月亮岩，阆中蓝家坝，南部报本寺，南充淄佛

---

① 赵丛苍、王志友、侯红伟：《甘肃礼县西山遗址发掘取得重要收获》，《中国文物报》2008 年 4 月 4 日；早期秦文化联合考古队：《2006 年甘肃礼县大堡子山祭祀遗址发掘简报》《2006 年甘肃礼县大堡子山 21 号建筑基址发掘简报》《2006 年甘肃礼县大堡子山东周墓葬发掘简报》，《文物》2008 年第 11 期。

② 郭军涛、刘文科：《西汉水上游地区秦早期都邑考》，《四川文物》2010 年第 3 期。

③ 中国社会科学院考古所四川工作队：《四川广元中子铺的细石器遗存》，《考古》1991 年第 4 期；叶茂林：《广元市中子铺营盘梁细石器遗存》，载中国考古学会编：《中国考古学年鉴·1990 年》，北京：文物出版社，1991 年；中国社会科学院考古研究所四川工作队：《四川广元市张家坡新石器时代遗址的调查与试掘》，《考古》1991 年第 9 期；雷雨、陈德安：《巴中月亮岩和通江擂鼓寨遗址调查简报》，《四川文物》1991 年第 6 期；四川省文物考古研究所、通江县文物管理所：《通江县擂鼓寨遗址试掘报告》，《四川考古报告集》，北京：文物出版社，1998 年；四川省文物考古研究所、达州市文物管理所、宣汉县文物管理所：《四川宣汉罗家坝遗址 2003 年发掘简报》，《文物》2004 年第 9 期；中国社会科学院考古研究所四川工作队：《四川绵阳市边堆山新石器时代遗存调查简报》，《考古》1990 年第 4 期；何志国：《绵阳边堆山文化初探》，《四川文物》1993 年第 6 期；林必忠、蒋晓春：《重庆合川沙梁子遗址抢救性考古发掘简报》，《四川文物》2006 年增刊。

寺等有调查材料①，而大量的调查材料和发掘报告尚未公布。根据这些材料，我们曾对其典型遗址进行了分析，并结合三峡地区、成都平原和汉水流域等周边地区的考古学文化发展序列，将其文化的演变分为七个时期②。叙述如下：

第一期，以中子铺遗址下层文化为代表。该期文化遗存主要是石器，极少出陶器，有小三足器、圈足器等。由石器类型来看，以带刃的小石片为多，主要是细石器。而陶器火候很低，特征原始，从小三足器来看，应是受到了汉中李家村仰韶文化的影响。经过碳十四测年校正，距今约7000—6000年间，相当于新石器文化中期。

第二期，以邓家坪遗址下层文化为代表。该期文化遗存中的陶器以泥质灰陶为主，夹砂陶较少；石器则有少量的细石器。通过与丰都的玉溪上层文化比较，二者的同一性非常明显，所以，我们认为两者为同一文化的可能性很大。年代为距今约5500—5300年间。

第三期，以通江擂鼓寨、邓家坪遗址上层、宣汉罗家坝遗址A组、南部报本寺A组、南充淄佛寺A组等文化遗存为代表。从陶器来看，主要以夹砂陶为主，纹饰盛行绳纹、菱格纹等，部分器物口沿有细小花边。通过与三峡玉溪坪文化和成都宝墩文化的比较，我们认为这一时期的文化遗存可归入玉溪坪文化系统，与宝墩文化差异甚大。年代距今约5300—4600年。

第四期，以巴中月亮岩、广元张家坡、广元鲁家坟、绵阳边堆山等文化遗存为代表。从文化面貌来看，巴中月亮岩、广元张家坡、广元鲁家坟等遗存以夹砂陶为主，还可见部分沿下的附加堆纹装饰，与三峡的中坝文化接近，但却少见中坝文化中尖底器、盘口器等，说明与三峡地区文化的差异逐渐拉大，或可视为同一文化下的不同类型。涪江流域的绵阳边堆山文化遗存与渠江流域同期文化遗存差异甚大，而与宝墩文化更为相似，应属于宝墩文化范围。年代距今约为4600—4000年左右。

---

① 叶茂林：《广元市邓家坪新石器时代遗存》，载中国考古学会编：《中国考古学年鉴·1990年》，北京：文物出版社，1991年；郑若葵、唐志公：《广元市鲁家坟新石器时代遗址调查记》，《四川文物》1992年第3期；雷雨、陈德安：《巴中月亮岩和通江擂鼓寨遗址调查简报》，《四川文物》1991年第6期；重庆市博物馆：《四川嘉陵江中下游新石器时代遗址调查》，《考古》1983年第6期。

② 蒋晓春、白九江、赵炳清：《川东北地区先秦时期考古学文化初步研究》，载《"楚简楚文化与先秦历史文化国际学术讨论会"会议论文集》，武汉，2011年。

第五期，以南部报本寺 B 组、南充淄佛寺 B 组文化遗存为代表。从采集的材料来看，完全是三星堆文化的典型遗物，因此，应属于三星堆文化范畴。时期约为夏代晚期至商代中期。

第六期，以阆中蓝家坝商周遗存为代表，该遗存盛行的炮弹状尖底杯在成都平原的十二桥文化和三峡地区的石地坝文化都十分常见，由于材料较少，究竟属于哪一种文化尚难判断。年代约为商代晚期至西周早期。

第七期，以宣汉罗家坝 B 组文化遗存为代表。从文化遗存来看，是巴文化的典型器物。同时，也有一些楚文化的影响。年代约为战国中晚期。

由此可见，先秦时期嘉陵江中下游流域文化演变的脉络并不十分清晰，这样的文化分期只是表明某一时期某一地点的文化面貌，并不能反映某一时期整个嘉陵江中下游流域文化的面貌。因此，我们就只能以某一时期某一小区域的文化分布来进行分析。

大约在距今约六、七千年时，四川盆地广元中子铺区域受到李家村文化的影响，可视为仰韶文化的影响区。在距今四、五千年的新石器时代晚期，渠江流域与嘉陵江干流中下游的文化遗存明显受到三峡地区文化的影响，可视为三峡文化的分布空间，而涪江流域的边堆山遗址则与成都平原宝墩文化面貌接近，可视为宝墩文化的分布区域。后世巴、蜀文化的地理分野初见端倪。三代时期，四川盆地主要为三星堆文化和十二桥文化，其分布范围远达陕南和鄂西地区。从南部报本寺、南充淄佛寺及阆中蓝家坝的文化遗存来看，嘉陵江干流的中下游流域当在其分布空间之内。到了战国时期，据《华阳国志·巴志》记载：巴国疆域"东至鱼复，西至僰道，北接汉中，南极黔涪。"在此区域内的渠江流域、嘉陵江干流的中下游流域及涪江的下游流域当为巴文化的分布空间，而涪江上、中游流域及嘉陵江的剑阁、广元一带区域当为蜀文化分布空间[1]。

---

① 据《华阳国志·蜀志》载："蜀王别封弟葭萌于汉中，号苴侯，命其邑曰葭萌焉。苴侯与巴王为好，巴与蜀仇，故蜀王怒，伐苴侯。苴侯奔巴，求救于秦。"葭萌为今广元昭化镇。可见今广元、剑阁一带当为蜀文化区域。（晋）常璩撰，刘琳校注：《华阳国志校注》，成都：巴蜀书社，1984 年，第 191 页。

三、先秦时期嘉陵江流域文化空间演变的地理因素

　　文化空间主要是指文化的空间分布态势与文化的空间结构，它既包含历时性的变化，也包含共时性的变化。历时性变化是指不同历史时期，同一文化的空间分布与结构变化；共时性变化是指同一历史时期，不同文化的空间分布与结构变化。这些变化既受到自然空间环境的影响，又受到人类空间行为选择的影响。从大区域、长时段上来看，地理环境的差异性决定了人类活动的空间差异。人类空间行为的选择一般遵循地理环境最优的原则，但人类活动的选择是有限的，它既受制于地理环境所提供的可能性上，又受制于人类对地理环境的认知。因此，从很大程度上来说，文化空间的演变主要受到地理环境的制约。

　　纵观嘉陵江流域的地形与地势，明显地可以分为两大地理单元。这两大地理单元以昭化为分界点。第一地理单元是昭化以上的嘉陵江干流上游地区，该区域位于秦岭南坡，属于山地地貌，构成了嘉陵江流域的第一大扇面结构。第二地理单元为昭化以下的嘉陵江流域的中、下游地区，该区域由涪江流域、渠江流域和嘉陵江干流中部流域组成，形成川中盆地的丘陵地貌，为嘉陵江流域的第二大扇面结构。这两大扇面结构虽然形状趋同，但由于不同的地形地势特征，造成了嘉陵江流域地理空间的分异。虽然同处在一条江上，但我们从先秦时期其文化空间的演变历程就可以看出，上游与中下游流域之间文化的交流与影响并不存在，相反的是，各流域与周边地区的文化的关系十分密切。这说明，先秦时期嘉陵江上游与中下游流域确是形成了相对独立的文化空间。

　　从嘉陵江上游流域的地形特征来看，可分为两大区域，即北部的黄土沟壑区和西部、南部的秦岭山地区；地势呈东西高，南部低的走势。北部黄土沟壑区属于黄土高原的一部分，与北边的渭水流域、洮河流域多有道路连接，因此这两大流域的文化多由此进入西汉水流域和白龙江流域，使得先秦时期嘉陵江上游流域文化空间的演变深受其影响。在仰韶时期，嘉陵江上游流域文化主要为仰韶文化大地湾类型；龙山时期与两周时期，西汉水上游流域的庙底沟二期文化、常山下层文化和周文化的分布，无疑受到渭水流域文化的影响；而在龙山时期，则为马家窑文化；进入青铜时代，先后为齐家文化、寺洼文化，又明显是受到洮河流域文化的影响。早秦文化的发现，奠定了西汉水上游流域为早

秦文化中心的地位，并随着秦人的拓展，早秦文化随之也向渭水流域、洮河流域传播。因此，从大的区系文化来看，嘉陵江上游流域应为关陇文化空间的组成部分。而南部的秦岭山地区由于山体高峻，悬崖峭壁，峡谷幽深，水流湍急，多不利于行船，因而成为上游与中下游流域之间沟通的地理障碍，影响到了人类空间行为的选择，为关陇文化空间与巴蜀文化空间的地理边界和文化边缘。

由于地理空间的相对有限性，在人类社会的初期，人类空间行为的选择路线多是沿着河流进行。嘉陵江中下游流域河流众多，是与周边地区有着紧密联系的重要通道。嘉陵江干流由北向南汇入长江，向东可连通三峡地区；涪江流经川西平原与川中丘陵，是连接古代巴、蜀的重要路线；渠江发源于川北、川东山地，向北可达陕南汉水流域。江河的便利，十分有利于人类的迁徙与文化的传播或交流。特别是一些以渔猎为主的水上部族，经常性地沿江河迁徙。所以，我们可以在渠江流域的擂鼓寨、月亮岩、罗家坝等文化遗存上见到三峡文化的影响，也可以在嘉陵江中游的报本寺、淄佛寺、蓝家坝等文化遗址见到三星堆文化和十二桥文化的器物。在战国时期，据《华阳国志·巴志》载："巴子虽时都江州（今重庆市区），或治垫江（今合川），或治平都（今丰都），后治阆中（今阆中）。其先王陵墓多在枳（今涪陵）。"巴国王族的后撤与北迁，又使得巴文化传播于嘉陵江中下游地区。巴文化与蜀文化的交流与融合，使得巴蜀文化空间得以形成，嘉陵江中下游流域成为巴蜀文化空间的重要组成部分。

由此可见，嘉陵江虽然发源于秦岭，由北向南流经陇南、陕南、川北及重庆等地区，但因为地理环境的制约，并没有成为一个统一的地理空间，而是形成两个相对独立的地理单元。由于地缘的优势，它们各自受到周边地区文化的传播与影响，并在不同时期演变为不同的文化空间，而最终成为大的区系文化空间的组成部分。因此，可以说嘉陵江流域的地理环境，是先秦时期嘉陵江流域文化空间演变的基础。

地方文献与明清环境史研究

——以嘉陵江流域为主的考察

马　强　杨　霄

　　明清时期大量地方志的编纂及一些县衙档案的保存至今，无疑为研究该时期各类历史问题提供了最为重要的地方史料支撑。就历史地理学与环境史研究而言，尽管明清时期只是全新世十分短暂的一个时段，但幸运的是，由于地方文献特别是方志与档案的存在，不仅提供了大量珍贵的地方一手文献依据，也将这一时段区域环境史诸要素的"分辨率"大大提高。以清代嘉陵江流域环境史为例，正史《清史稿》及国家典章等文献可资利用的资料十分有限，且零星分散，而清人编纂的四川各府、州、县、厅志及幸运保存迄今的《南部档案》和《巴县档案》中却蕴藏着一些十分珍贵却罕被利用的环境史资料，如气候变迁、野生动植物的分布变迁等方面的史料。我们在研究嘉陵江流域历史地理及变迁的过程中，特别是延伸至明清时段时，就大量使用方志和清代地方档案资料，深感地方文献在区域环境史研究中的重要性。

一、清代四川地方文献中的气候史料及意义

　　明清时期是全球范围气候史上著名的寒冷期，又称"小冰期""小宇宙期"。尽管在小时段内气候冷暖有所反复，但寒冷仍然是这一时期的主要趋势，地处东亚季风区的中国，这一时期气候寒冷的特点表现得尤其典型。大量流传至今的明清地方历史文献中记载了丰富的反映当时气候状况的历史信息，这为统计明清时期的寒冷事件提供了可能。我们对明清川中、川东北地方志结合奏折和

正史中记载的嘉陵江流域的寒冷事件做了统计和分析，发现明清时期嘉陵江流域在几个时段的气温格外寒冷。

正德十年（1515）冬，潼南、遂宁等地天降大雪[①]；嘉靖七年（1528）、九年、二十年，安岳、射洪、遂宁等地均有严寒天气的记载[②]。四川盆地的大部分地区属于亚热带气候，今天在四川盆地的冬季除川西北边缘海拔较高的山地外几乎很难见到积雪，但是上述记载均反映了明代某些年份，地处川中浅山丘陵嘉陵江流域的气候较为寒冷。正德至嘉靖年间密集出现的这些寒冷事件标志着嘉陵江流域进入明清时期第一个寒冷期。

在明末清初之际，嘉陵江流域进入明清小冰期的第二个寒冷期，天启三年（1623），昭化"夏五月大雪"[③]，是这次寒冷期的显著表现，此外顺治年间也多有反映气候寒冷的记载。

康熙年间，嘉陵江流域的气候变得较为温暖，文献中可以见到"重花"的记载，如顺治七年（1650）九月，阶州（武都）桃再华。康熙七年（1668）九月，阶州（武都）桃生花。康熙八年（1669）秋九月，阶州（武都）桃生花。康熙二十九年九月，广元桃李华[④]。

乾隆年间，嘉陵江流域中游气候再次转寒，文献中多次出现大雪的记载。从乾隆初年开始，四川巡抚、四川总督、四川布政使在给朝廷的奏折中报告降雪事件。如乾隆十一年（1746）四川巡抚纪山十一月二十二日（12月14日）奏："……潼川府属之三县、顺庆府属之三州县、重庆府属之三县……各于十一月初十、十一（12月2、3日）等日得雪，自一二寸至一二三尺不等……"[⑤]，奏折中提到的潼川府、顺庆府、重庆府均属嘉陵江流域，位于四

---

① 《（民国）潼南县志》卷九《灾异》；《（道光）安岳县志》卷八《杂记》，载《中国地方志集成·四川府县志辑》，成都：巴蜀书社，1992年。

② 《（道光）安岳县志》，《（民国）遂宁县志》，《（光绪）射洪县志》，四川大学藏本。

③ （清）张绍龄纂修：《（道光）重修昭化县志》卷四十八《祥异》，载《中国地方志集成·四川府县志辑》第19册，成都：巴蜀书社，1992年，第715页。

④ 中国科学院编：《中国气象灾害资料汇编》，北京：科学出版社，1989年。

⑤ 葛全胜主编：《清代奏折汇编——农业·环境》，北京：商务印书馆，2005年，第92页。

川盆地之内，主要地形是低山和丘陵，海拔并不高，出现如此大面积的降雪情况，可见当时的冬季气温比现在低得多。乾隆年间的寒冷冬季在整个四川盆地均有体现，如乾隆二十七年（1762）四川总督开泰正月十二日（2月5日）奏："成都一带地气较暖，向年冬雪甚少，即间有之，亦多不能积存。兹查上年十二月初十、十一（1762年1月4、5日）两日瑞雪缤纷，省会平地积厚至二三寸不等。又于二十六至二十九日（1月20—23日）连朝大雪，比前所积更厚。询之地方百姓，咸称实为数十年中所未见。其余各属据报自十二月初九至十三（1月3—7日）等日，又自二十日至二十九等日（1月14—23日）皆前后得雪，或旋落旋消，或积厚一二寸至六七寸不等。"[1]这条奏折中的记载证明，在当时，低温降雪现象在四川盆地内的诸多地区均存在。乾隆二十九年（1764）四川总督阿尔泰十二月二十日（1月22日）奏："川省地气较暖，冬雪颇稀。兹于十二月初八、九（1月10、11日）及十一、十二等日，据成都府属州县及保宁、潼川等府及茂、忠、邛、资等直隶州各属，现已报得雪一、二、三寸及四五寸不等。"[2]这份上奏中再次提到嘉陵江流域的保宁府、潼川府等地和四川盆地内其他地区出现大范围的降雪现象。奏折中记载的寒冷现象可与地方志中的记载相互对照，查阅方志中的记录，乾隆四十八年（1783）前后嘉陵江流域的广大地区再次出现寒冬，六部不同地点不同时期的地方志中均记载了乾隆四十八年和四十九年的嘉陵江流域罕见的大范围低温降雪天气，其中乾隆《盐亭县志》距离这次事件时间最近，记载应最为可靠，兹将原文抄录如下：

> （乾隆）四十八年癸卯十二月，连日严寒，彤云密布，邑境城乡昼夜大雪，积厚二尺余，即全省及府属亦无不普遍。明年正月复得雪二次，是岁麦禾倍收，邑之耆老佥称数十年所未见者，洵为丰年兆庆云。[3]

文中提到"全省及府属亦无不普遍"，可见这次寒冷事件的范围非常大，

① 葛全胜主编：《清代奏折汇编——农业·环境》，北京：商务印书馆，2005年，第208页。

② 同上书，第215页。

③ （清）张松孙修，（清）胡光琦等纂：《（乾隆）盐亭县志》卷八《杂记》，载《中国地方志集成·四川府县志辑》第20册，成都：巴蜀书社，1992年，第368页。

此外射洪、遂宁、安岳、乐至、潼南等地的方志中也记载了这次寒冷事件。合川地区的方志中虽然没有乾隆四十八年的记载，但是记载乾隆四十九年"正月瑞雪"，此外合川在乾隆五十二年（1787）冬天再次出现"大雪地盈一尺"①的寒冷记载。乾隆年间的这些寒冷事件虽然次数较多，但是在年际分布上不连续，往往是许多记载均集中于某几年，因此并不能视为一个寒冷期，而应当视为气候在冷暖之间波动的时期。

嘉陵江流域在明清小冰期中的第三个寒冷期出现在同治十年（1871）以后，此时嘉陵江流域的气候再次变得持续寒冷，文献中对寒冷事件的记载非常连续且数量众多，这种寒冷的气候在光绪年间达到顶峰，见图1。

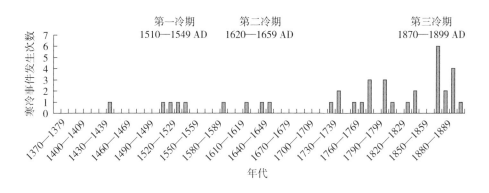

图1　文献记载中明清时期嘉陵江流域寒冷事件年际分布图（1370—1909 AD）

通过文献证据得出的嘉陵江流域在明清小冰期中的三个寒冷期分别为1510—1549 AD、1620—1659 AD、1870—1899 AD。用此结论与全国其他区域的研究成果相比较，结果见表1。

---

①　乾隆四十八年川中大雪、奇寒气候诸多四川地方志均有记载，只是时间先后略有出入，详见《（光绪）射洪县志》卷十七《祥异》，载《中国地方志集成·四川府县志辑》第20册，第800页；《（民国）遂宁县志》卷八《杂记》，载《中国地方志集成·四川府县志辑》第21册，第369页；《（民国）潼南县志》卷六《杂记》，载《中国地方志集成·四川府县志辑》第45册，第218页；《（道光）安岳县志》卷十五《祥异》，载《中国地方志集成·四川府县志辑》第24册，第713页；《（道光）乐至县志》卷十六《杂记》，载《中国地方志集成·四川府县志辑》第24册，第154页。

表 1　明清时期嘉陵江流域与全国其他地区的寒冷期起讫时间对比表

地　　区	寒冷阶段 I	寒冷阶段 II	寒冷阶段 III	来　　源
全国	1470—1520	1620—1720	1840—1890	张家诚[1]
全国	1500—1550	1610—1720	1830—1900	张丕远[2]
长江下游	1470—1520	1620—1700	1820—1890	张德二[3]
山东	1550—1579	1620—1679	1810—1919	郑景云[4]
华东合肥	1450—1470, 1490—1510	1560—1600, 1620—1690	1790—1810, 1830—1890	王绍武[5]
嘉陵江流域	1510—1549	1620—1659	1870—1899	本文

通过表 1 的比较，可以发现嘉陵江流域与全国其他地区相比，在明清小冰期中的三个寒冷期的起讫时间相差不大，第一个寒冷阶段开始的时间比山东以外全国其他区域稍晚，结束的时间也较晚。第二个冷期的开始时间基本与全国其他地区同步，第三冷期的开始时间较全国其他地区晚，结束的时间则基本一致。

二、明清地方文献中的植被分布与变迁

（一）明清时期嘉陵江流域的植被分布

从明清地方文献可以看出，嘉陵江中游森林仍呈现片状分布。潼川府挂钟山"上耸配乔岳，花木尽葱茏"，广安一带"林深箐密"，灵山"岭头阵阵过啼鸦，千年古树高摩归"。顺庆府果山层峰秀起，上多黄柑。西充翠屏山梧竹苍翠，

① 张家诚等：《气候变迁及其原因》，北京：科学出版社，1976 年。

② 张丕远、龚高法：《十六世纪以来中国气候变化的若干特征》，《地理学报》1979 年第 34 卷第 3 期。

③ 张德二、朱淑兰：《近五百年我国南部温度状况的初步分析》，《全国气候变化学术研讨会论文集（1978 年）》，北京：科学出版社，1981 年。

④ 郑景云、郑斯中：《山东历史时期冷暖旱涝状况分析》，《地理学报》1993 年第 48 卷第 4 期。

⑤ Wang Shaowu. *Climatic Characteristic of Little Ice Age in China, Climatic Changes and Their Impacts*, 1990.

岩若屏障。铜梁县罗日侯山"柏木干干隐映,耸秀畅茂"。华莹山"乔木阴翳","深林古藤纠结"。江北厅东山"林壑幽奥,气势磅礴"。南充县光绪初年犹"多柏"。光绪宣统时广安州山地多材木,向王山上松柏秀拔绝伦,鸡公岭古榕蔽道。盆地北部低山区:保宁府昭化县牛头山"苍崖古柏悬",苍溪县云台山"山多松柏";盐亭县赐紫山"层峦耸秀,古木垂青";米仓山、大巴山地区:明万历年间,官员张瀚(嘉靖年间进士)曾经从成都出发经蜀道到达西安,他在游记中记载金牛道沿线:"凄凄生寒,五月如深秋⋯⋯茂林峭壁,怪石鸣泉,亦可观也。"① 张瀚的记载显示当时金牛道沿线的森林植被仍然可观。康熙年间王士正曾奉使四川主持乡试,多次往返于蜀道之上,从他的《蜀道驿程记》和不少纪实性行旅诗看,从秦岭山区的褒斜道紫柏山、柴关岭到大巴山区金牛道五丁关、剑阁、昭化一带仍可看见不少森林。清代严如熤描写大巴山地区是"老林深箐,多人迹所不至","老树阴森,为太古时物,春夏常有积雪,山谷幽暗,入其中者,蒙蔽不见天日"。宁强县东张家山与广元县相交"中多未辟老林",县西阳平关虽然当道,仍"山大林深,防范不易",县西北至略阳县"共程二百二十里,尚有未开辟老林"。略阳东北"入栈坝老林,交甘省两当县界,共程一百四十里",北"系老林,极为幽险","常家河、栈坝老林最为宽广,约一二百里"。光绪时期略阳栈坝一带"数百里蒙茸蔽天";嘉庆时太平厅二州垭地界川陕,悬崖峭壁,深箐茂林。县东雪泡山"山谷幽邃,林木荟蔚","南白沙河后尚有未辟老林"。嘉庆时南江县黑龙潭林木葱蔚,县东北至乾沟"老林苍云碧岫",北部"贵民关以北即入老林"。嘉庆时通江县有"幽林蔽日"之称,其北至青石关"从老林边行走","多青枫树林,蒙密幽深"②。

明清时期穿越大巴山的蜀道沿线,常常有人工植树造林的情况,沿途管理对于植树表路较为重视,如明正德年间剑州知州李璧在整修道路时就曾大规模地种植柏树,"自剑阁南至阆州,西到梓潼,三百余里⋯⋯以石砌路,两旁植柏数十万"。清康熙时金牛道南段两旁的翠柏"今皆合抱,如苍龙蜿蜒,夏不

---

① (明)张瀚:《松窗梦语》卷二《西游记》,北京:中华书局,1985年。
② (清)严如熤:《三省边防备览》卷三《道路考下》,重庆北碚图书馆藏本。

见日"①。秦岭地区西部仍然分布有较密集的原始森林，陇南徽县三石关峡"在老林中"。两当县东北利桥"此路自太阳寺起均未辟老林，鸟道郁盘"，西大焦山"一百里，有未辟老林"。但阶州东至略阳县"计程三百六十里，此路老林已辟"，北至西固"无老林"②。

（二）明清地方文献对嘉陵江中下游树木种类的记录

历史文献中对于明清时期嘉陵江流域植被状况的记载多是形容植被茂密或者植被遭到破坏的描述性语言，在对历史植被进行研究的过程中，笔者认为仅仅有静态的描述是不够的，还应当对于当时森林植被的成分进行复原。自明代至民国时期保存至今的地方志中往往对当地所产树木的种类有较为详细的记载，为我们的工作提供了重要的依据。其中有些方志中对植被的种类和数量记载得相当详细，明清时期地方志中对于植被种类的记载见表2。

表2　地方志中对嘉陵江流域树木种类的记载

所属地形区	地区	主要树木种类	资料来源
盆中丘陵区	重庆	楠、松、五皮松、柏、杉、枫、槐、龙爪槐、桐、杨柳、榆、红豆、皂荚、无患、黄葛、桑、柘、椿樗、栎栩、桄子树、苦楝、构、檬、白棘、棕、马蹄棕、浆梨木、罗汉松、金鸡蜡树、石藤、靛、棉	民国《巴县志》卷十九《物产下》，第六册574—579页
	绵阳	苏铁、公孙树、桧（松柏科）、杉、青松、扁柏、缨络柏、罗汉松、桤、栎、胡桃、麻柳、白杨等	民国《绵阳县志》卷三《食货·物产》，第十七册133页
	射洪	松、柏、女贞、杉、樗、梧桐、椿、柳、枫、榆、槐、桑、柘、黄杨、楷树、黄檀、香樟、棕、楮、白杨、楸、菩提、红豆、黄葛、漆树、罗汉松、凤尾松	光绪《射洪县志》卷五《食货志·物产》，第二十册550页

---

① 《（康熙）剑州志·道程》，四川大学藏本。
② （清）严如煜：《三省边防备览》卷三《道路考下》，重庆北碚图书馆藏本。

所属地形区	地区	主要树木种类	资料来源
	乐至	柏、桐、樟、桑，橡（今俗称青冈是也）、榕（今俗称黄连者是也）、嘉树（今俗称曰黄葛），二木崖谷所到皆植，多有大至数人围者，他州郡不恒见。白蜡树出钦民乡。红豆、银杏颇与诸邑异，余树与诸邑同。	道光《乐至县志》卷三《物产》，第二十四册 29 页
	安岳	柏，有花柏丛柏圆柏侧柏邑皆有之，质理坚致，独良于他产，然连抱者近亦不可多得。楠、樟、槐、桑、枫、椿、桐、棕；青枫，邑产最饶	道光《安岳县志》卷十五《土产》，第二十四册 707—708 页
	潼南	桑、柏、罗汉松、榕、椿、黄杨、青枫等	民国《潼南县志》卷六《杂记志·物产》，第四十五册 212—215 页
	南充	椿、柏、松、樟、楠、梧桐、桐、麻柳树、红豆树、檬子树、楷、夜合、黄杨、无患子、构、枫、黄葛树、樗、苦楝子、水冬瓜、女贞	民国《新修南充县志》卷十一《物产》，第五十五册 478—480 页
	南部	柏、松、樟、槐、桑、蜡树、荏桐、西河柳、漆树等	道光《南部县志》卷八《食货志·物产》，第五十七册 423 页
	岳池	松、柏、桑、槐、楠、杉、香樟、栗橡、梧桐、皂荚、桦子、冬青、白杨、麻柳、杨柳、榕、棕、香椿、黄荆、漆树、桐树、檰子树、黄杨、柘、红豆	光绪《岳池县志》卷六《食货志·物产》，第五十九册 99 页
盆北低山区	江油	松、柏、杉、桐、柘、棕、橡、椿、桤、夜合、皂荚、红豆、苦楝	光绪《江油县志》卷十《物产志》，第十八册 35—36 页
	营山	松、柏、椿、槐、桂、桑、柘、桐、油桐、梓、楝、栗、榆、柳、麻柳、棕、杉、枫、樟、楠、漆、橡、青皮、红豆、黄杨、水冬瓜、白杨、黄连、皂角、酸枣、板栗子、女贞、白果、夜合	同治《营山县志》卷十五《食货志·物产》，第五十八册 301 页

续表

所属地形区	地区	主要树木种类	资料来源
	达州	松、柏、椿、樟、柳、檀、杉、棕、桐、桧、桂、槐、枫、桑、榆、楠、柘、罗加、红豆、黄连、青冈、冬青、白杨、皂角	乾隆《直隶达州志》卷二《物产》，第五十九册702页
	达县	松、罗汉松、凤尾松、柏、扁柏、侧柏、插柏、杉、樟、檀、枫、椿、桐、泡桐、梧桐、夜合、黄杨、皂荚、梓、柳、麻柳、柽、白杨、柘、构、桊子、患子、冬青、白蜡树、红豆树、榆、漆、棕榈、槐、杨青、榕、栎、桑、马桑、刺楸、棓、酸枣、台乌、茶、厚朴	民国《达县志》卷十二《食货门·物产》，第六十册160页
	通江	松、柏、枫、椿、冬青、桑、楠等	道光《通江县志》卷十《物产志》，第六十三册256页
	巴中	木以松柏为多，历年木商运往合川、渝城获利颇厚，今因采伐渐稀，香樟有大于围者……	民国《巴中县志》第一编《土地志·地产》，第六十二册839页
米仓山与大巴山	广元	梧桐、桑、楮、棕榈、栎、水蜡树、漆书、茶、柏、松、杉、沙木、白杨、黄杨、水杨、柳、麻柳、槐、榆、楝、枫、槭、皂荚、合欢、榕树、黄楝树、樟、楠木、红豆树、槲、樗、菩提树、附乌木	民国《重修广元县志稿》第三编卷十一《食货志三上·物产》，第十九册239—247页
	万源	松、柏、梓、枏、樟、杉、楸、桧、泡桐、油桐、构、桑、白荆、福寿桃、黄栌、麻柳、柞、槭、樸、朴、柘、花椒、罗汉松、锦屏松、棕榈、漆、皂荚、杨、柳、柽、榆、檀、枫、槐、梧桐、乌柏、棠棣、枞、檴、桦、夜合、红豆木、樗、棓、栎、九把斧、苦桃木、冬青、冻绿、水丝木、黄杨、椿	民国《万源县志》卷三《食货门·物产》，第六十册380—381页
	南江	木以柏为最多……漆、桐树、青枫、桑、茶	民国《南江县志》第二编《物产志》，第六十二册747页

续表

所属地形区	地区	主要树木种类	资料来源
秦岭山地区	两当	松、柏、椿、楸、槐、柳、榆、椴、白杨、青杠、木竹皆其多者也，他则桑、梓、皂荚、垂杨、青杨、沙柳、红柳、苦竹、金竹、凤尾竹	道光《两当县志》卷之四《食货·物产》
	巩昌府	松（三种）、桧（二种）、柏（四种）、垂杨、柽、楸、椿、槐、柳、榆、桦、桐、桑、椴、白杨、青杨、砂柳、青枫、红柳、椒、木竹、苦竹	康熙《巩昌府志》卷八《物产》
	礼县	松、柏、槐、楸、柳、杨、漆、桂、榆、龙槐	乾隆《礼县志》卷十六《物产》
	徽县	松、柏、榆、柳、柘、槐、桐、楸、白杨、青杠、椿、铁杠、鸟桑、棕	嘉庆《徽县志》卷七《食货志·土产》
	西和	松、柏、杨、槐、柳、楸、榆、椿、桦、椴、桑、竹、柞、铁力、漆	乾隆《西和县志》卷二《物产》
	成县	松、柏、槐、柳、杨、桐、桑、椒、椿、栗、竹（三种）、榆、椴、漆、桧、楸、橡、柞、桦、千枝柏	乾隆《成县新志》卷三《物产》
龙门山山地区	江油	松、柏、杉、桐、柘、棕、橡、椿、桤、夜合、皂荚、红豆、苦楝	光绪《江油县志》卷十《物产志》，第十八册35—36页
	石泉	桑、柘、橡、栎、柏、椿、漆树、油桐	道光《石泉县志》卷三《食货志·物产》，第二十三册248页
	北川	松、柏、檬栎、杉、楠、梧、椿、麻柳、夜合、杏梓、槐朴、花椒、冬青、桑、柘等	民国《北川县志·食货志·物产》，第二十三册423页

说明：资料来源中凡标注页码者其版本均为《中国地方志集成·四川府县志辑》，成都：巴蜀书社，1992年。

通过表2的统计可知，明清嘉陵江流域不同的树种其分布的地区和数量均有较大差异，如在四川盆地北缘的广元一带，据民国《重修广元县志稿》记载，柏树"乃本县最普遍之材用植物，山野间广生之；常见者为扁柏，外有花柏、侧柏、罗汉柏等种，大者高达六七丈，径至三四尺"；松树"县东北广产之，附城罕见，常为赤松或黑松，亦大小不等，惟东北乡大而且多，本县火柴赖之"；杉树"县东北中岭梁山等甚产之"；沙木"本县各处微产之"；白杨"各处略产之"；黄杨"本县颇罕见"；水杨"生水湿地，县产极少"；柳"杨柳科落叶乔木，极易生长"；麻柳"多自生山野中"；槐树"近年始移植来县"；榆树"各处皆产之"；枫"自生山野中"；槭"自生于山地"；皂荚"各处皆产之"；榕树"本县极少见"；樟"县东北乡甚产之"；楠木"县南广产之，临邑苍溪最多"；檞树"仅能作薪，惟山林中易繁生耳"。依据以上记载可知，广元一带，以柏、杉、柳等树种较多，山地中松、杉、麻柳、枫、槭的比例要更高，而黄杨、水杨、榕树、菩提树等数量极少，仅是点状分布。

在大巴山地区的南江县，据民国《南江县志》记载，当地"木以柏为最多……县南东榆铺以下，沿河古柏疏密相间，直百余里……枝干苍古，与剑南梓潼古柏竞美，皆数百年古物也"；"漆……为利甚厚，县境高处皆产之，然除北部外厥树无多者，则以树秧，皆属天然生长，未谙人工种植之法故也"；"乡民多用桐油，故桐树东南部低处遍地皆有之"；"青枫树产木耳，与高山之黄花均为土产大宗"；"桑自清知县谢元瀛，泐碑县署大堂，教民以栽培之法，民间种植者颇多，惟县境高寒，养蚕之利不及他县"；"茶盛产北部"。

依据以上记载可知在大巴山南江县一带，柏树也是当地的优势树种，此外经济林木漆树、桐树、桑树、茶树等在当地都有较广泛的分布。四川盆地中的潼南县也具有类似的情况，据民国《潼南县志》载，当地柏树很多，"柏，县属最多，居民以此木作屋作器，其他概目以杂木，有大数围长数十尺者"。经济林木种桑树的地位很重要，"县属各场均植有桑株，然以城厢及双江镇柏梓镇宝龙场等处为最盛，有湖桑、鲁桑、荆桑、嘉定桑、茨桑数种，惟荆桑为多而各种尚少"。此外还有较多榕树，"榕，俗名黄葛木……有大数十围者，县属古庙桥店多植此树"。除此以外还有罗汉松、椿、黄杨、青枫等树种。

（三）明清之际嘉陵江流域植被的恢复、破坏和保护

明末清初，四川地区再次陷入战乱之中，人口再次锐减，县志中多有"百

不存一"、"土著仅十之一二"之类的记载，嘉陵江流域自然不能幸免。人口的大量损耗再次给生态环境带来恢复期。从成书于清初的《读史方舆纪要》中还可看到清代初年嘉陵江流域仍有不少森林，如阆中县附近的文成山、重锦山"林木葱倩""秀丽若锦"；南部县南山"蜿蜒苍翠，环绕县治"；剑州五子山"峰峦奇秀，清溪萦流"；南充县果山"层峦秀起"；广安州秀屏山"草木丛茂，宛如屏障"；巴县昆嵝山"山高十里，林壑深翠"；瀛山"四时青翠，宛若蓬、瀛"①。

　　嘉陵江流域的生态环境真正遭到重大破坏应始于清中期乾嘉垦殖之后。清政府面对明末战乱以来四川人口锐减、土地荒芜的局面，实行了招还本土流移、流民课田准其入籍、新垦田地分年起课等措施，鼓励外籍客民迁入四川垦殖，形成了历史上第二次"湖广填四川"②移民潮。乾隆时开始，大量被称为"棚民"的流民进入秦巴山区进行垦殖，"江、广、黔、楚、川、陕之无业者，侨寓其中以数百万计，垦种荒地，架屋数椽，即可栖身，谓之棚民"③，这些人大肆垦殖的结果是"虽蚕丛峻岭，老林幽谷，无土不垦，无门不辟"④，严如熤《三省边防备览》记载这种毁林开荒的方式为："山中开荒之法，大树巅缚长缅，下缒千钧巨石，就根斧锯并施。树既放倒，本干听其霉坏，砍旁干作薪，叶枝晒干，纵火焚之成灰，故其地肥美，不需加粪，往往种一收百。间有就树干中挖一大孔，置火其中，树油内注，火燃不息，久之烟出树顶，而大树成灰矣"⑤，成为当时外来棚民一大经济来源，史载"冬春之间借烧炭贩炭营生者数千人"⑥，这种对森林资源无节制的破坏使得森林覆盖率迅速下降。至雍正五年（1727）已有"四川昔年荒芜田地渐皆垦辟"⑦的记载。在无地可耕的情况下，大量流民涌向四川的山林地带进行垦殖，嘉陵江流域的山林自然也不能幸免，逐渐被砍伐

　　①　（清）顾祖禹：《读史方舆纪要》，北京：中华书局，2005年，第3273页。

　　②　蓝勇：《乾嘉垦殖对四川农业生态和社会发展影响初探》，《中国农史》1993年第12卷第1期。

　　③　（清）魏源：《湖广水利论》，载（清）饶玉成辑：《皇朝经世文续编》卷一百十七《工政十四·各省水利上》，清光绪八年（1882）刻本。

　　④　同上。

　　⑤　（清）严如熤：《三省边防备览》卷十一《策略》，重庆北碚图书馆藏本。

　　⑥　（清）严如熤：《三省边防备览》卷九《山货》，重庆北碚图书馆藏本。

　　⑦　《清会典释例》卷一百四十，国家图书馆藏本。

殆尽。移民在山区四处迁移，"流民之入山者……扶老携幼，千百为群，到处络绎不绝。不由大路，不下客寓，夜在沿途之祠庙、岩屋或者密林之中住宿，取石支锅，拾柴做饭，遇有乡贯便寄住，写地开垦，伐木支椽，上覆茅草，仅蔽风雨。借杂粮数石作种，数年有收，典当山地，方渐次筑土屋数板，否则仍徙他处"①。山区土地贫瘠，垦民毁林耕种几年后便将其抛荒，再选新地垦殖，失去植被的山地很容易水土流失，"山民伐林开荒，阴翳肥沃，一二年内杂粮必倍。至四五年后，土既挖松，山又陡峻，夏秋骤雨冲洗，水痕条条，只存石骨，又须寻地垦种"。因此，"今年在此，明岁在彼，甚至一岁之中迁徙数处"②的现象甚为普遍，形成了恶性循环的局面。

　　纵观明清时期嘉陵江流域明清时期的植被状况，总体上森林覆盖率还是比较高的，尤其是距离城镇较远的山地丘陵地带，植被很多，这一点可以从表2的统计中窥见一斑。在植被的种类中，柏树是占很大优势的树种，除了上文列举的县志中对柏树的记载之外，从保存至今的《清代南部县衙档案》和《巴县档案》中，也可以见到大量类似的记载，例如《南部档案》中记载，有时一次民事纠纷中砍伐的柏树就有百余株③，柏树数量如此众多的原因，可能与当地民众将柏树视为风水树有关，在坟墓和房屋附近广为栽种，所以因砍伐柏树造成的诉讼案件特别多，这在《南部档案》与《巴县档案》的记载中随处可见。除此之外，当时对森林植被的保护也已在某种程度上成为一种官方的政策，如笔者在《巴县档案》中见到光绪八年（1882）九月巴县衙门严禁偷伐树木的公文④，还有《南部档案》中光绪二十三年（1897）二月十日，保宁府衙要求南部县《广种树木兴修水利以开利源》⑤的公文，四川农政总局也曾要求南部县栽植

---

① （清）严如熤：《三省山内风土杂识》，重庆北碚图书馆藏本。

② 同上。

③ 《清代南部县衙档案》中有不少清代中后期有关树木的民事纠纷的诉讼案件。《清代南部县衙档案》Q1-8-960-1 至 Q1-8-960-3。《巴县档案》6-33-05903。

④ 《巴县示谕严禁窃伐树木文》，光绪八年九月，《巴县档案》6-33-05903。

⑤ 《为广种树木兴修水利以开利源事饬南部县》，光绪二十三年二月十日，保宁府衙札，《清代南部县衙档案》Q1-13-597-1。

樟树①，并且可以见到南部县就此事对四川农政总局的答复②。四川劝业道衙门也曾要求南部县严禁砍伐青枫树③，可见当时对森林的保护似乎已经有了规范可循，这在宣统二年（1910）三月二十一日四川劝业道衙门给南部县的公文《为通饬按森林保护章程林木标记事饬南部县》④中留有相关记载。

结语

由于《南部档案》资料尚在整理之中，目前披露的原始资料仅仅是冰山一角，许多原始档案目前一般学者尚难寓目，我们所能利用的环境资料还十分有限，相信今后随着该档案的陆续出版刊布，我们可以从中发现并使用更多的区域环境史资料。

地方志与地方档案文献作为明清环境史研究的重要史料，其意义毋庸置疑。但比较而言，二者对于环境史的研究偏重仍然略有差异，相对来说，府、州、县志对环境变迁记载的时间维度相对较长，能使研究者从一个较长的历史地理阶段认识该政区自然环境的"线型轨迹"，但缺点是地方志中的环境史资料总体而言价值要低于地方档案文献，如有关水旱灾害、地质灾害的记载时间指向性往往模糊，灾害程度的定性也有很大的不确定性，如说到灾害，往往以"赤地千里""久旱不雨"之类模糊语汇记述，而地方档案中的记载则要具体实在得多，其收录的文献往往是具体的原始文档，没有后世添加的情景修饰和"灾难取舍"，如《南部档案》中记录有晚清光绪年间衙门多次要求严禁偷伐树木的饬文，甚至我们还能够从《南部档案》看到光绪二十三年（1897）二月十日四川农政总局也曾要求南部县栽植樟树的记录原件，这都是在地方

---

① 《为告示晓谕种樟树事饬南部县》，光绪三十一年十月十四日，四川农政总局札，《清代南部县衙档案》Q1-17-566-1。

② 《为申复卑县奉到札发种植樟树告示日期并张贴过处所事呈四川农政总局》，光绪三十二年一月十五日，南部县知县宝震验折，《清代南部县衙档案》Q1-17-566-4。

③ 《为札发严禁砍伐青冈树事饬南部县》，宣统元年五月二十三日，四川劝业道衙门札，《清代南部县衙档案》Q1-20-114-1。

④ 《为通饬按森林保护章程林木标记事饬南部县》，宣统二年三月二十一日，四川劝业道衙门札，《清代南部县衙档案》Q1-21-221-1。

志中很难看到的原始文件。因而我们可以说，地方档案中的环境史资料比起方志更加具体真实，具有更强的原始性，这对于包括环境史在内的清代社会史研究，其意义不言而喻。

上述论证引用的大量资料绝大部分来自于四川方志和档案文献。由于这些资料大多数都是第一次从沉睡的方志与档案中被剥离挑选出来作为研究环境史新资料所使用，其记载的真实性与说服力皆不容置疑，故笔者不忍割爱舍弃或删节，更愿尽可能地原文披露使得更多学者能够使用。这说明地方文献中的方志、档案资料对于研究区域环境史时同样也是不可或缺的重要史料来源。特别是研究清代四川环境史中的气候、野生动植物等诸环境要素的变迁，大量的地方文献成为最具原始性、"实证性"的珍贵史料，而《南部档案》和《巴县档案》中的环境资料则为我们提供了最新的论证依据。

略论近代四川沱江流域糖业经营方式

赵国壮

一、区域概况及问题意识

自清中叶以后，甘蔗成为四川盆地重要的商品作物之一。据《简州志》记载，在乾隆年间，简阳一带"沿江之民植蔗作糖，州人多以此致富，其品甚多，糖霜谱不能尽纪（记）"[①]。又据《内江县志要》记载，在嘉庆、道光年间，内江县所属沱江沿岸居民，"尤以艺蔗为务"，"入冬辘轳煎煮，昼夜轮更"，种蔗利润极为丰厚，"其雍资工值十倍于平农"[②]。四川省内的主要产糖区域均分布在沿江、沿河地带，比如长江、沱江、嘉陵江、岷江、渠江等江河两岸。其中，沱江流域以其植蔗面积、糖品产量、制糖技术等方面的优势成为川省最富盛名的产糖区域。在近代，该区域甘蔗种植面积达全川蔗田总面积的70%，沱江河两岸30里尽为蔗田，从事甘蔗种植的蔗农在总农民人口中占有较高的比例，如内江，农民人数约50万，蔗农约30万，占农民总数之60%[③]。并且农家保有较高的植蔗率，他们几乎把一半甚至一半以上的可耕地用来植蔗，"每户农家的平均植蔗面积达到47.87%，其中简阳、内江更是高达60.20%、57.50%"[④]，这既是一种以经济作物为主的家庭种植结构安排，也

---

① （清）濮瑗修编纂:《(咸丰)简州志》卷十二《食货志·土产》，清咸丰三年（1853）刻本。
② （清）王果等编纂:《(道光)内江县志要》卷一《物产》，清道光二十五年（1845）增刻本。
③ 杨寿标:《四川蔗糖产销调查》，中国农民银行经济研究处，1940年，第73页。
④ 四川省甘蔗试验场:《沱江流域蔗糖业调查报告》，1938年，第四章第1—2节。

是该地区农业高度商品化的重要体现。甘蔗的扩大种植，致使沱江两岸从事糖品生产的糖房、漏棚林立，在清末民初，仅内江一地，糖房数在1200家以上，漏棚数在1000家以上[①]。大批量的糖品生产，不仅带动了该流域市镇经济的发展，而且也刺激了相关产业的发展，形成了以糖业为中心的区域社会经济生活。

该流域糖业经济在糖业史上的突出地位引起了学界较多关注。到目前为止，有关该流域糖业经济的论著已达30多篇，所探讨的问题涉及手工制糖技术改良、机器制糖工业的发展、糖业经济形成及发展、糖业与区域社会关系、糖业事件等方面[②]。不过，微观方面的研究依然不足，蔗农家庭经营模式及制糖方式的论述仍付阙如，因此，本文通过对蔗农家庭经营形态，糖房、漏棚等手工制糖形式以及机制糖厂生产方式等方面的深入分析，来透视近代沱江流域蔗糖经济发展演变的取向及其内在发展脉络，从而推动糖业史及手工行业经济史研究向纵深方面发展。

二、蔗农家庭经营的三种形态

近代以来农业与手工业之间关系的变化，引起了学界的广泛关注，既有以"耕"为代表的农业与以"织"为代表的手工业的单线"分离说"[③]，又有强调分

---

① 张肖梅：《四川经济参考资料》，上海：中国国民经济研究所，1939年，第112页。

② 陈初尧、袁幼菊：《四川土法制糖工艺》，北京：轻工业出版社，1958年；陈栋梁、李明生：《内江糖业史》，成都：四川科技出版社，1990年；刘志英：《论近代沱江流域的制糖工业》，四川大学硕士论文，1992年；胡丽美：《抗战以来四川内江的蔗糖纠纷》，四川师范大学硕士论文，2006年；陈祥云：《近代四川商品农业的经营：以甘蔗市场为例》，《辅仁历史学报》（台湾）1998年第9期；《蔗糖经济与城市发展：以四川内江为中心的研究（1860—1949）》，《国史馆学术集刊》（台湾）2002年第2期；《蔗糖经济与地域社会：四川糖帮的研究（1929—1949）》，《辅仁历史学报》（台湾）2008年第21期；朱英、赵国壮：《试论四川沱江流域的糖品流动（1900—1949）》，《安徽史学》2011年第2期；赵国壮：《从"自由市场"到"统制市场"：近代四川沱江流域糖业研究》，华中师范大学博士论文，2011年。

③ 许涤新、吴承明：《中国资本主义发展史》，北京：人民出版社，1985年。

化组合的多元性、地区之间的差异性及时间上的不均衡性的"多元分解说"①。同时，也有学者在讨论农家经济的转型问题时，强调在区域性转型过程中工业和农业的发展是和谐的及地区性资源的配置是优化的②。尽管在讨论行业经济结构变动时，学界多有分歧，但是，以上两方面是交织在一起的，即在区域经济商品化及工业化的进程中，区域经济结构发生一系列的变动，农业、手工业在新的市场条件进行重新分化组合。不过，就所关注的行业而言，学界多侧重棉纺织业、丝织业，而较少关注其他手工行业内部的变动情况。

（一）单一农业经营模式。单一农业经营模式主要存在于下河地区（内江以上的沱江河段为上河，以下到泸县为下河），是指以蔗农家庭劳动力为主，在自有（租入）的土地上进行粮食作物与甘蔗的混合种植，是一种以种植经济作物为主的粮食与经济作物混合经营模式。这种经营模式虽属于单一农业经营模式，但它反映了农家种植结构的变动，即由以种植粮食作物为主、经济作物为辅的经营模式向以种植经济作物为主、粮食作物为辅的经营模式的转变，是蔗农在机会成本刺激下的一种市场行为，也是传统"耕织结合"经营模式变动的一个重要取向。

在下河地区，如资中、内江、富顺等县，蔗农以往多采用轮种办法植蔗，但却曾因"长项"问题③，"蔗农每年必须种蔗，以偿债务，对于轮栽方面，多不顾及"④。从产品处置方面来看，单一农业经营下的蔗农受于资本的限制，蔗农无力置办糖房，"在战前创设一个像样的糖房至少千元左右"⑤，因而蔗农多采用卖预货的方式把甘蔗较早卖出。以资中、内江为例，据四川甘蔗试验场 1937

①　徐新吾：《近代中国自然经济加深分解与解体的过程》，《中国经济史研究》1988 年第 1 期；陈惠雄：《近代中国家庭棉纺织业的多元分解》，《历史研究》1990 年第 2 期；谢放：《近代四川农村"耕织结合"的分离过程及其局限》，《近代史研究》1990 年第 1 期；彭南生：《论近代中国农家经营模式的变动》，《学术月刊》2005 年第 11 期。

②　马俊亚：《工业化与土布业：江苏近代农家经营结构的地区性演变》，《历史研究》2006 年第 3 期。

③　系预卖甘蔗的农户因甘蔗产量没有达到预卖的数量，而被迫来年继续植蔗偿还欠蔗，有的甚至几十年无法还清而陷入债务深渊。

④　四川省甘蔗试验场：《沱江流域蔗糖业调查报告》，1938 年，第四章第 8—9 节。

⑤　朱吉礼：《四川蔗糖业的出路》，《四川经济季刊》1946 年第 3 卷第 1 期。

年抽查所得，资中县 145 户蔗农中就有 116 户卖预货，卖预货比例为 80%；内江 185 户中就有 173 户卖预货，卖预货的比率为 93.5%[①]。就近代四川农村农户卖预货的情况来看，这是一个较为普遍的现象，不仅存在于蔗糖业，也存在于蚕丝、桐油等农村手工行业当中，它从一个侧面反映了近代农户家庭经营中资本匮乏的窘境。

这一经营模式催生一个近代流水作业型的生产链条：蔗农植蔗——糖房榨制糖清——漏棚漏制成品糖（具体论述参见胡丽美的论文）。这种一体化的生产模式，完成了农业与手工业分离，符合商品经济发展而带来的社会分工扩大及生产专业化的要求，是一种理想的经营模式。但是，它并未完成自身的突破，反而发展为沱江流域唯一的蔗糖生产模式，被多方诟病，且从史实来看，在这一经营模式下的蔗农最贫苦，反抗也最激烈。这形成了一个悖论，那么如何来看待这个悖论呢？

这一蔗糖生产模式看似对蔗农、糖房均有利，即一方面蔗农解决了生产资金、成品出售等问题，另一方面糖房解决原料供给问题，但事实上二者之间存在着严重的被剥削和剥削关系。首先，蔗农通过预卖形式把甘蔗以低于市场价较多的价格卖给糖房，受到了压榨性的剥削；其次，糖房主又是这一经营模式下蔗农的唯一债权人，"商业银行或钱庄，以二分之利息向国家银行贷款，再以三五分之利率贷于糖号或漏棚，漏棚转贷于糖房，最后再又糖房贷于蔗农，故蔗农负担之利息至少为五六分，多者尚有七八分"[②]，蔗农又受到了糖房主的高利贷盘剥。

与糖房主、漏棚主群体相比，单一农业经营模式下的蔗农群体处于弱势地位，是依附者，是糖房主剥削、压迫的对象，不是独立的市场经济主体。在理想的市场经济中，各生产要素的所有者都是平等且独立的经济主体，公平地参与市场竞争，并力争利益的最大化。固然，这种双重剥削对糖房主群体有利，他们可以攫取高额的垄断利润，甚至坐享其成，但恰恰是这种不公平的利益分

---

①　四川省甘蔗试验场：《沱江流域蔗糖业调查报告》，1938 年，第四章第 4—6 节。

②　于登斌：《四川蔗糖概况，食糖专卖公报（1942 年）》，资阳市雁江区档案馆藏：民国资阳县政府全宗，档案号 2-1-695.16-17。

配，使糖房主仅满足于眼前的现成利益，裹足不前，进而失去改进生产技术和扩大再生产的动力，在区域外市场糖品的冲击下，沱江流域糖业经济没落只是个时间问题了。近代以来，商品经济的发展已经突破了区域内市场的地域限制，资本的主体需要在更广阔的市场中配置资源，增强自身的竞争实力，而下河地区带有手工业主性质的糖房主、漏棚主却毫无这种近代商品经济的竞争意识，一味地杀鸡取卵，导致"卖青山"的蔗农连年种蔗，很少注重甘蔗的质量，致使该地区甘蔗含糖分不高，这也就从源头扼杀了该地区在全国市场，乃至世界市场的竞争力。

（二）自种自榨自经营。这种经营形式广泛存在于上河地区。上河地区的蔗农同样采取粮食作物与甘蔗混合搭配的种植模式，但与单一农业经营下蔗农不同，他们参与了制糖环节，故这一经营方式仍属于"农工结合"生产模式的范畴。农的一面是指他们种植粮食作物和经济作物甘蔗，工（手工业）的一面是指把甘蔗榨成蔗糖——搭搞①。但这种"农工结合"模式与以往的"耕织结合"模式有较大的差异：传统"耕织结合"模式下的小农较少与市场发生关系，家庭生产的主要目的是为了家庭消费，而这种经营模式下蔗农要面向商品市场的需求来生产，同时这种生产也受到了区域外市场的较大控制，可以被认为是一种以市场为导向的家庭经营模式。

上河地区没有预卖甘蔗的习俗，该区域的蔗农比较注重农作物的轮栽，以维持地力，增加甘蔗的含糖量。资阳的蔗农多采用两年休息一季的办法，简阳的蔗农多采用年均休息一季的办法。在甘蔗成品的处置上，上河地区的蔗农虽采用自榨形式来处置甘蔗成品，但是并未摆脱预卖预买糖业习俗下糖商对自己的盘剥。因资本缺乏，蔗农无力置办榨糖用具，所以采用了搭搞形式，参与制糖环节的活动，从而未能形成相对独立的手工经营形式。这种制糖方式在上河流域普遍存在。例如，在简阳，"全县糖房约450家，每家每年制糖约三五万

---

① "糖工业制度，资、内、富顺等县，蔗农之甘蔗，由糖房收买榨糖，金、简、资阳等县，则由蔗农自行运蔗进糖房制糖，谓之'搭搞'"。四川省甘蔗实验场：《沱江流域蔗糖业调查报告》（第三章），第5页。

斤不等，每日约制糖 800 斤左右，概系蔗农自熬，对糖房仅纳相当租金而已"①。蔗农租糖房制糖，认糖房主的搞费，伙食、燃料由自己负责，糖品为自己所有，每日需给糖房主大约 16 元至 24 元不等搭搞费用。高昂的种植及加工费用，使蔗农无力承受，而不得已提前出卖自己糖品，即"预糖"。"'卖预糖'的现象，都在简阳、三星场、资阳王二溪、资中等县……蔗农就将他们所栽植甘蔗应得的糖量，预卖糖房或糖商，（人数）约占全部蔗农 74.8%。"②

这种经营模式为什么能够在上河地区存在？它是否代表着区域"农工结合"生产模式的发展方向？其存在原因主要在于该地区的区位优势，即上河地区是红糖的重要生产区。其优势有：其一为土质，该地区蔗田生产出的甘蔗易制红糖，"球溪河以上的甘蔗以栽培在冲积台地者为多……坝土中所出之甘蔗，如制红糖，则颜色既好，又能耐久，至夏季炎热亦不易溶"；其二为市场，该地区"接近西北，为红糖的运销区，故历来多制红糖"；其三为红糖易制（不需要漏制环节），榨制红糖的工序相对较为简单，从榨制到销售的周期较短，利于蔗农周转资金，"蔗农之甘蔗均系小量，一次榨出红糖后，即可很快上市求售，对于小农诸多方便，如先制糖清再制白糖及桔糖，则手续较繁，费时又甚久"③。利用区位优势，上河地区的蔗农采用自制方式榨制红糖，把农与工在蔗糖经济中重新结合起来。

这是一种共赢的生产模式，一方面，蔗农专注于蔗田生产，实行合理的轮栽种植结构，维持地力，增加甘蔗的含糖量。"此（搭搞）乃最合理之制度，因制糖利益，完全归蔗农所有。故该地带之蔗农，对甘蔗之种植，颇知爱护，注重糖分之高低……在金堂、简阳、资阳一带，红糖品质较资（中）、内（江）为好，白糖产率达甘蔗之 4%，资中一带约为 3% 强，至于内江则仅为 2.8% 左右"④；另一方面，具备资金条件的地主、商人出资置办糖房，在帮助蔗农完成

① 《成渝路沿线经济概观——简阳》，《四川经济月刊》1936 年第 6 卷第 3 期。

② 彭泽益编：《中国近代手工业史资料（1840—1949）》第三卷，北京：生活·读书·新知三联书店，1957 年，第 731 页。

③ 王成敬：《成渝路区之经济地理与经济建设》，重庆：四川省银行经济研究处，1945 年，第 63 页。

④ 李尔康、张力田：《四川糖业之危机及振兴方策》，《西南实业通讯》1942 年第 6 卷第 6 期。

了蔗糖加工的同时，也合理地利用了闲置资金，分享植蔗带来的利润。另外，这一经营模式也为该地区赢得了较为稳定的生产环境，在政府通过甘蔗评价制度和食糖专卖政策介入甘蔗生产时，下河地区则蔗糖纠纷不断，严重影响了蔗糖生产，而上河地区社会关系则相对较为稳定。

不过，这种模式也有一定的局限性。搭搞的蔗农需款时，只得把糖预先卖出，预价往往比现价低得多，同时，如果熬制糖量不足预卖数量，蔗农同样会陷入"下片"①的深渊。在简阳，"每亩蔗土……收支勉强可相抵……农人资本微末，天灾连年，捐税繁重，于是不堪其累，多已弃而改种杂粮矣"②。另外，自种自制自经营是传统"农工结合"生产模式在近代的重新组合，体现了近代农村社会经济的发展变化，也是一种以市场为导向的商品性农工经营。它一方面体现了传统小农经济具有顽强的生命力的一面，另一方面也反映了传统生产模式向近代化生产模式蜕变时的反复性和复杂性，近代化不仅要求农产品商品化，还要求生产的规模化、机械化、专业化，小农受制于自身的条件，无法在技术、资本上给予生产环节较多的投入，以至于生产多是在现有的条件下重复进行。积累的匮乏、技术的停滞，终将导致生产的落后，在行业的竞争中，这种经营模式最终也免不了被淘汰的命运。

（三）合作社经营。这也是近代沱江流域蔗农农家经营模式的重要类型之一，数量虽然不多，但广泛存在于沱江流域各产糖县份，"自1937年起，沱江流域主要产糖各县，如内江、资中、资阳、简阳等县皆有蔗糖生产合作社的组织"③。

蔗糖合作社的宗旨是维护蔗农利益，这一点在各种蔗糖合作社章程中都有明显体现。以资阳县城东文明寺蔗糖生产运销合作社为例，其办社章程第一条就明确列出"本社以扶助社员植蔗及加工制糖与办理共同运销为目的"④。蔗糖

---

① 下片的清理，用"二还三"的办法，如蔗农在收获时候，欠缴"二个糖"（俗称五百斤为一个，第二年即须以三个糖缴于糖户，以偿清去年的欠糖。

② 《成渝路沿线经济概观——简阳》，《四川经济月刊》1936年第6卷第3期。

③ 内江县人民委员会：《内江县甘蔗资料汇编》，1957年，第120页。

④ 《保证责任资阳县城东文明寺蔗糖生产运销合作社章程》，资阳市雁江区档案馆藏：民国资阳县工商交通联合全宗，档案号8-1-92.40。

合作社的主要业务为：1. 扶助社员种蔗；2. 收集社员之蔗或糖，进行加工，并负责销售；3. 根据社员具体生产情况予以低息贷款；4. 组织分红。但其存在状况并不理想，相对于其他两种经营模式而言，合作社经营模式起步较晚，而且数量也比较少，如富顺，"过去并无合作组织，自 1939 年 9 月起，因应农村之需要，开始指导农民组织信用合作社……1940 年开始办理蔗糖合作社"[1]。在内江，"合作社之历史，仅二年而已。社处仅 60 所，每社 35 人，故全内江亦仅2100 人而已，此地农民有 10 万之众，而合作社之人数，占总人数之 2%"。

蔗糖合作社是在反对预卖预买糖业陋俗的呼吁声中建立起来的，它力图使蔗农享受到本来属于他们的在蔗糖生产过程中可能出现的增值利润（之前这部分利润被糖房主给剥夺了）。这一生产形态是作为私营生产形态的对立物而被设计的，曾一度得到国民政府的认可和扶持，甚至在政府组织的农村调查中，因其方便蔗农融通资金而得到颂扬，"蔗农经济情形以加入合作社之蔗农经营状况，较未加入合作社者为佳，盖其可获资金通融之便利也"[2]。但是，为什么这种既有国家银行低息贷款之便利，又有原料来源稳定之保证的集体制经营形态会昙花一现呢？它的症结在哪里呢？

蔗糖合作社的实际运作情形背离了办社的初衷。首先，领导权的变质，尽管蔗糖合作社对社员入社有一定的限制，但仍避免不了鱼龙混杂，"官僚、地主、恶霸起初不愿加入合作社，到后来看到有利可图，就设法打入合作社，篡夺社内领导权，因此合作社就发生了质的变化"。地方恶势力一旦掌握蔗糖合作社的管理大权，合作社的职能就发生了变化，由维护蔗农利益的角色进而转变成鱼肉社员、牟取私利的工具。"所有贷款由官僚、地主把持，（合作社）变成剥削农民的机构"。其次，社营糖房、漏棚管理无序，"糖房漏棚的负责人，大都营私舞弊，买原料则以少报多，卖成品则以多报少，造成严重的贪污现象"。同时，"各社营糖房送到合作社漏棚的糖清都是品质很低，于是大家都以劣等

---

① 《富顺县概况（1940—1941）》，重庆市档案馆藏：中国银行重庆分行全宗，档案号 0289-1-736.29。

② 郭太炎：《四川省近年蔗糖产销概况》，载秦孝仪主编：《革命文献》第 104 辑《抗战建国史料——农林建设三》，台北："中央"文物供应社，1986 年，第 265 页。

糖清送去滥竽充数"。领导权的变质、管理的混乱，"致私人得利，群众吃亏，于是弄得后来糖房开不起，漏棚也关门了。蔗农纷纷退社，仍回到私营糖房漏棚，1948 年合作社全部停顿"①。

与前两种经营形态相比，合作社经营是近代催生的一个新事物，它试图通过联合蔗农力量，以集体制经营形式，克服一家一户在植蔗、制糖方面的困境，从而获取规模效益，然而遗憾的是它仍采取传统的救济、生产办法，即春季贷放甘蔗生产款，冬季贷放甘蔗加工款及糖房漏棚设备款，并经办糖房漏棚。并未在引进优良蔗种、改进制糖工艺及采用机器制糖等方面付出较多的努力，从而彻底解放生产力，寻求质的突破。随着政府对合作社热情的递减，及其自身无法克服的管理腐败的蔓延，致使其短命而终，留下诸多遗憾。

三、制糖方式的多元化

近代以来，沱江流域的手工制糖技术不断改进，朝着精细化、专业化方向发展；处在蔗糖生产链条初始阶段上的蔗农日益贫困化，无力从事制糖工作，因此，手工制糖组织形式逐渐由家庭副业性制糖向手工工场性制糖蜕变。与此同时，随着政府力量不断介入蔗糖业的发展，该流域出现了政府力量主导下的机器制糖工业。这些机器制糖工业均属于半机械化性质，它们的发展不仅未以牺牲手工制糖品的市场份额为代价，而且反而依赖于手工制糖业的原料供应及技术合作。

（一）从家庭副业性制糖方式到手工工场性制糖方式。在沱江流域，咸同以前，植蔗为农家经济作物种植的一部分，榨糖也仅是农家副业的一种，制糖并未成为家庭生活的主要部分。在这种形式下，植蔗、熬糖仅为补贴粮食作物收入的不足，种植甘蔗的农民并不能称为蔗农。之后，随着甘蔗的扩大种植及农业商品化程度提高，蔗糖生产方式逐渐从家庭副业性质向手工工场性质蜕变。其蜕变的原因可以从以下两个方面来分析。

一方面是手工制糖技术的专业化。首先，沱江流域手工制糖业在压榨及熬

---

① 内江县人民委员会：《内江县甘蔗资料汇编》，1957 年，第 119—121 页。

煮环节上均有细致分工，且各个工种之间也均有巧妙安排。如糖房的工作，根据工作性质不同，可以分为多个工种，"糖灶房四人、火把搂二人、搞盘三人、樱牛老幺三人、牛棍子一人、辊子匠一人、挑湿柴一人、饭头一人、砍蔗八至十八人、看山一人"①。并且每个工种也有较为细致的分工，比如压榨工人分为：过搞匠、检搞匠、吆牛匠、辊子匠及牛牌子；糖灶工人分为：熬糖师、副手、下手、打泡匠、烧火匠②。其次，手工制糖技术更加趋于精细化、深化。例如，（1）犁挽的运用，犁挽是用坚韧的整根弓形木做成的，直径由小到大约为6寸至1尺，较大的一端同主动辊轴上端的凸出部分固定在一起，较小的一端弯下地面，距地约6寸，过高过低时，牛只拖动都比较费力③。（2）牛只的运用，用三牛并行拉动石辊时，走内圈者为"内牛"，居中者为"中牛"，走外圈者为"边牛"，因牛力有强弱之分、牛路有长短之别，故在牛只的运用上要统筹兼顾，强壮的牛作"边牛"，体弱的作"内牛"，中等者作"中牛"，使之各得其所，劳逸均等，不然，则会使托盘发生歪斜，有些牛负荷超重而劳累过度（俗称倒搞牛）④。（3）搬齿的运用，石辊搬齿是用硬木制造的，镶嵌在两个辊的上部周围辊面上，一般每辊18—22个，借助搬齿的带动作用，才能使两辊成相对方向转动⑤。手工制糖技术的精细化及深化，使制糖活动日益朝着专业化方向发展，这既反映了手工制糖业的技术进步，又符合近代社会经济发展的大趋势，但是，这也致使专业化的制糖活动与小农家庭生产之间的鸿沟愈来愈大，小农家庭已不再具备制糖活动所需的技术及能力。出现这种情况，既与手工制糖技术的近代进步有关，也与处在蔗糖生产链条低端的蔗农的日益贫困化有关。

　　另一方面是蔗农日益贫困化。沱江流域各县植蔗利润并不是太高，据四川省甘蔗试验场1938年的调查，沱江流域六县每亩甘蔗所得利润不过3.52元。

---

① 《甘蔗实验场各县蔗糖产量及甘蔗生产情况调查（1936年）》，内江市档案馆藏：四川省甘蔗实验场全宗，档案号15-1-16.39。

② 彭泽益：《中国近代手工业史资料（1840—1949）》第四卷，北京：生活·读书·新知三联书店，1957年，第584—585页。

③ 陈初尧、袁幼菊：《四川土法制糖工艺》，北京：轻工业出版社，1958年，第23页。

④ 徐大铨：《资中县球溪河地区土法制蔗糖概况》，载中国人民政治协商会议四川省内江市委员会文史资料委员会编：《内江文史资料选辑》第三辑，1988年，第57—70页。

⑤ 内江专员公署：《土法制糖参考资料》，内江专区办事处，1954年，第14页。

经济作物的广泛种植，本身就是比较利益驱动下的一种机会成本选择。对小农家庭生产而言，植蔗的动机不外乎对其利益的追求，然而情况并不乐观，据资中球溪河一带调查，多数蔗农家庭仍入不敷出[①]，并在饥饿线上挣扎，甚至无法维持生活，"据四川农村经济调查，自 1912—1935 年中，自耕农由 30% 减至17%，半自耕农由 19% 减为 9.9%，而佃农则由 51% 增加为 80.2%"[②]。植蔗收入不高，而农民却又不得不种植，这看似矛盾的事情却恰是蔗农贫困化的最好写照。为了能够"预卖"而提前得到一大笔生产、生活资金，农民不得不广种甘蔗，因此，可以认为这是一种以市场为导向的生存型农家经营模式。在这种生存型家庭经营模式下，蔗农日益贫困化，沦落为佃农或无产者，同时，家庭副业性制糖也日益让步于资本主义工场手工业性质的制糖。

（二）土糖房、小型改良糖厂、机器制糖厂的并存。近代以来，四川方面一直努力设立机制糖厂，改良制糖技术，但是，限于种种原因而未能成功[③]。抗日战争爆发后，川省成为大后方的重要战略基地，在政府扶持下，川省于 1940年左右建起一批机器制糖厂。其中以华农糖厂、中国联合炼糖股份有限公司及四川华原糖厂最具代表性。华农糖厂由半官方性质的四川省农改所甘蔗试验场于 1940 年在内江圣水寺旁组建，是近代四川省第一个半机械化制糖厂[④]。中国联合炼糖股份有限公司由中国银行、资源委员会及内江少数商人集资 400 万元于 1940 年冬在内江三元井创办，该公司有真空煮糖锅、离心机、结晶槽等多种机器设备，但在分蜜环节上，则大量使用手摇离心机，并在原料上依赖于土糖房[⑤]。四川华原糖厂亦为股份制公司，由萧家点于 1940 年在内江漆家滩成立，注册资本为 200 万元。该厂的主要机器装备为：离心机 15 架；木炭引擎 1 架；

---

① 内江地区档案馆编：《民国时期内江蔗糖档案资料选编》上册，1984 年，第 174 页。

② 川南区糖酒工业管理局：《川南区蔗糖业概况》，1951 年。

③ 四川省甘蔗试验场：《四川省甘蔗试验场 1937 年度工作报告》，1938 年，第 43—46 页。

④ 王东伟：《解放前内江制糖业概况》，载中国人民政治协商会议四川省委员会文史资料研究委员会编：《四川文史资料选辑》第三十五辑，成都：四川人民出版社，1985 年，第 189 页。

⑤ 《内江支行中国炼糖公司押透贴现借款及股东会议记录卷（1942—1944）》，重庆市档案馆藏：中国银行重庆支行全宗，档案号 0287-1-4110。

地轴、手摇枱、钻床、手摇车轮、钳床等设备[1]。

从这一时期整个川省糖业发展情况来看，尽管这些制糖厂使用了现代机器设备，运用了股份制融资手段及现代企业管理制度，从手工工场到现代股份制企业，标志着四川糖业的发展又迈上一个新台阶，但是它们在制糖环节上仍未完全实现机械化，而多属于半机械化性质，并且在1949年前，四川糖业仍以土法制糖为主。据统计，到1942年为止，四川省内土糖房、漏棚仍高达1547家，其糖品产量占到川省糖品总量的90%[2]。不过，二者并非是一种恶性竞争关系，而是一种并存关系，即机器制糖业对手工制糖业原料供应及技术合作的依赖，机制糖业的发展不仅未以牺牲手工制糖业的发展为代价，反而与手工制糖业和谐并存。

一方面是二者均有各自的特点及相对优势。近代以来，手工制糖业越出家庭副业性生产的范畴，进入了资本主义手工工场阶段，这体现了蔗糖业的近代转型，是一种历史进步。糖房内的生产关系则完全是一种资本主义性质的雇佣关系，专门从事制糖工作的糖房已是具有近代手工工场性质和规模的制糖场所。糖房工人由糖房主部分从劳动力市场雇来[3]、部分雇用附近种蔗户。工人伙食由糖房供给，工资由雇主以现金方式支付。另外，手工制糖业虽有多种弊端，但其产品的甜度超过机制糖，"机制糖品虽然比土糖更白、结晶粒更大，但甜度却逊于土制白糖，不太受消费者欢迎"[4]。相对于土法制糖而言，机器制糖业不仅在设备方面使用了半机械化制糖设备，而且在融资及管理方面上也均采用现代股份企业制度，因此其最大优势在于产能大、效率高。如中国联合炼糖股份有限公司，规模宏大，每日可产糖2吨左右；稍次于中国炼糖厂的华农糖厂，每日亦可产糖数千公斤。同时，用土法不能制造白糖的糖清，由离心机可以制

① 《糖厂工矿等调查表（1943.2—1943.12）》，内江市档案馆藏：民国资中、内江银行（钱庄）（联）全宗，档案号13-3-77。

② 内江县《工业志》编写组：《抗战时期内江县蔗糖生产的发展》，载内江县志编纂委员会政协内江县委员会编：《内江县文史资料》第十一、十二合辑，1985年，第10—11页。

③ 张开俊、余学成：《解放前内江城乡社会劳力的雇佣》，载内江县县志编纂委员会政协内江县委员会编：《内江县文史资料》第十三辑，1986年。

④ 王东伟：《解放前内江制糖业概况》，载中国人民政治协商会议四川省委员会文史资料研究委员会编：《四川文史资料选辑》第三十五辑，成都：四川人民出版社，1985年，第189—190页。

出，并能增加 60% 的白糖产量。另外，土法漏制白糖至少需 20 日以上，而改用离心机，则只需 10 分钟即可，"在时间上既属经济，糖之品质亦为精良"①。

另一方面是二者之间存在着一定的关联。第一层，除了华农糖厂有两部小型压榨机，大部分机器制糖厂并不参与甘蔗压榨活动，均属来料加工型制糖厂，即其制糖原料糖清系由手工制糖性质的糖房生产。同时，机器制糖厂也有其自身发展的困境，如中国炼糖公司，该厂采用了当时比较先进的制糖机器设备，如真空锅、结晶机、离心机以及制酒精用的蒸馏塔等，但是由于生产资金全靠抵押贷款进行周转，加上当时币值不断贬值，开工以来并未获较大收益。据中国炼糖公司 1942—1944 两年的统计，该厂生产的白糖出糖率仅为糖清的 37%，较之土法制糖的出糖率高不了多少（土法制糖出糖率：内江 30%、资中 34%、简阳 33%）②。第二层，机器制糖厂普遍使用的离心机多由人力操作，并在部分制糖厂存在着旧式糖锅与新式分蜜技术相结合的现象。"离心机有手摇式及用电力拖动者两种，各厂多用手摇机，以人力工作。华农、华原两糖厂，虽自备小型发电机，但转熬每次提取后之糖蜜，仍系用旧式糖锅，故此等糖厂，尚不能完全脱离人工，只可名之为新式制糖，而不能称为机器糖厂。"③

另外，在土糖房及机器制糖厂之外，也存在有一些小型改良糖厂。这些小型改良糖厂介于二者之间，使用了改良的手工制糖工具，如小型钢式压榨机及手摇离心机。它们都是从土糖房的基础上发展而来，所用动力仍为畜力，所用工具是改良了的手工制糖器具，但是压榨、分蜜效果已远远胜于土糖房。小型改良糖厂虽在制糖成本、利润上远不及大制糖厂，但是，其存在确反映了社会发展的需要：（1）大糖厂多设在交通便利的地方，而交通不便者则不能设立；（2）在交通不便，而普通作物利润又低之地区，虽因小糖厂或土糖房之糖劣价低，利润不多，但比较而言，仍以种蔗为有利；（3）甘蔗为经济作物，收获前可抵押借款，以解青黄不接之困，且在收获后可售一整批款，以作还债，或出

① 《关于糖类评价委员会组织章程、战时食糖专卖查验暂行规程（1942.2—1944.7）》，资阳市雁江区档案馆藏：民国资阳县政府档案全宗，档案号 2-1-695.13。

② 王东伟：《解放前内江制糖业概况》，载中国人民政治协商会议四川省委员会文史资料研究委员会编：《四川文史资料选辑》第三十五辑，成都：四川人民出版社，1985 年，第 189—190 页。

③ 内江地区档案馆：《民国时期内江蔗糖档案资料选编》中册，1984 年，第 424 页。

借置业，或作他用，对于四川现阶段之农民及农村，于金融周转上，实有大帮助[1]。小型制糖厂的存在，不仅未与糖房及机器制糖厂发生恶性竞争纠纷，而且还有利于甘蔗种植区的扩大。"大机器制糖厂于榨蔗期满后，收集小厂之糖清，以炼白糖，由大量之甘蔗，变为小量之糖清运出，如是蔗农、糖商、小厂、大厂交受其利"。在可种蔗而未种之地，推广小型钢式榨蔗机与改良的澄清及煮糖方法相结合的制糖方式，"蔗利益较高，可劝种蔗，旧法石辊不便运输，故不通河之地，糖业难发展，钢质轻便榨蔗机则易运，大概每具2千元，两牛拖动，每一昼夜可榨1.5万斤蔗，其效率与旧石辊相似"[2]。

蔗农家庭经营形态的变动及糖业生产方式的多元化现象，既是对糖业研究中二元分析模式的一种修正，也是对近代手工行业中生产方式多元化现象的一种对话。二元分析模式仅承认农业与手工制糖业之间的分离及手工制糖与机器制糖之间的竞争关系，而忽略对糖业中家庭经营形态及生产方式的多元变动情况的分析，但从本文的论述来看，在该流域的糖业经济中，不仅蔗农家庭经营形态存有多元变动的情形，而且糖业生产力及生产关系均朝着多元化的方向发展，弄清楚这一点，既有利于对近代糖业发展史的全面把握，也助于手工行业经济史研究的加深。

四、结语

就近代整个四川手工行业的发展情况来看，传统手工行业，如盐业、棉纺织业、丝织业，在这一时期均处在一个技术革新、生产关系变革的蜕变过程中，如盐业中机器汲卤及盐业公司的出现；棉纺织业中手工纺纱业的衰落、手工织布业兴盛；丝织业中铁轮缫丝机的使用及裨农、谦吉祥、天福、荣丽等一批缫丝工厂的出现。随着生产技术的不断革新及生产集中化程度的增强，手工行业的区域化程度日益加深。如潼川、顺庆、保宁等府的蚕桑专业经营区，成都平

---

① 四川省甘蔗试验场：《四川省甘蔗试验场1937年度工作报告》第八章《四川蔗糖业改进意见》，1938年，第15页。

② 同上，第15—17页。

原的烟草专作区，川东的桐油及鸦片专作区，嘉陵江流域及沱江流域的蔴业专作区，以及沱江流域的甘蔗专业种植区。因此，在一定程度可以认为沱江流域蔗糖业经营方式的变动情况是这一时期整个四川手工行业发展情况的一个缩影。

同时，传统"农工结合"型的农家经营模式并未因手工行业的区域化程度日益加深而分崩离析，而是经历了一个多元分化组合的过程。手工制糖业与农业在新的历史条件下重新进行组合，形成了三种蔗农农家经营形态，尽管这三种经营形态均非理想的经营形态，但是，这无疑将加深我们对转型时期手工行业变化、发展情况的理解。

另外，手工制糖业与机器制糖业的并存现象，又为我们理解民族机器工业与近代手工业之间关系提供了另外一种面相。就二者的关系而言，学界的分歧较大，一种观点充分肯定民族机器工业与近代手工业之间的良性互动关系，肯定手工业从附属于农业经济到附属于大机器工业的进步作用；另一种观点认为两者之间是一种你死我活的恶性竞争关系，或提出民族机器工业的产生和发展是建立在农民家庭手工业被破坏的基础上的，或主张农民家庭手工业的存在构成了机器工业进一步发展的障碍。然而，从该区域蔗糖业发展的具体情况看，20世纪40年代出现的机器制糖厂与同时代其他手工行业的发展情况较为相似，并非是在手工制糖工场的基础上自然进化而来，而是从外部直接引进来的，同属于后发外缘型模式。尽管如此，该区域糖业经营方式的变动情况却有其独特之处：手工制糖业并未经历从依附农业到依附大机器工业的转变，手工制糖业一直与农业保持着紧密的联系；手工制糖业与机器制糖业二者之间呈良性共存关系，但这种关联是单向维度的，机器制糖厂依存于手工制糖工场，即机器制糖厂对手工制糖工场原料供应及工匠技术的依赖。虽然这仅为个案，但无疑为我们全面理解手工行业近代转型问题提供了新的解释，加深我们对该问题的理解。

乡村社会中的帝国：明清乡厉坛的组织与管理

董乾坤

1368 年，农民出身的朱元璋定都于南京，建立大明王朝，其后制定的一系列制度深刻影响了后世中国，尤其在祭祀制度的设计上多有创新，而厉坛制度即是其一。清朝入关以后，大清帝国在制度上几乎照搬了明朝，厉坛制度亦为其所继承。那么，作为最低一级的乡厉坛在乡村是如何被实施的，其意义为何？学界目前尚未涉及，本文即以此为主题，结合官方文献、文人笔记与族谱对此加以粗略探讨，祈请方家指正。

一、明清厉坛制度的建立与继承

按照《礼记》"王者功成作乐，治定制礼"[①] 的传统，朱元璋的礼制建设自吴王元年（1367）即已着手进行。随着在军事上的节节胜利，朱元璋的政权建设也随之展开。据《明史》所载："八月癸丑，圜丘、方丘、社稷坛成。九月甲戌，太庙成"[②]，"丙午，令百官礼仪尚左。……甲寅，定律令。戊午，正郊社、太庙雅乐"。"（十一月）乙未，颁《大统历》"，"十二月甲辰，颁律令"，"甲子，告于上帝"[③]。第二年（1368），朱元璋在南京登基，建立大明王朝，虽然此时战事远未结束，并不符合"太平乃制礼乐"的原则，但是作为一个新的政权，确立

---

① 《礼记·乐记》，载（汉）郑玄注，（唐）孔颖达疏：《礼记正义》，上海：上海古籍出版社，2008 年。

② （清）张廷玉等撰：《明史》卷一《太祖本纪一》，北京：中华书局，1974 年，第 15 页。

③ 同上书，第 16 页。

政权的正统性更为迫切，制礼作乐的工作由此大规模展开。其中厉坛制度的建立便是其一。

元末，社会动荡，战争连绵，大量平民和士兵伤亡。面对如此众多的亡魂，农民出身的朱元璋自不会等闲视之，据载：洪武三年（1370）八月"乙酉，遣使瘗中原遗骸"①，十一月"己亥，设坛亲祭战没将士"。事实上，对于死者尤其是那些死后无名者的态度，《明太祖实录》中记载尤为详细。据《明太祖实录》载，洪武三年有三条与此相关的记载，兹摘录于下：

（六月）辛巳，令民间立义冢。上谕礼部臣曰：古者圣王治天下，有掩骼埋胔之令，推恩及于朽骨。近世狃于胡俗，死者或以火焚之，而投其骨于水。孝子慈孙于心何忍？伤恩败俗，莫此为甚。其禁止之。若贫无地者，所在官司择近城宽闲地为义冢，俾之葬埋。或有宦游远方不能归葬者，官给力费以归之。②

（八月）上谕中书省臣曰：往者四方争斗，民不得其死多矣。中原草莽遗骸遍野，朕闻之恻然于心，宜遣人循历水陆，悉收瘗之。中书省臣进曰：陛下仁及朽骨，圣王之善政也。上曰：先王之世，人得以养生送死者，上得其道，下无夭阏。元季政荒，民困干戈，加以饥馑相寻，故死亡者众。朕荷天命，为亿兆主，顾兹失所者，岂忍使之暴露哉？③

（十一月）祭战没功臣。上巳大封功臣，思天下大定，诸将之力。然存者得膺爵赏，死者不复见矣。乃设坛亲祭之，且抚其兄弟子孙，俾食其禄。群臣莫不感动，寻又设坛祭战没军士，优养其父母妻子。复命礼部：凡武臣有迁葬者，皆官备祭物，道里远者，给其费。礼部以武臣品秩次第，定给羊豕酒果有差。④

---

① （清）张廷玉等撰：《明史》卷一《太祖本纪一》，北京：中华书局，1974年，第25页。

② 《明太祖实录》第一册，卷五三，台北："中央研究院"历史语言研究所校印本，1962年，第1052—1053页。

③ 《明太祖实录》第一册，卷五五，台北："中央研究院"历史语言研究所校印本，1962年，第1083—1084页。

④ 《明太祖实录》第一册，卷五八，台北："中央研究院"历史语言研究所校印本，1962年，第1141—1142页。

由此，我们不难发现，元末战乱以来大量平民百姓的死亡以及战争中死去的众多将士，由于其数量之大，引起了朱元璋的高度重视，成为国家祭祀的对象自在情理之中。在此背景下，洪武三年（1370）十二月厉坛制度正式确立，对此一规定，《明太祖实录》有较为详细的记录：

> （十二月）始命祭无祀鬼神。先是，上以兵戈之余，死无后者，其灵无所依，命议举其礼。至是，礼官奏：按《祭法》：王祭泰厉，诸侯祭公厉，大夫祭族厉。泰厉，谓古帝王之无后者；公厉，谓古诸侯之无后者；族厉，谓古诸大夫之无后者。又《士丧礼》：疾病祷于厉。郑氏谓：汉时民家皆秋祠厉，则此祀又达于民也。《春秋传》曰：鬼有所归，乃不为厉。然则鬼之祭享而无所归则必为害。古者七祀于前代帝王、诸侯、卿大夫之无后，皆致其祭，岂无所为而然哉？后世以为涉于淫诐，非礼之正，遂不举行。而此等无依之鬼，乃或依附土木为民祸福以邀享祀者，盖无足怪。今欲举其祀，宜于京都、王国、各府、州、县及里社皆祭祀之。而天下之淫祀一切屏除，使鬼之无所归附者不失祭享，则灾厉不兴，是亦除民害之一也。上然之。乃命京都筑坛于玄武湖中，天下府、州、县则皆设坛于城北，其各里内又立祭坛。岁以三月清明、七月望及十月朔日，长吏率僚佐候晴时致祭。牲用羊、豕各三，以米三石炊饭。正坛设城隍位，羊一，豕一，坛下东西各席地焚香列炬，各设羊一、豕一并饭羹以祭之。坛之南立石，刻祭文。京都谓之泰厉，王国谓之国厉，府、州谓之郡厉，县谓之邑厉，民间谓之乡厉，著为定式。[①]

《实录》的这段文字不仅为我们叙述了厉坛建立之初的相关规定，而且也为我们介绍了建立厉坛的缘由和依据，并为后世各地方志所引用。但此次规定显然是一个原则性的概括，其具体的规定和祭祀礼仪还要逐步地完善，据叶盛的《水东日记》所载："（洪武四年）特敕郡邑里社，各设无祀鬼神坛，以城隍神主祭，鉴察善恶。未几，复降仪注。新官赴任，必先谒神与誓。期在阴阳表里，以安下民。"[②] 叶盛（1420—1474），字与中，号蜕庵，正统十年（1445）中进士，

---

① 《明太祖实录》第一册，卷五十九，台北："中央研究院"历史语言研究所校印本，1962年，第1155—1156页。

② （明）叶盛撰：《水东日记》卷三十，载《钦定四库全书·子部十二》。

授兵科给事中。虽然其与明初有些距离，但此条记载当有所依据。

清朝建立后，在制度上对明朝基本照搬，厉坛制度亦在其中，据《清史稿》记载，其颁布全国统一的礼仪轨则是在顺治三年（1646），"顺治三年，诏礼臣参酌往制，勒成礼书，为民轨则"①。那么这个"往制"是什么呢？据载："其祀典之可稽者，初循明旧，稍稍褒益之。②"因此，厉坛在清朝的变化应该不大，但又有所不同。

从上面《明太祖实录》记载来看，明初制定厉坛时，在祭祀等级上包括了上至中央下至乡村各个层次，但在清朝制度中，省级及以下的行政单位中的祭祀对象，并没有包含在中央的祭祀范围中。据《清史稿》言："各省所祀，如社稷，先农，风雷，境内山川，城隍，厉坛，帝王陵寝，先师，关帝，文昌，名宦，贤良等祠，名臣、忠节专祠，以及为民御灾捍患者，悉颁于有司，春秋岁荐。"③在《清史稿》目录中，将其直接冠名为"直省祭厉"，正文并有详细叙述："明制，自京师讫郡、县，皆祭厉坛。清初建都盛京，厉坛建地载门外，自世祖入关后，京师祭厉无闻焉。唯直省城隍合祀神祇坛……"④这说明，与明朝相比，祭厉的地位在清朝统治者的心目中有所下降，这一点在明清两代所修地方志中亦有反映。在明朝地方志中，编纂者往往将厉坛和社稷坛、山川风云雷雨坛和里社坛并列而载于相关部分之首，而在清朝所编地方志中，其前面三坛并列的不再是厉坛而是先农坛，厉坛则被移至相关部分之末。

二、制度中乡厉坛的相关规定

按照明初厉坛制度之规定，厉坛有泰厉、邑厉和乡厉坛之分，即如《大明集礼》所载："国朝于京则祭泰厉，于王国则祭国厉，于各府州县则祭郡、邑厉，于里社则祭乡厉，而于天下之淫祀一切屏除，使厉之无所归依者不失祭享，其为民除害之意可谓至矣。"⑤由此可见，厉坛的设置同政区层次具有一致性，从

---

① 赵尔巽等撰：《清史稿》，北京：中华书局，1977 年，第 2483 页。

② 同上书，第 2484 页。

③ 同上书，第 2486 页。

④ 同上书，第 2551 页。

⑤ （明）徐一夔等撰：《大明集礼·总序》，明嘉靖九年（1530）刊本。

中央至地方，厉坛有着不同的名称、祭祀者和祭祀等级。由于论题需要，本文仅对乡厉坛加以探讨，其他则不论。

对于乡厉坛的管理与祭祀，明初在制度上有着明确的规定：

> 凡各乡村，每里一百户内立坛一所，祭无祀鬼神，专祈祷民庶安康、孳畜蕃盛。每岁三祭：春清明日、秋七月十五日、冬十月一日。祭物牲、酒，随乡俗置办，其轮流会首及祭毕会饮、读誓等仪，与祭里社同。[①]

规定中"与祭里社同"的"轮流会首及祭毕会饮、读誓等仪"在《会典》中亦有规定：

> 凡各处乡村人民，每里一百户内立坛一所，祀五土五谷之神。……祭毕，就行会饮。会中，先令一人读"抑强扶弱"之誓，其词曰："凡我同里之人，各遵守礼法，毋恃力凌弱，违者先共制之，然后经官。或贫无可赡，周给其家。三年不立，不使与会。其婚姻丧葬有乏，随力相助。如不从众及犯奸盗诈伪一切非为之人，并不许入会。"读誓词毕，长幼以次就坐，尽欢而退。务在恭敬神明，和睦乡里，以厚风俗。[②]

我们可以看出此规定在对乡村地方的管理意图十分明显[③]，但是对现实社会管理之外，乡厉坛之设中的宗教意味亦很突出，这从祭厉文中不难发现：

> 某县某乡某村某里某社里长某人：承本县官裁旨，该钦奉皇帝圣旨，（以下文与前祭厉同）。今某等不敢有违，谨设坛于本里，以三月清明日、

---

① （明）申时行等撰：《大明会典》卷九十四，北京：中华书局，1989年，第536页。

② 同上，第535页。

③ 关于此，学者研究较多，可参见：1. ［日］和田博德：《里甲制与里社坛、乡厉坛——明代乡村统治和祭祀》，载《西方与东方——前嵨信次先生追悼论文集》，汲古书院，1985年；2. ［日］滨岛敦俊：《明清江南城隍考——商品经济的发达与农民信用》，载《中国社会经济史研究》1991年第1期；3. 郑振满：《神庙祭典与社区发展模式》，《史林》1995年第1期，后收入郑振满：《乡族与国家》，北京：生活·读书·新知三联书店，2009年，第210—237页，本文论述即根据此录文；郑振满：《明清福建里社考》，载《家庭、社区、大众心态国际学术研讨会论文集》，合肥：黄山书社，1999年，后以《明清福建里社组织的演变》为题收入郑振满：《乡族与国家》，北京：生活·读书·新知三联书店，2009年，第238—253页；4. Yonghua Liu. *The World of Rituals*: *Masters of Ceremonies* (*lisheng*), *Ancestral Cults, Community Compacts, and Local Temples in Late Imorial Sibao, Fujian.* Doctoral Dissertation, McGill University, 2003. 刘永华：《道教传统、士大夫文化与地方社会：宋明以来闽西四保邹公崇拜研究》，《历史研究》2007年第3期。

七月十五日、十月一日，率领某人等百家联名于此，置备羹饭肴物，祭于本里无祀鬼神等众。灵其不昧，依期来享。凡我一里之中，百家之内，倘有忤逆不孝（以下并同前祭厉文，但无"我等阖府官吏"至"一体昭报"一款）。如此，则鬼神有鉴察之明，我民无谄谀之祭。灵其无私，永垂昭格。尚享！①

由于此篇祭乡厉坛文与前面一篇祭厉文内容多有相同，因此，《会典》在此多有省略，为了说明问题，特将前祭厉文节录如下：

……尚念冥冥之中，无祀鬼神昔为生民，未知何故而殁。其间有遭兵刃而横伤者，有死于水火盗贼者，有被人取财而逼死者，有被人强夺妻妾而死者，有遭刑祸而负屈死者，有天灾流行而疫死者，有为猛兽毒虫所害者，有为饥饿冻死者，有因战斗而殒身者，有因危急而自缢者，有因墙屋倾颓而压死者，有死后无子孙者，此等鬼魂，或终于前代，或没于近世，或兵戈扰攘，流移于他乡，或人烟断绝，久缺其祭祀。姓名泯没于一时，祀典无闻而不载。此等孤魂，死无所依，精魄未散，结为阴灵。或倚草附木，或作为妖怪，悲号于星月之下，呻吟于风雨之时。凡遇人间节令，心思阳世。魂杳杳以无归，身堕沉沦，意悬悬而望祭。兴言及此，怜其惨悽。故敕天下有司，依时享祭。……如此，则鬼神有鉴察之明，官府非谄谀之祭。尚享！②

据此可以看出，乡厉坛之设，其目的主要是安抚那些因各种情况而"强死"后的魂灵，以消除其怨气而不致伤害生人，同时也体现了政府对孤魂野鬼的怜悯抚恤之意，其宗教色彩极为明显。此外，祭厉过程中，其仪式需有城隍在厉坛之上监镇，除诵读此祭厉文外，还需诵读告城隍文③，以此来向城隍汇报此事，由此来看，明帝国是将对无祀之鬼的管理亦按照王朝模式分等级按层次地纳入统治之中，凸显了皇权的存在。在皇帝眼中，无祀之鬼既是因其惯于作祟而需定期祭祀的对象，又是因其处境悲惨而被施以救助的对象。同时，对于本乡中那些不守法纪、道德败坏者，让厉鬼以监督者的身份在此时向城隍禀报，而使其遭受阴谴。与之相反，对于那些遵纪守法、孝敬父母、心地良善之人则亦会

---

① （明）申时行等撰：《大明会典》卷九十四，北京：中华书局，1989年，第536页。

② 同上书，第535页。

③ 同上书，第536页。

告之城隍，使其阴加护佑。这种震慑功能，对于那些对厉鬼怀有深深恐惧的村民来说无疑是官方统治所无法达到的。

三、乡厉坛的修建与流变

（一）明清政府在地方上的推广

厉坛制度在明初确立之后，并不意味着在地方上的真正执行，也即说，制度的确立与实践并不能等同，因此我们有必要对其在地方上的执行情况作一探讨。事实上，在我们批阅明清典籍之后，我们大致可以得出这样的结论：乡厉坛作为制度在地方上的推行并未持续太久。以明朝所编修的大量地方志为例，我们可以看到许多有关"久废""已废"的记载。对此，《绍兴府志》中记载了明绍兴知府南大吉的一段感叹："……回首昔时，每抚心太息，乃今又分符来守兹土。兹土之俗，其不如昔时者，亦犹夫吾乡也。里社、乡厉之坛荒废过半而莫之有考，是可为长叹息者。夫守一邑则以一邑为一家，守一郡则以一郡为一家。吾家日就衰颓而吾子弟之贫乃至是焉！"[1]由此可见，不论出于何种原因，乡厉坛大量荒废的事实当是不误。

尽管如此，有明一代，部分官员对乡厉坛的确进行了初期的建造与随后的废而重修。至于清代，据笔者管见，则很少记载。因此，下面仅以明代加以讨论。

据明朝学者王演畴的记载，其任职广东大埔县时，清远乡无厉坛，其言：

> 大埔两都，县治西北为（秀）洲，东南为清远。……新旧坟塚累累乱于草，盖地非黄沙大漠，而中军营犹古战场，白骨枕藉。兼之地荒，屡值流殍无虚，率以此为藏。顾谓父老曰："曩所云建乡厉不当于此时乎？其坛不当于此地乎？"因诛茅伐木，建清远乡厉坛。其三举，又如（秀）洲都乡厉例，厉文悉遵制刻于左。就义田中拨租一十八石，每六石费定，该都里老率众行之。其余即分散本乡不归，福以省事也。余尝伏读圣制厉文，

---

[1]（清）李亨特修，（清）平恕、徐嵩纂：《（乾隆）绍兴府志》卷三十六《祠祀志一·坛庙·府城》，清乾隆五十七年（1792）刊本。

凡里中善恶惟厉是察，而祸福之报随之。则事神固所以治民耳！……①

王演畴，江西彭泽人，万历二十年（1592）进士，据此可知，此次修乡厉坛应为万历二十年以后。其所修乡厉坛与"建社仓、置义田、辟义馆、行乡约保甲"一起构成了他作为地方官在地方的政绩，是一次代表中央政府推行政令的典型事例。然而，在明清典籍中有关地方官建造乡厉坛的详细记载并不多见，只有在各地方志中偶有涉及，但也仅为简单的记载而已，现选出部分，列表如下：

序号	相关记载	资料来源
1	乡厉坛，在县各都，按旧志：溪（？）原设一十所，岁久俱废，成化十五年（1479），知府姜谅令各都修建，今为二十三所。	弘治《八闽通志》卷五十八《坛壝·祠庙》
2	乡厉坛，旧十四所，在县各里下。洪武二年（1369）知县汪惟善创建。天顺四年知县荀珣增置一十八所。	正德《莘县志》卷四《坛壝》
3	乡厉坛，二十三处，在各乡。洪武八年（1375）知县戚顺建，今废。	嘉靖《宝应县志略》卷二《祠祀志第四》
4	乡厉坛，二十六所，分置各社，俱正统十一年（1446）知州范希正建。	嘉靖《宁海县志》卷三十《群祀·曹州》
5	乡厉坛，每里有坛，如里社之制（注：即今土谷神祠，随地建设，皆如里之数）。	嘉靖《定海县志》卷九《坛庙》
6	乡厉坛，祭各乡无祀鬼神也，每一里建一坛，本县城乡共七百四十一所，俗呼"孤魂坛"。	隆庆《长洲县志》，卷数不清
7	乡厉坛，即里社祠，各里俱有。洪武十七年（1384），知县郭辅辰令民重修。	隆庆《仪征县志》卷十二《祠祀考》
8	乡厉坛，共一十九所，洪武八年（1375）知县安祥奉诏建。清泉乡八所，招贤乡九所。	万历《重修南安府志》卷十一《建置志下·坛壝·大庾县》
9	乡厉坛、里社坛，……万历九年（1581）掌州事，查志文查复，仍捐设各乡厉祭田。令约正、僧道掌之。岁三举，如郡祭例。	嘉庆《无为州志》卷十《学校志二·祀典·坛壝》
10	明初有乡厉坛，王公子章分建各里，今则总于邑坛矣！	光绪《郓城县志》卷二《建置志·祠坛》

---

① （明）王演畴：《古学斋文集》卷三《清远乡厉坛记》，明万历四十七年（1619）刻本。

　　由表中所选 10 则材料来看，虽然各地乡厉坛的建造时间早晚不一，但大多于洪武年间便已设立，说明洪武时期朱元璋的强权统治使得国家权力真正深入至全国乡村，它在名义上打破了地方上宗族或其他形式的组织对乡村社会的管控，而是将各乡村纳入政府所划分的里甲组织之中。当然，随着中央权力的衰弱，行政效力的收缩，明代中晚期以后，虽然各地偶有重修之举，但政府所修建乡厉坛的荒废则是普遍的。至于清朝，在对厉坛整个制度都不够重视的情况下，对于乡厉坛更是推广不多，在笔者寓目的明清文献中，有关清朝地方政府对乡厉坛的管理之记载仅有一例，据编写于乾隆十五年（1750）的《太湖备考》所载："乡厉坛，在东山平岭下天井湾。岁以清明、中元、十月朔致祭。按《明会典》：乡厉坛，祭乡中无祀鬼神，本朝仍之。东山厉坛向止里民致祭，乾隆十二年，始官主其事。"[①] 此一材料说明，进入清代，在部分地方，地方官在地方管理中，依然利用厉坛等将国家权力渗入乡村。

（二）乡厉坛的变异

　　明清两代，官方主持下的乡厉坛虽然大多荒废甚至废而不举，但是对于孤魂野鬼的祭祀则并未停止。明朝中晚期，随着里甲制度的破坏，那种以里甲为单位，地方里老主持下、颇富地方教化色彩的乡厉坛荒废以后，在各个地方，乡厉坛则以各种形式继续存在，依然在乡村民众的生活中起到应有之义。除大量由宗族修建并管理的乡厉坛（详见第三部分）外，许多地方将乡厉坛与里社坛合并，或者以自己观念的名称对其加以命名。

　　如表中所列材料 5 和材料 7 即表明，在所引地方志编纂的当时或以前，乡厉坛已与土谷神祠或里社坛合并一处，我们不难推测，当地民众的祭祀孤魂野鬼之处应在土谷神祠或里社坛。社坛制度与厉坛制度同时而设立，这一制度来自元朝，是元代地方的一种地方管理组织[②]。但是，由于社又有宗教信仰上的意义，其祭祀对象为地方上的土地神，这一合并，已经完全改变了乡厉坛在设立

---

　　① （清）金玉纂述：《太湖备考》卷六《祠庙》，清乾隆十五年（1750）刊本。

　　② 相关研究可参见：杨讷：《元代社制研究》，《历史研究》1965 年第 4 期；胡兴东：《元代"社"的职能考辨》，《云南师范大学学报》2007 年第 4 期。

之初的政治功能，而是已融入民众的宗教信仰生活中，这一现象当与地方上的传统有关。

同时，乡厉坛在各个地方的称呼也不一致，虽然官方统一命名为"乡厉坛"，但是，乡村民众依然会按照自己的惯有叫法称呼之。如材料6就表明，在江苏省的长洲县即是以"孤魂坛"代之。这都说明了乡厉坛在民众生活中一直扮演着宗教意义上的功能，其宗教意义十分明显。这一点不仅表现在普通乡村民众身上，即使在官僚士大夫身上依然如此，在明代刘春的文集中记载了一岳州太守与厉坛相关的事例："澧州岁频旱，侯至其地，道出万人坑。问，为州之遗殪，乃恻然叹曰：'一妇含上，致旱如此，坑冤可计。'即令有司祭，视厉坛之仪。未毕而雨，是秋大熟。"① 此处的厉坛是否为乡厉坛并不清楚，但是，可以确定的是某些地方官在建造厉坛时，并非是出于制度上的考虑而是站在诸如"求雨"等有关宗教功能之上的。此记载并非孤例，在有关李时勉的记载中亦有同样的记载："前此土俗不立社，不祭社、厉，过夏多缺雨，先生（指李时勉——引者著）创空地为社，又创地为社厉坛，率旁近之家，循古礼祭之，约以为常。至是，雨泽应期，连年皆熟。"② 李时勉（1374—1450），江西吉安府安福人，永乐二年（1404）进士，官至翰林学士、国子监祭酒兼修国史知经筵官，致仕后在老家进行了地方建设的工作，其建造厉坛的初衷不一定出于求雨，但是从其效果来看，雨泽应期，当与此相关。

四、明清乡村社会中乡厉坛的组织与管理

如上所述，明代中晚期乃至有清一代，乡厉坛大多荒废，但是，对无祀鬼魂祭祀却从未中断，前面主要考察了地方官视角下的厉坛记载，而对于明清时期的乡村，更为普遍的则是以宗族为单位对厉坛加以修建并组织相关的祭祀活动，明代学者黄居中的《千顷斋初集》中有一则记载："古礼久湮，锐意兴复。

---

① （明）刘春撰：《东川刘文简公集》卷十九《岳州太守李侯祠碑》，明嘉靖三十三年（1554）刻本。

② （明）李时勉撰：《古廉文集》卷十二《行状》，清文渊阁四库全书本。

解囊中金百斤创先祠，捐腴田百亩，祠鼻祖以下。春秋合举宗二十五世之主祔焉。岁时伏腊，聚族而飨之。因以稍赒其贫者，昏丧不能举火者。而司出纳于财。子弟又斥祠南隙地为里社、乡厉坛各一，读法申誓掩骼埋胔，间取冠昏丧祭之仪，与《家礼》《集礼》合者刊定一书，示族姓闾里，勉共遵守。"① 文中的方止庵为方养时，字以中，号养吾，晚更止庵，浙江遂安人。为徽商后裔，官至奉直大夫、南京工部营缮司员外郎，致仕后归养乡里，致力于宗族建设，其所建造的乡厉坛显然非制度下的乡厉坛，而是用于祭祀本宗族中的无后者。这一现象在福建省各个地方非常普遍，下面笔者即以族谱中所载资料加以探讨。

（一）族谱记载中乡厉坛的种类

刘永华在对闽西四堡各乡厉坛的研究中发现："祭祀坛壝时，是通过两种方式组织起来的：一是以村或其一部分，或是一个宗族或宗族的一个支派为单位；二是村民自愿地结成一个组织进行祭祀。"② 如果结合相关资料，刘氏这一概括至少对于明清时期的华南乡村社会是适合的。当然，由于资料有限，真正复原明清时期乡厉坛的具体运作，目前实属不易，下文仅以福建的一些藏于民间的族谱及相关碑刻资料做一简单说明。

明清两代，乡厉坛虽多已荒废，但是从一些族谱的记载中，我们却发现乡间有许多厉坛的存在，且多有祭祀，至民国时期依然。那么如何解释方志与民间文献所载之矛盾呢？要解决这一问题，还得对材料加以仔细分析。通过对这些从田野调查中所得族谱的仔细解读，我们发现此厉坛与方志中所载厉坛，则名同实异。而且在乡村民众的观念里，厉坛所祀之鬼亦有区分，下面就按照此时乡厉坛所祀之不同对象分类述之。

1. 本族中死而无后者

为了祭祀本族中的那些绝嗣之鬼，往往阖族出资或是部分有钱者捐资建立

---

① （明）黄居中撰：《千顷斋初集》卷二十四《文部·明奉直大夫南京工部营缮司员外郎止庵方公行状》，明刻本。

② Yonghua Liu. *The World of Rituals：Masters of Ceremonies（lisheng）, Ancestral Cults, Community Compacts, and Local Temples in Late Imorial Sibao, Fujian.* Doctoral Dissertation, McGill University, 2003. 391–392.

厉坛，专祭本族之无祀者。如："我张氏族，始祖肇基以来，年湮世远，生齿颇繁，其间伯叔兄弟名字无传、娶葬失考者，不知凡几，岂无怨恫于继续之无人血食之既斩者哉？今幸家承重修遗失并补，特募合族之资，爰立厉坛于××山麓，离本乡不数百武，可聚合族无依之魂而祀之。"① 又如："进士塘厉坛，志旻公嗣建于乾隆五十四年（1789），缘前人慨吾家族大丁繁，不无乏嗣与夫殀札失祀之鬼，另捐金置产立坛于后坑尾之进士塘。每值清明祭始祖之后，享以刚鬣牲醴。迨道光元年，族中德槐、荣丰、中崧、葆纯、奕昌、漤川、揄青等谓：'春祭既隆，不可无秋日之祭'。因复倡捐，置产另设秋祭一尝，是亦锡类推恩之盛举也。"② 再如："白砂塘厉坛，嘉庆壬戌所建。时以修谱，慨吾族间有无裔暨殇子之失祀也。共建一坛，以为之主，酌每年春秋祭始祖日享以牲牢，是亦推恩锡类之一举也！"③ 由这些记文看来，他们设立厉坛的目的就是祭祀本族那些无嗣而亡者，因而其经费来源也是本族共立，或部分人捐资。

在每年的祭祀中，还会行祭厉礼，一般都会有礼生读祝文，其祝文具体内容因地方不同而有所不同，但其包含的主旨则相近，如："伏惟列祖，悼哉可悯，似续无人。（祇）凄凉于异地，祭奠谁主？惟飘渺于荒灯。某等谊属一本，念切同源，届兹寒食之节，敬陈粢盛之仪。无论男女尊卑，灵欢欣而毕集；不分伯叔少长，神鼓舞以趋坛。惟愿太和洋溢，同安序次之常。仰祈芬苾格歆，聊展哀衷之意。庶无祀为有祀，虽分隔而情伸。尚飨！"④ 又如："恭惟伯、叔祖，嘉言懿行既可式于生前桂子□孙，应不沦于殁后。奈余泽之未艾，遽一线之难延。值此红桃绿柳，因此设席肆筵，虽属毛之有别，念同气之相联。伏祈灵爽，式凭鉴比，儿之□敬，尤冀门闾光大，恢先绪以长绵。尚享！"⑤ 祭文中表达了

　　① 参见《宁化县曹坊乡滑石水东张氏族谱》卷一《厉坛记》，引文撰于清嘉庆二年（1797），此族谱现藏于宁化县档案馆；此文为好友廖涵于田野中所获，承蒙惠允使用，特此感谢。

　　② 傅文钰等主修：《白砂傅氏宗谱》（二）卷首《礼祀·进士塘厉坛记》，民国十六年（1927）重修，刻本，本引文录于厦门大学民间文献研究中所藏复印本。

　　③ （清）袁锦卿、袁滨编辑：《（上杭）白砂袁氏族谱》（一）卷首《祈报·白砂塘厉坛记》，道光二十九年（1849）己酉四修，引文采录自厦门大学民间文献中心所藏复印本。

　　④ 《宁化县曹坊乡滑石水东张氏族谱》卷一《厉坛记》。

　　⑤ 此祭文原系民国人士马益盛先生抄录，现藏于福建省连城县四堡乡马屋村马传永处。业师刘永华教授据该抄本再次抄录，承蒙惠允使用，特此感谢。

后者对同族宗亲的怜恤之情。

2. 本族之外的无祀鬼神

有些宗族在建造厉坛时，其祭祀对象并不是仅限于本族无后者，而是包括所有的无祀鬼魂，如：

黄竹坑水口建厉坛叙

子彦（产）曰：鬼有所归乃不为厉。夫鬼胡为乎？无所归哉。盖天地有不毛之地，而造物多不平之施，或客死于他乡，或强死于非命，或庭坚之后忽诸，或苦（若）敖之鬼馁，而在尧舜而犹病，虽圣人有不能。累累荒坟，洒遍三更楚雨；声声杜宇，啼断九转愁肠。所望大慈悲，括大顾船，同济苦海；更祈诸善信，作诸解脱。以祭法有公厉、族厉之文，邑乘为邑厉、乡厉之载。君乡屡谋建置，未能如愿。所恨出息无从，谁遗青蚨有翼。虽欲推恩不匮，无奈赤手空拳。兹幸族人共勷豪举，纵不必百钞千金投炉注瓦，正何辞两、钱、分、厘，集腋成裘。筑土为坛，丈尺无多，恍得千间大厦；陈姓荐币，祭期有定，何殊一滴杨枝。血染杜鹃，无主之魂可托；灰飞蝴蝶，不聊之鬼亦锒。海宇尽弟兄，任是姓李、姓张，萍水居同九世，乾坤大父母，无分某甲某乙，秦越群萃一家。不即不离，回怨罔恫。礼缘义起，岂曰非类不歆，事惟图终，尚其有举莫废。非敢邀其作福也，亦使之不为厉云。

大清道光十六年岁在丙申八月　日

庠生志云　撰[①]

此篇叙文不仅论述了祭厉的渊源，还用一种抒情的文字营造了一种凄凄惨惨戚戚的气氛，让人不禁为那些孤魂野鬼而悲伤，从而为其定期祭祀之心油然而生。在祭祀这些孤魂野鬼时，其相应的祭文亦会改变，如：

---

① 《曾氏八修族谱》（1944 年）卷一《厉坛记》，现藏于宁化县档案馆，此文为朱忠飞师兄等人于田野中所拍，承蒙惠允使用，特此致谢。

祭厉坛文

时维七月，节届中元。尔等众灵，同禀天地之精，何在失祀之列？乃数值其穷顿，殊奇矣。富人之目，亦势遭其窘，虽免哀，此茕独之思，伤心哉！远亡耶！近故耶！老死耶！幼殇耶！谁怜此群蒿凄怆之惨？富户耶！贫人耶！男魂耶！女魄（耶）！孰念兹荒郊寂寞之怨，既虚裡祀于前、忍令馁饥于后？幽明纵云隔绝，饮食何别殁存？□等悯众灵之憾事，爰纠群信之慈心，建立坛墠，克兴肆祀，荐兹酒醴，陈厥牲牷。伏祈鉴我几筵，必既醉而既饱；集斯坛埠，宜式歆而式尝。一体领牮，无论同宗异姓，大康裡祀不分本境他乡，毋曰无亲，祭之者即其亲；毋曰无戚，祭之者即其戚。坦荡是安，勿谮为忿憾而贻狭乡曲，优游各适，勿自怨恫而肆虐民人。从此，时庆丰享，人跻仁寿，千秋仰赖，万万载馨香，狩欤休哉，伏惟尚享！①

此篇祭文与国家祀典中所颁祭厉文在内容上迥异，首先没有皇帝圣旨之类的开头，没有体现出国家的意志；其次，其祭祀的目的并非是惩恶扬善，鉴察官民，而是为本族祈福所祭。因而，他们眼中的祭厉与国家祀典中祭厉有着极大的不同。

除此之外，在乡村还有一种"无祀义坛"，如：

无祀义坛，在利投墟后大路面上，坐南向北，其地基系安贝乡钟和所买草窖，原契价花边三十圆，于道光十三年（1833）族谱造成之日归众，谱中间有遗失及无祀者为坛，当日得过谱中。地价花边二十圆，仍该原价十圆。钟和偕子孙德元等情愿捐助为坛，特谱中嗣众议定于每年春日致祭，均保公后，兼义坛，其递年为首照，均保尝祭之序……。②

无论从记文还是祭义坛文来看，此义坛祭祀的对象实际上就是本族死后无嗣者，之所以称其为"义坛"，是因为它是本族有钱者捐资而建，其中的"义"是指捐资者而言的。从中我们不难发现厉坛的另一名称。

当然，乡村中亦有专门为祭祀那些无祀之义士而设的祭坛，称为"公王坛"。

---

① 此祭文与前揭永华师惠允使用祭文同出一处，在此一并致谢。

② 《白砂傅氏宗谱》（二）卷首《礼祀·无祀义坛》。

当地村民会将厉坛与之合为一处，为当地居民祈福，如："公王坛、厉神坛，建于本里河坑，二坛同所。初，族人圣琳公创建石室以祀石固、石猛之神。石固，汀人也。汉末御寇死城下。邑人为立庙以祀焉。一日，庙前水暴涨，有神像顺流来，屹立于石固之左，因并祀之，号'石猛'。后以息火患功，封石猛为助威王。石固为盘瑞王。今祀之，谓其以死勤事，能捍大患而御大灾也。乾隆己卯岁（1759），族人试周公建议，谓吾家族大丁繁，不无夭札与失祀之鬼，共醵金立厉坛于公王坛右，附昆山祠，春秋致祭。自此时和年丰，清明无复有夜号之鬼矣！"[①] 这里的公王坛固然与前面的厉坛有所不同，即使是与之并置的厉坛亦与之不同，这里所祭之厉的身份虽然依然是本族"夭札与失祀之鬼"，但其名则称为"厉神坛"，是传统叫法，还是有其他含意，尚未可知。

（二）族谱记载中乡厉坛的具体管理

在厉坛的日常管理方面，正如上述所看到的，在宗族比较发达的东南地区，由于厉坛往往为同一宗族或同一支派所建，因而其管理权亦属于其宗族或支派。那么他们是如何管理这些厉坛的呢？福建省宁化县孙氏宗族的例子可谓典型。其族谱中载有一篇《厉坛记》，其首先陈述了设立厉坛的缘由与具体规模，其次详细记载了对厉坛的管理规定：

凡例

一、递年定于春秋、清明节，用草席、冥具登坛祭祀，中元则备疏仪无易；

一、捐入铜钱须举公正，权理生息，毋得侵蚀，倘有此弊，任凭另举权管；

一、众立出入总簿，递年祀事后，权理总管宜邀集同人，将数面算，总簿登讫。凡登销用总数一条，执簿人不许秉笔；

一、祀事之日，同人宜各肃衣冠，堂行礼，毋容草野；

一、捐钱同人，倘百年弃世，不准照名抽回，只许移子孙顶名赴席。至若转移兄弟顶名，须当同人面议报名登簿，以杜争竞之弊；

---

① 《（上杭）白砂袁氏族谱》（一）卷首《祈报·公王坛、厉神坛》。

一、捐钱人名未载，谱牒只书明总簿，日后有捐钱人，案者以便以登纪（记）；

一、日后有钱捐入案者，该钱若干，会同人公众议决；

一、此坛因本族天叙兄弟让出己田一节，凑成方圆，当日立让字一纸附后，同人即为人案一名，复帮天叙兄弟铜钱二千文，凡递年祀事之日，准天叙一名赴席，永与同人无异。

道光元年春　月　日　案内同人合编①

此一凡例，详细记载了管理这一厉坛的各项规定，它无异于合同的各项章程，规定了其中的权利和义务，祭祀规则和仪容等等。厉坛在这里不仅是祭祀无祀鬼神的场所，同时更是一项宗族事务。而且围绕厉坛所聚集的钱款，可以作为母本而生息，这显然是一种类似企业式的管理。可见，这已经与厉坛设立之初的本意相去甚远，当然这种形式无疑是与当地的宗族传统相关了。

由上我们不难发现，明清时期乡村中的厉坛无论从祭祀对象、组织形式还是管理方式和内容都与制度规定下的乡厉坛相去甚远，这就要求我们透过资料解读明清乡村社会时要时刻保持谨慎。

四、余论

祭孤传统在中国早已有之，"厉坛"之名，据文献记载，至迟在南宋起即已出现②，此时应是一种地方传统，作为一项国家制度，则始于明朝，而为清所继承。它作为国家意志向地方乡村推行，以实现其权力向乡村的延伸。有的学者认为明朝以降，正是在乡村推行祭厉、祭社等礼仪的过程中，使得代表国家权力象征的王朝儒家礼仪在民间得以推广，从而纳入其帝国统治之中③。厉坛作

---

① 《乐安郡孙氏十修族谱》祭字号，卷首上《记·厉坛记》，现藏于宁化县客家公祠，此文承蒙朱忠飞师兄惠允使用，特此致谢。

② （宋）谈钥:《吴兴志》:"邑厉坛，倚郭县不设，附郡厉坛同祭"，载《（嘉泰）吴兴志》卷六《坛壝》。

③ 可参见郑振满、刘永华等学者的相关研究。

为帝国的符号之一，被广大乡村民众所接受，表达了对此政权的认同，即使将此置入文化多元的地方来看，虽然地方上祭祀孤魂野鬼的形式和传统各异，但"厉坛"一名则已经深入到民众观念之中，正如一份地方文献所言"乡里设厉坛者不一，制虽未于古合，均以厉坛名，同为无祀者计也"①。从这个意义上来说，明清帝国无疑实现了其最初目的。

但从另一方面看，国家制度被民众所接受的并不是其全部，从上面的研究我们发现，地方上的祭厉传统并未消失，而是在厉坛的名号下继续着自己的传统。他们会按照自己观念对孤魂野鬼加以理解，按照关系的亲疏，将其归类；厉坛的修建和祭祀的过程都与制度规定相去甚远，有些地方甚至把厉坛当作一个企业来管理经营。这说明，地方文化传统在面对国家制度时，其外表虽稍有变化，但实质并未马上改变，而是继续在自己的文化脉络和社会结构中延续。只是，其宗教意义不断加强延续，而朱元璋在设立厉坛制度之初的地方统治之义已不见踪影，并且那种以里甲为单位的祭祀组织亦不复存在，代之而起的则是以地方宗族为单位的祭祀活动。

由此，我们便可看到，当一项国家制度在向地方社会推广时，它是在何种意义上实现了其目的，其对地方社会和文化传统在多大程度上产生了影响，地方民众又是如何将自己与王朝的国家意志和谐共存的，厉坛在进入地方后，其自身又会如何变异②，凡此种种，都需要我们作具体而微的研究。

---

① 《乐安郡孙氏十修族谱》祭字号，卷首上《记·厉坛记》，现为宁化县客家研究会藏书，此文采录于厦门大学民间文献研究中心复印本。

② 如徽州地区现在依然保留有大量祭祀无祀之鬼的"孤坟总祭"石碑，其与厉坛之间的关系目前尚不清楚。

清代医疗纠纷的调解、审理及其特征

龙 伟

清代政治制度主要承袭明代，医政亦是如此。清代的医政主要集中在太医院和御药房，显然都系针对皇家宗室的医药卫生管理，并未涉及民间医药的规范。在地方，清朝各级官署虽有官医，但仅专治监犯之病。内外监狱，医治罪囚疾病，官给以药，选用医生二名①。据《大清律例》之规定，此类官医，"每年终派员二名，稽查医治狱犯，医生所治痊者若干，不治痊者若干；如治痊者多，照例六年期满，咨授吏目；不能医治，死数多者，即行责革更换"②。除此之外，清官方并未对医家进行有效管控，民间医界基本处于自发状态，江湖医生、草头医、巫医等各色医者混行。由于医家业务水平参差不齐，医、病冲突时有发生，乃至"庸医杀人"的讼案也屡见不鲜。本文即以清《申报》、巴县档案和《刑案汇览》中所载医事纠纷为文本，考察清代医事纠纷的基本特征，并借此观察清代的医药观念以及处理医事纠纷的常规逻辑③。

一

诚如学界已经广泛论及的，明清中国大量的纠纷往往通过民间调解的方式

① 徐珂：《清稗类钞》八，北京：商务印书馆，1986年，第101页。

② 陈邦贤：《中国医学史》，北京：团结出版社，2006年，第207页。

③ 选取巴县档案和《刑案汇览》作为本文考察的对象，主要是基于以下两点考虑：一、两类材料的丰富性、典型性。二、巴县档案代表了清代基层司法的运作特点，而《刑案汇览》则较能代表清代中央司法的运作情况。

得以解决。以医事纠纷而论，亦是如此。一个基本的判断是，明清基层的医疗水准相对低下，"时医""福医"和"庸医"混行医界，以致基层存在大量的医事纠纷[①]，然而这些医事纠纷往往都通过非官方的形式在医患间达成和解，最终上告官府的诉讼案件数量较少。

视有无中间人的说理讲和，清代医事纠纷民间调解大致可以分为两类，一是由医病双方直接协商，二是由第三方居间调停。通常，在医家犯有明显过失，医家自觉理亏的情况下，医病双方通过直接对话，达成某种协议从而解决纠纷的可能性较大。如清光绪己卯年（1879），苏间外幼科某医就不慎毙某翁独子，医家自知遗误，为避免病家上控于官，即自愿以其次子过继某翁[②]。在此纠纷中，病家明显处于支配性的有利地位，医家往往为避讼而屈从于病家。但若医家并不能满足病家要求，或者并不认为医治存在过失，病家又纠缠不止，双方对彼此责任存在观念分歧，则通常需要第三方居中调解。第三方调停人通常是保正、里甲或有德望的士绅乡耆，但也可能由街邻、友人等充任。光绪十四年（1888），巴县李观成帮刘子荣半岁孩出痘，结果孩不幸死亡。孩死之后，十八监保石玉堂、观音场监正郑新齐即居间调解，以图理剖息事[③]。除保正、里甲参与外，普通街邻或友人也往往参与调解，促成医病双方达成和解。再如同治甲戌年（1874）八月，三泰码头吴某患疾，延张某医士"包医"。张医投以攻泻之剂，岂知吴某体素阴虚，力不能支，遂致绝命。吴某友人对医士怀恨在心，"拟鸣官科以应得之咎，随经医士之友王某排解，议罚洋银十元以作延僧礼忏之费，始得寝事"[④]。上述诸例，皆属由中间人居中调解最终达成和解。

就医疗纠纷的发生来看，大多纠纷都是因为病者不治身亡，医家有明显的处理失当，被病家逮住把柄，这也是清代医疗纠纷发生的典型特征之一。《医界镜》一书中，胡正荣之所以跑到钱塘县去告贝仲英医死他儿子，就是他看出

---

① 即以晚清《申报》视之，所载"庸医杀人"事件即层出不穷。当然亦不排除其中有出于各种"目的"的虚构之作，然亦反映出社会普遍存在的医患紧张关系。

② 《庸医杀人》，《申报》1879 年 11 月 25 日第 2 版。

③ 《永川县太坊行医人李观成因医疗刘子荣女儿事故诉讼及巴县讯结》，四川省档案馆藏：清巴县档案全卷号：06-34-7619。

④ 《庸医误人》，《申报》1874 年 9 月 23 日第 2 版。

贝仲英开的方子，"昨日用热药，今日用寒药，杂乱无主"，因而据方断定他儿子"一定被他（贝仲英所开之药）吃死的了"[1]。

在病人身死的情况下，虽然病家隐忍不控，但无论是采用哪一种调解办法，其调解过程都显得火药味十足，从而存在着激起新矛盾的可能。虽然纠纷的最终解决是医病双方彼此"协商"的结果，但就其手段而言，病家与医家的"协商"则更似"胁商"。光绪元年（1875），上海开铁店之朱姓子素患疯病，请某医包治，结果不治而亡。病家次日骗请医家上门诊治，随即以铁链将医生锁于死者足上，以此胁迫[2]。该事件经当地地保谢某与王某"挽友劝其了结"，最后病家收洋钱二十元买棺成殓[3]。同年，某病家在病者死后，"秘不发丧，明日仍延其（医）到家医治，出轿之后引之登楼。舆夫在外守候良久而不见其回，心窃疑之，入内窥探，则楼梯已拔去矣。知必有异，遂奔告其家，恳人与病家再三调处，赠银三百两以助丧费，方得寝事"[4]。在这种"胁商"关系中，病者究竟因何而死事实并不清楚，医家是否需要对死者负医治过失之责也大可商榷。病家虽然悲痛激越，但也不排除有借死者向医家勒索的可能。某些病家甚至通过强绑勒索、拳脚相加等方式对医家强行勒索与侮辱。光绪五年（1879），合江张天翔为刘新年医脚，结果刘新年不幸身死，其弟刘润连串同地痞，以看别病为由，骗张天翔出城，并将其私押索银，并饱以拳脚[5]。医家若不幸遇上病家谤医，处境之难可想而知。

可以看到，清代民间医患冲突并不鲜见，且因病患身故往往使得医患间的冲突显得比较激烈。然而一个奇怪的现象在于，尽管医疗纠纷大抵都关涉人命，病家情绪激烈，然而大多病家最终选择了调解，却并未上控官府？虽然清代诉讼成本过高以及官方提倡的"息讼"之风导致各类基层纠纷大都都通过民间调解得以处置，但这些纠纷大多为一般性的钱粮细故纠纷，多不涉及命案。清代

---

① （清）儒林医隐：《医界镜》，呼和浩特：内蒙古人民出版社，1998年，第57页。

② 《庸医误人》，《申报》1875年8月10日第2版。

③ 《医误劝息》，《申报》1875年8月12日第2—3版。

④ 《续述庸医》，《申报》1875年8月11日第2版。

⑤ 《本城张天翔行医以刘润连借病故图搕骗其出城私押索银并凶殴等情具告一案》，四川省档案馆藏：清巴县档案全卷号：006-40-18307。

医事纠纷的民间解调则展示了大量涉及命案的医事纠纷也通过民间调解的方式解决，在清代地方政府的政制设计下，"民不举、官不究"成为常态。医事纠纷中病家之所以选择非官方的处理渠道，虽与其他诉讼类似，也受诉讼成本、息讼风气影响，但同时也受到医疗观念以及医讼案件审理习惯等特定的因素影响。在上控可能并不能利益最大化的情况之下，病家以"胁商"的方式将潜在的"刑案"民事化，以求得直接的利益赔偿或许是利益最大化的选择。因此，清代的医事纠纷民事调解的焦点最后往往都落脚在（但并不总是）物质利益之上。

二

尽管清代纠纷大多调解了事，但如果医病双方最终协商失败上控官府，那医讼也无法避免。据清代巴县档案来看，其中即有部分医疗纠纷最后上控官府，造成诉讼。巴县档案中医事诉讼类案卷共计9件，集中在道、咸、同、光四朝，最早的发生于道光十三年（1833），最晚的发生在光绪十七年（1891）①，生动反映了清代地方基层衙门处理医事类诉讼的情况。

清代巴县档案中医疗诉讼表

案　　件	情　　由	时　　间
桑正明为人放痘病故被控案	王副爷控医生桑正明为其子放痘致其病故	道光十三年二月
朱奎控任正大等案	朱奎以子被殴伤请医遭张草药乱加药味害子昏毙性命难保等情控任正大等	道光二十五年四月
李张氏告熊代钎案	李张氏告熊代钎欺氏女医治病不给谢资银	道光三十年
余才贵告余文氏案	余才贵告余文氏因患病医治无效病亡	咸丰三年
李春芳控王吉士案	李春芳控王吉士用错药杨定干身死	同治四年

① 笔者主要依据四川省档案馆所藏清巴县档案缩微片目录，并对其进行多次多主题海量检索，以尽最大可能将此类案件网罗殆尽。但考虑到目录有时并不能完全准确反映卷宗内容，因而遗漏之处在所难免。

续表

案　　件	情　　由	时　　间
张天翔与刘张氏互控案	张天翔控刘张氏借刘润连病故骗其出城私押索银并凶殴。刘张氏控张天翔庸医杀人。	光绪五年正月
李观成与刘子荣互控案	李观成控刘子荣借子病故强勒钱财，刘子荣控李观成庸医误伤孩命。	光绪十四年五月
李明堂与肖金镛互控案	李明堂控肖金镛借出痘小孩病死百般凌辱，肖金镛控李明堂为其子出痘致其身死。	光绪十五年三月
钟声明与曹学东互控案	曹学东以子病，给钱让钟声明包医，子病故要钟还钱产生口角。钟声明控曹学东勒索钱财。	光绪十七年正月

　　巴县档案中医事诉讼案卷总量并不大，这也证实了大量的医事类纠纷已通过民间调解的方式和解，最后上控官府的多属协商失败，涉事方不肯息讼而致。这类案卷档案所呈现的具体状告、调查和具结过程较清楚地勾勒出清代基层政府处理医事纠纷的程序，并部分地反映了清代基层民众的一般医疗观念。

　　与前述医事纠纷一致，医事诉讼案件的引发大致均有病患不治身亡。上述9例案件中，其中8例出现原告家有病人身故，唯一例外的"朱奎控任正大"一案中，朱奎之子亦是"昏毙"，"性命难保"。这揭示了在日常医疗行为中，病家通常很难确定医家是否需要对病人的病情承担责任，而往往只有病人出现重大意外，病家才有可能据病情医治前后的变化推断认定责任。换言之，如果病患没有出现明显恶化或重大意外，患者一般不会轻易上控。

　　此外，医讼案件多呈现出医、病互控的形态。医药纠纷的核心问题即是责任认定问题，而这恰恰是医药纠纷中医患双方最难以明晰之所在。因对责任认定的分歧巨大，加之病家在"胁商"过程中往往掌握主动，对医家过分侮辱，这导致清代医讼案件多形成医、病互控的局面。病者身死，本来咎责不明。病家一遇病者身死，往往激于愤怨而对医家大加侮辱。若医家自认医疗过程中并无过失，用药亦本方而行，不仅不愿满足病家漫天要价般的勒索，也难以忍受病家的苛责与侮辱，在这种情况下，医患双方则可能引发新的冲突，导致医事纠纷的升级和纠纷类型的转化。巴县档案9件医讼案件中有4起均属医病互控，引人深思的是这些医事互控案件反而是医家率先上控病家恶意勒索或百般凌辱。这表明医病协商过程中病者采取的手段过于激化对医家造成了新的伤害，导致双方协商破裂，引发了新的冲突。

就控告案件的具状呈诉来看，因病家往往抱有"命乃天定"的宿命论观点，加之医讼取证的困难，故而诉求的目标多指向民事性的钱财赔偿，案件的焦点并非集中在医家是否犯有刑事性的庸医杀人罪。李观成与刘子荣互控案中，刘子荣即称"似此庸医误伤孩命，蚁已忍埋"。而之所以控告，主要则是因为李观成"听唆颠架借串押搕诬控"在先①。钟声明与曹学东互控案中，钟声明医治曹先礼脚疾产生纠纷，曹学东借曹先礼身死要求钟声明"出钱十千，方可无事"。双方于医事责任和赔偿问题未达成一致，最终形成互控②。

在清代医学鉴定仍本《洗冤录》为圭臬的情况下，能否获得足够证据证明病家之身故与医家之治疗具有必然因果性的关系乃是清代基层司法的一大困难。同时，清代的官吏对医学知识的缺乏无疑也会给判定此类案件带来难度。因而，即便形成医讼上控公堂，最终的结果也往往是医家被申斥一番，然后给病家赔一笔银子。就前述巴县档案医讼案例来看，在9例案件中，档案显示最后具结的仅有两例，此两例案件也只经过简单的调查口供，然后具结。张天翔案中，最后结案即判，病者因病身死，并没别故，令张恒益帮给刘润连钱四千文以作埋葬，张天翔不应构讼，予掌责，各结完案③。李观成案结案则称李观成"不应细故控案，应责从宽，姑念两造系属故友，各结完案到此"④。

上述两案中，病家都有病人致死。若病人果真因医而死，则按律医家至少要以过失杀人论处。显然，在医讼案件中，病人身故与医疗行为是否存在必然因果乃成为案件的关键所在。但是，从整个巴县档案卷宗来看，并没有档案显

---

① 《永川县太坊行医人李观成因医疗刘子荣女儿事故诉讼及巴县讯结》，四川省档案馆藏：清巴县档案全卷号：06-34-7619。

② 《临江坊曹学东以子病他包医该给他钱子病故要他还钱口角喊控钟声明至控一案》，四川省档案馆藏：清巴县档案全卷号：006-09-05136。

③ 《本城张天翔行医以刘润连借病故图搕骗其出城私押索银并凶殴等情具告一案》，四川省档案馆藏：清巴县档案全卷号：006-40-18307。

④ 《永川县太坊行医人李观成因医疗刘子荣女儿事故诉讼及巴县讯结》，四川省档案馆藏：清巴县档案全卷号：06-34-7619。

示地方司法有尸体病理取证的举动。大量的卷宗也并未着意去取证医家是否存在过失，其主要内容仍在处理医病两者的民事纠纷，显然是将两起案件当作"细故"处置。在未对尸体充分取证的情况下，批文往往是一句"因病身死，并没别故"。从这两起听讼中可以看出，州县官员并未严格按照《大清律例》进行审断，在案件是按"细故"还是"重情"处理上，州县官员显示出较大的自主性。面对涉医类讼案，地方州县官员们多受传统医药观念的影响，以"情""理"入案，将其纳入自理词讼范畴，以平息争执、稳定秩序为主要目的。清代卫生小说《医界镜》中说："医生替人家治病，生死乃是常事，从来没有加罪的。"①此言虽虚，不过却大抵反映出清代社会普遍的医药观念以及清代基层司法对医讼案件的一般心态。

三

巴县档案中的医事讼案大致为我们展示了基层司法处理此类案件的基本状况。若病家拿不出确切的证据确定病者之死与医家有必然之关系，那么这类医事纠纷大多都将按民事性质的纠纷调解具结。不过，清代确因医家过失而致病家身死之事也偶有发生，由此而引起的刑事重案则需另论。《大清律例》中即有专门针对医家过失杀人的"庸医杀人律"，按该律规定：凡庸医为人用药针刺，误不如本方因而致亡者，责令别医辨验药饵穴道，如无故害之情者以过失杀人论（依律收赎，给付其家），不许行医。若故违本方，（乃以）诈（心）疗（人）疾病而（增轻作重乘危以）取财物者，计赃准窃盗论，因而致死及因事（私有所谋害）故用（反症之）药杀人者，斩（监候）。如医生的确犯有明显的过失，进而造成病家身亡，这类案件即需按"庸医杀人律"惩处。

清人编纂的《刑案汇览》"庸医杀人律"项下收录近20起，其中以"庸医杀人律"进行裁量的案件共5件，各案如下：

---

① （清）儒林医隐：《医界镜》，呼和浩特：内蒙古人民出版社，1998年，第60页。

清《刑案汇览》所载"庸医杀人"案一览表

名　目	判案标准
医生采买药石不精误毙两命	庸医杀人
庸医治病毒毙三命	庸医杀人
针刺治病姜汁点眼汗涌身死	庸医杀人
铺户卖药辨认不真误毙人命	庸医杀人
收生妇女不谙逆生致毙人命	庸医杀人

上述 5 件刑案即是依据或比照《大清律例》"庸医杀人律"来执行，但因各案案情不同，在执行"过失杀人罪"时根据各案情况并比照他律有所增减。李秀玉因采买药石不精误毙两命，以过失杀人科断，但用药误杀，律例内并无作何加重明文，亦无任何成案。"惟查车马碰轧致毙二命之案向止照律收赎，间因情节较重，于追银给主之外酌加枷号示儆。此案李秀玉误医吴贵祥等致毙二命，该督拟于倍追赎银之外从重杖一百，加枷号三个月。"[1] 乾隆十年（1745），丁二娃为张成见治病，致误毒张成见等三人先后殒命。因丁二娃并无故伤情事，应依律以过失杀人科断。但虑及误毙三命，情节较重，除追赎银三分外再加枷号三个月，杖一百[2]。另外三起案件，也以"庸医杀人律"判罚，唯处置略有增减。较之地方性的基层医疗纠纷，这类案件的责任主体较为明确，依律所做的惩处力度也较为严厉，反映了官方社会治理的司法取向。

就《刑案汇览》来看，虽然"庸医杀人"案仅有 5 起，但涉及因医疗事故而致讼的案件却并不局限于此。《刑案汇览》除"庸医杀人"案外，还有 14 起案件也与医疗行为有关，各案列表如下：

---

① （清）祝庆祺等编：《刑案汇览三编》第 2 编，北京：北京古籍出版社，2004 年，第 1211—1212 页。

② 同上书，第 1212 页。

清《刑案汇览》所载其他与医疗行为有关的案件一览表

刑案名目	判案标准	刑案名目	判案标准
妇女瞧香治病针扎误毙人命	违制律	扶乩治病	拟绞律
妇女假托神灵涂画假符治病	红阳教供奉飘高老祖拟军例	为人治病受谢私参夹带进关	偷刨人参
妇女诡称蛇精附身焚香治病	邪术医人未致死拟流例	听从兄带回私参为父治病	偷刨人参
描画通书丁甲符箓骗钱治病	邪术医人未致死拟流例	为人治病画符针刺致毙人命	斗杀律
令人朝天磕头数日唱歌治病	异端法术医人未致死例	图与妇女通奸代为画符求子	异端法术医人未致死例
学习圆光治病骗钱	异端法术医人未致死	妇女念咒书符给人治病	异端法术医人未致死例
为人用药打胎致人堕胎身死	斗杀罪	照玉匣记画符治病骗钱	异端法术医人未致死例

可以看到，涉医讼案范围较为广泛，但真正按"庸医杀人律"裁定的案件并不多。就被告而言，医讼案件的被告主体较为复杂，除专事业医的医生及其相关的药铺外，还有大量的属于普通妇女、符箓治病者。其中，通过巫术、符箓等非医药手段进行治病引发医讼的案件所占比例甚高。从病家的情况来看，大量的案件病家并未发生意外，犯罪完全系医家用邪术医人。如嘉庆二十四年（1819）的两起案件，丁沙氏诡称蛇精附身，为人治病，图骗钱文。吴东周将鳌头通书所刊镇煞符箓及丁甲形象照画出，为人治病，借此诓惑骗钱。这些案件中病者并未发生意外，病家也并未与医家因治疗效果发生意见分歧，似并无发生医讼之可能。但因医者利用邪术医人，故而受到重罚。这类案件实际上并非以控告形式出现，而属于官方禁止性的刑律处罚。

值得注意的是，因医疗讼案中通过巫术、符箓等非医药手段进行治病引发医事诉讼案件的比例很高，在处理这类案件时，清代司法往往比照其他律例进行判罚。就《刑案汇览》所载案件的处理审结来看，这类通过非正常医疗手段对病人施治的案件大抵又可分为三类：第一类系"依邪术医人未致死拟流例"进行审结。如嘉庆二十四年（1819），丁沙氏诬称蛇精附身，图骗钱文，为人治病，近于邪术医人，依邪术医人未致死拟流例量减一等，杖一百，徒三年，照律收赎①。第二类则依异端法术医人未致死例判罚。《刑案汇览》中共有5例类似案件，其中以"学习圆光治病骗钱"一案最为典型。此案杨生春从已故之刘灿学习圆光治病，画符得钱，李绪宗代为传播，分得钱文。据陕抚讯明，此案并无另有邪术、经卷及聚众烧香情事，自不得以左道惑众定拟。设为首之刘灿未经病故，亦仅止圆光画符治病，并未医人致死，自应于异端法术医人致死罪上酌减问拟满流。其为从之杨生春、李绪宗自应于刘灿罪上再减一等，拟为满徒，方足以示区别而昭平允。杨生春、李绪宗均应改照端公道士作为异端法术医人致死，照斗杀绞罪量减一等拟流，为从再减一等，拟杖一百，徒三年②。第三类系比照"红阳教供奉飘高老祖，拟军"例判罚，此类案件与前述两类案件不同之处在于案犯与某些宗教团体存在联系。如嘉庆二十二年（1817），冯张氏供奉伊姑所遗纸像，复用茶叶抱龙丸等物给人治病，称有武当老祖，并涂画假符疗病。此案最后比照"红阳教供奉飘高老祖，拟军"例上量减一等，杖一百，徒三年，不准收赎③。上述几类案件有两个明显的特点：第一，案件中未必出现病人身死或重伤的情况。施治者之所以犯罪是因为其违反了清代律例的禁令；第二，案件虽都与医事活动有关，归于"庸医杀人"类，但此类案件都属以非正常的医疗手段图谋他利，多多少少都带有一些巫术或宗教的色彩。

四

　　清代的医疗案件深刻地反映了清代的医药观念，而清政府对医疗案件的处理以及医疗案件的走向也反映出一些社会性的问题。

---

　　①　（清）祝庆祺等编：《刑案汇览三编》第2编，北京：北京古籍出版社，2004年，第1214页。

　　②　同上书，第1214—1215页。

　　③　同上书，第1213—1214页。

　　清代的医疗问题无疑是民间日常生活的重要议题之一。受制于生活水准以及医疗水平，疾病的治愈成为困扰生计的重要问题。当"治不愈"成为常态之时，"病不罪医"也成为较普遍的社会观念。通过对清代各级医疗纠纷及诉案的观察，不难看出大量的医事纠纷都在基层通过调解的方式处置，即使上控官府，却少有医家"因医获罪"。清代的医家尽管会面临各种潜在的风险，但惹上官司、招致诉讼的可能性事实偏低。医界儒医、世医、草医等各类医家混行的局面也无不与行医的风险成本过低密切相关。

　　因行医的风险成本较低，大量其他人员纷纷向医界讨生活，游医、庸医遍市直接导致清代医界混乱、医疗水准参差不齐。清代的医事纠纷大多也发生在习医不精的"医"者身上。无论是巴县档案还是《刑案汇览》中的医疗案件都反映出清代医生群体的混乱无序。更有甚者，许多人借医为名，利用巫术借以诈骗，其手段亦可想见。同治八年（1869），巴县监生余妙等即具禀要求州县衙门对假冒医生、道姑药婆进行稽查。"近有假冒医生，习为异术邪说，挠水牵丝，倒坛贮水，假药断石，书符念咒，妄谈警世。甚至道姑药婆接生折割误人性命，乱用刀针，希图渔利，鱼目混珠，真伪难分。"[1]该禀文即反映出清季地方令人堪忧的医疗状态，假冒医生、道姑、药婆之流肆意横行，医界因无门槛与规范故而成其为一个大染缸。尽管在清代地方有类似巴县的行政要求，但是总的来看，清政府基本上对医界放任不管，即使偶有管理，也是效果甚微。清代医界的混乱无序以及由此引发的医疗水平的下滑无疑成为清代医疗纠纷频发的根本原因。

　　再者，清代的医讼也展示了清代病患的疾病观念及对"医"者的理解。科克汉姆指出任何社会对患病（illness）的定义都是在其特定的文化模式下形成的[2]。据清代的实际情况来看，民间社会对疾病的理解显然与"迷信"联系密切。正是在这种疾病观念的作用下，病者在患病之后，往往向巫术、宗教等方面寻

---

　　① 《监生内外科余妙等严禁假冒医生念咒假药的人医病一案》，四川省档案馆藏：清巴县档案卷号：006-30-16435。

　　② ［美］威廉·科克汉姆著，杨辉、张拓红等译：《医学社会学》，北京：华夏出版社，2000年，第142—143页。

求帮助。通过巫术、符箓等方式治病乃是清代民间社会病者患病后惯常的行为。《刑案汇览》所载涉医的刑案中即有半数左右的案件都以邪术、符箓等手段进行施治。病者在患病之后，往往只抱着"治愈"的希望，而并不在意施治者究竟是"医"还是"巫"。在治愈的目标之下，"医"与"巫"的形象存在着"模糊化"的可能。虽号为"医"者，但医家的身份极为混乱，施治者的水平高低若何也颇值得怀疑。三六九等充斥其间的清代医界，"医者"为何仍是一个颇值探讨的问题。

尽管在医疗实践中，病家对"医"与"巫"形象存在模糊化的现象，然而清代地方与中央对医疗案件处理的差异，却表明清政府试图通过律法对"医"与"巫"做出区隔。换言之，官方虽然对医家的入门、水准并无明确的要求，然而官方对"医""巫"的区别却极为明确，清政府严厉防止巫术、宗教透过医疗市场挑战国家秩序。从前述巴县档案及《刑案汇览》所载医疗案件的处理情况来看，凡是以正常医药手段施治的医生，真正因医获罪者甚少，往往以"病人身故，并无他故"具案。即便最后确不依本方，也依"庸医杀人律"处刑。但是对于类似采取邪术治病者，端公道士用异端法术治病者，清政府的态度则非常严厉。如道光十三年（1833）"图与妇女通奸代为画符求子"案，即将杨添贵比照端公道士及一切人等作为异端法术如圆光画符等类，医人未致死例，杖一百，流三千里[①]。道光五年（1825）"照玉匣记画符治病骗钱"一案，将案犯刘庆会同样比照异端法术画符等类医人未致死拟流例量减一等，杖一百，徒三年[②]。上述案例尚属病人并未因治身死，判罚还相对较轻。若采用异端法术治病，又医人致死，则惩罚相应更重。道光八年（1828），韩重照不经旧书画符念咒以针刺腹治病，结果致李氏身死。该案经审，结果将韩重照"斗杀律"，拟绞监候[③]。很显然，清政府在处理医疗案件时，对"医"与"巫"的态度区别非常明显，因施治者及施治方式的不同，其惩处的适用律例和程度也存在差异。这种差异从律例的角度充分反映了清政府对异端宗教的怀疑。换言之，

---

① （清）祝庆祺等编：《刑案汇览三编》第 1 编，北京：北京古籍出版社，2004 年，第 275 页。
② 同上书，第 275—276 页。
③ 同上书，第 274 页。

清代基层司法的职掌在于维系地方社会的稳定，因之对医疗案件的处置多聚焦于民事性的赔偿，更倾向于实用主义的路径解决。而清代中央对医疗讼案的处治则明显偏向于打击挑战正统的异端邪术，力图防范宗教、巫术等透过医疗市场可能给帝国统治带来的潜在危害，体现出对中央王权政治秩序的维护。

"习惯"与"业权":
明中叶以降鄱阳湖区的圩田开发与草洲使用纠纷[①]

刘诗古

一、问题的提出

在历史上，鄱阳湖从来没有正式划定过行政区域界线，一直是属于沿湖各县群众共同使用的自然资源。然而，在长期的使用过程中，沿湖各县群众为了避免纠纷、维持秩序，实际上形成了一定的历史边界与作业范围。1952年，一份由江西省省长邵式平签署并得到中南局批准颁布的文件就规定："其较大水区或草洲跨越两行政区或因特殊原因不易划清界限者，得由双方协商组织管理委员会管理之，但仍按原有习惯和作业范围进行捕鱼打草，不受行政区域的限制。"[②] 这就说明，新中国初期湖沼河港以及湖区的草洲虽然收归国有，但其使用者仍照历史使用习惯捕鱼打草，只进行小范围的适度调配。更为重要的是，捕鱼打草不受行政区域的限制，仍按原有习惯和作业范围。

在1996年开始的勘界工作中，都昌县与毗邻的鄱阳县、余干县、新建县、

① 本研究主要受益于香港特别行政区大学教育资助委员会卓越学科领域计划（第五轮）"中国社会的历史人类学"（项目编号：AoE/H-01/08）之资助。此外，本文还得到水利部鄱阳湖水资源水生态环境研究中心开放基金项目"鄱阳湖水环境历史演变研究"（KFJJ01）的支持。在写作过程中，与曹树基教授有过多次讨论，从中获得许多有益的启发。谨此一并致谢，文责自负。

② 《江西省人民政府关于湖沼河港及鄱阳湖草洲暂行管理办法》（1952年8月29日），江西省档案馆藏：035-2-1952-692。

永修县、星子县、彭泽县、湖口县都签订了界线协议书，并委托江西省地勘局测绘大队进行测绘，设立界桩，实现了湖区行政区界线的贯通[①]。都昌县与其他各县的勘界都进展顺利，唯独与新建县在勘界问题上无法达成一致意见。2000年5月31日，都昌与新建两县勘界办联合签署了贯通协议，然而这份协议随即引起了新建县沿湖乡镇群众的不满，为了防止发生械斗和流血冲突，新建县主要领导否决了这份勘界协议，要求江西省勘界办介入裁决[②]。

新建县与都昌县争执的焦点在于"南岸洲"湖区，因地处鄱阳湖南岸而名，位于新建、南昌、永修与都昌县之间。这里是赣江下游冲积扇平原，春夏渺水期为湖，秋冬枯水期为广袤的草洲，总面积达20万亩，主产湖草和芦柴。都昌县根据"行政区域界线的勘定，原则上要与自然资源权属一致"的规定，认为"南岸洲"区域历来是都昌县沿湖12个乡镇农民、渔民采草打柴之所，应划归都昌县管辖，但新建县则认为草洲管理使用习惯只体现了自然资源的使用权属，不能作为划定行政区域管辖权的依据。但是，无论两县在勘界问题上如何争论，双方都共同承认"边界勘定后，两县在鄱阳湖区域的渔业生产、草洲、湖港、沙塘的管理和使用权仍按勘界前的协议和历史习惯不变"[③]。因为两县政府都明白，如果勘界直接关涉鄱阳湖资源使用权的再分配，勘界就将不再是单纯的行政界线问题。

"南岸洲"并非一个20世纪末才出现的新问题，有记载显示两县之间的草洲冲突至迟发端于明代后期，两县百姓因采草肥田时有冲突，可见至今两县官、民之间已有了近300余年的互动历史。康熙三十三年（1694）刊刻的《都昌县

---

① 1996年8月12日，国务院发出《关于开展勘定省、县两级行政区域界线工作有关问题的通知》，打算用5年的时间完成省、县两级陆地行政区域界线的勘定任务。海域行政区域界线的勘定工作，待陆地行政区域界线勘定后另行组织。国务院强调，此次的全面勘界不是重新调整行政区划，而是以现有的行政区域管辖为基础，明确行政区域界线的走向位置，即核定法定线、勘定习惯线和解决争议线。此后，江西省出台了《江西省勘定县级行政区域界线勘定办法》，要求各市、县开展实地调查和勘界工作。可参阅《国务院关于开展勘定省、县两级行政区域界线工作有关问题的通知》（1996年8月12日），载国务院法制办公室编：《中华人民共和国法规汇编（1995—1996）》第12卷，北京：中国法制出版社，2005年，第501—502页。

② 冯孔茂、易志刚等编：《都昌县行政区域界线资料汇编》，内部资料，2002年。

③ 同上书。

志》，就有如下记载：

> 都昌所至，道里相距，延袤接壤，各安疆土，地无遗利，民亦鲜争。惟南连新建，东界鄱阳，湖洲生草，堪以肥田。自建邑以来取之无禁，并未有争端也。后以新民构难，彼此仇雠，亦大异矣。夫采草之役，实我都东南赋税所出，在前朝时争夺告讦，动烦有司会勘，当道鲁折衷之，以息争安民矣。①

有三点值得注意：一是湖洲可以生草，用以肥田，但自建邑以来取之无禁，并未发生争端；二是不知从明代何时起，都昌人照旧往湖洲取草，却遭到新建人的"构难"，并且有过诉讼官司；三是采草对于都民而言尤为重要，被视为都昌东南地区赋税的基础。

都昌县称之为"南岸洲"的区域，在新建县的清代文献中称之为"三河草洲"。所谓"三河"，意指赣江由南昌而下除了赣江主支之外分出的三个支流，分别是赣江南支、中支和北支，最终向东北方向注入鄱阳湖。在这三条赣江支流中间，有大面积的草洲和湖泊分布其间。春夏水涨，这些草洲沉入湖底，秋冬水枯之后，草洲又显露出来。"三河草洲"所在区域，土壤系由河流或湖水漫盖之沉积物组成，较之其他土壤更为肥沃，所产湖草质量也最佳。在现代化肥没有发明和大规模使用之前，明清中国的农业生产依靠的肥料主要有四类，即人畜粪便、绿肥、饼肥和水里沉积的淤泥②。长期以来，草肥一直是鄱阳湖区农业生产最为主要的肥料之一，其肥田的效果"直视菜饼、茬灰较贱"。每年在清明以前的二、三月间，新建、都昌、南昌、进贤、余干等县的农人，就会驾船前往"三河草洲"采草，并向草洲业主交纳一定的租米，用船只把洲草载归肥田，成为滨湖地区农耕生产的重要环节③。

在地形、地貌上，都昌县滨湖地区主要由低丘岗地与河谷堆积平地交错组

---

① （清）曾王孙修，（清）徐孟深等纂：《都昌县志》卷之一《封域》，清康熙三十三年（1694）刻本。

② 李伯重：《明清江南肥料需求的数量分析——明清江南肥料问题探讨之一》，《清史研究》1999年第1期。

③ （清）曹绳柱：《三河草洲图记》（乾隆十五年五月），载（清）雷学淦修，（清）曹师曾纂：《新建县志》卷六十《艺文记》，清道光十年（1830）刻本。

成，而新建县的滨湖区主要位于赣江下游，大都系河流堆积平原地貌。湖滩草洲系由鄱阳湖上游五条河流的泥沙淤积而成，每年汛期湖区水位漫滩之后，各河的水、泥入湖就容易受到湖区水体的阻遏，致使流速迅速减小，河水携带的泥沙大量沉积在入湖扩散区，使得河口三角洲成扇形扩展，不断向湖中心推进，河流两侧的天然湖堤淤高。鄱阳湖西部的赣江、抚河、修水河口区的湖滩草洲发育最快，规模最大，而湖区东部的饶河、信江东支的河口发育不快，规模小①。由此，鄱阳湖区的湖滩草洲主要位于五大河流的入湖三角洲区域，且随着泥沙的淤积不断向北发展，形成了鄱阳湖南部大面积的草洲滩地，"三河草洲"就是其中面积最大的一片。这也就基本决定了位于鄱阳湖主体水面北部的都昌县，除了东部与鄱阳县交界之樟田河一带分布有西岸草洲、上岸洲和下岸洲三片草洲外，其他滨湖区并无大面积的草洲可用。因此，在历史上，都昌县滨湖民人为了采草肥田，每年春天不得不越湖前往新建的"三河草洲"打草，久而久之都昌民人不仅忘了"畛域之别"，并且形成了每年赴洲采草的"习惯"②。

康熙年间的《都昌县志》不仅强调"都民乘春划草，势所必需"的历史习惯，而且试图淡化都昌民人越湖采草有"畛域之别"。但是，在新建邑人曹绳柱的眼中，"三河草洲者，记新建地也。洲滨鄱湖，为民业，纳课于官而已"③。曹绳柱（1702—1763），字介岩，康熙庚子年（1720）举人，官内阁中书，雍正庚戌（1730）进士，授刑部主事，卒于福建布政使的任上，时年62岁④。乾隆十五年（1750），新建知县邸兰标"奉檄修志"，邀请曹绳柱出任参校，而曹氏"固辞不获"。有意思的是，曹氏的身份颇有讲究，其祖先是"自都昌徙居新建"，对于他而言新建和都昌两县"皆父母之邦，无分畛域"。这或许也是邸兰标请他写作此文的考量之一。据曹氏的观察，在新建县地方，"草洲之害，

---

① 可参考秦泰毓、黄金平等：《鄱阳湖湖滩草洲资源及其开发利用：湖滩草洲的形成及植物资源》，《江西科学》1987年第1期。

② （清）曾王孙修，（清）徐孟深等纂：《都昌县志》卷九《艺文》，清康熙三十三年（1694）刻本。

③ （清）曹绳柱：《三河草洲图记》（乾隆十五年五月），载（清）雷学淦修，（清）曹师曾纂：《新建县志》卷六十《艺文记》，清道光十年（1830）刻本。

④ 同上。

童而闻之"，而"都昌民越湖刈草，岁与新民争，多官弹压，迪屡弗静"①。由此可见，新、都两县民人争洲打草问题之严重。

至此，或许有人要问，"建邑以来就取之无禁，并未有争端"的湖草，为何会在明代中后期开始变成沿湖民人竞相争夺的资源？有意思的是，虽然清代新建县的官员和读书人一再重申"三河草洲"是新建县辖地，而且草洲的"业权"也归新建县的业户所有，每年纳课于官，但无论是新建县的官员还是草洲业主，都没有表露出可以完全禁止都昌县民人越湖采草的意图，而都昌县民人则一再声称自己在历史上就有赴"三河草洲"地区采草肥田的"习惯"。至此，我们或许可以推测，都昌民人在"三河草洲"采草肥田的历史，可能要比王朝进入当地对草洲进行登记和征税的历史更早。因为"业"所代表的"产权"概念只有在人们向王朝纳税的基础上才会有其实际的意义，但是都昌人在此割草的"习惯"比这更早。

本文主要以清代康熙年间嘉兴县曾王孙所撰《清风堂文集》为基础。该文集收录了曾氏在康熙十六年（1677）以后出任都昌知县期间经手处理新建、都昌两县草洲纠纷时的重要书牍和公文，翔实记录了两县官、民在"采草"问题上的互动过程。本文还结合了两县清代地方志中所载草洲文献以及笔者新近在湖区发现的民间文书，并查阅了第一历史档案馆所藏刑科题本中有关两县民人因采草起衅致死的系列案卷，力图通过对湖区自然生态结构及人群生计图像的大致勾勒，考察伴随明代中叶以降鄱阳湖区大规模圩堤修筑及湖田开发而来的农业生产扩张、肥料需求量增加以及由此引发的湖区草洲使用纠纷的内在历史脉络。在此基础上，本文希望通过对两县地方官、地方乡绅、草洲"业主"和都昌县越湖采草者之间复杂互动过程的细致讨论，进而尝试对"习惯"与"业权"这一对充满历史张力的权利概念进行分析。这里的"互动"不仅涉及草洲"业主"与都昌县越湖采草者之间的各类冲突，而且也关涉地方官绅为了处理两县民人采草纠纷而进行的协商及对"他者"形象的建构。

---

① （清）曹绳柱：《三河草洲图记》（乾隆十五年五月），载（清）雷学淦修，（清）曹师曾纂：《新建县志》卷六十《艺文记》，清道光十年（1830）刻本。

二、明中叶以降的圩田开发

何为"圩田"？学界对此并没有一个准确的定义，宋代有记载称："圩田者，江浙、淮南有之，盖以水高于田，故为之圩岸。"① 因这些区域的水位高于田地，于是生活在此的人们修筑堤岸以护田。又，"江南旧有圩田，每一圩方数十里，如大城中有河间，外有门闸，旱则开闸引江水之利，淹则闭闸拒江水之害，旱潦不及，为农美利"②。每一圩方圆达数十里，犹如古代的大城池，圩堤上还设有门闸，大水时关闭可以阻挡洪水入侵，干旱时打开可以引江水灌溉。由此可以说，圩田是一种在浅水沼泽地带或河湖淤滩上通过圩堤的修筑，围田于内，挡水于外，圩内开沟渠，并在四周设立涵闸，实现排水和灌溉的水利田③。

有学者研究指出："江南地区的圩田大致滥觞于三国之际，迅速发展于两宋，全盛于明清。"④ 但实际上唐以前史料中关于江南圩田的直接记录并不多见，至唐宋才大量出现。在地域分布上，两宋时期圩田还主要见载于江浙、淮南地区的文献中，明代以后才大量见载于其他地域的文献中。大体而言，圩田的开发与唐宋中国经济重心的南移有很大的关联。与江南地区相比，鄱阳湖地区的圩田开发在时间上更晚，至明代中叶才有大量圩堤修筑的记录⑤。史载："豫章为八郡水之所会，地最卑下，故田以堤为命。"⑥ 豫章即南昌，其东北临鄱湖，是江西通省各大河流汇集之地，地势也相对其他地方低下，水田必须倚赖圩堤才能免于水旱之灾。明代南昌邑人万恭写有多篇关于圩堤的碑记，提到沿湖地区地势低洼，"水溢则大潴，水涸则巨野，不可田"⑦，很长一段时间内江河入湖三角洲都只是泥沙淤积而成的滩地，并不是"三壤故疆"。但是，随着沿湖各县"生

---

① （宋）李心传著，徐规点校：《建炎以来朝野杂记》甲集卷十六，北京：中华书局，2000 年。

② （宋）李焘撰：《续资治通鉴长编》卷一百四十三，北京：中华书局，1979 年。

③ 庄华峰：《古代江南地区圩田开发及其对生态环境的影响》，《中国历史地理论丛》2005 年第 3 期。

④ 同上。

⑤ 许怀林：《明清鄱阳湖区的圩堤围垦事业》，《农业考古》1990 年第 1 期；李少南：《明清时期鄱阳湖区的圩田开发与乡村社会》，南昌大学硕士研究生学位论文，2007 年。

⑥ （明）范涞修，（明）章潢纂：《新修南昌府志》卷六《水利》，明万历十六年（1588）刻本。

⑦ （清）谢旻修：《（康熙）江西通志》卷一百二十一《艺文·牛尾闸碑》，清文渊阁四库全书本。

齿日繁，则与水竞利，夺而成壤"①，地方官与当地民人开始在河流入湖口附近的低洼三角洲修筑圩堤，圩内成田计数十万亩。

鄱阳湖地区的圩堤由南昌郡守祝公创始于明弘治十二年（1499），此后世人受其利，屡毁屡修。清初新建邑人赵日冕在《重修大有圩牛尾闸碑记》中称："惟湖之有圩，由郡守祝公创始于弘治十二年，世因其利，厥后屡圮屡修。"②祝公，即祝瀚，字惟容，山阴人，成化中进士，历任刑部郎中，后擢南昌知府。祝在任期间，"筑圩五百余处，统名曰祝公堤"③。史载，弘治十二年南昌"岁饥"，祝瀚发谷募民修筑圩岸，跨南昌、新建二邑，南昌境内圩堤六十有四，新建境内四十有一④。其中比较大的圩堤有"大有圩"，"西始石亭庄，东抵牛尾垱，延袤四十里，北障大浸入鄱湖，而南垦平田数万亩"⑤。清赵日冕曾称"大有圩"内有田数千万亩，可能有夸大的成分，但他提到"夏税秋粮几占邑册之半"，多少反映了新开发出来的圩田在地方财政收入中占有了很大比重。明弘治年间是文献记载中鄱阳湖地区第一次大规模修筑圩堤，开发出了大量新的圩田，扩大了王朝的税粮基础。

此时的圩堤大抵由沙土堆积而成，掺杂少许的石块，如遇大水很容易坍塌或冲毁。地方官员虽一再教喻民人要小心看护圩堤，每年细心对旧圩进行补砌，但"随筑随溃，犹仅仅举十之三四焉，亦困甚矣"⑥。这就不免出现了"各邑堤圩、陂塘，或一地而今昔异名，或一名而纵横分裂，别立圩号，新筑者亦多仍旧补砌，各建枧闸，以便水道"的现象⑦。以明代万恭提及的五圩（余家塘、黄泥垱、双坑圩、万家塘和王甫港）为例，"下联四十八圩，即五圩成，四十八

---

①　（明）万恭：《筑五圩碑记》，载（明）范涞修，（明）章潢纂：《新修南昌府志》卷二十九《艺文》，明万历十六年（1588）刻本。

②　（清）赵日冕：《重修大有圩牛尾闸碑记》，载（清）雷学淦修，（清）曹师曾纂：《新建县志》卷六十《艺文记》，清道光十年（1830）刻本。

③　（明）范涞修，（清）章潢纂：《新修南昌府志》卷十六《名宦传》，明万历十六年（1588）刻本。

④　（清）谢旻修：《（康熙）江西通志》卷十四《水利》，清文渊阁四库全书本。

⑤　（清）谢旻修：《（康熙）江西通志》卷一百二十一《艺文·牛尾闸碑》，清文渊阁四库全书本。

⑥　（明）范涞修，章潢纂：《新修南昌府志》卷六《水利》，明万历十六年（1588）刻本。

⑦　同上。

圩皆壤也，五圩败，四十八圩皆鱼也"①。各种圩堤一起构筑了一道抵御洪水入侵的防线，相互之间层层相扣，一圩决口必会殃及其他的圩岸。嘉靖初年，"洪水决余家塘，再决双坑圩，其时县官困于财，水民诎于力，三载乃底绩"②。圩民困于水患，无法耕种，越六十年至万历年间才恢复故壤。然而，万历十四年（1586）春，大水先后决了五圩中的三圩，"洪洞无涯，田殚为湖，庐殚为潴"③，可见影响之广，饥民甚多。

万历十四、十五年，南昌知府范涞联合南昌知县何选、新建县知县佘梦鲤，请于院、司、道发赈灾银一共七千六百两有奇，在南昌县筑圩一百三十有八，新建县筑圩一百七十有四，并修石堤、石枧、石闸若干处。这是鄱阳湖地区第二次进行大规模的圩堤修筑，依然是由官方主导，以赈灾银募民修筑，不仅活饥民以万数，并且修堤扩土，一举两得，视为"永利"。在这次的修筑中，有许多是对旧圩的修复，如前文提及余家塘等三圩决口，就是在此轮修筑浪潮中采用了"卷埽"的办法堵塞成功。此后，圩堤之修筑更为频繁，万历三十五年（1607）新建知县吴嘉谟发抚院义仓谷修圩 160 处，第二年南昌知县樊王家动用仓谷修圩 185 处。除了南昌、新建两县下游低洼地带大量修圩外，进贤、余干与鄱阳等县亦在此时期修筑了大量的圩堤，开辟出许多新的圩田。如嘉靖《江西通志》就记载："刘涣，江陵人，成化间为鄱阳令，清慎廉明，爱民体士，治为江西最，筑圩堤以捍水患，长数千丈，得田数千亩。"④ 由此可知，明中叶以降鄱阳湖区的圩田开发出现了一个高峰，圩堤的修筑数量不断增加，并有把分散的小圩堤逐渐联成大圩的趋势，形成大圩之中有小圩、层层保护的格局。

总之，明中叶以降鄱阳湖南岸大量圩堤的修筑，新开辟出了数以万亩的圩田，不仅增加了地区可耕土地面积，而且提高了地方政府的税粮收入，但圩田农耕生产所需的肥料问题日益凸显，从而导致鄱阳湖南岸的新建、南昌、进贤和余干等县农人对湖草需求的持续增加，遂与一直在新建"三河草洲"采草肥

---

① （明）万恭：《筑五圩碑记》，载（明）范涞修，（明）章潢纂：《新修南昌府志》卷二十九《艺文》，明万历十六年（1588）刻本。

② 同上。

③ 同上。

④ （明）林庭修，（明）周广纂：《江西通志》卷八《饶州府》，江西图书馆藏明嘉靖刻本。

田的都昌县农人之间出现冲突，采草纠纷日渐频繁。

三、康熙十九年的"折银易草"

随着湖区新土地的陆续开发以及农耕生产对肥料需求的加大，沿湖居住的人们发现湖中有洲，洲上生有一种湖草可以肥田，一直以来任人而采，且取之无禁。然而，不知始于何时，有些人已在官府把"三河草洲"地区的部分洲地进行了税粮登记，每年向新建县输课。其中有些是"田芜成洲"性质的洲地，新建人更是要每年按额输纳课粮。大概在明代后期，新建与都昌两县民人开始在草洲的采草问题上发生争执。为了息争，对那些越湖采草的都昌民人，新建县起初提议他们"每镰一张，交米三升"，而后又经历"讦讼"，改为"每镰一张交米一升五合"。这里的"镰"指的是都昌民人采草用的工具，每年于采草之期，"委官查验，给票交收"，初步形成了一套初始的打草制度。但是，这一时期的"按镰交米"之法还只是在官方督促协商之下的民间交易，一面取价，一面采草，以补新建县草洲业主课粮之需①。

这一方法虽然部分缓解了两县民人在采草问题上的利益冲突，但是自明清鼎革以来，"兵燹频仍，委官例废，共相因循者，垂二十余年"，逐渐走向废弛②。康熙十年（1671），新建洲民万钦等向院司道府叠词具控，认为都昌人"藐法灭断"，赴洲采草却不照例"交米"，要求恢复先前"每镰一升五合"之议。不料还未来得及恢复，康熙十三年（1674）就发生了"三藩之乱"，波及江西地区，致两县滨湖之民皆陷于战乱，田地大多荒芜，采草者大为减少，"计镰交米"再度被搁置。康熙十六年（1677）九月，曾王孙抵任都昌知县，十二月新建县将万钦的呈词移至都昌县③。为了寻找两县民人采草致讼的原因，曾氏传唤詹必第等乡民细加问讯，不过乡民都矢口否认万钦的各项指控，并辩称："因

---

① 《会议通详各宪都民折银易草文》（康熙十八年），载（清）曾王孙修，（清）徐孟深等纂：《都昌县志》卷九《艺文》，清康熙三十三年（1694）刻本。

② 同上。

③ （清）曾王孙：《申院司道府请究新建奸民垄草灭邻状》（康熙十八年七月二十日），载《清风堂文集》卷十七《公移（五）》，清康熙四十五年（1706）曾安世刻本。

无官收，纵使有米亦无交处。"① 可见，两者的态度截然对立，万钦指控都民不按镰交米，都民则说有米也无处可交。

曾氏认为，如果继续实行"按镰交米"的办法，"其镰数之多寡，果能悉穷而无遗乎？其交米之次第，果能鱼贯而无哗乎？"不难想见，"按镰交米"在实际操作中会遭遇许多问题，一是割草镰数难以穷尽无遗，二是交米的顺序不能保证鱼贯有序。更大的麻烦是，每年采草之际，都在农忙播种时节，都昌民人"结艇连舸，众成千百"，但是"洲在湖中，四面皆可泊舟，随地而采，亦随载而返，其能人人驯理而输米乎？"② 这样的地理环境，使得业主对草洲的监管颇为不便，也难以约束都昌采草之人遵守"按镰交米"的规定。

由此，曾王孙认为新建、都昌二县民人"其不能不竞，不能不讼者，又势也"。这就是说，两县民人长期以来的草洲争讼，在某种程度上是必然会发生的。但是，如继续沿袭明朝"按镰交米"的老办法来试图达到"息争"的目的，反而会因都民未能"按镰交米"而启讼。如此以往，两县之民日益增多，却以"吴越相视"，矛盾及仇恨日深，纷争不休。为了能对两邑之间长期存在的草洲纠纷进行有效处理，康熙十七年（1678）曾王孙主动给新建县主事者写了一封信，提到两县民人"无米必争，有米亦争"的困境，并提出了一个"息争"的变通办法，即"以银易米"③。但是，曾王孙的这一提议迟迟未得到新建县方面的回应。

康熙十七年六月间，有主张两县息争的南昌县贡生万仞前往都昌县交涉，与曾王孙见面时提及都民采草"纳米"一事。但是，曾氏以督院曾在旧案批语"不便准行"为由，声言不敢详请"委官查验"之法。为了不让万仞空手而回，都昌县议以三十金作为康熙十七年的纳米之资，付与万仞，双方立有字据。是年十二月二十九日，都昌县收到新建县关移公文，内叙"万钦告万贡生受贿事"。据曾王孙称述，万仞新选为宁都广文，为了不耽误自己赴任，谎称自己受贿。

---

① （清）曾王孙：《移新建县议采草第一文》（康熙十七年），载《清风堂文集》卷十七《公移（五）》，清康熙四十五年（1706）曾安世刻本。

② 《会议通详各宪都民折银易草文》（康熙十八年），载（清）曾王孙修，（清）徐孟深等纂：《都昌县志》卷九《艺文》，清康熙三十三年（1694）刻本。

③ （清）曾王孙：《移新建县议采草第一文》（康熙十七年），载《清风堂文集》卷十七《公移（五）》，清康熙四十五年（1706）曾安世刻本。

这事让曾王孙"阅之骇极"，并痛斥人心险恶，大骂万仞"忝列衣冠"，竟不畏鬼神。康熙十八年（1679）正月二十一日，新建洲民陶仲玉前往都昌县，投靠在刘贵文家里，称愿意将自置草洲卖与都昌采草，于二月初三日写有卖契一纸，要价一百四十两①。

此时，曾王孙正在乡下征收钱粮，仲玉守候至三月初十日，亲自前往三汊港投见曾氏，并将先年买洲原契送验。从问讯中得知，陶仲玉住居新建县万罗墩，因万钦告状要他出钱，借债未还，于是想把草洲出卖与都昌，斩断两县葛藤，平息两县之争。这虽然很合曾王孙的心意，但也不敢相信一人之言。陶仲玉见其有迟疑，进而说明家里有侄陶士弘是秀才，随行的有侄陶宜甫，且都昌县的递年陶孝贞跟他是一家。在交易当日，陶仲玉又言武举人任家两位相公是他的至亲，可以作为中人，在文契上画押担保。曾王孙召集李十四等人筹集了一百四十两，当堂面交陶仲玉收领，新老契纸交付都昌，从此都民买新建之洲采草，完新建之课。然而，事情原非如此简单。万钦等人得知陶仲玉将草洲出卖与都昌，遂以"盗卖"具控新建县，而陶仲玉却以"官民合谋"为词，将责任推给都昌县。曾王孙对此进行了驳斥：

> 夫仲玉非鬼非蜮，潜住都昌三月，百计求信，惟恐都昌之不买，今中明契真价足，如此住县之久，如此而捏称贩柴都昌，既曰贩柴则原买草洲老契何故携带身旁？又捏称逼勒摸写，夫既受逼勒，则冤抑之气岂难待旦，仲玉一归即当遍控各宪，表明心迹，何待迟至五月初六日？万钦出告之后，又经新建县提讯，而始有此一诉，秦镜在上，固不待言，而知其诬也。②

本想斩断两县葛藤的草洲交易，不料却又引起新的官司。这在曾王孙看来是万钦等一班讼棍唆使的结果，各处疑点颇多，并不符合实情。他还提到，过去万钦曾"派"万仞议和为媒得三十金，以一告抹去，如今又串通陶仲玉卖洲得一百四十金，企图又以一告而白骗。为此，康熙十八年七月二十日，曾王孙给院司道府递交了一份"请究新建奸民垄草灭邻状"，首次向上级各司称述了

---

① （清）曾王孙：《申院司道府请究新建奸民垄草灭邻状》（康熙十八年七月二十日），载《清风堂文集》卷十七《公移（五）》，清康熙四十五年（1706）曾安世刻本。

② 同上。

"立一定额，以银易米"的主张。他声称，这样就不会再出现"或多或少，或纳或不纳"的事情，也可解决"征米难"的问题。这个主张的核心是将原来的"按镰交米"改为"折银易草"，每年由都昌县令负责向该县割草镰户征银，可保每年"数有定额"，并定时移解新建县，以供各洲业户赴县领取。都民每年于小满之日出银一百五十两，照数移解给新建县查收，以资新建业主纳课之需①。这样就可以避开两县民人之间的直接接触，转由两县的官方协商处理。不过，这一主张历经三年的协商才得新建县同意。

康熙十八年十二月，新建生员涂缙等连名上控抚台，请于南山寨勒石，并加兵设炮。曾王孙马上给新建县写了第二封信，认为"新、都两邑，虽有大小远近之不同，皆系朝廷赤子，皆属上宪部民，都民采草肥田，上输国赋，其来已久，不知所犯何罪，而加兵设炮以待之也"②。为此，他希望新建县主事者可以"平心而听"，细加考虑"折银易米"之法，商量一个两县折服的定数，以息纷争。曾王孙甚至多次表示"本县窃在下风，敢不惟命"之意，不仅最后同意以一百五十两为"折银易草"的定额，而且在关于康熙十三年（1674）以后旧补银数问题上，也一再退让，从一开始的五十金妥协至补交一百四十两③。康熙十九年（1680）四月二十九日，都昌与新建两县经过三年的持续协商，始由新建县令杨觉山主稿形成了《会详院司道府状》，两县同意实行"折银易草"之法，一定程度上给官、民都带来了便利，但因不问都昌县镰户之多寡，每年只需缴纳定额的一百五十两，在实际采草过程中不免还会出现其他问题。

"折银易草"实行不到三年，康熙二十一年（1682）新民严房旭复起风波，以灭宪毁碑等事向新建县具控，经南昌府移转南康府，备行到都昌县，要求究查越界采草人等的姓名。但是因无具体姓名，曾王孙无从着手调查，于是具文

---

① 《会议通详各宪都民折银易草文》（康熙十八年），载（清）曾王孙修，（清）徐孟深等纂：《都昌县志》卷九《艺文》，清康熙三十三年（1694）刻本。

② （清）曾王孙：《移新建县议采草第二文》（康熙十八年十二月初九日），载《清风堂文集》卷十七《公移（五）》，清康熙四十五年（1706）曾安世刻本。

③ （清）曾王孙：《移新建县议采草第三文》（康熙十九年三月三十日）、《移新建县议采草第四文》（康熙十九年四月）、《移新建县议采草第五文》（康熙十九年四月二十二日），载《清风堂文集》卷十七《公移（五）》，清康熙四十五年（1706）曾安世刻本。

请求销案处理①。但是，都昌县的回文尚未抵南康府，南昌府就已具文上报臬宪，导致臬宪批允了南昌府的详文，要求都昌县就近拘审。曾王孙连续写有多份申状，坚持"原报并无犯人姓名，实不便于诛求"，甚至可能造成"池鱼林木之殃"，流祸于无辜②。与此同时，他指出："夫以大湖浩渺，两邑各距百里之外，采草之时无论职县鞭长不及，即新令耳目亦不能远瞩，越与不越势难凭空悬断。"③可见越界纠纷往往发生在两县管理不及的地方。此外，曾氏一面承诺自己会竭力教化都民，在未采草之先，严加禁饬晓谕各户，并实行连坐法，让他们知道朝廷法度。如真的发现有越界采草生事之人，一定拿获正犯究问，但也不能任由新建民人一面之词，借端禁采。

四、乾隆年间采草纠纷的再起

新建县"三河草洲"区域分为东、西乡，以从鱼河为界，从鱼河以西为西乡，以东称为东乡。在康熙十九年两县定议时，新建县领银的草洲业户只有西乡的万钦、陶先和钱三甫，而东乡的严房旭、熊义周、赵十朋等人尚未进入领银之列。这说明，按照康熙十九年的协议，两县"折银易草"的范围只限定在西乡地区，东乡之草洲尚未允许都昌民人共采。

康熙十九年，都昌县登记在册的采草镰户共计680人，共向业户纳租银150两。乾隆十年（1745），新建又割了东乡熊义周、赵十朋等之十一洲，以供都昌民人采草，增交草价50两。在"折银易草"初期，"都昌令征之，移解新建给之，夙有期限"，但是至乾隆年间，都昌县每每不能按期，多有迟逾，大多数草洲业户把"折银之议"视为"失图"之策。与此同时，都昌越湖采草的人却越来越多，有记载称："今则船有千余，一船约十二人，是一万二千余镰

① （清）曾王孙：《申府请销草案提审状》（康熙二十一年九月初一日），载《清风堂文集》卷十七《公移（五）》，清康熙四十五年（1706）曾安世刻本。

② （清）曾王孙：《再申署府请销草案提审状》（康熙二十一年十二月二十二日），载《清风堂文集》卷十七《公移（五）》，清康熙四十五年（1706）曾安世刻本。

③ （清）曾王孙：《申江西按察司议采草无庸添兵防御状》（康熙二十二年七月初八日），载《清风堂文集》卷十七《公移（五）》，清康熙四十五年（1706）曾安世刻本。

也。"① 这虽是一个估计数，却几乎相当于康熙十九年在册镰户的 20 倍。问题在于，采草镰户的增加，并不会相应增加业户的租银，势必引起新建县草洲业主的不满。以一船计之，可以容纳草百石，一石草值银二分，共计可转载十余万石，约值银 2000 两，但都昌县镰户仅给折银 200 两，新建业主又岂能甘心？于是两县采草纷争必然再起。

乾隆十五年（1750），曹绳柱在《三河草洲图记》中对当时的各类说法进行了一一的驳斥，文字充满了对新建业户的同情以及对都昌越湖而来采草者的指责。其主要论点有三：

其一，虽然都昌县一再强调"都邑十二都半之田，需用草肥"，曹认为新建、南昌、进贤、余干四县之田，都需要在此洲采草，且田亩数量是都昌县的四倍。除新、都共采的草洲外，东乡之草洲根本不足以供其他四县农人的采取，于是有些农人划船抵洲，费时费钱，不愿空载而归，就会伺机在新、都共采区域偷采。这被都昌人指责为新建业户的"放鲜"行为，意思是说新建业户故意租给其他县农人共采洲草。如果不幸遇到了都昌人的采草船，则不仅所割之草被夺，携带的米和被也会被劫掠，甚至遭到人身殴打、船只被毁。采草农人肯定"心愤不平"，但因"众寡不敌"，只能"饮恨而归"。有些稍有经济能力的人，就会选择去买其他肥料，但赤贫无力者，只能继续冒险前往采草肥田。都昌船每次前来都是割新生短草，草场日辟，而其他四县日促，由此不独新建业户受累不甘，其他各县农人也深受其害。

其二，当时人说两县"自康熙三十一年定案之后，垂四十余年相安无事"，曹氏则视此为"下情仰塞"的结果，实际上"前项疾苦，何岁蔑有也？"故此，东、西两乡之民，对于康熙年间万钦等人迫于形势接受"折银易草"之事，一直很痛心。对于时任新建、都昌两县知县杨、曾二人，人们虽然不敢追究他们的责任，但也认为他们"不应以新、都共采之说，诳我乡愚也。"对于那些生活在东、西乡的民人，曹氏有这样一段文字描述：

世居洲侧，村客星罗，洲之高者为田，食米于是乎出，洲之下者为港，

---

① （清）曹绳柱：《三河草洲图记》（乾隆十五年五月），载（清）雷学淦修，（清）曹师曾纂：《新建县志》卷六十《艺文记》，清道光十年（1830）刻本。

鱼鲜于是乎取，洲之生获草者，柴薪于是乎供。惜其地处下游，春、秋二涨，水必伤稼。惟借网鱼、卖草以足食，而其民又非皆有洲地者也，佃而耕之，租而渔与樵焉，计三百余里之洲中间，贫者何啻数万户，终岁勤动，不足事畜，心劳抚字者，亦莫之衰益耳。[①]

这些人世代生活在草洲两侧，主要以农耕、捕鱼、卖草为生，其中有些人是草洲业主，如西乡的万钦、陶先、钱三甫，以及东乡的熊义周、赵十朋、严房旭等，大多数则是佃耕者或半农半渔者，就算每天辛苦劳作，也只能过着不足温饱的艰苦日子。

前文提到，康熙十九年"折银易草"之议，将新建西乡之三十二洲开放给都昌民人割草。乾隆七年（1742），为了防止两县民人共采发生冲突，两县合议"亢子坽河以紫药坽为界，李家港河以宋家坽，即从前之老杨树为界，沙湖坽河以罩网顶为界，都蛮采北，新民采南"，实现了从早期"不问草洲之尔我"向"照界共采"的转变[②]。

在乾隆十五年的《新建县志》中，收录有一幅《草洲图》，不仅清晰标示了东、西乡的界线，而且还标出了新建、都昌的采草分界线。在图1中，有两条重要的文字标注，一个是"西乡各洲俱已出租"，另一个是"东乡各洲俱未出租"[③]。由此推断，这幅《草洲图》显示的内容大致反映的是介于乾隆七年至十年之间的情况，因乾隆十年新建又割了东乡十一洲给都民采草，但在这幅图中并未显现出来。奇怪的是，邑人曹绳柱和知县邸兰标都把东、西二乡割给都民采草的洲数写成了四十五洲，但实际却只有四十三。据曹绳柱的描述，这些草洲面积的大小，自数里至六七十里不等，草洲的价值自数十金至千余金不等。各洲的业主，有的只有一、二股，有的多达一二十股，业权关系相对复杂。据统计，东、西乡割给都昌采草的四十三洲，有业权的就达二百余户，故难以全

---

①（清）曹绳柱：《三河草洲图记》（乾隆十五年五月），载（清）雷学淦修，（清）曹师曾纂：《新建县志》卷六十《艺文记》，清道光十年（1830）刻本。

②（清）邸兰标：《草洲七可怜通禀稿》，载（清）雷学淦修，（清）曹师曾纂：《新建县志》卷六十三《艺文禀》，清道光十年（1830）刻本。

③《鄱阳湖研究》编委会编：《鄱阳湖自然和社会经济历史资料选》，南昌：江西科学技术出版社，1985年。

部勒令归公处理[①]。

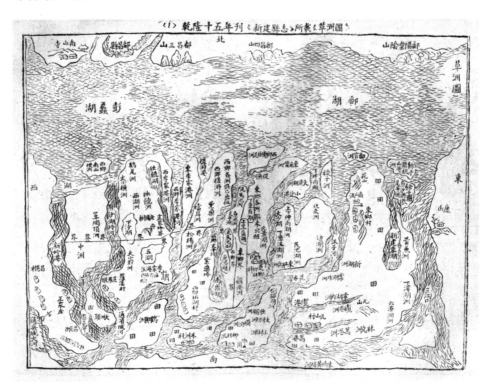

图1 乾隆十五年刊《新建县志》所载《草洲图》[②]

其三，另有一种观点认为，湖中荻草乃自然生长之物，竟然有人视此为私人财产，是不合适的，应该以"大义"来开导他们。对此，曹绳柱不以为然，指出："业各有主，即官长、荐绅治家者，不能慷慨分润，况于小民使之，损己以益人，则必愤且争者，情也。"[③]官长、荐绅之家，都不能慷慨分享利益，何况新建业主小民，与都昌民人争利，实乃人之常情。曹氏还提到，都民割草并

① （清）曹绳柱：《三河草洲图记》（乾隆十五年五月），载（清）雷学淦修，（清）曹师曾纂：《新建县志》卷六十《艺文记》，清道光十年（1830）刻本。
② 《鄱阳湖研究》编委会编：《鄱阳湖自然和社会经济历史资料选》，南昌：江西科学技术出版社，1985年。
③ （清）曹绳柱：《三河草洲图记》（乾隆十五年五月），载（清）雷学淦修，（清）曹师曾纂：《新建县志》卷六十《艺文记》，清道光十年（1830）刻本。

非只是为了肥己田，有些富民每年冬天广放草债，一石约付价一分，第二年春天还草之后转售，价格翻倍。此外，都民恃其船多人众，一入洲界，所过村庄，乘便剽掠财物。这些对于都民的"指责性"描述多出自新建方面，都昌方面鲜有这方面的文献记录，但一直被认为是导致新、都二县民人"怨毒"固结不解的关键。

其实，对于乾隆九年（1744）两县民人因采草发生的命案，第一历史档案馆刑科题本中收存有一份档案，一共66页，得以让我们了解此案的来龙去脉①。新建县昌邑陶姓向有草洲一片，名为"陶家洲"，坐落新圩港附近，历系陶姓管业输粮，采草肥田，都昌从未侵越。乾隆九年三月，正值采草之期，陶姓专门安排有轮值陶家谕、陶家栢等5人在洲看守，至初四日有都民陈伯宗、陈乞得、王子京等一行15人驾船一只，泊于陶姓洲岸，将陶姓割堆在地上的草搬取。陶家谕见此情状，出面阻止，反被都民推跌在地，被在洲割草之陶家景看见，告知陶家谕之子陶运禧，运禧随即喊同陶家荣、陶家胜等10多人往阻，陈伯宗见状欲开船离开，但因风急，阻力过大，不能将船撑离洲岸，且船内草已堆高，陈伯宗等俱站立草上。陶运禧等不满，执草叉、扁担、篙桡戳打，陈伯宗等人随草落水溺河，只有陈隆训、陈友茂与陈众得经渔民程恭人救起，其余12人俱各淹毙身死。三月初六，都昌县尸亲陈我明等具控前事，称："世居鄱阳湖边，一向租新建新圩港洲采草肥田，不料被凶徒执持叉棍戳打，落水溺死"，请求捞尸验填，究出正凶，按律抵命。但死者亲属并不知人犯姓名，经验斗殴之地系属陶家洲，于是传讯陶松舟等前来，问明人犯姓名，并带同仵作前去验尸。

新建县知县黄登毂审讯认为，陶运禧与陈伯宗等素不相识，本无仇怨，并非预谋杀害，亦并非临时起意，查律例："聚众共殴，原无必杀之心，而乱殴一家三命至死者，将率先聚众之人不问共殴与否，斩决；为从下手伤重至死者，绞候；若杀一家非死罪，二人及三人而非一家者，拟以斩决。"依此，陶运禧拟以斩决处理，陶家荣等随同赴殴，拟绞监候，在场未曾伤人之陶昌仁及后续赴

---

① 《题为会审江西新建县民陶运禧等因所割之草被抢起衅殴溺陈伯宗等十二命案驳回妥拟事》（乾隆十年七月十一日），第一历史档案馆藏：02-01-07-04727-005。

场未经动手之陶家景，均依混行斗殴，各枷号一个月，杖一百。乾隆九年十二月十七日，新建县合将各人犯押解到府，进行复审。乾隆十年二月初五日转司核审，同年二月二十二日转解到刑部，最后进入三法司会审。

最后，三法司会审认为："该抚因其惨毙多命，将为首之人拟以斩决，但兄弟同偷，难援一家二人之条，伙党肆窃，难比三人非一家之例，盖非死者云者，原非指强窃而言，以贼盗自有明条也。今此案衅起于窃，而命毙于水，即为从之人，亦不得概拟绞候，漫无区别。如云人命为重，将伙窃不问，从此益开强夺之门。如云贼情未确，则活口现存，何难细鞫起衅之故。事关重案，不便出入，应令该抚按律原情，悉心妥拟，到日再议。"从县到省，主事官员几乎一致重视人命案，主张判陶运禧斩决，其余人等绞候，但三法司会审结果则强调要注意陈伯宗等人的"伙窃"行为，认定巡抚之审断不妥，只问"人命"，不问"伙窃"，容易纵容民间"强夺"之风气，驳回此案给巡抚重审妥拟，改日再议[①]。

遗憾的是，限于文献的不足，我们无法对此案进行完整的追溯，不知道最后的判决结果。但是，从曹绳柱所写"新民已正典刑"看，似乎新建县陶氏族人还是受到了严厉惩处。此外，很可能受到此案的影响，乾隆十年新建县才又割东乡熊义周、赵十朋等十一洲，供都民采草。在同治十年（1871）刊《新建县志》中，收录了一幅初成于道光十年（1830）的《草洲图》，见图2。在这幅图中，可以明显看到新建县已出租草洲的范围从西乡扩大到了东乡。图中还清晰标注了"已出租""未出租"草洲的名称、位置，以及附近坐落的村庄、营汛。在乾隆九年两县命案之后，新建、都昌两县围绕"三河草洲"采草冲突的文献资料并不多见，直到1949年之后，我们才从各类档案中重新发现了大量草洲纠纷案卷。这长时间段文献资料的缺失，并不必然表示两县民人之间的采草冲突获得了根本解决，而更可能的是冲突逐渐日常化。

---

① 《题为会审江西新建县民陶运禧等因所割之草被抢起衅殴溺陈伯宗等十二命案驳回妥拟事》（乾隆十年七月十一日），第一历史档案馆藏：02-01-07-04727-005。

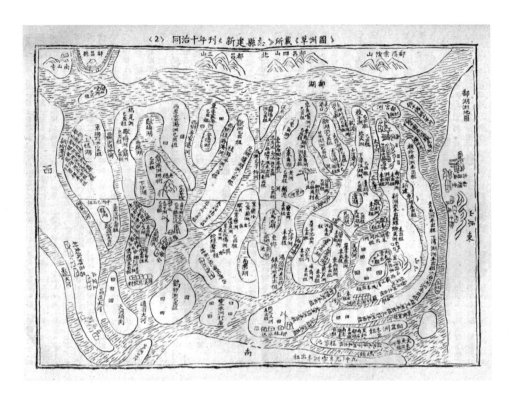

图2　同治十年刊《新建县志》所载道光十年《草洲图》①

五、久“佃”成“业”及“收归国有”

本文开篇提到，虽然新建县官员、士绅及草洲业主对都昌县采草民人有诸多的不满，但却没有办法完全拒绝或禁止都昌民人越湖采草，无法自由地退佃。在乾隆年间新建知县邸兰标看来，这是因为“都蛮采草已久，新民领价多年，定以章程，新、都合采”。由此看来，“都民采草已久”和“新民领价多年”是新建县官方及草洲业主无法拒绝都民继续采草的两个关键理由。上文的讨论显示，至迟在明末都民越湖采草，就需要向新建业主“按镰交米”，即“每镰一张，交米三升”，本质上是都昌人租用新建人的草洲采草肥田。康熙十九年，

---

①　《鄱阳湖研究》编委会编：《鄱阳湖自然和社会经济历史资料选》，南昌：江西科学技术出版社，1985年。

两县议定"征银折米"之法，都民每年出银一百五十两，官为收发和移解。然而，这种早期租洲采草的一般租佃交易最后却逐渐演变成了一种业主无法退租的"永佃"关系。

由于新建草洲业主无法退租，而都昌民人只是交纳定额草租，采草者实际获得了新建县部分草洲的"面权"。在这个意义上，只要都昌人坚持交纳草租，就可以一直在洲上打草肥田，甚至在两县共采区域有排斥其他人上洲采草的权利，也有约束新建业主不另租他人的权利。一直到清末甚至民国时期，都昌县越湖采草之人还在继续向新建县交纳草课银。

> 执照
>
> 都昌县正堂徐为酌定征银转解新邑洲租等事，今据六下都贴户曹奇应完光绪二十一年分草课银玖钱叁分弎厘，照数收明，给票为据。
>
> 光绪二十一年　月　日完 [①]

这份文件现存于都昌县档案馆，但记载的内容系光绪二十一年（1895）都昌县六下都曹奇户向都昌县完纳草课银转解新建县的纳租执照。"六下都"系指今都昌县西源乡沙塘村礁上曹家，位于鄱阳湖边，主要以打渔和农耕为业。据该村老人曹正宽先生口述，他在年轻的时候，每年清明时节还会驾船前往"南岸洲"采草，自备锅具、衣被在洲上驻扎割草，把湖草直接或晒干以后用船运回村里，而湖草主要是给旱地上种植的棉花、黄豆等作物施肥，也可以放入水田沤肥 [②]。但是，六都礁上曹家，属于低丘岗地，水田不多，旱地为主。这份纳租执照表明，从康熙十八年（1679）以来，"折银易草"制度一直在两县间存在，未曾中断。民国八、九年，尽管经历了清王朝至民国的政权更替，六下都曹奇户依然继续向都昌县公署交纳草租银，且草租银的数额与清末一样，没有变化，推测都昌全县依然还是清初的定额 200 两。

---

① 《曹奇纳草课银执照》（光绪二十一年），上海交通大学人文学院历史系藏电子版。

② 曹正宽，生于 1947 年，上过四年半的学。父亲早年一直帮人驾船为生，自己也曾打过渔、参加过农业生产。1967—1977 年任沙塘礁上曹家大队主任，1978—1989 年任大队书记，后调入乡建立的渔业养殖厂任厂长，1995 年调入西源乡政府工作。1998 年因大水，沙塘村进行大规模搬迁改建，第二次指标下达之后村里出现分歧，2002 年西源乡政府决定调曹正宽回村任书记主持工作，一直到 2009 年退休。

执照

都昌县公署为酌定征收转解新建洲租事，今据六下都贴户曹奇应完民国八年分草租银玖钱叁分弍厘，合给执照为据。

民国八年　月　日　第廿一号[①]

这份纳租执照出自磡上曹氏家族，还有一份民国九年（1920）的执照，与此件内容相同。上述三份纳租执照现虽保留在不同地方，但内容却都与六下都曹奇户有关。清康熙年间建立的"折银易米""官方征解"制度，在20世纪50年代初"湖港草洲收归国有"之后被废除，按照原有使用习惯，不受行政区域限制的原则，新建县属草洲的北部各洲划归都昌县农人采草肥田。

此外，都昌人越湖采草，需要用船只搬运，但沿湖居民除了从事捕鱼的渔民之外，大部分人都没有自己的船只，只能在采草之期租船采草及装运。光绪二十九年（1899）五月，都昌县五、六、七都民众与鄱阳县广誉堂船厂签订了一份租赁船只的合同议约。

> 立合同议字都昌五、六、七都众，鄱阳广誉堂船厂人等，情因广誉堂各厂向造楼□船赁与各处地方，都昌各都尝从船厂赁船采草，每年船价与交还日期旧有定规。近因本赀较昂，厂主议增船价。都邑采草利微，赁户难胜其重。于是厂主、赁户和同置酒商议，公平酌量妥增，每船□发夏还，小暑、大暑各有定价，秋冬船亦有定价。既议以□，□无异言。厂主船价既增，不得托词再增。赁户议价已□，不得借词短少。赁船之日，前价既偿，厂主毋容推诿。交船之时，船价必办，赁户不可迟延。倘有风雨阻滞，又当另论。各遵定例，两得平情。所有条约，一一详明，违者向公理论。今欲有凭，立合同议字两纸，各执存证。[②]

这份合同显示，有鄱阳县广誉堂船厂一向经营造船业务，并租船与各处地方民人使用。都昌沿湖各都人都从广誉堂船厂租船采草，每年的船价与交还日期有定规。光绪年间，船厂因成本上升，厂主提议增加船租，但是都昌采草农

---

① 《曹奇纳草租银执照》（民国八年），上海交通大学人文学院历史系藏电子版。

② 《都昌五六七都众与鄱阳广誉堂船厂立合同议字》（光绪二十九年五月），上海交通大学人文学院历史系藏电子版。

人，难以承受租价的增加。于是，厂主和租户置酒商议，适当增加租价，不同时期租船定有不同的价格。小暑船价 17500 文，交船以 5 月 25 日为期，闰年的话以闰 5 月为期，如遇风雨可以延迟 5—10 日，再有延迟每日加钱 150 文。大暑船价 20500 文，交船以 7 月 20 日为期，如延迟每日加钱 300 文。另有一种秋冬船，租价是 15500 文，交船期为来年 1 月 18 日，延迟每日加钱 200 文。租船有三个时节，春夏以小暑、大暑为期，另有一类秋冬船，租价各不相同，大暑船租价最高，其次小暑，最便宜的是秋冬船。如此可见，沿湖居民因资源环境的不同，不仅形成了务农、捕鱼或半农半渔的生计方式，而且因分工的细化，市场的发展，出现了专门的造船及租赁业务。

1949 年中华人民共和国成立以后，江西省人民政府随即颁布了《关于湖沼河港及鄱阳湖草洲暂行管理办法》，规定："本省境内湖沼河港及鄱阳湖之为封建霸持的草洲一律收归国有。"[①] 这一规定实际上不承认明清以来形成的草洲、湖港私有产权制度。对于收归国有的草洲，须一律登记，依原有的采草习惯，予以调配使用。凡申请使用国有草洲者，须以村或乡为单位，经所属区人民政府审查后，始得向当地管理机构申请登记。但是，由于鄱阳湖草洲面积达 300 万亩，且历史上的使用关系相当复杂，牵涉到滨湖八个县群众的利益。在新中国成立后很长一段时间内，由于缺乏全省统一的管理机构，湖区新的生产秩序未能迅速建立，加上某些县区存在一定程度上的本位主义思想，因此发生了不少争夺草洲、渔港的纠纷。1953 年初，江西省人民政府专门成立"江西省鄱阳湖草洲渔港管理处"，经费由省自行解决，以便及时处理鄱阳湖沿岸草洲、渔港管理问题，并为今后划分湖区的行政区划做准备[②]。

1953 年，都昌县七区群众与新建县五区群众因草洲使用发生纠纷。在新中国成立前，都昌县七区群众在春水未涨之前，一律都在南山东风望、花水里等大草洲上打草，但是这些草洲地势低洼，水稍涨，洲即被浸没，只能逐水至新

---

① 《江西省人民政府关于湖沼河港及鄱阳湖草洲暂行管理办法》（1952 年），江西省档案馆藏：035-2-692。

② 《江西省人民政府为设立"江西省鄱阳湖草洲渔港管理处"报请中南行政委员会鉴核由》（1953 年 3 月 7 日），江西省档案馆藏：X035-2-798。

建界内打草。新建界内有凤尾洲、大壮背等数十个草洲，一年四季有打不尽的柴草。这些草洲现为附近新建县松山松峰乡张、杨、陈等小村庄所管。除了都昌县群众在此有打草习惯之外，还有松门松峰乡群众也有打草习惯。在过去，松门群众是隔年交租钱，而都昌群众因距离草洲较远，早期是打一船草交一船的租，后来大部分改为官收、官解新建县。新中国成立后，草洲收归国有，仍按历史习惯采草，但不交租金，而是向湖港草洲管理处交纳草洲管理费。1953年，松门松峰乡群众向政府交纳了管理费，而据说都昌当时尚未成立管理处，群众无法交纳管理费。由此，新建群众认为草洲归新建，而都昌人不交租，不再允许都昌群众到以上草洲打草，便引发两县群众之间的械斗①。

1953年5月，江西省以及两县区乡都曾派代表前往纠纷地进行调解，形成了暂时的解决协议，但是这个协议在都昌方面无法执行，没有从根本上解决都昌群众在草洲被淹之后打不到草的问题，不利于都昌县部分区乡的农业生产。1954年4月，都昌县第七区公所重新对前次处理结果提出新的意见，要求在新建界内不被水淹的草洲内划出一定范围由都昌群众打草②。与此同时，1954年春打草之际，江西省人民政府致函给都昌、新建两县人民政府，认为1953年两县群众因横坽港、杨家港等草洲的使用问题发生过纠纷，并经各级部门调解协商立有草洲使用协议，此协议仍然继续有效，要求各级干部坚决贯彻执行③。1955年4月，为了有利生产，防止群众之间的打草纠纷，南昌、新建、都昌三县关于共同使用新建范牙墩至南山北面一带草洲，立有使用协议。这份协议规定，各县打草群众必须有组织并持县人民委员会介绍信向湖管处办理登记手续，在规定范围内打草。1949年以后，类似的纠纷与协议大量出现，虽然草洲收归国有，但按照历史习惯，都昌人继续至新建县草洲打草。

---

① 《关于都昌县七区群众与新建县五区群众为使用草洲纠纷情况报告》（1954年4月4日），都昌县档案馆藏：SC-1-1954-5。

② 同上。

③ 《为通知1953年关于横坽港、杨家港等草洲协议生效由》（1954年4月11日），都昌县档案馆藏：SC-1-1954-5。

六、结语

明末清初，鄱阳湖地区草洲使用纠纷的大量出现，是沿湖各县民人对于草肥需求日益增加所致。明中叶以后，南昌、新建、进贤等县在沿湖大量修筑圩堤，从而在湖区新开发出了数以万亩的圩田，农作物的种植面积得到迅速扩大，对于肥料的需求也相应地迅速增加，使得湖洲上自然生长的湖草逐渐变为一种"稀缺"物品。可以说，这是明末以降新建县草洲业主逐渐对一直越湖采草的都昌人进行"构难"的历史背景，此后两县民人之间的采草纠纷日渐频繁。在明末时，两县民人议定"每镰一张，交米三升"。康熙十九年，都昌、新建两县主事者曾、杨二人酌定"征银折米"之法，定议都昌每年出银150两，以资新建业主课粮之需，按照"都昌令征之，移解新建给之"的方法，一直延续至晚清、民国时期。

一个潜在的漏洞是，都昌每年只出定额银150两，虽后来又增加50两，但都民赴洲采草的镰户却不断增加，必然引起新建业户的不满，双方冲突自然会继续。虽然清代两县民人纠纷不断，但是新建人却无法阻止有"历史习惯"的都民越湖采草。概括而言，原因有两点：一是在新建业主对这些草洲进行纳粮登课之前，都民就已经有越湖采草肥田的习惯；二是草洲成为湖区的竞争性资源经历了一个历史过程，自然生长的荻草起初只不过是野草，"取之不禁，未有争端"是其早期形态的真实写照，但随着湖区圩田的开垦以及新建人正式向王朝纳粮登课，都昌人采草的"历史习惯"与新建人对草洲"业权"的主张之间发生冲突。都昌县民人通过"折银易草"向新建县交了一笔定额的草洲租税，以获得赴洲采草的权利。

在明代，赣江下游三角洲地带经历了一个泥沙沉积和淤涨的过程，因每年春夏定期水涨浸没，早期不适合人类的大规模居住，只在零星的高地上散居着一些村子。但是，与此片草洲滩地隔岸相望的都昌人，却可以很方便地划舟越湖来往，由此都昌人在这些草洲打草的"习惯"早于新建人在此"承课纳税"的历史。有意思的是，自然草洲从"官荒"变成"有主"的关键在于向王朝承课纳税，此后"业主"开始构难那些习惯在此采草者，要求他们一起帮纳国课。尽管新建草洲"业主"拥有"底权"，但却无法忽视都昌人因"历史习惯"

而来的草洲使用权，因为在正式承课纳税以前，他们是一起共享这些自然草洲的权利。在鄱阳湖地区，对于水面捕捞权、草洲使用权等的认定，"历史习惯"扮演着重要角色。在《联合国海洋法公约》中，也多次提到"历史习惯"，并被视为是主张海洋权利的重要依据。

1949 年中华人民共和国成立以后，草洲、湖港收归国有，废除过去的私有业权，在原有历史习惯的基础上，遵照有利于生产、有利于团结的原则，对草洲进行调配使用。因为废除了明清以来形成的旧产权体系，新的湖区生产秩序又未能迅速建立，沿湖各县的草洲、渔港纠纷大量涌现。为此，1953 年初，江西省人民政府专门成立"江西省鄱阳湖草洲渔港管理处"，负责处理鄱阳湖沿岸草洲、渔港管理问题。在过去，新建、都昌、南昌、永修等县农人都有在新建草洲打草的习惯，并在长期的互动中形成了一套规则和秩序，但是 1949 年之后各县农人之间开始了新一轮竞争，各种草洲、渔港纠纷甚至械斗不时发生。一旦纠纷发生，省、地委、县以及区、乡政府就会介入调解，通过多方的协商订立使用协议，按此协议建立新的使用秩序。自此以后，对于湖区的草洲、湖港纠纷，"协议治理"成为常态。

明末徽州异姓共业山场的析分实态
——以祁门汪氏《抄白标书》为中心

康　健

　　明中后期随着商品货币经济的发展，徽州山林经济呈现出日益繁荣的景象，徽州宗族普遍重视山林经营。山场一般距离居住地较远，面积广大，使得其情况远比田地更为复杂，因此在山林购买、管理与经营的过程中，为了维护共同的经济利益，相邻区域的异姓宗族之间，往往存在相互合作的现象，他们往往共同购买、管理和经营山场，形成"共业"①这种特殊的产业形态。然而，由于山场购买多寡不均、山界不清等因素，使得异姓宗族之间，在合作的同时，也不断产生争端。为了协调各方利益，解决矛盾，异姓宗族之间往往通过订立清白合同文约的方式，对各自山场进行重新分配，以维护共同的经济利益，遗存下来的祁门十三都二图谢家坦汪氏文书《抄白标书》就是异姓宗族对共业山场进行重新分配的典型事例。下面笔者主要以此文书为主，对异姓共业分股山场的产业形态、析分过程和汪氏家庭经济结构做初探考察。不当之处，尚祈方家指正。

一、文书概述

　　《祁门十三都二图谢家坦汪氏文书》原件由刘伯山先生收藏，同时收录于《徽州文书》第四辑第 4 册。根据刘伯山先生的整理可知，该户文书共有 52 份，

---

① 参见栾成显：《明代黄册研究》（增订本），北京：中国社会科学出版社，2007 年，第 229—231 页；任志强：《试论明清时期的产权共业方式》，载朱诚如、王天有主编：《明清论丛》第 5 辑，北京：紫禁城出版社，2004 年；刘道胜：《众存产业与明清徽州宗族社会》，《安徽史学》2010 年第 4 期。

既有散件，也有鱼鳞图册、誊契簿、分家书等簿册若干部，类型丰富、数量可观。最早一件的为乾隆五十三年（1788），最晚的一件为民国十三年（1924）。簿册文书共有 14 件，除了抄白文书、田土字号、实征册、鱼鳞图册等外，还有乾隆末年的誊契簿 4 册，分家书 5 册，分别是《清嘉庆二十四年十月主盟父汪立仁立阄书》2 册、《清同治十一年七月汪国典立关书》1 册、《清光绪三十一年新正月汪乾宾同弟乾宣立关书》2 册[①]。

需要说明的是，笔者并非是对该户文书进行全面研究，而是选取由乾隆年间汪义先抄录的明代崇祯年间《抄白标书》1 册，对明代后期徽州社会中的异姓共业山场的产业形态及其处分过程进行探讨。

《抄白标书》1 册，包括崇祯十三年（1640）、十五年 3 件析分山场合同，该分家书与一般分家书的最大不同在于，不是在同一户家族内部进行析产，而是与多个异姓同时进行产业析分。具体来说是汪、方、谢、王、李等宗族对共业山场进行析分。在目前遗存下来的徽州文书中，这类分家书较为罕见，因而具有较高的研究价值。

簿主考证。《抄白标书》虽然不是原件，但与原件具有同样的研究价值，由乾隆年间汪义先抄录。从文书内容看，三份分山合同中汪氏宗族中的汪澹石都是主要业主之一，而每次阄分山场产业清单中，汪澹石所得山场都是单独开列。如崇祯十三年四月十三日所立分山标书开列的产业清单如下[②]：

> 汪澹石阄得山，遐字四百八十号起，至四百九十七号止，……
> 谢泰保阄得山，遐字四百八十号起，至四百九十七号止，……
> 汪尚有、汪大生等阄得山，……
> ……

由此可见，汪澹石所得山场不仅单独开列，而且还是放在第一的位置，而汪尚有、汪大生所得山场并未单独开列。又如，崇祯十五年分山阄书的记载[③]：

> 遐字十一号起至二十八号止，土名小留坑、合源，共计山 99 亩 1 角

---

① 刘伯山：《徽州文书》第四辑第 4 册，桂林：广西师范大学出版社，2011 年，第 216 页。
② 同上书，第 220—222 页。
③ 同上书，第 228—229 页。

40 步。前山以作十二股为率。汪澹石得六股，……

退字三十二号起至四十三号止，土名石床坑，共计山 59 亩 2 角。前山以作十四股为率，汪澹石得七股，该得实山 29 亩，方福显、永祯、永槐共得二股六分六厘，方惟德堂得一股三分三厘，方宗潮得三股。

退字一百十八号，土名塘坑住基，俗名显山，计山 3 亩零 40 步。前山以作四股为率，汪澹石得一股，该得山 3 角 10 步。仍三股，该山 2 亩 1 角 30 步，照方应户宗派买契分业。

……

以上阄分山场中，汪澹石均所得山场均是单独开列。由此初步推断簿主为汪澹石。又，文书中有"十三都二保退字体号南北分关抄白合同文约，画押分关一本，澹石收执"[①]字样。因此，可以判断出乾隆年间汪义先所抄录的《抄白文书》，当为汪澹石所保存，其簿主为汪澹石。

相关人物分析。崇祯十三年四月十三日清白合同记载，"龙源汪澹石同叔必寿、兄世高、侄元讽、亲眷谢泰保，共用价买受得十三都退字号山场一备，土名汉口，南北合源，南边山场，与各姓新立标分文簿，照文管业。北边未分，照买契得业。今因各用价多寡不同，议将南北山场，俱作四大股为率，澹石得二股，必寿同泰保共得一股，世高同元讽共得一股管业"[②]，由此可见，汪澹石为祁门龙源汪氏后裔。从《五股标书》的分析可知，祁门龙源汪氏主要居住在祁门十五都查湾村。但查阅乾隆《汪氏通宗世谱》卷一百一十五《祁门邑查湾》《祁门邑庐溪》相关世系和历代《祁门县志》，均未见到有关汪澹石的记载，故而暂时无法了解其生平事迹。而《抄白文书》中涉及的方宗潮、汪尚有、谢泰保、汪大生、方福显、方永祯、方永槐、方时礼、李百悦、李仲芳、方三七、王天佑等人，均未见有其他文献记载。

二、析分过程

一般的阄书大多是在某一宗族内部进行分家析产，涉及的仅是单一的宗

---

① 刘伯山：《徽州文书》第四辑第 4 册，桂林：广西师范大学出版社，2011 年，第 239 页。

② 同上。

族，而祁门十三都二图谢家坦汪氏文书中的《抄白标书》则并非宗族内部的分家析产，而是针对多个异姓宗族之间的共业山场进行析分，涉及的是多个宗族。在遗存至今的徽州文书中，这种阄书较为罕见，故而具有较高的研究价值，这对于全面认识徽州宗族社会实态亦不无裨益。那么，这些异姓共业山场是按照什么原则进行析分的，其析产层次如何？下面笔者就这些问题进行考察。

从文书内容看，汪澹石等异姓对共业的山场进行析分具有鲜明的层次性，即并非一次性地将所有产业进行析分，而是逐步进行析产。崇祯十三年四月十三日所立的分山标书，仅是对异姓共业山场中的南边进行析分，其内容如下[①]：

> 立清分标山合同文约人汪澹石等、方永槐等、方宗朝（潮）、汪尚有、谢泰保等，又同业王李方等，为查契清山定界正业，以杜争端，以收永利事，照得山清则利兴，业混则讼起，不在分数之多寡也。十三都山场遐字号起至　号止，土名等处。各家买受多少不均，向因人众心志不一，未行清查，混互不明，管业无定，以致苗木荒芜，又且争讼叠起。今公议延中，清分订界，兴利杜争，各买卖契及官文公私合同，尽俱付众，公同查考。或买有重复契、有真伪，分有多寡，焚香盟神虚公稽核，毫无偏曲。如有挟私害公，利己亏人，以少作多，以无为有者，神明鉴察，文契查清，照数分山，立定硬界，毫不那（挪）移。写立标分文书，一样七本，各姓收一本，永远遵守管业。其山分定各家，保为子孙世业，不许变卖约外之人，以硬合文，即同约中亦不许私买。如违，听同约人执文赴官告理，责令取赎，仍依此文为准。分后倘有他姓及无分之人，或造伪契及买先年无用老契混争，约内同心协力，赴官鸣理，必求青（清）白，不致偏累得山之人。凡我同盟，自后各宜勤力栽种，严革火盗，收天地自然之利，贻子孙永远守之宝，庶不负此盛举也。为此，同立清白合同书于标书之前，永远为照。

> 崇祯十三年四月十三日立　汪澹石、方永槐、方福显、方福相、方宗潮、

---

① 刘伯山：《徽州文书》第四辑第 4 册，桂林：广西师范大学出版社，2011 年，第 218—219 页。

方永祯、方新像、汪尚有、汪大生、谢泰保、谢兴富、方时礼、方永羕、王、李

中见人　汪必仕、陈敏教
代　书　章振先

从上文可知，祁门十三都汪澹石、方永槐、谢泰保异姓人等共业山场若干，但后来因山界不明，各家"买受多少不均，向因人众心志不一"，"以致苗木荒芜，争讼叠起"，为了协调各自管业山场的利益，于是订立山界，写立分山合同，从而避免争端。

崇祯十五年二月初六日所立分山合同，则对共业山场的北部进行析分。其全文如下[①]：

立清分合同文约人汪澹石等、方永槐等、方宗潮、谢泰保，共有十三都二保土名遐字东北二边山场。其南边山于崇祯十三年标分钉界，各管各业无异，仍有北边山场，自遐字三号起，至二百七十六号止。向因各家公私文契未曾赍出，照验明白，以至仍前，混互不清，管业无定，荒芜苗木，且起争端。今公议延中齐集，同业各赍公私文契，付众公同查考，各家不无重复，不无真伪。诚恐琐碎剖辨，未免反伤和气，听中劝谕，将各号山场议作股份管业。自定之后，各照所派各号分股，永远为业，再不得复执先年公私文契，又生衅端，以破清分合文。如有违文起衅，同业人俱要齐出公议，呈官理论，仍照清分合文为准。所有兴养条款项等，照十三年标分南边标书遵行。立此清分合同文约六本，汪收二本，方收四本，永远为照。

再批，前各号山，除言坑、七亩坦二处、七园坞共四号，新立四至外，余俱照经理为准。

崇祯十五年二月初六日立清分合同文簿人　汪澹石（图记）、方永槐、方福显、方福相、方永祯、方宗潮、方溜用、谢泰保

中见人　汪必仕、陈敏教、汪尚有

①　刘伯山：《徽州文书》第四辑第 4 册，桂林：广西师范大学出版社，2011 年，第 227—228 页。

从中可以看出，崇祯十三年汪、方、谢等姓氏仅是对共业山场中的南边山场进行析分，而北边山场尚未析分，后因"各家公私文契未曾赍出，照验明白"，造成了山界不清，苗木荒芜，影响了全体业主的共同利益。于是，崇祯十五年，将共业山场中的北边山场按照股份进行析分，并规定"自定之后，各照所派各号分股，永远为业，再不得复执先年公私文契，又生衅端，以破清分合文"，而且强调"所有兴养条款项等，照十三年标分南边标书遵行"。至此，汪、方、王、李、谢等异姓"共业分股"的山场析分完毕。

从上面两份分山标书合同可以看出，祁门十三都汪澹石、方宗潮、李百悦、谢泰保等异姓共业山场的析分是通过两次分别完成的。而且在对共业山场进行析分之时，本着先是众多异姓进行析分，然后才是同姓内部对所阄分的产业进行再次分配。可以说，这些异姓共业山场的析分是本着"先总后分"的原则进行分配的。

崇祯十三年第一次对异姓共业山场进行析分时，"共立标分文书一样七本，各姓收一本"。然后，是将各自所分得山场的字号、土名、面积逐一开列，现简略抄录如下[①]：

> 汪澹石阄得山，遐字四百八十号起，至四百九十七号止，……
>
> 谢泰保阄得山，遐字四百八十号起，至四百九十七号止，……
>
> 汪尚有、汪大生等阄得山，遐字四百八十号起，至四百九十七号止
>
> 方宗潮阄得山，遐字六百二十五号起，至八十五号止，……
>
> 方福显、方永祯、方永槐阄得山，遐字五百七十号起，至六百十五号止，……
>
> 方时礼阄得山，在前大四至内扒出，……
>
> 李百悦、李仲芳、方三七、王天佑阄得山，……

在这份异姓共业山场分山合同订立之后，作为同业人的汪、方两个家族，又各自对所得山场进行族内分配，订立分山合同。

在分山合同订立的当天，祁门龙源汪氏及亲眷谢氏就所得山场进行了重新

① 刘伯山：《徽州文书》第四辑第 4 册，桂林：广西师范大学出版社，2011 年，第 220—225 页。

分配，立有清白文约①：

> 龙源汪澹石同叔必寿、兄世高、侄元讽、亲眷谢泰保，共用价买受得
> 十三都遐字号山场一备，土名汉口，南北合源，南边山场，与各姓新立标
> 分文簿，照文管业。北边未分，照买契得业。今因各用价多寡不同，议将
> 南北山场，俱作四大股为率，澹石得二股，必寿同泰保共得一股，世高同
> 元讽共得一股管业。其山有未栽种者，召佃栽种，有堪砍挤者，照股相分。
> 所有各等条款，悉遵新立标书，各录一本为率。议定之后，永宜同心协力，
> 再无异言。今恐无凭，立此合同清白文约四纸，各收一纸为照。

> 　　　　崇祯十三年四月十三日立合同清白文约人　汪澹石、同我、必寿
> 　　　　　　　　　　　　　　　　　　　　　　兄世高
> 　　　　　　　　　　　　　　　　　　　　　　侄元讽
> 　　　　　　　　　　　　　　　　　　　　　亲眷谢泰保

从这份分山合同中可以看出，祁门十三都龙源汪宗族与其亲眷谢泰保将共同购买的山场，按照股份进行析分，具体来说是，"澹石得二股，必寿同泰保共得一股，世高同元讽共得一股管业"。这就形成了异姓"共业分股"这一特殊的产业形态，在明清时期的徽州具有一定的普遍性。

崇祯十三年四月三十日，即第一份异姓集体签订分山合同之后的第七天，作为共业山场所有者之一的方氏宗族内部，对所分得的山场进行再一次的分配。"方福显、永祯、永槐等，今将标得南边山场眼同品搭，新立硬界，编作天、地、人三单"，并将各自所得山地字号、土名、面积逐一开列②：

> 天字单，方永义、永槐、永凤三人阄得，……
> 地字单，方福显、福明阄得，……
> 人字单，方福相、永祯、永和、新像阄得，……

由此可见，崇祯十三年第一次析分山场之时，先是异姓共业所有人集体进

---

① 刘伯山：《徽州文书》第四辑第4册，桂林：广西师范大学出版社，2011年，第239页。
② 同上书，第225—227页。

行析分，然后再是各个宗族内部对所分得山场进行再次分配。

下面来看崇祯十五年二月初六日，异姓共业山场的第二次析分过程。从文书内容看，这次析产是在第一次的基础上，对异姓共业山场的北部进行析分。其清白合同中称，"今公议延中齐集，同业各赍公私文契，付众公同查考，……听中劝谕，将各号山场议作股份管业"①。由此可见，这些异姓共业山场，是按股分配。这在标书中所开列的产业清单中也得到体现。现举两例如下②：

遝字十一号起至二十八号止，土名小留坑、合源，共计山99亩1角40步。前山以作十二股为率。汪澹石得六股，二处共该得实山87亩零20步，方福显、相、义、祯等共得三股，方永槐、祯、羡等共得一股，方宗潮得二股。

遝字三十二号起至四十三号止，土名石床坑，共计山59亩2角。前山以作十四股为率，汪澹石得七股，该得实山29亩，方福显、永祯、永槐共得二股六分六厘，方惟德堂得一股三分三厘，方宗朝（潮）得三股。

从中可知，遝字十一号起至二十八号山场，共分十二股，汪澹石得六股，方氏得六股；遝字三十二号起至四十三号，共分十四股，汪澹石得七股，方氏共得五股。这种"共业分股"产业在明清时期的徽州具有一定的普遍性。

在崇祯十五年二月初六日，异姓对共业山场北段的析分也具有"先总后分"的特性。现具两例如下③：

遝字一百二十四号起至一百三十二号止，土名花坞，并塘坑同头照合同天、地二阄得业。

天字阄原作十八股，因锡照分在内，作十九股分派，潮羡、锡照二人各十九股之一，仍十七股，作四股分派。……

地字单，方宗潮阄得己业。……

由此可见，在第二次对异姓共业山场进行析分时，方氏宗族又对各自所得山场进行重新分配。

---

① 刘伯山：《徽州文书》第四辑第4册，桂林：广西师范大学出版社，2011年，第227页。

② 同上书，第228—229页。

③ 同上书，第230页。

总而言之,《抄白标书》中异姓共业山场的析分不是一次完成的,而是经过数次析分才得以完成的。而这种"共业分股"的异姓共业山场的析分,又具有鲜明的层次性,先是所有异姓集体进行析分,然后再是各自所有者内部对所得山场进行再次分配。简单地来说,异姓共业山场的析分是本着"先总后分"的原则进行分割的。

在崇祯十三年和崇祯十五年两次对异姓共业山场进行析分的同时,为了有效地管理山场,维护各自的权益,明确各方的权益与义务,在订立分山合同之时,特列"分山条款"①若干条,以确保日后山场日常管理工作的顺利进行。崇祯十五年的标书中再次强调,"所有兴养条款项等,照十三年标分南边标书遵行"②。

从这些条款可以看出,山场管理中的苗木兴养、放火隔盗、主力分成等均有所体现。

三、汪氏家庭经济结构

该文书为祁门十三都二图汪氏的归户文书,因此其中大多山场当为汪氏产

---

① 一、凡买契、官帖、合同等文,俱面同查考,详悉无遗,清定分数标分,以后只看新立标分合同为准,先年一切公私文契,俱不行用。

一、四至以新立硬界标书为准,经理四至不用,以杜纷争。

一、各姓分得山场,倘遇外侮,约内人同心协力,出备赍费,赴官鸣理,不致偏累得山之人。

一、长养苗木,尽系力分人及时栽苗丛密,五尺一株,不得荒废寸土。松子布散,主力照分各合。三年点青,如有抛荒,追出逐年花利,鸣官理治。

一、力分照旧例,三七为率,山主得七分,力分人得三分,俱至挤木时,眼同分价,不分木,力分人无许变卖他人,以致混破全业。如有私卖,鸣官究治,力分不与。

一、火盗尽系种山人照管,逐年砍拨火截,倘有失,约内人同行救护,不得坐视失火之人,查是呈治,不救之人一并罚究。或有不肖之人,私自盗木一根,查出约内公议,责令照本山大木赔还,容隐不报,一并呈治。

一、标分分数,订立界,至详定条款,俱系大众盟神虚公裁酌,确当俱各心服,以后各宜永远遵守,无得妄生奸诡,开衅异议,以致纷争坏纲。如有前情,约内同责文簿赴官告理,甘罚白银十两,入官公用,仍依此文为准。资料来源:刘伯山:《徽州文书》第四辑第4册,桂林:广西师范大学出版社,2011年,第219—220页。

② 刘伯山:《徽州文书》第四辑第4册,桂林:广西师范大学出版社,2011年,第228页。

业。崇祯十三年汪、王、方、谢等异姓所立的分山文约中，汪澹石所得山场清单，仅开列其字号、土名、四至，无山场面积记录，故而无法判断其山场规模。崇祯十五年汪、方、谢等异姓所立标分共业山场北段文约中，汪澹石所得山场大多记录了具体面积，粗略统计，汪澹石所得山场当在 170 亩以上[①]。

乾隆年间汪义先抄录的《遐字号田土簿》，详细登载了祁门十三都汪氏产业的类型、字号、土名、面积、四至等，能统计出明代末年汪氏家族中产业的经济结构。

据《遐字号田土簿》记载，祁门十三都汪氏产业共有 1136 号之多，其产业类型主要包括田、地、山。首先来看其山产情况。从田土字号簿看，汪氏所得山产记载具有一定的格式，具体内容抄录如下[②]：

> 一号，土名月坳下，山 1 亩 20 步，东月坳山，西谢山，南坑，北塝。
>
> 二号，土名小垄源下，山 65 亩，东降，西李山，南坑，北降。
>
> 三号，大垄源，山 25 亩，东中垄，西进保山，南溪，北降。
>
> ……

笔者将汪氏所得所有山产加以统计，汪氏共有山场 2602 亩 45 步。

再看田产。从田土字号簿看，汪氏所得田产登录具有一定的格式，具体情况如下[③]：

> 四十七号，月坳下，田 1 亩 2 角 7 步，东田厂，西田末，南山，北坑。
>
> 四十八号，婆冢坞，田 1 角，东山，西自山，南坑，北山。
>
> 四十九号，石床坑，田 3 角，东坑，西山，南坑，北山。
>
> ……

经过统计，汪氏所得田产共有 567 亩 1 角 4 步。

最后看地产情况。从田土字号簿看，汪氏所得田产登录亦有一定的格式，具体情况如下[④]：

---

① 刘伯山：《徽州文书》第四辑第 4 册，桂林：广西师范大学出版社，2011 年，第 228—233 页。

② 同上书，第 248 页。

③ 同上书，第 251 页。

④ 同上书，第 253—254 页。

八十八号，里家弯，地 2 角 10 步，东溪，西，南，北地。

八十九号，里家弯，地 2 角，东地，西地，南溪，北地。

九十号，里家弯，地 20 步，东地，西地，南路，北地。

……

经过统计，汪氏所得地产共有 73 亩 2 角 23 步。

现将田土字号簿中所见汪氏各项产业情况统计如下表 1。

表 1 《遐字号田土簿》所见汪氏产业一览

田土类型	田	地	山
	567 亩 1 角 4 步	73 亩 2 角 23 步	2602 亩 45 步
合计	3243 亩 12 步		

资料来源：刘伯山：《徽州文书》第四辑第 4 册，第 247—314 页。

从表 1 中可以看出，祁门十三都龙源汪氏共有田土 3243 亩 12 步，其中，田 567 亩 1 角 4 步，地 73 亩 2 角 23 步，山 2602 亩 45 步。在汪氏产业中，山场占了产业总数的 80% 以上。可见，汪氏不仅是一个大土地所有者，而且山场是其最为主要的产业。

徽州是典型的山区，山多地少。祁门县在徽州府中山区面积更为广大，山多田少的情况更为突出，所谓"祁门岩邑也，山居十之八，水居十之二"[1]。

汪氏众多的产业中，田用以种植水稻，地用以种植小麦，山场则主要兴养林木和茶叶。而汪氏所拥有的田、地、山等产业的具体情况已如上述。嘉靖年间，祁门知县桂天祥也说："本县山多田少，民间差役、日用，咸于山木赖焉。是一山木之兴，固百计之攸属也。"[2] 可见山场林木生产在祁门县百姓日常生活中具有更为重要的意义。在汪氏家庭经济结构中，山场是其最为重要的产业，也是生计主要来源。而且，拥有 2602 亩 45 步山场，在徽州山区俨然是一户大山场所有者。祁门十三都龙源汪氏，拥有大量山场，大规模从事山林经营，并以此来维系日常

---

① （明）李维桢：《大泌山房集》卷五十四下《聚源坝记》，载《四库全书存目丛书》集部第 151 册，济南：齐鲁书社，1997 年，第 670 页。

② （明）汪尚宁纂：《（嘉靖）徽州府志》卷八《物产》，载《北京图书馆藏古籍珍本丛刊》第 29 册，北京：书目文献出版社，1995 年，第 209 页。

生活自不必待言，山林经济显然在汪氏家庭经济中占有十分重要的地位。

四、结语

共业多是按股分配，这种"共业分股"的产业形态，在明清时期的徽州具有普遍性。学术界对"共业分股"产业形态多有关注。值得注意的是，检阅既有的研究，不难发现，目前对"共业分股"的研究，多局限于单个宗族内部进行探讨，而对异姓"共业"产业的析分没有给予应有的关注。虽然从某种意义上说，明清时期的徽州是个典型的宗族社会，但"共业"并非仅局限于宗族内部，即并非只有宗族共业，而族际之间也同样存在共业的现象，即异姓共业也同样存在，宗族共业仅是"共业"的一种形式而已，而并非其整体面貌。祁门十三都二图谢家坦汪氏文书中的《抄白标书》即为异姓共业的一典型例证。

需要说明的是，正因为以往的研究多集中在宗族共业上，缺乏对异姓的深入分析，因而其某些观点也具有一定的局限性，需要加以修正。以往学界在探讨徽州社会的产业形态时，注意到"众存产业"是徽州一种特殊产业形态，其大多是在宗族内部分家析产之时产生，主要存在于同姓宗族内部，众存产业是作为一种族产而存在，是徽州宗族得以维系的重要基础。也有学者认为明清时期徽州的宗族礼俗生活决定了共业的产生与发展①。其实，这些论断仅是针对宗族共业而言的，并未包括异姓共业。"共业"山场不仅局限于宗族内部，而且在异姓宗族之间也存在，决定"共业"产业形态的不是血缘宗族系谱关系，而是共同经济利益关系，只要有共同的经济利益，无论是在宗族内部还是异姓宗族之间，都会有合作的需要，而在互助合作的基础上，便出现了共业现象。

任志强指出："诸子均分制和产业频繁买卖是形成共业的主要途径，而管业不便则是其消亡的主要原因。"② 这种认识是有一定道理的。共业产生的形式决定了其具有脆弱性，其经营较为松散，主要依赖血缘关系和契约关系加以维系。

---

① 林济：《明清徽州的共业与宗教礼俗生活》，《华南师范大学学报》2000 年第 5 期。

② 任志强：《试论明清时期的产权共业方式》，载朱诚如、王天有主编：《明清论丛》第 5 辑，北京：紫禁城出版社，2004 年，第 266 页。

异姓共业则完全依赖契约关系维系，在经营过程中，往往因为经济利益冲突，造成共业终止。《抄白标书》中的汪、方、王、李、谢等多个异姓出于经济利益的需要，共业购买、经营若干山场，形成了共业现象。但不久之后，因为各姓购买多寡不一，人心不一，造成"管业无定"，山业荒芜，因而出现了崇祯十三年和崇祯十五年对共业山场的析分，从而引起了共业的消亡。

檀园与南翔镇：明清江南市镇中的园林

杨　茜

　　明代中后期，代表着财富与文化的私家园林，大量兴建，尤其在以苏州为代表的江南地域，造园成为一种风气："凡家累千金，垣屋稍治，必欲营治一园。若士大夫之家，其力稍赢，尤以此相胜。大略三吴城中，园苑棋置，侵市肆民居大半。"① 如苏州拙政园、留园，无锡寄畅园，上海豫园，扬州个园等等，都是明清私家园林的杰出代表，也是古代园林艺术成就的至高典范。同时，在经济领域，江南市镇经历了宋代直至明成化、弘治年间的萌芽与形成期，到嘉靖、万历之后开始更加明显和稳定地增长，市镇经济也达到空前的繁荣②。造园的风气，也逐渐从城市向下蔓延。蓬勃发展的市镇中，也出现大大小小的私家园林，值得瞩目。

一、园林与市镇

　　明清江南的乡镇志书，几乎都有《园林志》《园第志》来记载市镇园林的内容，即使没有单列成卷，也会于《古迹志》等相关卷目中做出介绍。可以说，园林在市镇中，成为一处不可忽略的景观。仅从数量来看，就已经大为惊人。以明代为例，南浔镇有 8 处园林，双林镇有 10 处，唐市镇有 13 处，南翔镇有12 处，震泽镇有 4 处，盛泽镇有 5 处，其他市镇亦类如此。入清之后，园林建设则更多。

---

① （明）何良俊：《何翰林集》卷十二《西园雅会集序》，明嘉靖四十四年（1565）何氏香严精舍刻本。

② 刘石吉：《明清时代江南市镇研究》，北京：中国社会科学出版社，1987 年，第 157 页。

　　毋庸置疑，市镇园林是中国古典园林不可忽视的一部分。不过，以往学界对中国古典园林的研究，多集中在城市或城郊的若干著名园林身上①，对市镇园林问津极少。将市镇园林作为考察对象的专门研究，目前所见仅有两篇文章。一是巫仁恕依据乡镇志书中的《园第志》文本，探讨明清江南市镇园林与宅第的兴建现象，重在揭示这些文本通过对"文人化"园第形象的强调，塑造地域文化的优越性以唤起地方意识、甚至试与城市争长短的企图②。这是有关明清江南市镇园林总体状态最为专门的研究。其二，市镇园林还是地方社会权力结构变化的缩影。孙冰以湖州双林镇为例，借助对明清两代园林主人身份的分析，指出了园林作为一种文化资源，有利于移民争取文化权力以融入地方社会③。故此可以看出，市镇园林有着非常大的研究空间。

　　晚明以来的私家园林，以精致的造景技艺、文人化的设计美感著称于世。纵观江南市镇中的园林，也有许多这样的精品。如长洲县甫里镇的园林"梅花墅"，万历年间由镇人许自昌（字玄祐）所建。许自昌万历三十五年（1607）

---

　　① 这方面的研究非常丰富，这里仅简单列举若干概述性、社会文化研究视角以及最近出现的园林文字书写视角的相关研究：童寯：《江南园林志》，《近代中国史料丛刊续辑》第 753 册，台北：文海出版社，1980 年。王春瑜：《论明代江南园林》，《中国史研究》1987 年第 3 期。王毅：《园林与中国文化》，上海：上海人民出版社，1990 年。Craig Clunas. *Fruitful sites: Garden Culture in Ming Dynasty China*, Durham: Duke University Press, 1996. ［美］乔安娜·F·汉德琳·史密斯著，陈广宏译：《祁彪佳社交界中的园亭：晚明的财富与价值观念》，载《中国文学研究》第八辑，北京：中国文联出版社，2007 年，第 242—272 页。［美］肯尼斯·J·哈德蒙：《明江南的城市园林——以王世贞的散文为视角》，载［法］米歇尔·柯南、陈望衡主编：《城市与园林——园林对城市生活和文化的贡献》，武汉：武汉大学出版社，2006 年，第 82—97 页。王鸿泰：《美感空间的经营——明、清间的城市园林与文人文化》，《东亚近代思想与社会》，台北：月旦出版社，1999 年，第 127—186 页。巫仁恕：《江南园林与城市社会——明清苏州园林的社会史分析》，《"中央研究院近代史研究所"集刊》2008 年第 61 期，第 1—59 页。杨泽君、陆鹏亮：《从"雅集"到"市集"——松江园林与明清社会经济的变化》，《中国社会经济史研究》2001 年第 1 期。曹淑娟：《流变中的书写：祁彪佳与寓山园林论述》，台北：里仁书局，2006 年；毛文芳：《物·性别·观看：明末清初文化书写新探》第三部分《园林：图绘、文本、欲望空间》，台北：学生书局，2001 年，第 147—280 页；刘苑如主编：《生活园林：中国园林书写与日常生活》，台北："中研院"中国文哲研究所，2013 年。

　　② 巫仁恕：《明清江南市镇志的园第书写与文化建构》，《九州学林》2007 年第 5 卷第 4 期。

　　③ 孙冰：《园林：财富、文化和权力的变迁——以浙江湖州双林镇为例》，《中国社会经济史研究》2005 年第 2 期。

谒选文华殿中书舍人，但很快即以养老的名义辞官归里，遂在镇中姚家弄西，筑了一休闲园林"梅花墅"。梅花墅因地制宜，引水入园，使园内"山水亭榭，颇为奇胜"①，文人诗咏非常多。江南文人钟惺、陈继儒均撰有园记，而祁承爜仅读过陈继儒的园记便已"不觉爽然自失矣"②。董其昌更言："过甫里不入许玄祐园林，犹入辋川不见王裴也。"③

再者，园林从来都不是供主人一个人闭门享受的。正像汉德琳的分析："尽管祁彪佳的园亭备有晚明最大、最著名的藏书楼之一，但它的用途并非是勤学索居，而是与当地的精英交游联系，共同分享对拥有第一流风景之园宅的审美鉴赏，以及在优美环境中的娱乐。"④邀请亲朋好友在园子中游宴集聚、唱和休闲，是园林重要的功用。市镇中亦是如此，像嘉兴县王店镇自明代以来"士大夫往往构园亭以为宴息之所，而文人逸士亦多有之"⑤。乌程县晟舍镇"亭台相望，觞咏争夸"⑥。常熟县唐市镇的凤基园，是杨彝召集应社文人聚会的重要场所⑦。长洲县陈墓镇上的独寐园，园中"有四时不绝之花，无一日不吟之客"⑧。归安县双林镇的沈氏西园，明中叶举办讲学活动，数十人在园中"张乐联吟"⑨。

当园林处在市镇这样一个特殊的地域——经济属性的市场交易地、有相对完整的区域和独立意识⑩，便使得从市镇地域的视角透视园林成为可能。园林的

---

① （清）彭方周：《吴郡甫里志》卷四《园亭》，清乾隆三十年（1765）刻本。

② 同上。

③ （明）董其昌：《中书舍人许玄祐墓志铭》，载《容台文集》卷八，明崇祯三年（1630）董庭刻本。

④ ［美］乔安娜·F·汉德琳·史密斯著，陈广宏译：《祁彪佳社交界中的园亭：晚明的财富与价值观念》，载《中国文学研究》第八辑，北京：中国文联出版社，2007年。

⑤ （清）杨谦纂，（清）李富孙补辑，（清）余楙续补：《梅里志》卷六《园亭》，清光绪三年（1877）仁济堂刻本。

⑥ （清）闵宝梁：《晟舍镇志》卷二《古迹》，浙江省图书馆藏抄本。

⑦ （清）倪赐纂，（清）苏双翔补纂：《唐市志》卷上《园亭》，抄本。

⑧ （清）陈尚隆纂，陈树毅续纂：《陈墓镇志》卷五《第宅》，抄本。

⑨ （清）蔡蓉升原纂，蔡蒙续纂：《双林镇志》卷十一《古迹名胜》，民国六年（1917）上海商务印书馆铅印本。

⑩ 可参见［日］森正夫：《江南三角洲的乡镇志——以明后半期为主》，载《第七届明史国际学术讨论会论文集》，1999年，第340—358页；［日］森正夫：《明清时代江南三角洲的乡镇志与地域社会——以清代为中心的考察》，载《中华民国史专题论文集第五届讨论会》第1册，台北：新店"国史馆"，2000年，第787—822页。

艺术特性，以及丰富的文化活动，一方面成为市镇风光风貌的代表，另一方面为经济属性的市镇开辟了承载文化艺术的空间。故本文将以晚明南翔镇上的重要文人李流芳和他所建的檀园为例，展示园林对于市镇的意义。

二、李流芳家族与南翔镇

南翔镇，因南翔寺而得名，又称槎溪，古疁地[①]。明清时属嘉定县，位于县治南二十四里附近，镇区东西长五里，南北广三里。南翔镇地宜植棉，是江南著名的棉业市镇，镇中生产的扣布"光洁而厚，制衣被耐久，远方珍之。布商各字号俱在镇，鉴择尤精，故里中所织甲一邑"[②]。明嘉靖年间，南翔镇的商品经济已经发展到"百货填集，甲于诸镇"的繁荣程度[③]。此时南翔镇的繁荣多赖徽商的贡献："新安人善贾，游行江湖，天下都会，处处有新安人，而三吴之地，则在嘉定者多。"[④]南翔镇亦是"多徽商侨寓"。到万历中期，由于本地无赖的蚕食，徽商徙避，南翔镇一度衰落，至清初再次恢复，重现"市井鳞比，舟车纷繁，民殷物庶"的景象[⑤]。

晚明的南翔镇，李氏是为数不多的仕宦大族。李氏原籍徽州歙县，自李文邦时迁居南翔。李氏从徽州来，亦是徽商，李文邦曾在山东一带经商。不过李氏定居南翔后，很快即获科举成功，向文化世家转型。李文邦长子汝节（字道亨），是明嘉靖四十四年（1565）进士，历官安吉知州、刑部员外郎等职，还

①　有关南翔镇的起源和兴起可参见吴滔：《从"因寺名镇"到"因寺成镇"：南翔镇"三大古刹"的布局与聚落历史》，《历史研究》2012年第1期。

②　（清）张承先纂，（清）程攸熙订正：《南翔镇志》卷一《疆里·物产》，民国十三年（1924）南翔凤箐楼铅印本。

③　（明）杨旦修，（明）浦南金等纂：《（嘉靖）嘉定县志》卷一《疆域卷》，明嘉靖三十六年（1557）刻本。

④　（明）唐时升：《商山吴隐君七十寿序》，载《三易集》卷十九，明崇祯谢三宾刻，清康熙三十三年（1694）陆廷灿补修嘉定四先生集本。

⑤　（明）韩浚修，（明）张应武纂：《（万历）嘉定县志》卷一《疆域考》，明万历三十三年（1605）刻本；（清）张承先纂，（清）程攸熙订正：《南翔镇志》卷二《营建》，民国十三年（1924）南翔凤箐楼铅印本。

曾从学于一代文宗归有光①。汝节子李先芳（字茂实），万历十七年（1589）进士，曾任刑科给事中，后以四川参议卒于任上。李文邦第四子名汝筠，汝筠次子李名芳（字茂材），十余岁时已能驰骋文词，被董其昌邀至家塾读书，广交浙东西名士，万历二十年（1592）中进士，选翰林院庶吉士②。在这样一个"两代三进士"的儒商家族中，其文化成就的代表非李流芳莫属。

李流芳，字茂宰，又字长蘅，乃李汝筠的第三子。长兄名元芳（字茂初），诸生，工七言长句③。流芳是万历三十四年（1606）举人，时年三十二岁，后进士不第，遂绝意仕进，亦未选官，一生流连于江南山水与诗画品题间。晚明，李流芳与娄坚、程嘉燧、唐时升并称"嘉定四先生"，他们是继归有光之后，嘉定地域文化的中心人物。时人论："四先生诗文书画，照映海内，要皆经明行修，学有根柢，而唐以文掩，娄以书掩，程以诗掩，李以画掩云。"④钱谦益与四先生多有交往，在为四人文集作序时云："嘉定僻在海隅，风气完塞，四君读书谈道，后先接迹，补衣蔬食，有衡门泌水之风。"⑤

李流芳的才情品格，一直被广为推重。钱谦益评价李流芳的书、画、诗曰："书法规模东坡；画出入元人，尤好吴仲圭；其于诗信笔输写，天真烂然"，并将看流芳吟诗作画，比作"生平第一快事"⑥。董其昌称李流芳以山水画擅长，但自己"所服膺乃其写生，又别有趣"，赞其所绘竹石花卉，"出入宋元、逸气飞动"⑦。吴伟业将其与董其昌、王时敏、王鉴等一起列为"画中九友"，并歌之："檀园著述夸前修，丹青余事追营丘。平生书画置两舟，湖山胜处供淹留。"⑧李

---

① （明）归有光：《震川先生集》，上海：上海古籍出版社，2007年，第457页。

② 有关李氏家世可参见李珂：《李流芳论考》，（清）上海社会科学院硕士论文，2009年，第一章；（清）张承先纂，（清）程攸熙订正：《南翔镇志》卷六《人物·文学》，民国十三年（1924）南翔凤薵楼铅印本。

③ （清）张承先纂，（清）程攸熙订正：《南翔镇志》，民国十三年（1924）南翔凤薵楼铅印本。

④ （清）程其钰修，（清）杨震福纂：《（光绪）嘉定县志》卷十九《人物志四》，清光绪八年（1882）刻本。

⑤ （清）赵昕修，（清）苏渊纂：《（康熙）嘉定县志》卷二十一《艺文》，清康熙十二年（1673）刻本。

⑥ （清）钱谦益撰集：《李先辈流芳》，载《列朝诗集》丁集卷十三下，北京：中华书局，2007年。

⑦ （明）董其昌：《容台别集》卷四《题跋》，明崇祯三年（1630）董庭刻本。

⑧ （清）吴伟业：《画中九友歌》，载《吴梅村全集》卷十一，上海：上海古籍出版社，1990年，第289页。

流芳作诗，风骨自高，讲究真识、真情和真趣的真性灵[①]。四库馆臣也给予其较高的评价，称李流芳"虽才地稍弱，不能与其乡归有光等抗衡，而当天启、崇祯之时，竟陵之盛气方新，历下之余波未绝，流芳容与其间，独恪守先正之典型，步步趋趋，词归雅洁。三百年中斯亦晚秀矣！"[②] 这一点，"嘉定四先生"是相通的，民国作家施蛰存赞赏四位先生这种对"真"的追求，将其看作明代最后一个诗派[③]。总之，李流芳一生生活在南翔镇中，是晚明镇中重要的文人士大夫，同时在江南文化圈中亦有一定的地位。

除李流芳所建的檀园外，南翔镇中还有两处李氏园林。一是"三老园"，由李文邦迁居南翔之后所建，以枫、柏、桂为"三老"。一是"猗园"，最初为闵士籍开辟，园中树、石规制皆出自晚明著名竹刻家、嘉定人朱三松之手。明末时，猗园归李名芳儿子宜之（字缁仲）所有[④]。三园并立，南翔李氏风雅一时。此外，流芳、名芳、元芳三兄弟，均工于文辞，并噪晚明江南词坛[⑤]。可以说，无论家族财富、科名，还是文化修养与声望，李氏家族在南翔镇都是特别突出的。清末所编的《南翔镇志》因言："古今来，地以人传，槎里褊小而尚论其人，如张司马、李给谏、李庶常兄弟，其勋业、谠论、文章，炳天壤而光史册，岂一乡一里之人哉。"[⑥]

三、檀园兴建与宴集

明万历三十三年（1605），仍在科举道路上前行的李流芳在南翔镇金黄桥

① （清）沈德潜、（清）周准辑：《明诗别裁集》卷十《李流芳》，清乾隆间刻本。

② （明）李流芳：《檀园集·提要》，载《景印文渊阁四库全书》，台北：台湾商务印书馆，1986年。

③ 施蛰存：《施蛰存七十年文选》，上海：上海文艺出版社，1996年，第621页。

④ （清）程其钰修，（清）杨震福纂：《（光绪）嘉定县志》卷三十《名迹志·第宅园亭》，清光绪八年（1882）刻本。

⑤ （清）张承先纂，（清）程攸熙订正：《南翔镇志》卷六《人物》，民国十三年（1924）南翔凤翥楼铅印本。

⑥ （清）张承先纂，（清）程攸熙订正：《南翔镇志》卷六《人物》序。其中，李给谏、李庶常分别指李先芳、李名芳。"张司马"指明嘉靖二十六年（1547）进士张任（字希尹），曾任浙江、陕西、广东等地大员，卒，朝廷赠兵部左侍郎。（见镇志卷六《人物·贤达》）。

南建构了一个私家园林，名檀园。园中"凿曲沼，开清轩，通修廊，栽花灌木"①，皆为流芳亲自设计，形成"房廊水石，映带嘉木"的娴雅景致②。流芳在其中或独坐或宴集，或吟诗或作画，"琴书萧闲，香茗郁烈，客过之者，恍如身在图画中"，有"水木清华，市嚣不至"的意境③。檀园内的建筑，包括泡庵、萝壑、剑蜕斋、慎娱室、次醉阁、吹阁、翏翏亭、春雨廊、山雨楼、宝尊堂、芙蓉畔等④。其中宝尊堂是招待友人、宴集唱和的主要场所。慎娱堂、剑蜕斋、萝壑、吹阁等是流芳的书画室。翏翏亭则常可见流芳独坐思吟⑤。

万历三十三年，当檀园还在建设中，流芳好友朱修能来访，投诗关心进展，流芳答曰："池上新庵仍署泡，阶前旧壑已名萝。"⑥可见此时园中的泡庵与萝壑已基本完成。不久，檀园竣工，流芳甚是喜悦，赋诗言怀⑦：

> 短筑墙垣仅及肩，多穿涧壑注流泉。
>
> 放将苍翠来窗里，收取清泠到枕边。
>
> 世欲何求休汗漫，我真可贵且周旋。
>
> 一龛尚拟追莲社，不用居山俗已捐。

檀园中，有"涧壑"、有"流泉"、有窗前的苍翠和枕边的清泠，仿佛能够将世间欲望隔绝于外，即使处在这繁华的市镇，也达成了"俗已捐"的境界。兴奋之余的流芳借答复友人龚方中恭贺的机会开始邀约园林集会⑧：

---

① （明）陶珽编：《说郛续》卷二十二"檀园"条，清顺治三年（1646）宛委山堂刻本。

② （明）侯峒曾：《侯忠节公全集》卷十五《祭李长蘅先生文》，复旦大学图书馆古籍部藏民国二十二年（1933）铅印本。

③ （清）钱谦益撰集：《李先辈流芳》，载《列朝诗集》丁集卷十三下，北京：中华书局，2007年。

④ （清）程其珏修，（清）杨震福纂：《（光绪）嘉定县志》卷三十《名迹志·第宅园亭》，清光绪八年（1882）刻本。

⑤ （明）李流芳：《九日翏翏亭独坐看花感怀有作》《雨中独坐翏翏亭看桂花　得张子崧书问兼怀孟阳》，载陶继明、王光乾校注：《嘉定李流芳全集》卷一、卷六，上海：上海古籍出版社，2013年，第37、170—171页。

⑥ （明）李流芳：《朱修能见访，闻予方葺檀园，以诗枉讯，次韵答之。时修能将至茸上》，载陶继明、王光乾校注：《嘉定李流芳全集》，上海：上海古籍出版社，2013年，第136页。

⑦ （明）李流芳：《小茸檀园初成，伯氏以诗落之，次韵言怀》，载陶继明、王光乾校注：《嘉定李流芳全集》，上海：上海古籍出版社，2013年，第143页。

⑧ （清）钱谦益撰集：《小茸檀园初成伯氏有作仲和次韵见投用韵奉答兼订后期》，载《列朝诗集》丁集卷十三下，北京：中华书局，2007年，第5473页。

练祁南下水村赊，一路秋风吉贝花。

到市钟声知寺近，过桥柳色逐门斜。

贫能好事无如我，老解求闲有几家。

若肯重来留十日，不辞淡饭与粗茶。

龚方中，字仲和，是广东参政龚锡爵的儿子，与流芳关系密切。其嘉定县城的宅第，是"四先生"经常举行诗酒宴会的地方。练祁，指练祁河，又称练川，代指嘉定县。寺，指南翔镇得以命名的南翔寺。桥，指檀园所在的镇中金黄桥。这里蕴含了檀园的地理位置。最后一联"若肯重来留十日，不辞淡饭与粗茶"，显示出流芳对新园林中友人相聚的兴奋与期待。

流芳文集中记载了两次分别持续了两日的檀园宴集。一次是万历四十七年（1619）。这一年初，流芳赴京参加会试，途中得病，遂放弃北上而还家。三月十九日，友人张廷棫、郑云骙前来拜访，流芳遂邀长兄、子侄，与张、郑二人一起欢聚园中，畅言畅饮，作画题诗，留下了十分美好的回忆[1]：

三月十八日，余自吴门还，翌日，与子薪相闻且招之。子薪报云："彦逸亦在此，质明当与偕来。"是日轻阴，风气萧爽，集伯氏、从子辈于宝尊堂。既酣，子薪、彦逸遂留宿山雨楼头。

晨起，登楼看雨，焚香啜茗，颇适。饭罢，两君便欲别去。予曰："家酿颇洌，尚堪小饮，当为稍淹，已维身于门矣。"既饮，酒白于玉，芳于桂，甘于泉，新绿映槛，雨润欲滴，门外屐声不至，鼎足而谈，或笑，或歌，或泣，皆生平怀而不尽者，遂不能去。

肴既尽，佐以笋蕨。重涤酒器，出所藏哥窑、旧玉二杯，陈案上，呼五木，得异采者饮一杯。童子时时摘花来供，蕙既芳，蔷薇视人而笑，虎茨数树着花如雪，掩映斋壁。子薪往往叫绝，因相牵入慎娱室，索墨汁属予画，且画且谈，竟尽此卷。欲题一诗，已醉不能。聊纪此以资它日谭柄，相知如闲孟、孟阳者，可一示之，勿以示俗人也。

己未三月廿二日，泡庵道人题

① （明）李流芳：《题画卷与子薪》，载陶继明、王光乾校注：《嘉定李流芳全集》，上海：上海古籍出版社，2013年，第302—303页。

　　子薪，指张廷械，南翔镇人，是兵部车驾司员外郎张楸的族子，工诗文，与流芳、程嘉燧交游，被流芳称作"骨清而坚、气弱而恬、神悴而全"[①]。彦逸，指郑允骒，诸生，居嘉定西城，其兄允骧"文雄健，多经济之言"，与流芳是好友。[②] 这段题画，极具画面感地描绘了一场文人园林宴集的情形，从前一日的相约、小聚，到第二日的晨起登楼看雨、焚香饮茶，以及品酒、谈笑抒怀，到更欢愉的鉴物、博酒、赏花，以至尽兴后的"且画且谈"。园林欢聚场景跃然眼前。联系到又一次未果的会试，流芳心中的不遇之感，或许可以借助这样畅怀的园林集会而稍得纾解。

　　另一次是元宵节，流芳邀请"里中诸君"到檀园赏灯，主宾共十人。元宵夜，檀园中张灯结彩，即使突然的落雨也丝毫没有影响节日唱和的欢乐气氛："花边楼阁月边廊，更爱繁灯照夜光。雨气无端先客到，檐声应为和歌长。城头结绮人俱散，村里迎神鼓不忙。且尽一杯酬令节，泥深门外亦何妨？"[③] 第二日，宾主再次相聚檀园宝尊堂，回忆昨夜转瞬已逝的"良辰乐事"，共赏风雨中即将百花绽放的园景："索笑檐梅日几巡，良辰乐事肯辞频。灯宵自是难兼月，酒伴何须更觅人？时序百年真可惜，欢娱一瞬已成陈。眼看花发多风雨，狼籍春园万树银。"[④] 檀园节庆的氛围由此可见一端。

　　另一位"嘉定四先生"程嘉燧，与流芳过从甚密，是檀园的常客。程嘉燧字孟阳，本为徽州歙县人，天启二年（1622）侨居嘉定县城，精通诗书画，为晚明一大家，被李流芳引为诗文交[⑤]。万历三十三年（1605），为祝贺檀园落成，程嘉燧题诗于园中的"次醉阁"[⑥]：

————————

　　① （清）张承先纂，（清）程攸熙订正：《南翔镇志》卷六《人物》，民国十三年（1924）南翔凤翥楼铅印本。

　　② （清）程其钰修，（清）杨震福纂：《（光绪）嘉定县志》卷十九《人物志四》，清光绪八年（1882）刻本。

　　③ （明）李流芳：《元夕雨，邀里中诸君小饮檀园，灯下次伯氏韵》，载陶继明、王光乾校注：《嘉定李流芳全集》，上海：上海古籍出版社，2013年，第147页。

　　④ （明）李流芳：《十六日诸君载酒重聚宝尊堂，次伯氏韵》，载陶继明、王光乾校注：《嘉定李流芳全集》，上海：上海古籍出版社，2013年，第147页。

　　⑤ （清）程其钰修，（清）杨震福纂：《（光绪）嘉定县志》卷二十《人物志五·侨寓》，清光绪八年（1882）刻本。

　　⑥ （明）程嘉燧：《题檀园次醉阁》，载《松园浪淘集》卷八，明崇祯间刻本。

　　为爱檀园开北阁，两回三宿小房栊。

　　坐深曲洞香灯焰，睡美疏棂晓日烘。

　　自拂花飞方丈雨，素屏滩响一休风。

　　但名次醉犹嫌俗，合作禅栖住远公。

　　此后，程嘉燧常常光顾檀园，有时直接夜宿于檀园，与流芳晨夕唱和①。如程诗《正月十八夜宿长蘅家感旧和前次醉阁诗韵》中感叹时光流逝，"流年灯罢残更月，旧事庭前半树风"，但可欣慰的是好友李流芳仍然保持淡泊闲适的状态："却喜故人今未贵，依然萧寂类禅公。"②檀园宴集也少不了程嘉燧的参与，某年五月十三日，程嘉燧陪元芳、流芳兄弟在宝尊堂集会，称"每到君家双眼明，二难况值自逢迎"③。即便不能亲自前往的聚会，程嘉燧也会写诗相寄，表达"不共西窗彻夜论"的遗憾④。

　　披寻史料，从各种唱和诗文中，还能够看到多次檀园的宴集，如葛一龙的《雨集长蘅檀园》⑤：

　　梅雨到先客，客止雨未止。

　　渐看园沼平，已浸石齿齿。

　　幽花湿更香，老树枯不死。

　　所居即空山，所味亦如水。

　　闵裴的《饮长蘅檀园》⑥：

　　临溪浅步雨香携，夏绿深深听晚鹂。

---

　　① （清）张承先纂，（清）程攸熙订正：《南翔镇志》卷七《人物·流寓》，民国十三年（1924）南翔凤翥楼铅印本。

　　② （明）程嘉燧：《正月十八夜宿长蘅家感旧和前次醉阁诗韵》，载《松园浪淘集》卷十四，明崇祯间刻本。

　　③ （明）程嘉燧：《五月十三日陪茂初兄弟宝尊堂燕集》，载《松园浪淘集》卷十三，明崇祯间刻本。

　　④ （明）程嘉燧：《仲夏偶过长蘅水槛即事雨夜王弱生郑闲孟过李长蘅予未能同辄有此寄》，载《松园浪淘集》卷八，明崇祯间刻本。

　　⑤ （清）张承先纂，（清）程攸熙订正：《南翔镇志》卷十一《杂志·园亭》，民国十三年（1924）南翔凤翥楼铅印本。

　　⑥ 同上。

> 高士门庭惟尚简，野人来去自无稽。
>
> 幽情共惜园中夜，后约还留石上题。
>
> 残醉更怜分手处，柳风吹月一船低。

李流芳本人的《伯先偕徐女扬诸君见过，留饮檀园。别后，伯先以诗见寄，次韵》[①]：

> 新知旧好两相携，来看初莲听晚鹂。
>
> 池上熏风先客至，林端缺月为谁稽。
>
> 酒怀烂熳犹轻敌，诗兴萧疏已怯题。
>
> 不醉其如吟思苦？因君亦遣白头低。

以及《秋日喜子鱼、孟阳、君美、仲和过檀园宿留，即事》[②]：

> 长日郊居少送迎，喜闻客至启柴荆。
>
> 百年潦倒谙交态，廿里过从见故情。
>
> 凉雨洗尘秋院静，飞虫远烛夜堂清。
>
> 休论旧事增惆怅，醉起巡廊绕月行。

这些园林宴会诗文、"次韵"式的反复唱和，是诗歌创作社交性的突出表现，也是文人获得并提升自身地位和声望的重要手段。同时，亦是中国文学史中的一个传统，正所谓"在有限的士大夫阶层中创造流传的诗文传统，本质上成为一种可以获取文化、社会与政治声誉的货币"[③]。文人在园林宴集交游中获得声望，园林本身则也在这一过程中声名鹊起，吸引更多的风流雅士往来游赏。

檀园过客中，最著名的恐怕要数晚明名妓柳如是了。柳如是在崇祯七年（1634）、九年两次游于嘉定，据陈寅恪先生以程嘉燧诗文为线索的考证，两次嘉定之游，柳如是都到了檀园。这时李流芳已经去世，但檀园仍在，流芳长兄元芳代表檀园主人接待了这位"神仙宾客"。

崇祯七年暮春至初秋，柳如是第一次游嘉定，寓居嘉定城南二十一里、南

---

① （明）李流芳著，陶继明、王光乾校注：《嘉定李流芳全集》，上海：上海古籍出版社，2013 年，第 139 页。

② 同上书，第 140 页。

③ ［法］米歇尔·柯南、陈望衡主编：《城市与园林——园林对城市生活和文化的贡献》，武汉：武汉大学出版社，2006 年，第 65 页。

翔镇北三里的薖园。期间，柳如是与"嘉定诸老"曾游宴檀园。当日，众人在檀园"山雨楼"中晚宴，酣饮达旦，次日清晨仍余兴未阑，遂同赏山雨楼前芙蓉畔中之新荷。陈寅恪引程嘉燧和李元芳之诗为证：

> 林风却立小楼边，红烛邀迎暮雨前。
>
> 潦倒玉山人似月，低迷金缕黛如烟。
>
> 欢心酒面元相合，笑靥歌鬟各自怜。
>
> 数日共寻花底约，晓霞初旭看新莲。
>
> 新荷当昼便含光，要看全开及早凉。
>
> 带露爱红兼爱绿，迎风怜影亦怜香。
>
> 林深鸟宿声还寂，水涨鱼游队各忙。

"小楼"即指檀园中的山雨楼，"林风却立小楼边"、"潦倒玉山人似月"言柳如是醉酒状。"红烛邀迎暮雨前"、"低迷金缕黛如烟"言柳如是唱曲。"晓霞初旭看新莲"，"新荷当昼便含光，要看全开及早凉"，则是指第二日清晨共赏荷花之情。

崇祯八年深秋，柳如是与陈子龙分手，返盛泽镇寄居，惆怅无聊之际思量再作嘉定之游。而此时程嘉燧对柳如是的思念之情已是"一寸心灰缟雪生"，故与李元芳商量邀约柳如是重访嘉定。崇祯九年正月初到二月末，柳如是应约再次来到嘉定。这一回，她直接居住在檀园中，并以檀园为据点又一次展开与当地名流的交往活动[①]。

柳如是的两次光顾，印证了檀园的名气，也展现了檀园在嘉定文化圈中的地位。南翔镇自然与有荣焉。

四、余论：文化空间与记忆

李流芳家族，是晚明南翔镇非常重要的文化标签。李流芳兄弟以自身杰出的文化修养和檀园胜景，吸引周边众多文人墨客、风流雅士前往南翔，形成"里

---

① 陈寅恪：《柳如是别传》，北京：生活·读书·新知三联书店，2009年，第175—176、198—199、205—208页。

中故多文雅风流之士，皆李长蘅诸先生所沾溉"的局面①。士人往来南翔镇，需要见一见李流芳，几乎成为一种习惯。像高攀龙的季弟高士鹤即言：过南翔"不见长蘅未免俗气"，于是特意请求缪昌期加以引见②。而地处南翔镇镇区之中的李氏檀园③，是这类文化活动的重要空间载体，也为南翔镇带来了更广大地域中的风雅声望。

　　遗憾的是，明末鼎革与相伴随的江南奴变，给李氏家族以致命的打击。这场动乱中，流芳的儿子杭之、先芳的儿子宗之均惨死。李宜之，因身在南京躲过一劫，但南翔故家已破，遂寄居在嘉定县城侯峒曾家族的别业中，直到去世④。主人逢难，园林岂可幸免。檀园在清初时已倾圮，失其所在⑤。猗园在鼎革时也换了主人，清乾隆年间又为洞庭商人购得⑥。这一家族际遇时人颇为惋惜："里中李氏累世贵盛，文章誉望高天下，其子弟皆抱异才，傲睨一世，又疾恶如仇，群小侧目久矣。遭国变，遂乘机杀掠，几赤其族。"⑦承载晚明南翔镇文人风雅的李氏园林，伴随着园主人的家门惨变，如昙花般很快消失在历史中，唯留给后人无限的追忆与想象。清代前期南翔镇文士即言道："我嫏嬛溪前辈，有李长蘅、缁仲叔侄，一家之中，相为师友，凡檀园、猗园互相觞咏，长谣短什，传于人口，其流风余韵可想见也。"⑧

---

　　① （清）张承先纂，（清）程攸熙订正：（清）《南翔镇志·增订南翔镇志序》，民国十三年（1924）南翔凤翥楼铅印本。

　　② （明）缪昌期：《与李长蘅》，载《从野堂存稿》卷六，明崇祯十年（1637）缪虚白刻本。

　　③ 檀园是非常典型的市镇园林，有些园林虽然被记录在镇志中，但其位置是在核心镇区之外的四乡，如上文提到的蔼园，见于《南翔镇志》中，但其位置在镇北三里的鹤槎山，并非核心镇区内。

　　④ （清）张承先纂，（清）程攸熙订正：《南翔镇志》卷六《人物》，民国十三年（1924）南翔凤翥楼铅印本。

　　⑤ 童寯：《江南园林志》，台北：文海出版社，1980年，第24页。

　　⑥ （清）张承先纂，（清）程攸熙订正：《南翔镇志》卷十一《杂志·园亭》，民国十三年（1924）南翔凤翥楼铅印本。

　　⑦ （清）张承先纂，（清）程攸熙订正：《南翔镇志》卷十二《杂志·轶事》，民国十三年（1924）南翔凤翥楼铅印本。

　　⑧ （清）汪廷昉修，（清）王昶纂：《（嘉庆）直隶太仓州志》卷五十六《艺文五》，清嘉庆七年（1802）刻本。

总而言之，市镇中的园林，其文化属性和园林活动，与我们熟知的城市园林是一致的。从地域社会的视角，则可以观察到，在市镇这样一个经济中心地域，园林开辟了一个文化空间，其艺术设计和文化活动带来的异质风格，伴随着园林的风流雅事，绵长而悠远地留在了市镇的文化历史记忆中。

清代民国间成都乡村的田房产业交易

——以《成都龙泉驿百年契约文书：1754—1949》为例

郭广辉

前言

清末民初，在四川为官多年的周询在《蜀海丛谈》中说道：

> 川省民物殷阗，地土广沃，从前房屋，毫无常税。田土则因丁赋较南北各省均轻，有田业者，除纳正加各赋外，所得亦较他省为优。凡有余资者，几无不以求田问舍为安置之法。缘是买田宅者，亦视他省为多。成交以后，其契约例须呈由本地方官，于数字及界址等处，盖印为证，故有契税之征。[①]

周询在这则论述契税的材料中提到，因清代四川的田赋较轻，投资田地房屋的收益较大，故田宅的交易量较他省为多。成交以后，须订立契约，并缴纳契税。然而，清代四川田宅交易较多的原因应该还在于其移民社会的属性。因清前中期，外省移民源源不断涌入四川，加上川内人口的自然增长，而土地数量却固定不变，故嘉庆十六年（1811）四川总督常明称"田地虽止有此数，户口则数倍加增，民间买卖自必多于往昔"[②]。光绪三十四年（1908），四川全省的契税收入为2392000两白银，居全国最高，并且比居第二位的广东省多

[①] 周询：《蜀海丛谈》，成都：巴蜀书社，1986年，第8页。

[②] （清）常明：《奏复遵旨妥议川省契税章程事》（嘉庆十六年二月初十日），中国第一历史档案馆藏：档案号 04-01-35-0552-021。

1631000 两，是后者的 3.14 倍①。虽然这是在特殊时期整理契税后的结果，但与他省比较而言，足见四川契税收入之多，以及四川土地房产交易规模之大和频率之高。

近数十年来，四川各地发现数量较多的清代至民国间的契约文书，包括土地房产的买卖契约、土地租佃契约、商铺买卖契约、家庭分关文书等等②。其中的土地房产买卖契约就是历史上田宅交易的直接见证，每一份契约的签订构成一次交易事件，不但改变了买卖双方的产权关系，还改变着人们的生活和社会。相比较福建、徽州、浙江、台湾、广东等地的契约文书整理与学术研究成果③，

---

① 何汉威：《清末赋税基准的扩大及其局限——以杂税中的烟酒税和契税为例》，《"中央研究院近代史研究所"集刊》1988 年第 17 期下册，第 69—98 页。

② 如现存的《巴县档案》和《清代南部县衙档案》中保存了大量契约文书，仅《清代乾嘉道巴县档案选编》（四川省档案馆、四川大学历史系编，四川大学出版社，1989 年）就收录了道光朝以前的土地租佃契约 54 件、土地买卖契约 84 件，《清代乾嘉道巴县档案选编（下册）》（四川省档案馆、四川大学历史系编，四川大学出版社，1996 年）收录了铺房买卖契约 20 件、铺房租佃契约 25 件。据四川省档案馆存《巴县档案》的纸质目录统计，自乾隆至宣统朝的"契税"类档案共有 589 卷，数量较多（根据吴佩林《清代〈巴县档案〉各朝案卷数量统计表》统计得出。见吴佩林：《清代县域民事纠纷与法律秩序考察》，北京：中华书局，2013 年，第 6—7 页）。《清代南部县衙档案》中有大量永卖文约、卖契文约、分关文约等等（据蔡东洲等著：《清代南部县衙档案研究》，北京：中华书局，2012 年，第 35—36 页）。此外，成都市新都区档案馆藏有清代土地房产买卖契约 196 件（据熊敬笃编纂：《清代地契史料》，新都县档案馆内部印刷，1985 年）、民国土地房产买卖文契或正契格 32 件、民国四川省政府和四川省财政厅所颁官契和契格共 624 件（据熊敬笃编纂：《民国地契史料》，新都档案馆内部印刷，1985 年）。峨眉山市档案馆藏清代田地房产契约档案共 269 件（据丁乐生：《峨眉山市发现宋、明、清代档案资料》，载《档案工作》1990 年第 7 期），自贡市档案馆存有 3000 余件各类盐业契约，其中 850 件已经辑录出版（见自贡市档案馆编：《自贡盐业契约档案选辑（1732—1949）》，北京：中国社会科学出版社，1985 年）。自贡市盐业历史博物馆和四川省社科院亦保存有 43 件清代富荣盐场的经营契约（见张学君、冉光荣：《清代富荣盐场经营契约辑录》，《中国历史博物馆馆刊》1982 年第 3 期；张学君、冉光荣：《清代富荣盐场经营契约辑录（续）》，《中国历史博物馆馆刊》1983 年第 1 期）。另外，据说成都市城乡房产管理局房产信息档案收藏有约 40 万件清代至民国时期成都田地房产买卖契约，目前正着手整理，已经拣选数十件土地房产买卖契约和官契、正契格（其中清代各式田房契 23 张）等，汇编为《成都房地产契证品鉴》（2009 年）。

③ 有关近三十年来契约文书的刊布和研究成果可参考刘洋：《近三十年清代契约文书的刊布与研究综述》，《中国史研究动态》2012 年第 4 期；吴佩林、李增增：《明清契约文书研究的新进展——"明清契约文书与历史研究国际学术研讨会"会议综述》，《西华师范大学学报》（哲学社会科学版）2014 年第 4 期。此处不再——列述。

四川的契约文书的整理出版和研究均稍显薄弱，与四川历史上的田宅交易规模和契约文书的数量不相匹配。最近，成都龙泉驿区档案馆将其收藏的各类契约共 293 件整理出版，是为《成都龙泉驿百年契约文书：1754—1949》（下文简称《龙泉驿契约文书》）[①]，对改变这一局面起到一定作用。该书一出版，就受到学界的关注，并有不少研究成果问世[②]。本文即利用该书中的田地房产买卖契约文书，研究清代至民国间成都乡村田房产业交易中的诸多要素，以概观其交易特征，进而理解田房产业的交易对地方社会的影响。

一、成都龙泉驿田房买卖契约简介

今天的成都龙泉驿区建置于 1959 年 10 月，是由当时简阳县龙泉驿区和华阳县的大面、洪河、西河、青龙等四个公社组成的，后又于 1976 年 1 月将简阳县洛带区划归为龙泉驿区。《龙泉驿契约文书》中所收录的契约即为原来华阳县和简阳县境内所产生的。据知情人介绍，这些契约文书的来源有二：一是1951 年土改时期地主富农主动上缴；二是 1966 年"破四旧"时期由原来大户再次上缴所得，如西河的苏家、范家，大面的张家、冯家、薛家，龙泉镇的田

---

① 胡开全主编，苏东来副主编：《成都龙泉驿百年契约文书：1754—1949》，成都：巴蜀书社，2012 年。

② 该书出版后，由龙泉驿区人民政府等主办，龙泉驿区档案局、四川师范大学历史文化与旅游学院、成都大学文学与新闻传播学院等单位承办了"成都龙泉驿'百年契约文化'学术交流座谈会"，收到学术论文 20 余篇。有两篇会议综述相继发表，分别为晓强：《披沙拣金钩沉致远——成都龙泉驿"百年契约文化"学术交流会综述》，《文史杂志》2013 年第 6 期；胡开全：《成都龙泉驿"百年契约文化"学术交流会综述》，《四川师范大学学报》（社会科学版）2013 年第 6 期。一些以该书中契约为材料的论文相继问世，主要有：胡开全：《小议〈成都龙泉驿百年契约文书〉中的地名、人物、赋税、计量问题》，《文史杂志》2013 年第 4 期；谢桃坊：《成都东山土地租佃关系试析——以〈成都龙泉驿百年契约文书〉为例》，《文史杂志》2013 年第 4 期；屈小强：《〈百年契约文书〉"分关"价值之我见》，《文史杂志》2013 年第 4 期；王定璋：《简论〈成都龙泉驿百年契约文书〉》2013 年第 4 期；李映发：《清代川西农村土地占有变迁考察——〈成都龙泉驿百年契约文书〉中土地买卖研究》，《四川师范大学学报》（社会科学版）2014 年第 1 期；胡开全：《清代成都东山苏氏家族经济考察》，《文史杂志》2014 年第 5 期；张晓霞：《契约文书中的女性——以龙泉驿百年契约文书和清代巴县婚姻档案为中心》，《兰州学刊》2014 年第 8 期。

家、游家等大家族。这些契约原来保存在龙泉驿派出所和大面派出所，到1995年由龙泉驿区公安分局移交给区档案馆，共501件①。《龙泉驿契约文书》拣选其中的288件，原版扫描并增录文字而成。编者将其分作四大类和八小类，包括（一）买卖送讨契约166件，其中含土地买卖契约70件，卖地定金契约38件，阴地送讨买卖契约58件；（二）租赁借贷契约75件，其中含土地房屋实物租佃契约38件，钱财借贷借（收）据37件；（三）分关继承文约31件，即宗族（家庭）分关继承文约31件；（四）其他契约16件，包括政府文契9件，调换、调解、买卖文约7件。综观这些契约，类型多样，关联性强，有些契约文书实际上是某家购买土地、出租土地、分家的契约和捐纳监生的照票等，概为一家处理诸多事务的文件汇总。如该书编者所言，仅与华阳苏家直接或间接相关的契约就有87件，包括地契24件，卖地定金约34件，送讨阴地约21件，调换田地约1件，佃田地约2件，收据4件，分关1件。稍显遗憾的是，编者整理和刊布契约时比较注重契约类型和时间的维度，而将这些契约文书本来的脉络打乱了，虽然在附录中标明某些契约间的关联，但将本为"归户"的契约文书打散了，这给研究者带来些许不便。

本文研究主要利用前述第一大类中的土地买卖契约和卖地定金契约（共108件）来讨论清代至民国间成都乡村田房产业交易的特征。清代以来成都地区的土地买卖契约与中国其他地区的土地买卖契约在格式和内容结构上大体相同，契约中包括立卖约人（卖主）、售卖原因、售卖产业及其界址和规模、买主、卖价、买卖双方的其他权利义务，以及署名，包括卖主、中人、乡约里长、邻证、执笔人等，还有订立契约的时间。这108件契约都是绝卖契。已经官方认定并缴纳契税的契约，还有官府的红印和契尾等。如土地买卖契约中第二件契约全文如下：

> 立杜卖田地文契人刘明奇。今因人力不敷，父子谪议，将自己名下田地壹庄，坐落华阳县赖家店三甲七支，原载条粮六钱四分五厘。东至贾姓大路中为界；南至苏姓山岭分水灰桩为界；西至韩姓塘边田坎为界，

① 胡开全主编，苏东来副主编：《成都龙泉驿百年契约文书：1754—1949》，成都：巴蜀书社，2012年，"前言"，第2页。

并黄姓山岭分水灰桩为界；北至林姓大路中灰桩为界。四趾分明，并无紊乱。塘堰三口，茅屋四向，碾子一座，林园基址、山岭草地、檐阶、浮沉砖石一并在内，情愿尽皆施行出卖。先尽房族四邻人等，无人承买，后请凭中人黄世爵、李其宗等送与刘元兴出首承买，凭中议定，时值九七价银四百两整。就日银契交明，并无债货准折、包卖包买等情，俱系二家情愿，两无逼勒。界内尽行扫卖，寸土不留。内有卖主坟二穴一棺，谢姓坟一穴，周围土埂为界。日后界内谢姓不得扦葬架造，坟界外任从刘姓买主耕种。三穴坟草买主收割。其余所有皆是古墓。一卖千秋，永无收赎，任从买主过户拔册，当差纳粮，开垦架造，永远管业耕种，卖主父子人等不得阻抗异言。如有上手并本年差粮仓谷不明，照价银所扣；边界不清，田地佃当不明，卖主一力抵当，不干买主之事。恐口无凭，立绝卖契付与买主存照。

四　邻　韩　玢　黄世禄　张林崇　苏成勇　贾时泰

中　人　刘松才　黄世爵　李其宗　刘永贵　蒋世虎　晋　铨　刘钟

乡　约

里　长　洪永兴

依口代书人　黄葭德

乾隆二十七年十一月二十四日立杜卖文契人刘明奇 [①]

该契还有三方华阳县官府的红印，并附有契尾一张。契尾中只填写"布字叁拾号"，没有填写时间和产业价格。其他土地买卖契约文书的格式与该契约基本一致，只不过各要素的数量或内容有差异而已。这些相关要素的问题将在下文展开详细讨论。卖地定金契约的书写内容与此也基本相同，只不过从性质上说，签订定金契约是表明卖主和买主双方各有意向，买主向卖主缴

---

① 胡开全主编，苏东来副主编：《成都龙泉驿百年契约文书：1754—1949》，成都：巴蜀书社，2012年，第4—5页。

纳一定数量的定金，其预付比例和后期交付余银没有定则，仅在契中言明"若买主不买，定银全无；卖主不卖，得一赔二"①，或者是"卖主反悔，得一陪十；买主反悔，定银无回"②。在嘉庆朝以后的定金契约中，对卖主反悔的处理办法一般都是"得一陪十"。另外，署名人一般没有乡约或里长，均为白契。比较所有定金契约与土地买卖契约，只有四件定金契约有对应的正式买卖契约。仔细比较，二者签订的时间间隔有长有短，产业的价格尤其是交付的货币种类或有变化，署名者有所不同，文字表述亦有少许不同，后者的表述更精确完整③。

再看契约的签订时间。其中土地买卖契约在乾隆年间签订7件，其他朝代和签订的数量依次为嘉庆12件、道光13件、咸丰4件、同治1件、光绪12件、宣统1件、民国20件，卖地定金契约则是乾隆1件、嘉庆3件、道光13件、咸丰12件、同治5件、光绪1件、民国3件。最早的一件契约签订于乾隆十九年（1754），最晚一件签订于民国三十七年（1948），前后相差近两百年，并且自清朝的乾隆朝到宣统朝，再到民国时期，均有契约留存下来，具有较强的连续性，并较集中于清代中后期至民国间。这对讨论地价的变化、契约的演变，以及本文关注的交易特征等等问题，都是较为有利的。

契约签订后，需要向官府缴纳契税，以获得官府的认可和确证，同时契税也成为官府收入的一种重要来源。但并非所有契约都经过官府认证或缴纳契税。在清代签订的50件土地买卖契约中，其中45件为红契，盖有官府的红印，但其中30件有契尾，15件没有契尾，另外，白契有4件，官契1件。民国时期签订的20件土地买卖契约中，有3件正契格，9件红契，8件白契。这些契约

①   胡开全主编，苏东来副主编：《成都龙泉驿百年契约文书：1754—1949》，成都：巴蜀书社，2012年，第137页。

②   同上书，第145页。

③   这四组对应的契约分别是定金3-土地15、定金35-土地44、定金37-土地57、定金38-土地70。（"定金"为卖地定金契约的简称，"土地"为土地买卖契约的简称，数字为《龙泉驿契约文书》中的编号。）定金3与土地15的签订时间相隔一月整，定金35与土地44仅相隔三天，定金38与土地70相隔三个月，定金37与土地57的相隔时间不明。土地15将交易价格由"铜钱一千二百五十五文"改为"银一千二百五十两"，土地70则将"中熟米十一石整"改为"国币3200万元整"，定金35与土地44的出售产业规模和价格均有所不同。

形制的背后涉及税契制度和地方财政、民间策略等多重面向，特别复杂，需要另文详论，此处暂时不论。但这些契约对讨论上述问题无疑具有重要价值。另外，从这70件契约看，白契的比例约为17%，亦是比较高的，这说明契税的偷漏现象比较严重，故民间田房交易的实际数量与契税所反映的交易数量存在较大差距。

二、由田房买卖契约文书所反映的交易特征

田房产业的交易，具有显著的时代性和地方性。研究田房产业交易特征，对理解地方社会和契约文书的特点均具有重要价值。本文讨论的交易特征主要包括：交易产业的构成及规模、产业来源、出卖产业的原因、卖主与买主的关系等，希望借此可以了解清代至民国间成都乡村的产业交易之概貌，并增进对乡村产权关系的变动、村庄的形态及其演变机制的认识。契约中所涉及的地价、中人等要素亦关乎交易特征，但因为契约中的价格包括田地、房产、堰塘、树木等等（详见下文），无法单独确定土地或房产的价格，而卖主、买主与中人的社会关系网络亦难以确定，所以本文对这两类要素暂时不做讨论。

（一）交易产业的构成及规模

就本文利用的土地买卖契约和卖地定金契约的名字看，绝大部分契约中买卖的产业不仅一项，如有的名字为"杜卖田地瓦草房屋林园竹木茨草花果诸树堰塘荒岭斜坡陡坎余地阴阳基址等项文契"[①]，买卖产业包含众多类别。即便有些契约的名字仅称作"杜卖田地文契"，但其买卖的对象并不仅仅是田地，也包括房屋、堰塘、碾子、林园、砖石等等，就如前文所引的刘明奇"杜卖田地文契"便是如此。综观所有108件契约，只有24件仅有田地买卖，有2件除了田地之外仅有堰塘或水分，有3件是街坊铺面的买卖，其比例约为所有契约的四分之一，而其余的交易中一般都包含前述土地、房屋、堰塘、林园等内容。

① 胡开全主编，苏东来副主编：《成都龙泉驿百年契约文书：1754—1949》，成都：巴蜀书社，2012年，第92—93页。

前引刘明奇"杜卖田地文契"中，说明其产业的界址四至分别是东至贾姓大路中，南至苏姓山岭分水灰桩，西至韩姓塘边田坎并黄姓山岭分水灰桩，北至林姓大路中灰桩，可见其交易的田地、塘堰三口、茅屋四向、碾子一座、林园基址、山岭草地、檐阶、浮沉砖石等等均位于同一空间内，契约中称之为"田地一庄"，并且临近的产业均为他人所有，邻居均为异姓。这是成都乡村生产生活空间的基本形态，一户或数户人家的生产和生活均位于同一空间内，称作一"庄"，其面积或有数十亩至一二百亩，亦不会太大，邻庄之人家多非本族，而以外姓居多。如乾隆前期郫县知县李馨在《郫县志书》中称成都平原"村"的形态为"平畴如砥，乡民散居，或三四户，或五六户，碁布星罗，竹树蔽之，俗呼为林盘"[①]。同在乾隆年间担任过什邡和南充知县的刘绍攽称，"锦人居浓荫中，微露屋角，茅茨傍沟塍，薜荔延其上，周篱种木槿芭蕉为蔽"[②]。嘉庆《华阳县志》载此地的乡村风貌是"黄童白叟，黔首黎元。丁男子妇，鼻祖耳孙。望衡对宇，比户成村。树宜桑梓，畜富鸡豚"[③]，这是成都乡村的生活场景的生动描写，是契约文书中产业记录的形象表达。

然而，诸如林园、堰塘、碾磨等内容写入契约，除了表明为出售对象外，应该与赋税制度有一定关系[④]。另外，契约中或许没有精确说明出售土

---

① （清）李馨：《（乾隆）郫县志书》卷一《封域志·村》，清乾隆十六年（1751）刻本，载故宫博物院编：《故宫珍本丛刊》第 205 册《四川府州县志》第一册。

② （清）刘绍攽：《西征记》，载《小方壶斋舆地丛抄》第七秩二，清光绪六年（1880）刻本。

③ （清）吴巩、董淳修，（清）潘时彤等纂：《（嘉庆）华阳县志》卷七《户口》，载成都市地方志编纂委员会、四川大学历史地理研究所整理：《成都旧志·通志类》第 13 册，成都：成都时代出版社，2007 年。

④ 雍正六年（1728）到七年（1729），四川开展全省范围的土地清丈，厘定田亩面积和界限，确定赋税科则。在清丈土地的过程中，对房屋、园林等项是否丈量纳税，前后意见不一。雍正七年二月，四川巡抚宪德上奏指责负责清丈松茂道土地的御史吴鸣虞，称其"令百姓各将屋基、坟墓、界埂、水沟、园林五项一体丈量输纳"，而川东和川南却不丈量此五项。宪德主张只丈量园林一项，屋基以及附近的零星菜地、竹地等均不丈量（见《四川巡抚宪德奏报御史吴鸣虞以丈量地亩苛索不法折》，载中国第一历史档案馆编：《雍正朝汉文朱批奏折汇编》第 14 册第 444 折，第 583—584 页）。后接替吴鸣虞，负责松茂道土地清丈的高维新称"成片林园有竹木之饶，自应照地则起科"，其他河坎山岭均不输纳（见《署四川松茂道高维新奏报查勘前御史吴鸣虞丈量未妥田地情形折附录：修订折一件》，载中国第一历史档案馆编：《雍正朝汉文朱批奏折汇编》第 15 册第 496 折，第 633—635 页）。此外，碾磨亦需课税，每座每年课银二钱四分。公共堰塘需要摊征维修费用。

地的面积，但对其承载的条粮银却一定要言之详尽，这同样是赋税制度的体现①。有些契约中对堰塘使水权做了细致说明②，因为某些出售的堰塘并非属卖主所独有，而是数户或更多人家所共有③。契约中对坟墓阴地的权益说明亦十分详尽。这说明契约文书中所记载的产业构成，实际上是处于多重语境中的存在，既是交易对象，又是课税对象，还涉及与他人的权利关系。这几重语境既决定了契约文书的书写，也体现着产业交易的地方脉络。

　　并非所有交易的对象都是一个庄内的所有产业，有些是部分出售。经笔者统计，在104件契约（扣除4件重合契约，下同）中，各类产业构成的交易数量和比例分别为：出售庄内完整产业者有56例（54%），出售庄内部分产业者有22例（21%），仅出售土地者有24例（23%），仅出售街房铺面者有2例（2%）④。近一半的交易都是将一庄全部出售，大概在道光朝以后，出售部分产业的比例较高，尤集中于民国时期。这说明早期时同一庄内的产业所有者为一人或一个家庭，到清代后期，越来越多的庄属于多人所有，同时，也有不少独立的新庄开辟出来。根据下文表1的数据和各庄的房屋数量看，这一结论亦是可以成立的。

---

　　①　四川土地清丈后，雍正八年（1730）十二月十三日，四川布政使高维新在奏折中说道："缘川俗田产授受，历来并不推收过割，是以业更数主，户仍老名，相沿日久，致起讼端。臣详明抚臣宪德，通饬阖属于秋成后举行推收之法，凡授受田地，务令彼此过割，以本名立户，剔除侵占隐陌等弊。"参见《四川布政使高维新奏覆清查地方隐匿田亩事宜折》，载中国第一历史档案馆编：《雍正朝汉文硃批奏折汇编》第19册，第652页。

　　②　在108件契约中，有40余件契约明确说明堰塘的口数和使用规定。每份产业交易中堰塘的数量不等，有的只有一口，最多的则有五口，并且契约中还有写明堰塘的产权归属，是私有还是公用。

　　③　如土地买卖契约第25件契约中，称"大堰塘一口，堰水照五大房老分关，五股中一股水分灌溉"。见《龙泉驿契约文书》第47页。

　　④　笔者根据契约中售卖产业的界址来确定是庄内完整产业，还是部分产业。一般来讲，如果四至的界线均是大路、沟坎、堰塘、田埂等，则将其视作庄内的完整产业。如果售卖的房产，其界线为他人房屋的屋檐或者屋基，或者所售房屋为同一院落内的部分房屋，则视作庄内部分产业。这样的认定结果具有较大错误风险，或许整庄出售的比率没有这么大。

表1:《龙泉驿契约文书》中产业交易规模统计表

契约号	交易时间	土地面积	契约号	交易时间	土地面积
土地 15	嘉庆十二年（1807）	65 亩 *	定金 16	道光二十九年（1849）	25 亩
土地 22	道光十二年（1832）	60 余亩	定金 17	道光三十年（1850）	120 余亩
土地 23	道光十二年（1832）	56 亩	定金 19	咸丰四年（1854）	100 余亩
土地 29	道光十三年（1833）	117 亩	定金 21	咸丰六年（1856）	70 余亩
土地 30	道光二十六年（1846）	60 余亩	定金 23	咸丰七年（1857）	100 余亩
土地 31	道光二十六年（1846）	60 余亩	定金 24	咸丰七年（1857）	60 余亩
土地 36	咸丰六年（1856）	34 亩	定金 25	咸丰八年（1858）	43 亩
土地 37	同治十三年（1874）	20 余亩	定金 26	咸丰九年（1859）	110 亩
土地 38	光绪年间	50 余亩	定金 27	咸丰九年（1859）	130 余亩
土地 40	光绪四年（1878）	70 余亩	定金 29	咸丰十一年（1861）	50 亩
土地 41	光绪四年（1878）	30 亩	定金 30	同治元年（1862）	60 余亩
土地 45	光绪二十三年（1897）	32.8 亩	定金 31	同治元年（1862）	132 亩
土地 47	光绪三十年（1904）	30 余亩	定金 32	同治二年（1863）	8 亩
土地 48	光绪三十二年（1906）	40 余亩	定金 33	同治三年（1864）	80 余亩
土地 56	民国二十年（1931）	33 亩	定金 34	同治三年（1864）	120 亩
土地 57	民国二十一年（1932）	10 亩			
土地 62**	民国二十五年（1936）	30 余亩			

说明：契约号系根据《龙泉驿契约文书》编码而定。"土地"指"土地买卖契约"，"定金"指"卖地定金契约"，数字为原书所编定数字。表中所列各契约均在文中说明其土地面积，或者可根据其他契约推算得知。其余契约均未言及土地面积的较精确数字。

* 此数字根据分关继承文约第一件得知。

** 该项契约与土地 56 交易对象为同一处产业。

综观表 1，每一处产业的规模不一，多则可以达 130 余亩，少则可以 8 亩或 10 亩。单次交易达 100 亩以上的占 25%，50 亩以上者占 37.5%，30 亩以上者占 25%，30 亩以下者占 12.5%，由此可知，大多数庄的面积都在 50 亩以上。另外，将庄的面积与交易时间联系在一起，可知小规模的产业交易发生时间比较晚，绝大部分低于 50 亩的产业交易都发生在同治朝以后，所以从清中期到清晚期乃至民国时期，各种大小规模不一的庄同时存在，只不过到了后期小规模的庄增加了很多，或者不少大庄为多人或多个家庭分割了，到了光绪年间，产业买卖的规模几乎都在 50 亩以下。

除了土地，售卖产业中最为重要的就是房屋。除了前述 20 余件仅有土地或街铺买卖的契约外，其他契约中几乎都包含房屋的买卖。从房屋的形制看，一般是四合院式，如契约称"四合草房一院"①，绝大多数契约记为房屋一座或一院，或精确说明为多少向多少间，一座房屋一般包括上房或正堂、左右厢房、门楼等。乾隆《资阳县志》载，"乡间以瓦屋为富户，寝厅两厢谓之四合头，亦有造六合头者。有力者封以砖甍，然不事高大，无丹雘之饰，周环泥砖土墙，或以竹木架瓦，或蔽茅茨，高仅及肩，行路可窥，林盘掩护，比族错居，大率皆殷实土户也。其余贫窭之家，或外来佃居，一望皆茅屋矣"②。瓦屋和草屋是富户与贫户、佃户的重要标志。从《龙泉驿契约文书》看，成都平原的房屋景观与此相同，并且瓦屋的数量较少，而草屋更为普遍，或有些庄内尽为草屋，或有少量瓦屋，多数草屋。直到民国时期，这样的景观基本未变。根据笔者对各契约中售卖房屋数量的统计，一个庄内的房屋多为一院或两院，三院者极少，仅有两例，没有发现多于三院者。到民国时期，各庄内的房屋依然以一院者居多，考虑到人口增加的事实，这表明原有的庄内并未修建更多的房屋，而是有不少新庄被开辟出来，且庄的规模有愈来愈小之趋势。

（二）产业来源与出售原因

大多数订立契约的卖主并不是一人，而是某人或某氏同男或侄某某，甚至还有孙子，这说明此庄或其中部分产业的所有权不独属一人，而是属于一个家庭。从父子两代，或祖孙三代的世系看，这个家庭充其量是一个主干家庭。只要阅读《龙泉驿契约文书》中所收录的分关文约就可明了，一般在发展成四世同居的大家庭之前，他们就各自分成小家庭了，而分得产业的小家庭或房支便对自己的产业获得所有权和处置权，而不受原有大家庭或长辈的约束。契约中

---

① 胡开全主编，苏东来副主编：《成都龙泉驿百年契经契约文书：1754—1949》，成都：巴蜀书社，2012 年，第 32—33 页。

② （清）张德源：《（乾隆）资阳县志》卷二《室庐》，清乾隆三十年（1765）刻本。

对产业来源的说明，亦可证明这一观点。

据笔者统计，104件契约中称其产业来自祖先遗留分受的有68例（65%），自己先年置买者有31例（30%），祖先分受并自己置买者有2例（2%），还有不明者3例（3%）。另外，称其出售产业的原因为少银使用者有63例（61%），称移业就业少银凑用者有12例（11%），称移窄就宽者有11例（10%），称负债者有7例（7%），称其他原因者有4例（分别是人力不敷、口角争论、叔侄分居难以经营、人口事繁难以统理，4%），还有无载原因者7例（7%）。

依据这两组数据可知，大多数出卖的产业来自祖先的分受，并且因少银使用或负债而将其出售，而真正出卖由自己购置的田产，且交易的目的是扩大投资的比例并不高。也就是说，很多卖主依靠出卖祖业解决生活危机，这就导致祖先置下的产业在儿孙的手中流失了。这一现象，还说明祖先或家族对族人出卖产业并没有约束力。

（三）买卖双方的关系

本文主要从两个角度来考虑买卖双方的关系：其一，二者是否为同族；其二，二者是否为邻居。经笔者统计，在104件契约中，族内买卖有21例（20%），非族内买卖有78例（75%），不能确定者5例（5%）。又邻居间买卖有27例（26%），非邻居间买卖有73例（70%），不能确定者4例（4%）。

将这两组数据结合前文产业来源、出售原因的统计数据，可以看到两种现象：其一，祖先的产业，通过儿孙的出卖，并未留在族人内部，而是流散至外人手中；其二，产业的买卖并未导致产业集中于一人或少数人的情况，而是呈现"碎割"的状态，同一区域内的土地产权所有人越来越多，每人所占产业面积亦渐趋变小。

三、产权变动过程与形态的实例分析

为了进一步深化对前文由数据统计所得出的交易特征的理解，下文将选取三个事例做深入的个案分析。这三个事例分别说明某处产业及其邻近产业的产权变动情形（族外、非邻居间的转移）、某处产业的产权流动过程（涉及分关

及族内转移）以及个人（苏邦贤）购买产业的特点，这些个案既涵盖前文所涉及的问题，也可以扩展对田房产业交易对于乡村社会之影响的理解。

（一）华阳县三甲五十一支卓家店某处产业及邻近产业的产权变更

《龙泉驿契约文书》中土地买卖契约第 11 件为"张宗仁立杜卖田地文契"，将"先年所置田地一处，堰塘三口灌溉，草房一座四向，左右厢房，外左边草房一向，又并草碾房一向，干碾一座"，还有砖石、板门、门框、竹木、土砖、屋宇地基、菜地、山岭熟土等等一并出卖给冯仁海。该处产业位于华阳县三甲五十一支，地名卓家店，载条粮银 1.18 两，时为嘉庆十年（1805）[1]。（土地 35）到咸丰三年（1853）六月，冯树亭、冯阴亭等兄弟叔侄又将其出卖给毛卫汀，此时的条粮银变为 1.3 两[2]，可能在上次置业后，冯家又购买了邻居的少许产业，但堰塘、房屋的数量未变。（定金 27）咸丰九年（1859）三月，毛卫汀父子又将其卖给苏秉权，条粮银还是 1.3 两，田地面积为 130 余亩，且"界址仍照老契书立"[3]。就是说，位于卓家店的这处产业，自嘉庆十年到咸丰九年约 55 年中，其产权转移了三次。再加上其邻近产业的产权变动，我们大致可以勾勒出一个微型区域的产权变动情形。因咸丰三年到九年，其界址未变，即周围邻近产业的产权没有变动。因此，笔者仅将土地买卖契约第 11 件和第 35 件中的界址四至整理成表 2。

表 2："土地 11"与"土地 35"中产业界址四至的变化

契约编号	土地 11	土地 35
交易时间	嘉庆十年（1805）	咸丰三年（1853）
卖主/买主	张宗仁/冯仁海	冯树亭、阴亭兄弟叔侄/毛卫汀
"东至"	吴姓大田埂直上山土为界	吴姓田土及朱姓大田埂直上山土为界
"西至"	阮姓山土直下石桩及田毗为界	西至朱姓山土至下石桩及田毗为界

---

① 胡开全主编，苏东来副主编：《成都龙泉驿百年契约文书：1754—1949》，成都：巴蜀书社，2012 年，第 20—21 页。

② 同上书，第 66—67 页。

③ 同上书，第 188 页。

"南至"	谢姓熟土曲转买主胞叔（冯姓）及卓姓熟土依路为界	黄姓义地，谢姓熟土，曲转至冯姓熟土及卓姓熟土，俱依路为界
"北至"	雷姓旱土田坎曲转卓姓林园坎及大路为界	朱姓山田，雷姓义地，及旱土田坎曲转至田姓店基林园坎及大路为界

　　嘉庆十年交易发生前，此地产业属于张姓，周围邻居有吴、阮、谢、冯、卓、雷等六姓，交易发生时，该处产业的产权归到冯仁海名下，该区域的产权发生了一次变更。到咸丰三年（1853），冯仁海的儿孙将其出卖前，朱姓、黄姓、田姓"挤"进这一区域，阮姓则"退"了出去，并且吴、谢、卓姓的产业规模可能有所减少，这前后不到半个世纪的时间里，这一区域的产权格局至少变动了三次。到咸丰三年冯氏将其卖给毛卫汀，产权又发生一次变更。过了六年，毛姓父子又将其卖给苏秉权，这也就意味着在这50余年的时间里，这一区域的产权格局至少变动了七次。由此，我们可以发现三个显著特点，其一，每次产业更替，买主都不是周边邻居，也就是说，该区域产业并未向一人集中；其二，每位产业的所有者所占土地面积趋于变小；其三，该区域的居住格局更趋混杂，这一格局处于不断变动之中。考虑到该处地名为"卓家店"，并且张宗仁所卖产业内还有卓姓的祖坟、陈姓坟、苏姓坟，说明此一微型区域可能最初大多都是卓姓的产业，后来又依次转卖给陈姓、苏姓、张姓、毛姓、苏姓[1]。因此，清代以来成都乡村的土地产权的变动趋势并非趋于集中，而是散杂或碎割，原来的大庄被分割成小庄，或者庄内的产权分布更为复杂。

（二）华阳县三甲五十二支青龙埝某处产业的产权流动过程

　　前文已经提到，《龙泉驿契约文书》中收录了与华阳苏家直接或间接相关

---

　　① 有关坟墓的问题，在此需要做一说明。一般来说，庄上主人可以在自己田地中立坟，这从契约中可以看出。如张宗仁在出卖产业时，其庄上已有"卖主张姓坟六穴"，"又母生基一穴"。另外，某些佃户经地主允许可在地主的庄上立坟，或者向某人购买阴地。可参见《龙泉驿契约文书》中的阴地送讨买卖契约。这里，卓姓祖坟的存在说明此处曾为卓姓的产业，这是可以肯定的。但陈姓、苏姓可能曾经拥有此处产业，也可能是通过其他方式获得。但不论怎样，对文中观点都无甚影响。

的契约近 90 件，其中尤以苏邦贤（苏秉权）购买产业的契约及其上手契为多。下面要讨论的是位于华阳县三甲五十二支青龙埂的某处产业的产权流动过程，该产业在道光二十年（1840）被苏邦贤买入，但此前却经过了多次、复杂的产权转移。

《龙泉驿契约文书》共收录了 6 件与该产业相关的契约。（定金 3）先是在嘉庆十二年（1807）十月十六日，陈胡氏及其四个儿子立"杜卖田地定约"，将该产业卖给苏定贵[①]。一个月后，双方即签订正式契约（土地 15），所卖产业包括草房屋一座，碾房一座，圆仓一口，堰塘三口，阴阳二宅基址，古井一口，以及粪房、墙垣、铁篱笆、林园等，载条粮银 0.96 两[②]。这是产权第一次转移。（分关继承文约第 1 件）至嘉庆十六年（1811）十一月十六日，苏定贵将自己所有产业分给五个儿子，其中青龙埂该处产业作天、地字号两股，"约计水田六十五亩，草房屋一座、碾房一座、林园、基址、菜地、竹木、余地俱一培搭两股均分"，其中"天字号丈明水田三十二亩五分、堰塘二口。地字号丈明水田三十二亩五分，堰塘二口。地字号漕堰尾有天字号水浸田一块，任从地字号堰水淹浸，不许天字号在水浸田内车取水上另灌田亩"，每股载条粮银 0.33 两。除此之外，该处还余有蒸尝田七亩有余，载条粮银 0.056 两[③]。苏定贵次子苏邦琦拈得地字号，三子苏邦珍拈得天字号，即该处产业划归三方所有：苏邦琦、苏邦珍和尝田。这是产权的分割，是为第二次转移。虽然契约中写明天字号水浸田"任从地字号堰水淹浸"，但仍无法避免兄弟二人的"口角争论"，经房族劝息，（土地 19）在嘉庆十八年（1813）三月，邦珍将此水浸田卖给其兄邦琦[④]。此为产权第三次变动。据另一份契约（土地 20），道光十一年（1831）三月十八日，苏定贵五子苏邦璇同妻子冯氏、儿子国佐将青龙埂的产业出卖给其兄苏邦琦，该处产业载条粮 0.39 两，还有堰塘二口、草房屋半院等[⑤]。这就意味

[①] 胡开全主编，苏东来副主编：《成都龙泉驿百年契约文书：1754—1949》，成都：巴蜀书社，2012 年，第 141 页。

[②] 同上书，第 28—29 页。

[③] 同上书，第 348—349 页。

[④] 同上书，第 36—37 页。

[⑤] 同上书，第 38—39 页。

着此前苏邦珍先将自己分得的产业卖给其弟苏邦琏，因为前次分家时，邦琏并没有分得该处产业①。据光绪《华阳苏氏族谱》记载，苏邦珍"在弯柏树自宅告终"，故邦珍应该由青龙埂搬到另处居住，所以，在这18年内，该处的产权又变动了两次。（定金8）到了道光二十年（1840）二月，苏邦琦将自己的产业出卖给堂弟苏邦贤，契约称"将先年分受己名下，并所买田业"，还包括堰塘三口、大小茅草房屋二院等产业，载条粮银0.7188两②。仔细阅读其产业的四至，便会发现尝田已经不在了，变成了苏国禄的产业。国禄为苏定贵的长孙，故此前将尝田转给了国禄。至此，该地的产权又变动了两次。从嘉庆十二年算起至道光二十年，约33年中，该处产业的产权至少变动了七次，频率之高可见一斑。

再看与该处邻近的产业产权之变动，则这一微型区域的产权变动过程比前文所举卓家店某处产业的变动情形更为复杂。在陈胡氏出卖产业时，其东为白姓产业，南为陈姓、苏姓产业，西为贾姓大路，北为谢姓大路。到苏邦琦将其全部卖给苏邦贤时，其东为白姓、苏邦琏的产业，南为买主苏邦贤的产业，西为苏国禄的产业，北为张姓产业。可见，原来陈胡氏卖给苏定贵的产业，除了最后卖给苏邦贤的部分之外，还有苏邦琏、苏国禄的部分。该产业东至白姓依旧在此，西至不能确定贾姓产业是否易主，而北至和南至全部易主。其南至的产业为苏邦贤在嘉庆十七年（1812）购得（定金4），卖主为陈仁龙同侄陈宗斌，其产业系"先年祖父置下"，载条粮银0.96两，这与陈胡氏出卖产业的条粮银相同。可见，陈仁龙与陈胡氏本属一家，该两处产业均为仁龙祖父置下。在30余年的时间里，这一小区域的产权变动了十余次。

这一产权流动过程，既呈现了前文所说的庄的分化或裂变过程，又呈现了产业在家族内部的流转过程，其原因包括分家、家庭矛盾、尝产处理等等。在

---

① 据分关继承文约第1件，苏定贵所分五处产业，其中两股位于青龙埂（天、地字号），两股（和、财字号）位于"老屋"，老屋是指苏定贵及其父兄所在的倒石桥地方，另外一股（人字号）位于高庙脚下。可见，只有苏邦琦、邦珍兄弟分得青龙埂的产业。并且在苏定贵购买此处产业，及后来邦珍出卖水浸田时，都没有提到邻界有苏邦琏的田产。有关"老屋"和苏氏支派的关系，参见光绪《华阳苏氏族谱》复印本。该族谱由成都龙泉驿区档案馆胡开全先生提供，谨致谢忱。

② 胡开全主编，苏东来副主编：《成都龙泉驿百年契约文书：1754—1949》，成都：巴蜀书社，2012年，第150—151页。

这一过程中，业主数量越来越多，某一小区域内的产权分布不断重组，相应地位业主所占土地面积愈发减少，并且参差不均，族人的住居地亦愈发分散。

（三）苏邦贤的"土地兼并"

前文多次提到苏邦贤或苏秉权的名字①，实际上《龙泉驿契约文书》中很多契约是苏邦贤购买产业的记录，还有更多的上手契。与前文所分析的产业分化不同，苏邦贤购买了大量土地，可称之为"土地兼并"，这似乎是"逆流"的表现。但通过对其购买产业的细致分析，便知并非如此。

表 3：苏邦贤（苏秉权）购买产业信息一览表

契约号	交易时间	卖　主	产业地点	规　模
定金 6	道光十一年（1831）	阮国江父子	华阳三甲四十九支罗家山	
定金 7	道光十四年（1834）	李范氏同子	华阳县三甲八十一支灯草堰	尝田等
定金 8	道光二十年（1840）	苏邦琦父子	华阳县三甲青龙埂	
定金 10	道光二十三年（1843）	苏国禄同妻萧氏	华阳县三甲青龙埂	3 亩余
定金 11	道光二十六年（1846）	张志书等	华阳县上三甲十八支两河口	
定金 16	道光二十九年（1849）	邓一珂等	华阳县地名梁家山	25 亩余
定金 17	道光三十年（1850）	苏重贞、苏重任	华阳县三甲新九支老陶沟	120 余亩
定金 18	咸丰元年（1851）	赵若邡等	华阳县老鏂沟侧近	水田 3 分
定金 20	咸丰六年（1856）	刘一士等	华阳县双灵观	60 余亩
定金 22	咸丰六年（1856）	刘光道等	华阳县双灵观丁家堰	17 亩余
定金 24	咸丰七年（1857）	李仪龙、顺龙	华阳县老陶沟	60 余亩
定金 26	咸丰九年（1859）	苏四兴	华阳县高沟曾家店	110 亩
定金 27	咸丰九年（1859）	毛卫汀等	华阳县卓家店	130 余亩
定金 28	咸丰九年（1859）	刘一峥		10 余亩
定金 30	同治元年（1862）	刘音征等	华阳县乌龟垱	60 余亩
定金 31	同治元年（1862）	张庆远等	华阳下三甲八十三支洗面桥	132 亩
定金 33	同治三年（1864）	朱培基等	温江二甲王家桥	80 余亩

① 据光绪《华阳苏氏族谱》载，苏邦贤，字希三，印秉权，生于嘉庆三年（1798），卒于光绪十四年（1888）。

苏邦贤在 30 余年的 17 次交易中，共购得 1000 余亩[①]的土地和产业，规模庞大。但这总数庞大的产业有三个特点：其一，来源不一，少量购自族人，绝大部分则来自外姓；其二，坐落位置不同，分布相当分散，甚至还有温江的产业；其三，面积大小不一。所谓的"土地兼并"实际上是苏邦贤获得不同地区的多块土地的所有权，总面积庞大，但分布零散，甚至是跨县分布。其背后所涉及的产权变更，实际上仍然是土地产权归属趋于散杂的表现。表面上看，苏邦贤购买了大量土地，实际上是他将自己的手伸入原来已经零散混杂的产业分布格局中，他只不过替换了其中的一位业主而已，而不是将大片相连的产业集中在一起，建成规模达 1000 余亩的大庄园。因为原来形成的混杂格局不大可能被改变，除非强买强卖，或者土地产权不属于私人所有。这样的"土地兼并"与"土地碎割"实际上是一枚硬币的两面，一面是大地主获得多块土地的所有权，一面是更多的人失去土地，或沦为小自耕农，甚至是佃户。另外，苏邦贤当然不会亲自耕作这些土地，也不会将其无偿分给族人，而是依靠招募佃户，将土地的使用权转交给佃户。故虽诸多土地的所有权属于同一人，但其使用权却分属不同的佃户，这就造成产权在横向上的一种分离，同样是产权一面集中，一面又分离的表现。苏邦贤的例子清楚说明，即使地方大地主兼并大规模的土地，但这些土地的分布是零散的，土地和产业的产权分布依然呈现散杂和碎割的基本格局。所以，乡村的庄、林盘越来越多，越来越小，邻近产业的产权归属亦愈趋复杂，庄内的所有权与使用权愈趋分离，即便属于同一主人的庄，其内部也会产生使用权意义上的界限[②]。这一历史过程，是我们理解清代以来成都乡村社会的历史和今天成都乡村社会形态形成原因的关键。

根据民国 27 年（1938）中央政治学校地政学院的调查资料，当时成都、

---

① 由表中数字计算可直接得出 800 余亩，因前五次的交易银两数额较大，超过 6000 两，结合"定金 17"中的土地面积（120 余亩）和银两数额（2240 两）的比率，可知苏邦贤购买土地的总面积应该大于 1000 亩。

② 熊篾笃编《民国三十八年新都县田地租佃关系纪实》（新都区档案馆刊印，1993 年）中对新都县土地业主和佃户的统计，可以说明这一问题。如白信昌在木兰六保的一处产业，共 21.1 亩，租给了向松盛、李少和、白少云、白才发、白美林等五家佃户，分别承租田土面积为 8 亩、2.6 亩、6 亩、0.3 亩、4.2 亩，而地主本人居住在成都县三河乡。

华阳两县的地权分配不均，其表现有二：一为土地兼并，一为土地碎割。"土地兼并"是指土地所有权集中于少数人，而使用权操于多数人。这里的所说的"少数人"就是指一些地方上大地主或军阀官僚和教会等组织，而"多数人"则是指佃户。根据对两县 500 户农家耕地分配的调查，占有或佃种 10 亩以下的农户将及半数，三四十亩农户占多数，五六十亩之农户居少数。这与清代中期的情况相差甚远。所谓"土地碎割"是指耕地面积过小，与农家人口不能成适当比例，如他们所调查的成都、华阳两县的自耕农占地情况显示，在所调查的 38185 户农户中，拥有土地不及十亩者有 21031 户，占 55%，十亩以上者 8005 户，占 21%，三十亩以上者 7015 户，占 18.4%，五十亩以上者 2134 户，占 5.6%，百亩以上者 315 户，仅占 0.82%。调查者对"土地碎割"的原因解释为：一、农民为偿债而处分土地；二、众子孙继承制度；三、佃户增多，争佃田亩，则耕地分化；四、中小地主比佃农更苦，故多求佃田，以维生活；五、乡村社会不安，地主入城，无大农场经营，田土多分割佃出 [①]。这一现象的形成过程及其机制，可以在契约中得到答案。

四、余论

20 世纪 40 年代末，美国人类学家施坚雅（G. William Skinner）在成都平原做田野调查，他指出这儿"既没有聚居型村庄，也没有小市。农民住在分散的或三五成群的农舍中。……四川农村中分散的居住单位自行组成了自然群落，每一个都以一座土地庙为中心，可以称之为'分散型'村庄" [②]。这与 18 世纪的记载基本一致。但他在论著中并未给予"分散型村庄"更多的关注，而是集中讨论以场镇为主的市场体系和基层市场社区。实际上，只有对"'分散型'村庄"有了充分了解，只有在村庄与场镇的关系中，才能够真正说明场镇在基层市场

---

① 康捷生：《成都华阳两县地籍整理之研究》，载萧铮主编：《民国二十年代中国大陆土地问题资料》（中国地政研究所丛刊 31），台北：成文出版社有限公司，（美国）中文资料中心，1977 年，第 15291—15297 页。

② ［美］施坚雅著，史建云、徐秀丽译，虞和平校订：《中国农村的市场和社会结构》，北京：中国社会科学出版社，1998 年，第 6—7 页。

社区中的功能及其原因。一个庄的规模和内部人群构成，及其分化或重组的过程，让我们看到庄的特性，它既是分散的，也是小规模的，内部产权分布是混杂的，人群构成多样，不可能形成市场、信仰或娱乐空间，不可能聚合更多的人群，而这些功能全部由场镇来承担，故场镇在乡村社会中的重要意义尤为凸显。如果比较其他地区的聚居型村庄与集镇的关系，更容易理解这一关系。

日本学者滨岛敦俊认为，农村研究应该关注聚落的形态和规模，因为"这和农村社会的共同性，以及地缘、血缘乃至各种任意的社会集团的形态具有密切的关系"[1]。在乡村社会中，各种类型的社会集团（或称社会组织）无疑在乡民的生活中扮演了极为重要的角色，不论是血缘性的宗族组织，还是地缘性的同乡会馆、宗教组织，其组织的策略和形式都会因村庄形态、规模以及内部人群构成的不同而不同。本文研究清楚揭示出成都乡村几乎不可能存在聚居的宗族，因为在产业分受与买卖的过程中，族人分散各地，"族众星居"，这直接导致了宗族的凝聚力不强和经营不佳的状况[2]。在各场镇、县城和成都，到处矗立的会馆以及各种祠庙、寺观，却成为凝聚人群的重要组织。除此以外，地方编制里甲、保甲，以及兴办团练的组织形式和策略也受到村庄形态和内部人群构成的影响。

田房产业的交易，还涉及土地市场、货币流通、契税征收与官府财政，以及租佃制度、乡民生活等问题。这些问题非常复杂，本文亦没有展开讨论，但对清代至民国时期成都乡村田房产业交易特征的认识，可以为这些问题的讨论和研究提供基础依据。

---

① ［日］滨岛敦俊：《农村社会——研究笔记》，载［日］森正夫等编，周绍泉、栾成显等译：《明清时代史的基本问题》，北京：商务印书馆，2013 年，第 153—154 页。

② 郭广辉：《移民、宗族与地域社会——以清代成都廖氏宗族为中心的讨论》，成都：西南民族大学硕士学位论文，2012 年。

清代中期贵州乡村社会蠡测

——以嘉庆朝刑科题本为例

吴才茂

历史档案，是"原始资料的原始资料"①，其对史学研究之重要性毋庸置疑。《清嘉庆朝刑科题本社会史料辑刊》的出版②，为研究者提供了丰富而宝贵的资料。集中利用这批嘉庆朝（1796—1820）刑科题本进行研究，发轫于冯尔康先生，他借此对清代嘉庆朝的乡村社会面貌、人口流动、宗族形态、经济状况和社会生活均做了开拓性研究③。近年来直接利用《清嘉庆朝刑科题本社会史料辑刊》发表论文者，亦复不少④。但与冯先生所期盼之"应予充分利用"⑤相距尚远。

---

① 郑天挺：《清史研究和档案》，《历史档案》1981年第1期。

② 南开大学中国社会史研究中心、中国第一历史档案馆编，杜家骥主编：《清嘉庆朝刑科题本社会史料辑刊》，天津：天津古籍出版社，2008年。

③ 冯尔康：《论"一史馆"土地债务类档案的史料价值》，《南开学报》1999年第4期；《乾嘉之际下层社会面貌——以嘉庆朝刑科题本档案史料为例》作为"2004萧公权学术讲座"由台湾中正大学历史系刊行；《18世纪末19世纪初中国的流动人口——以嘉庆朝刑科题本档案资料为范围》，《天津师范大学学报》2005年第2期；《十八、十九世纪之际的宗族社会状态——以嘉庆朝刑科题本资料为范围》，《中国史研究》2005年增刊；《乾嘉之际小业主的经济状况和社会生活——兼述嘉庆朝刑科题本档案史料的价值》，载《中国社会历史评论》第七卷，天津：天津古籍出版社，2006年。

④ 金敏、周祖文：《国家权力视角下的生监群体——以清嘉庆刑科题本为中心》，《浙江社会科学》2009年第7期；王跃生：《清代中期扬州市镇经济水平和民众生活初探——以刑科题本档案资料为基础》，《清史研究》2011年第2期；周蓓：《清代中期以经济为诱因的自杀与社会防范——以〈清嘉庆朝刑科题本社会史料辑刊〉为例》，《兰州学刊》2011年第1期；张新平：《秩序与冲突：清代乡村社会纠纷——以〈清嘉庆朝刑科题本社会史料辑刊〉为例》，陕西师范大学硕士学位论文，2012年。

⑤ 冯尔康：《乾嘉之际小业主的经济状况和社会生活——兼述嘉庆朝刑科题本档案史料的价值》，载《中国社会历史评论》第七卷，天津：天津古籍出版社，2006年。

常建华先生提出利用这批资料对乡村社会、区域社会、日常生活进行研究，并就清代中叶河南一省之乡村社会做了极具启发性的研究[①]。

清代贵州乡村社会的研究，囿于史料，极难展开，近年来借由民间历史文献尤其是清水江文书的发现，清水江地区的乡村社会已有研究成果[②]，然因民间历史文献之局限性，尚未能就清水江文书最集中之清乾隆至民国时期的乡村社会进行整体性勾勒，更遑论整个清代贵州乡村社会的情形了。笔者鉴于初步研究清水江文书的经历与困惑，亟需对清代贵州乡村社会进行整体性了解，兹利用《清嘉庆朝刑科题本社会史料辑刊》，就清代中期贵州乡村社会做一初步研究，孤陋不妥之处，尚祈专家学者郢政。

一、贵州档案及案情上报

《清嘉庆朝刑科题本社会史料辑刊》一书共辑录 1665 件档案，分省而言，由多至少分别为：四川 274 件、陕西 120 件、直隶 103 件、湖南 98 件、浙江 93 件、江西 90 件、山西 89 件、安徽 85 件、贵州 81 件、湖北 77 件、奉天 75 件、广东 71 件、山东 67 件、福建 65 件、河南 60 件[③]、江苏 58 件、广西 16 件、甘肃 42 件、云南 31 件，其他 21 件。由此可见，以省而论，该书中贵州档案居第 9 位。为进一步说明这批资料的基本情形，兹就《清嘉庆朝刑科题本社会史料辑刊》中的贵州档案列表如下（表 1）：

表 1 《清嘉庆朝刑科题本社会史料辑刊》贵州事例一览

序 号	年/月	府州厅县	标 题	上 报	页 码
01	4/9	仁怀	民袁居政因讨账戳死胞兄案	乡约	8
02	7/3	思南安化	民张在禄因赡养继母纠纷致其兄自缢案	乡约	28

①　常建华：《档案呈现的清中叶河南乡村社会——以 59 件嘉庆朝刑科题本为例》，载《黄河文明与可持续发展》第 5 辑，郑州：河南大学出版社，2013 年。

②　吴才茂：《近五十年来清水江文书的发现与研究》，《中国史研究动态》2014 第 1 期。

③　常建华先生文作 59 件，似漏计《河南祁阳县邓钲思因佃种土地纠纷殴伤郭勇陇身死案》。参见《清嘉庆朝刑科题本社会史料辑刊》（后文简称《辑刊》）第三册，第 1301 页。

续表

序　号	年 / 月	府州厅县	标　题	上　报	页　码
03	10/9	铜仁	民向思希因口角致死胞兄藏尸匿报案	匿报	84
04	10/8	思南	民陈应元因地亩找价事将远房无服祖母勒死一案	未知	89
05	10/9	遵义桐梓	民许茂涵因葬母债务将胞兄带跌磕伤身死案	无乡约　民妇	107
06	11/3	思南	民龚在升故杀伊妻袁氏图赖龚安氏案	乡约	119
07	15/12	松桃	民陈文相索欠起衅共殴致伤胞兄陈文才身死案	约总	187
08	17/11	安顺普定	民周登荣因争雇脚夫戳伤大功服兄致死案	龙添林	235
09	19/7	都匀都江	客民曾云桂因索欠戳伤胞叔致死案	乡约	270
10	19/11	遵义桐梓	民周学级勒死伊妻周吴氏移尸图诈案	县民	280
11	21/3	安顺镇宁	民吴应珑因借钱纠纷伤父姜陈氏身死案	乡约	302
12	23/8	大定	民妇陈氏因劝阻丈夫刘廷飏被殴毙案	乡约	374
13	24/7	遵义遵义	苗人陈受因岳父索彩礼起衅误伤妻子陈唐氏毙命案	乡约	401
14	8/7	遵义仁怀	民母盛作因讨工钱打死姐夫穆正潮案	乡约	422
15	19/7	大定黔西	民白文学因女婿罗阿三不听训斥将其杀死案	乡约	461
16	21/11	兴义普安	民鄢石贵将继父希四殴伤身死案	乡约	473
17	5/5	松桃	民张承发因讨取工钱被谭桂踢死案	乡约	508

序　号	年/月	府州厅县	标　　题	上　报	页　码
18	8/12	贵阳龙里	民汪子仁因催令出屋打死陈宛央案	乡约	557
19	10/3	大定黔西	民王纯宇因口角事致死邻人李芝富案	乡约	575
20	14/3	遵义并安	民唐虞章等因地界群殴致多人身死案	未知	605
21	16/3	大定平远	民罗帼华因会银纠纷致死李成堂案	乡约	633
22	16/5	都匀麻哈	民汪士顺因被索讨麦种价银起衅戳伤罗老四身死案	寨头	637
23	18/12	遵义仁怀	民毋思循等因田价共殴张理身死案	乡约	666
24	20/6	大定毕节	民戚文礼因索欠纠纷故杀高维仅身死案	县民	689
25	20/6	思南安化	民肖大狗因争种田亩被王乔保殴伤身死案	乡约	690
26	20/9	大定平远	民俞贵山因索钱纠纷伤苗阿义身死案	乡约	694
27	21/6	平越湄潭	民桂潮典索讨地价被冷祚帼殴伤身死案	乡约	705
28	22/1	遵义桐梓	民黄庭银因争佃砍伤周仕楷身死案	乡约	715
29	22/2	思南婺川	民徐章两姓因赎地纠纷致酿人命案	乡约	716
30	23/11	兴义安南	民杜洪桂因向同村人谭明科索讨田价尾欠被殴毙案	乡约	759
31	24/10	贵阳罗斛	民王曰仲因拖欠当地价银被何正才等殴伤身死案	乡约	777
32	5/4	思南青溪	民宋之伦子女被湄潭县民李荣华杀死案	乡约	796

序　号	年 / 月	府州厅县	标　　题	上　　报	页　码
33	8/11	大定威宁	民吴美才因索欠打死四川新宁县民康世元案	头人	831
34	14/6	贵阳定番	戢奉祥因土地当价纠纷被客民高应和推落河淹死案	州民	856
35	15/10	兴义普安	客民秦学泰因地租纠纷殴伤同乡人杨思会身死案	未知	886
36	17/4	安顺永宁	客民张文标因田地用水起衅踢伤彭老三身死案	乡约	943
37	18/3	遵义仁怀	客民焦仕银因索找田价殴伤姚志万致死案	乡约	961
38	23/7	安顺永宁	民罗老卜学因争分包谷被刘三石匠殴毙案	乡约	1016
39	25/11	大定水城	民李正虔因索欠殴毙客民万玉陇案	乡约	1027
40	14/7	遵义遵义	邹元格等为索讨赊欠殴毙赵三姑案	无乡约　县民	1059
41	23/11	兴义普安	民妇田侯氏帮护丈夫殴毙陈正和案	乡约	1107
42	25/1	思南婺川	民郭宏贵因赎田不遂起衅殴伤小功堂侄妻郭田氏身死案	乡约	1115
43	15/3	遵义仁怀	僧人芳树等共殴佃户任奇哲身死案	乡约	1148
44	16/3	兴义	僧人广云等图财谋杀肖发麟身死案	乡约	1154
45	16/9	兴义普安	张定贵等殴伤僧广修身死案	僧人	1157
46	20/6	大定毕节	僧人源相、源松伤民吴应敖、吴应全身死案	乡约	1174
47	23/8	安顺镇宁	五显庙僧人清和因收讨田租被民龚泳太殴毙案	乡约	1183
48	22/9	思州	武生杨芳润因索欠被民杨士美砍伤致死案	乡约	1227

序　号	年／月	府州厅县	标　　题	上　报	页　码
49	8/10	大定黔西	民袁宗相因不愿退佃打死田主儿子史载锦案	乡约	1247
50	8/11	兴义普安	民黄玠因加租打死田主李世富案	乡约	1250
51	10/6	大定威宁	民王维金伤毙顾名元并杀己子移尸图赖案	州民	1262
52	20/8	遵义绥阳	民龚继先因拖欠田租纠纷戳伤雷象洪身死案	甲长	1332
53	25/4	仁怀	佃户赵元足不允退佃被袁受仲殴伤身死案	乡约	1365
54	10/3	兴义	客民郑松庭因佣工牟老大索讨工钱将其殴伤致死案	未知	1384
55	14/4	安顺普定	寓民高老二因债务纠纷谋毒雇主高有义身死案	乡约	1408
56	17/1	遵义桐梓	民骆光耀因索要工钱事致死雇主僧人白华案	乡约	1432
57	18/5	兴义	客民陈大幅因索欠戳伤雇主陈大品身死案	地主	1440
58	21/12	安顺普定	客民谢上品因索讨烧瓦钱文将雇主严文通扎伤毙命案	乡约	1467
59	13/8	大定威宁	猓民安世鳌致死阿三并安世魁戳毙期亲家奴者么案	无乡约　夷妇	1500
60	7/闰6	贵阳贵筑	民岑大伦伙同任贵诱拐苗妇王韦氏案	差役	1520
61	8/12	兴义	苗人贺登禄因地基纠纷伤胞兄贺阿高身死案	案头	1529
62	10/8	大定威宁	民李登元等因抢割包谷事将梭洛等四人殴伤致死案	甲长	1540
63	14/3	兴义普安	张以才等因夺佃纠纷殴伤王登荣身死案	无乡约　土目	1550

续表

序　号	年/月	府州厅县	标　题	上　报	页　码
64	15/3	贵阳贵筑	苗民班阿和殴毙继子班阿比并诬告他人案	无乡约　苗人	1552
65	15/3	镇远台拱	王麻子因争种土地殴伤苗人条歹身死案	苗头	1555
66	15/5	铜仁铜仁	苗民田贵陇因争用田水致伤胞叔田二敏身死案	土弁	1556
67	15/8	都匀独山	苗民佃户石应堂因地租纠纷刀伤全老大身死案	乡约	1560
68	18/12	兴义贞丰	苗民黄阿种等殴伤王长子身死案	乡约	1571
69	22/7	盛宁	民张受元因债务之争被布苏殴毙案	土目	1581
70	22/10	安顺郎岱	苗民韦老三因谋夺田土将苗民杨潮德殴毙弃尸案	乡约	1585
71	23/8	镇远	苗民九报因争割田谷被阿彦殴毙案	杨玉立	1587
72	4/8	遵义遵义	民夏正川因父亲被差拘持刀追夺打死差役张应试案	乡约	1671
73	4/8	镇远黄平	民杨万帼拒传打死差役时泰案	乡约	1672
74	8/闰2	仁怀	民邓钱因拒传唤打死差役郑洪升案	乡约	1692
75	14/7	安顺普定	吴长受行窃期满吏程上孔家中财物案	无乡约　吏	1738
76	14/9	铜仁	差役汤贵误伤舒双应身死私和匿报案	访闻	1744
77	15/5	兴义	李备因争种公田纠纷致死贺阿五并私和匿报案	访闻	1767
78	16/3	思南印江	洪太来因索欠起衅殴毙洪金雨并私和匿报案	访闻	1799
79	16/3	思南	陈万因找价纠纷追殴管顺落河淹毙案	乡约	1806

续表

序　号	年 / 月	府州厅县	标　题	上　报	页　码
80	17/7	大定	民党双陇等因口角共殴包世谟身死案	乡约	1831
81	21/8	兴义普安	差役陈德润等共殴刘正春身死案	地邻	1868

说明：表中"年 / 月"栏目中符号"/"前一数字为嘉庆朝的年号，后一数字为月份；"标题"栏目中的内容为《辑刊》原标题去掉所属开头省县地名后的部分；"页码"栏目中序号01—16为《辑刊》第一册、序号17—42为《辑刊》第二册、序号43—81为《辑刊》第三册。

从年份上看，除嘉庆六年、九年、十二年无分布外，其余年份均有出现。据《清史稿》载，嘉庆时期贵州领府12、直隶厅1、直隶州1、厅13、州13、县34[①]。表中81件档案中，贵阳府5件，遵义府13件，安顺府9件，都匀府3件，镇远府3件，思南府8件，思州府2件，铜仁府3件，大定府14件，兴义府14件，松桃直隶厅2件，平越直隶州1件，除石阡、黎平二府外，其他各府、直隶厅和直隶州均有载，尤以兴义、大定、遵义、安顺、思南五府的资料较为集中。这些资料基本反映了清代中期贵州乡村社会的一般情形。

据表1尚可知案情上报人员身份的多样性，要言之分为四类：一是乡约；二是保甲体系（如甲长、头人）；三是少数民族村落的首领（如寨头、苗头）；四是地方土目、土弁；五是个人。81件档案中，乡约48件，州民县民5件、访闻3件，土目2件，甲长2件，头人1件，匿报1件，吏与差役各1件，地邻1件，僧人1件，地主1件，夷妇1件，案头1件，土弁1件，苗人1件，苗头1件，寨头1件，其他个人与未知8件。据清王朝规定：保甲负责案情上报，即"罪犯一出现，犯法行为或疏忽行为一发生，每一个居民都必须向保甲头人汇报，然后由保甲头人负责向当地官员汇报"[②]。雍正四年（1726）之后，"一些

---

① 赵尔巽等：《清史稿》，北京：中华书局，1977年，第2351—2370页。

② 萧公权著，张皓、张升译：《中国乡村——论19世纪的帝国控制》，台北：联经出版事业公司，2014年，第58页。

少数民族，特别是苗族和侗族，首次被置于保甲组织的控制之下"①，说明贵州苗地案件循例亦应由保甲上报。而乡约，其职在"宣读《圣谕广训》，详示开导，务使乡曲愚民，共知鼓舞向善"②，是实施乡村思想控制的主要工具③。但很明显，上表显示，贵州的情形是乡约上报占据了绝大多数，何以至此？其因主要有三：一是尽管清王朝着重强调保甲体系的重要性，但容许一些地方偏离中央政府规定的模式④，且至嘉庆朝，已"仅具虚文"⑤。二是乡约发生变质，从 18 世纪开始，乡约在一些地方就取代了保甲的功能，这使它从思想控制工具变成了治安控制工具⑥。其三，与贵州乡约的发展有关，其大量设置之时正是保甲体系推行困难和乡约变质时期。贵州乡约事例，明万历二十六年（1598）开始出现⑦，至清代改土归流及以后，乡村社会才大量设置。比如仅松桃厅城外坡东就有"乡约三十名，共管汉苗三百七十三寨"⑧。档案亦显示"里""甲""村""屯""铺"⑨都单独设置了乡约。乡约成为刑案上报的主要群体，其主要职责是在接到受害人禀报之后，亲自"往看、往查"是否属实，之后上报官府。然若"失察人命"，"应照不应重律，杖八十"⑩。

①　萧公权著，张皓、张升译：《中国乡村——论 19 世纪的帝国控制》，台北：联经出版事业公司，2014 年，第 61 页。

②　（清）素尔纳等纂，霍有明、郭有明校注：《钦定学政全书校注》，武汉：武汉大学出版社，2009 年，第 292 页。

③　萧公权著，张皓、张升译：《中国乡村——论 19 世纪的帝国控制》，台北：联经出版事业公司，2014 年，第 217—305 页。

④　同上书，第 70 页。

⑤　闻均天：《中国保甲制度》，上海：商务印书馆，1935 年，第 223 页。

⑥　萧公权著，张皓、张升译：《中国乡村——论 19 世纪的帝国控制》，台北：联经出版事业公司，2014 年，第 238 页。

⑦　常建华：《明代宗族组织化研究》上册，北京：故宫出版社，2012 年，第 275 页。

⑧　（清）罗绕典：《黔南职方纪略》卷六，台北：成文出版社，1974 年，第 196—197 页。

⑨　南开大学中国社会史研究中心、中国第一历史档案馆编，杜家骥主编：《清嘉庆朝刑科题本社会史料辑刊》，天津：天津古籍出版社，2008 年，第 401、461、473、694、715、716、759、777、961、1115、1174、1247、1356、1467、1831 页。

⑩　同上书，第 1586 页。

当然，在贵州这样一个多民族的区域社会里，王朝制度的推行，并非整齐划一，而是因时、因地与因人群之不同而有因地制宜的灵活性和多样性。比如在黔东南地区，尽管清乾隆元年（1736）清王朝就议准"各州县于乡里民中，择其素行醇谨，通晓文意者，举为约正，不拘名数，令各就所近村寨，恭将圣谕、广谕勤为宣讲，诚心开导，并摘所犯律条刊布晓谕"①。但"新疆六厅"之台拱厅（65—表1序号，下同）是由"苗头"上报，麻哈州（22）则是"寨头"，说明乡约制度在新开辟的苗疆腹地，其主要职责并非上报案情，而在于其本来职责——"晓谕"。其他晚辟之地如威宁州，虽设置了里甲，但很多地方因"住处并无乡约"，三件案例上报人分别为"头人"（33）、"夷妇"（59）和"甲长"（62）。另外一些地方，同一县里，有些地方无乡约，有些地方有乡约。比如桐梓县，05因"附近并无乡约"，而由"民妇"上报，10未言明有无乡约，但系"县民"上报，56则是乡约上报；又如遵义县，72有乡约，40因"住处未设乡约"，受害人就可直接"报请验究"。这些事例说明，无乡约上报的案例，多数是因"住处并无乡约"，换言之，一旦有乡约，案情自应先投到乡约处，再由乡约上报。

二、人口、家庭与婚姻

81件档案中，有49件对家庭情况有较为详细的交代，这对了解当时的家庭、人口、婚姻等基本内容有极大帮助，亦为我们认知当时社会的基础，故将相关情况制表如下（表2）：

---

① （清）余泽春等修，（清）余嵩庆等纂：《（光绪）古州厅志》卷六《典礼志·讲约礼》，载《中国地方志集成·贵州府县志辑》第19册，成都：巴蜀书社，2006年，第368页。

表2 《清嘉庆朝刑科题本社会史料辑刊》贵州事例中的家庭情况一览①

序号	当事人/年龄	人口数	人口构成	家庭类型	兄弟数	备注	页码
01	袁居政/33	2	妻	核心家庭	5	父死母存，没生子女	8
02	张在禄/47	2	继母	直系家庭	2	父母俱故	28
03	龚在升/—	2	妻	核心家庭	—	—谋杀妻子	119
04	陈文相/49	6	继母、1子3女	直系家庭	1	父母俱故	187
05	周登荣/36	3	妻，1女	核心家庭	1	父母俱故	235
06	曾云桂/28	2	妻	核心家庭	2	父故母改嫁，未生子女	270
07	周学级/—	3	妻、1子	核心家庭	0	父母俱故，谋杀妻子	280
08	刘廷飔/23	4	父、妻、1女	直系家庭	1	母故，打死妻子	374
09	陈受/—	2	妻	核心家庭	—	—，打死妻子	401
10	母盛/37	1	单身	单人家庭	0	父母俱故	422
11	罗阿三/—	3	妻、1子	核心家庭	0	父母俱故	461
12	鄢石贵/36	2	妻	核心家庭	1	父故母改嫁，未生子女	473
13	谭桂/35	4？	妻、子、女	核心家庭	0	父母俱故	508
14	汪子仁/41	3	妻、1子	核心家庭	1	父死母存	557
15	罗帼华/37	4	妻、2女	核心家庭	0	父母俱故	633

---

① 王跃生先生对一般家庭结构理论作出调整后分为五大类七种：核心家庭、扩大核心家庭、直系家庭、兄弟复合家庭、直系复合家庭、单人家庭、残缺家庭。参见王跃生：《华北农村家庭结构变动研究——立足于冀南地区的分析》,《中国社会科学》2003年第4期，第96页。这一分类较适于清代家庭结构的分析，本表采用这一分类。

续表

序号	当事人/年龄	人口数	人口构成	家庭类型	兄弟数	备注	页码
16	汪士顺 /36	1	单身	单人家庭	—	—	637
17	毋思循 /41	4？	妻、子、女	核心家庭	6	父故母存	666
18	戚文礼 /45	4	妻	核心家庭	—	父母俱故，没生子女	689
19	王乔保 /28	3	妻、1 子	核心家庭	2	父母俱存	690
20	冷作帼 /20	2	妻	直系家庭	1	父母俱存，没生子女	705
21	黄庭银 /40	4？	妻、子、女	核心家庭	1	父母俱存	715
22	谭明科 /38	3	妻、1 女	核心家庭	1	父母俱故	759
23	宋之伦 /31	4	妻、1 子、1 女	核心家庭	0	—	796
24	李荣华 /30	2	妻	核心家庭	0	父死母改嫁，没生子女	797
25	高应和 /53	4？	妻、子、女	核心家庭	2	父母俱故	856
26	张文标 /29	1	单身	单人家庭	—	—	943
27	焦仕银 /30	1	单身	单人家庭	—	—	961
28	刘三石匠 /38	2	妻	核心家庭	2	父母俱故，没生子女	1016
29	万陈氏 /33	2	丈夫	核心家庭	0	公婆俱故，没生子女	1027
30	邹元格 /28	4	妻、2 子	核心家庭	2	父母俱存	1059
31	张定贵 /38	3	妻、1 子	核心家庭	1	父母俱故	1157
32	杨士美 /35	2	妻	核心家庭	1	父母俱故，没有生子	1227
33	王维金 /39	4？	妻、幼子4岁	核心家庭	—	父母俱故	1262
34	高老二 /38	2	妻	核心家庭	1	父在母故，没生子女	1408

序号	当事人 /年龄	人口数	人口构成	家庭类型	兄弟数	备注	页码
35	骆光耀 /37	1	单身	单人家庭	—	—	1432
36	陈大幅 /28	1	单身	单人家庭	1	父在母故	1440
37	谢上品 /56	4？	妻、子、女	核心家庭	1	父母俱故	1467
38	安世魁 /31	3	父、弟（无妻）	直系家庭	1	父在母故	1500
39	贺登禄 /31	2	妻	核心家庭	1	父母俱故，没有生子	1529
40	张以才 /45	4	妻、2 女	核心家庭	0	父母俱故	1550
41	班阿和 /—	3？	妻、妻前夫子 1	核心家庭	—	—	1554
42	石应唐 /62	5	妻、2 子	核心家庭		父母俱故	1560
43	布苏 /43	2	妻	核心家庭	0	父母俱故，没有生子	1581
44	韦老三 /34	4？	妻、子、女	核心家庭	3	父母俱存	1585
45	阿彦 /39	4	妻、2 子	核心家庭	1	父死母存	1587
46	杨万帼 /44	3	妻、1 子	核心家庭	3	父母俱存	1672
47	吴长受 /21	3	父、母	直系家庭	5	父母俱存	1738
48	贺阿五 /—	3	妻、1 子、胞兄	扩大核心家庭	1	父母俱故	1769
49	陈万 /36	3	妻、1 子	核心家庭	0	父母俱存	1806

说明：表中的"—"表示未提到相关情况，而年龄数字，按中国古代的传统是虚岁，比实际年龄大一岁。

　　表 2 显示，家庭规模较小，无几代共财同爨的大家庭。49 个事例中，人口最多者为 6 人，且仅有 1 户，每户的平均人口为 2.85 人[①]，远低于同期全国

---

　　①　表 2 中序号 13、17、21、25、33、37、41、44 等 8 例，因当事人表述子女之时，仅说"生有子女"，并无确切数字，算平均数时，取子 1、女 1，即最小数，然若剔除这 8 例，其余 41 例之平均数为 2.65，则更低。

水平，如云南 1800 年户均人数为 4.83，1825 年为 5.44[①]。从表中的兄弟数来看，无兄弟的家庭 11 家，有兄弟 1 人者 17 家，有兄弟 2 人及以上者 11 家，甚至兄弟 5 人以上者 3 家。但兄弟分爨另居成为普遍现象，比如仁怀厅人袁居政"弟兄六人同母所生，久已分居各住"[②]；再如普定县人吴长受"父母俱在，弟兄五人，早已分居"[③]。就家庭结构而言，49 户家庭中，核心家庭 36 户，占 73.46%；扩大核心家庭，即由一对夫妻和其近亲组成家庭，亦即费孝通所言之扩大了的家庭 1 户，占 2.04%；直系家庭 6 户，占 12.24%；单人家庭 6 户，占 12.24%。尽管样本较少而数据受限，然与王跃生利用大量刑科题本数据的研究亦相暗合，他认为 18 世纪中后期中国的家庭结构为：复合家庭为 6.52%，直系家庭为 29.04%，核心家庭为 57.04%，单人家庭为 5.46%，残缺家庭为 1.44%[④]。因此，清代中期贵州乡村的家庭结构，核心家庭和直系家庭应是主要的家庭存在形态。

遍览案例与表格，笔者印象至深者还有：一是一些家庭 30 岁以上无生育，49 个家庭中，12 对夫妇"没生子女"，占 24.48%，比例较高，这是影响每户人均较低的主要因素之一。

二是不少人 30 岁以上还是单身，年龄最大者 37，最小者 28，说明光棍群体在清代的贵州不在少数，某种程度上也使户人均数降低了。

三是家庭暴力。谋杀妻子 2 例，打死妻子 2 例，杀死打死小孩 2 例。如据王维金供："……起意把四岁幼子小三杀死。那时小三在厨房里玩耍，小的瞒着妻子走去，拿了灶上菜刀，把小三推跌地下，砍落头颅。"[⑤]又如据唐氏供："……

---

①　[美]李中清著，林文勋、秦树才译：《中国西南边疆的社会经济（1250—1850）》，北京：人民出版社，2012 年，第 159 页。

②　南开大学中国社会史研究中心、中国第一历史档案馆编，杜家骥主编：《清嘉庆朝刑科题本社会史料辑刊》，天津：天津古籍出版社，2008 年，第 9 页。

③　同上书，第 1739 页。

④　王跃生：《十八世纪中后期的中国家庭结构》，《中国社会科学》2000 年第 2 期。

⑤　南开大学中国社会史研究中心、中国第一历史档案馆编，杜家骥主编：《清嘉庆朝刑科题本社会史料辑刊》，天津：天津古籍出版社，2008 年，第 1263 页。

丈夫在厨房砍柴，叫儿子班阿比去山上将牧放的牛收回，儿子坐着不动。丈夫
用手里柴刀背打去，伤着儿子右耳门倒地，受伤身死。"①手段残忍，令人发指。

就女性婚姻而言，改嫁、卖婚及要彩礼的现象多有存在。改嫁有三种情形：
一是带着儿女和遗产改嫁。如黔西州人王氏前夫李廷贵病故，随带幼子并前夫
田契改嫁黄起泰为妻②。二是仅带儿女改嫁。如班阿比父亲葛老大死后，随母亲
唐氏改嫁苗人班阿和，不仅从了班姓，后还被打死③。三是寡妇改嫁，儿女留
在前夫家。如普安厅 36 岁的鄢石贵供述，其父鄢宇刚亡故后，其母林氏改嫁
希四为妻，没有将他们弟兄随带过去，这种情况一般都是儿女长大成人而未随
嫁，鄢石贵在其母改嫁时已 24 岁④。卖婚多集中在丈夫亡后，如镇宁州人陈得
的姑母陈氏，先嫁与苗人计旺为妻，计旺病故，是计旺的母亲做主把他姑母卖
与吴应珑的父亲老卜恍做妾⑤。清代的贵州，婚姻缔结有很重的彩礼⑥，由此争端
频发，甚至引发血案，如遵义县苗人陈受因其岳父追讨彩礼，争吵中伤死其妻
子⑦。由此可见，改嫁、卖婚及彩礼的普遍存在，尤其在涉及财产问题时，常会
引起争端，甚至酿成命案。

三、生计方式与日常生活

题本档案事主的供词中，往往会有以何"营生""生理""度日"的表述，
由此可知他们的主要生计方式。为示说明，列表如下（表3）：

---

① 南开大学中国社会史研究中心、中国第一历史档案馆编，杜家骥主编：《清嘉庆朝刑科题
本社会史料辑刊》，天津：天津古籍出版社，2008 年，第 1553 页。

② 同上书，第 576 页。

③ 同上书，第 1553 页。

④ 同上书，第 474 页。

⑤ 同上书，第 302 页。

⑥ 李斌、吴才茂：《从转娘头到庚贴为凭：清代清水江流域苗侗地区婚俗变迁——以碑刻史
料为中心》，《贵州民族研究》2013 年第 6 期。

⑦ 南开大学中国社会史研究中心、中国第一历史档案馆编，杜家骥主编：《清嘉庆朝刑科题
本社会史料辑刊》，天津：天津古籍出版社，2008 年，第 401 页。

表 3 《清嘉庆朝刑科题本社会史料辑刊》贵州事例中的生计一览

序号	姓　名	家庭所在地	生计方式	行　业	备　　注	页码
01	袁居政	仁怀	屠宰	服务业	向来宰猪生理	8
02	袁居银	仁怀	贸易	商业	外出贸易	8
03	张在堂	安化	贸易	商业	外出贸易	28
04	杨正万	普定	脚夫	服务业	挑柑子赶场，议定脚钱一百文	235
05	周登和	普定	贩卖柑子	商业	其堂弟周登荣亦贩卖柑子	235
06	曾云桂	思南	种地度日	农业		270
07	罗阿三	黔西	种包谷度日	农业		416
08	张承发	松桃	挑脚度日	服务业	挑担下乡，脚价钱二百四十文	508
09	王纯宇	黔西	篾匠	手工业		575
10	翁有杠	贵筑	矿工	手工业	赴四川西昌做砂钉	900
11	张文标	黄平	种田度日	农业	田地用水争端	943
12	万玉陇	贵筑	小贸	商业	带妻子一起经商	1027
13	赵正贵	遵义	开店	商业	向邹元相等赊买棉花	1059
14	余世贵	贵州	种地度日	农业	赴四川西昌佃种夷地	1151
15	肖发源	永宁	贸易	商业	常到兴义府贸易	1154
16	苏文典	威宁	挑卖杂货，放债	商业		1157
17	袁宗相	黔西	挑脚	服务业	外出挑脚，妻子与人通奸	1247
18	杨再学	湄潭	种地度日	农业	赴广西西林佃种	1347
19	郑松庭	江西金溪	开饭店	服务业	在兴义府城开店	1384
20	胡占魁	兴义	算命	服务业	收了失业的牟老大为徒	1384
21	高有义	郎岱	开铺	商业	生意折本，搬往省城居住	1408
22	高老二	贵筑	铜匠	手工业	每年工价银四两八钱	1408
23	岑大伦	贵筑	诓骗	服务业	拐骗妇女，卖给他人为妻子	1520

农业生产是传统社会里人们生存的主要来源，表中虽仅 5 例，占 21.73%，但结合案例进行仔细检练，可知从事农业生产依然是绝大多数乡村社会农民的

生计方式，除了种植水稻外，种植包谷也很普遍①。凶案往往发生在农民生产劳动过程中。如嘉庆十年（1805），梭洛见包谷成熟，便叫阿达、维租并邀了邻人嫩嫩、老三、胖子同去抢割，李登元、李帼元、李幅元、李潮元、李开元等看见，赶来喝阻，两下争骂，酿成嫩嫩、老三、维租当晚身死的重大命案②。又如嘉庆二十二年（1817），徐斗同其父在地内栽种包谷，傍晚冉章斐牵牛路过，说其父不该指赎，将所种包谷拔坏数十株，发生争端，酿成命案③。

贵州山路崎岖，"脚夫"是一种不错的生计方式，他们全凭一根扁担、两条麻绳，以"挑脚"度日，为人挑担下乡赶场，挑一次的收入在 80—240 文。而"赶场"，是乡村商业交易主要方式，人们"赶场"买卖日常所需，成为重要的社会活动，案例中多处提及"赶场"。如高应和赶场转回，走到小河坎路上，撞遇戴奉祥要银几两，发生纠纷④；赵正贵前去赶场，到傍晚回家，女儿在家被人打死⑤；李世富出外赶场，路遇黄玠，又向其说起加租退佃之事，两下争闹⑥；贵筑人高老二在场上向不知姓名人药摊上谎说毒鼠，给钱十文买了砒末一钱，用纸包好藏在身边⑦。可惜除了买砒霜之外，其他事例均未提及交易细节，"场"中的重要活动未能一一展现。

从表3可知，经营日用商品店、开饭店、开酒店、开铺也是重要的谋生手段。各类手工业者，也普遍存在，比如篾匠，他们编织箩筐、簸箕等竹制容器，均与乡村社会日常生活紧密相连。而专门性的铜匠和矿工，也因贵州铜、矿业的发展而成为人们谋生的去处。当然，为了生活，人们亦会灵活更换生计方式。如江西金溪人郑松庭，于嘉庆九年（1804）至兴义府城开饭店，四川永宁厅人牟老大，曾在郑松庭店中受雇工作，郑松庭因生意淡薄歇店，搬往俄革寨居住，

---

① 81件档案里，提到包谷种植的有7件，地域涉及黔西、婺川、普安、永宁、水城、威宁等地。《辑刊》，第一册第461页，第二册第716、886、1016、1027、1107页，第三册第1540页。

② 南开大学中国社会史研究中心、中国第一历史档案馆编，杜家骥主编：《清嘉庆朝刑科题本社会史料辑刊》，天津：天津古籍出版社，2008年，第1540页。

③ 同上书，第176页。

④ 同上书，第857页。

⑤ 同上书，第1059页。

⑥ 同上书，第1250页。

⑦ 同上书，第1409页。

将牟老大辞去，而牟老大随后投算命营生之胡占魁为师学习算命①。排八字算命一直是乡村社会里的重要生计职业。

另外，人们为了生计，四处奔波讨生活者不在少数，可知当时人口移动频繁。除去省内频发移动外，贵州人外出，以前往四川、云南和广西居多，如贵筑人翁有杠，前往四川西昌新法水银厂做工，戳死了从云南来做工的段涌泰②；贵州人余世位和弟弟余世贵至四川西昌佃种夷地，种植包谷③；威宁州人苏有发，一直在云南宣威州挑卖杂货④；湄潭人杨再学，前往广西西林县佃种⑤；而外省至贵州者，则以湖南、江西人居多，如湖南宝庆府人谭桂，来松桃贸易⑥；江西丰城县人陈景瀁，嘉庆十四年（1809）至兴义府觅工，在梓潼阁庙做挑水工⑦。

贵州乡村的衣、食、住整体而言，尚且可观。从服饰来看，汉妆和苗妆并行，如贵筑县人岑大伦拐骗龙里县苗人王韦氏，因她一身苗人打扮，不好嫁卖，就叫他妻子朱氏拿出一件兰布衫，给她改换汉妆⑧。妇女衣着的主要颜色为蓝、青。如吴长受到程上孔家偷得已裁未做蓝布女衫一件、白布一匹、蓝布二匹⑨；又如蒙阿告家被贼翻墙进屋偷去青布女棉妖一件、青布女衫二件、花布八尺⑩。手镯、戒指和银饰品也开始流行。如肖发麟出门贸易时就带着银花一对、手镯一对、银戒指一个⑪。日常的穿着，妇女平日里包头布帕⑫；男人们平日里穿着胸

---

① 南开大学中国社会史研究中心、中国第一历史档案馆编，杜家骥主编：《清嘉庆朝刑科题本社会史料辑刊》，天津：天津古籍出版社，2008 年，第 1384 页。

② 同上书，第 900 页。

③ 同上书，第 1550 页。

④ 同上书，第 1347 页。

⑤ 同上书，第 1557 页。

⑥ 同上书，第 508 页。

⑦ 同上书，第 1555 页。

⑧ 同上书，第 1520 页。

⑨ 同上书，第 1738 页。

⑩ 同上书，第 1552 页。

⑪ 同上书，第 1554 页。

⑫ 同上书，第 89 页。

衣，成为案发时被抓拉的主要部位①。值得一提还有发式，一般均系"发辫"②，成为纠纷时扭打抓拉的部位之一。同时，尽管清王朝允许苗人不必剃发，但嘉庆时期，很多苗人也成为"剃发苗人"③。就饮食而言，除了平日里吃茶饭外④，也多吃包谷⑤，请客吃饭一般都要买些酒肉⑥，而喝酒成为令人印象最深的叙述之一，多件案子都是在吃酒过程或饮醉之后发生的⑦；人们不仅开始吸烟⑧，还吃上了槟榔一类的休闲食品⑨。至于住房，多是草房和瓦房，一些尚配有厢房和厨房。黔西人白文学因其婿流荡穷苦，把自己旧草房一间与他居住⑩；贵筑人班阿和一家三口的住屋是瓦房三间⑪；水城人李正虔有草房一进三间，厢房三间⑫；威宁人王维金就是在厨房杀死其子的⑬；租房也普遍存在，至于房租，民房三间，两月租金就要银一两，价格较高⑭。总言之，住房水平参差不齐。

　　一般乡民均懂一些简单的医药知识，尤其是自制草药的使用比较流行，然在严重的创伤下，效果不佳。遵义苗人陈受与其岳父争吵，伤及其妻，用草药敷治，不好身死⑮。周文治之子被黄庭银用刀砍伤额颅等处，他"用药替儿子敷治不好，因伤身死"⑯。贵筑苗人班阿和打伤其子后，曾"寻觅草药替他敷治，

————————

　　①　南开大学中国社会史研究中心、中国第一历史档案馆编，杜家骥主编：《清嘉庆朝刑科题本社会史料辑刊》，天津：天津古籍出版社，2008年，第187、634、759、1154、1467、1555页。

　　②　同上书，第1155、1262、1467页。

　　③　同上书，第1554页。

　　④　同上书，第89页。

　　⑤　同上书，第461页。

　　⑥　同上书，第1408页。

　　⑦　同上书，第8、374、575、796、1027、1154、1831页。

　　⑧　同上书，第796页。

　　⑨　同上书，第1869页。

　　⑩　同上书，第462页。

　　⑪　同上书，第1552页。

　　⑫　同上书，第1207页。

　　⑬　同上书，第1262页。

　　⑭　同上书，第557页。

　　⑮　同上书，第401页。

　　⑯　同上书，第715页。

昏迷不醒"①。兴义苗人贺登禄打伤其兄贺阿高，便"寻取草药医治，次日清早就因伤身死"②。

尚需注意者，是贵州乡民出门，随身带刀的现象极为普遍，尽管其本意并非想用来杀人，但发生纠纷时，又多成为凶器。普定人周登荣在打斗中"顺拔身带小刀抵格，戳伤周登和左脚"③。平远人罗帼华顺拔身带尖刀吓戳，戳伤李成堂肚腹致其身死④。桐梓人黄庭银"顺用手里柴刀回砍，伤着周仕楷左太阳"⑤。仁怀人赵帼贵"随拔身带柴刀抵格，戳姚志万左腿"⑥。威宁人王维金"拔出身带小刀吓戳，伤着左膝"⑦。普定人谢上品"顺拔身带尖刀狠戳严文通两下，当时身死"⑧。铜仁苗人田贵陇被其叔田二敏拔出身带刀子，伤左腮颊⑨。郎岱苗人韦老三，"拔取杨潮德身带小刀，狠割他咽喉一下，当时气绝死了"⑩。由此可见，随身带刀，成为一般纠纷演变为凶案的促进因素。

四、借贷与雇佣

笔者自小家境寒素，常与亲戚邻里借贷，当中苦楚与体验不足外道。而细读这81件档案，予我印象最深者，也是近半数的命案系由经济纠纷尤其是借贷演变而来，可知贵州乡村社会历史以来就因贫穷而借贷频发。乡村里的社会关系，经济上的借贷关系是至为重要的一种，借贷虽多在熟人之间发生，但涉及经济利益尤其是借期延宕之后，又极易产生矛盾。借贷最易发生在兄

---

① 南开大学中国社会史研究中心、中国第一历史档案馆编，杜家骥主编：《清嘉庆朝刑科题本社会史料辑刊》，天津：天津古籍出版社，2008年，第1152页。

② 同上书，第1529页。

③ 同上书，第235页。

④ 同上书，第633页。

⑤ 同上书，第716页。

⑥ 同上书，第962页。

⑦ 同上书，第1263页。

⑧ 同上书，第1468页。

⑨ 同上书，第1557页。

⑩ 同上书，第1586页。

弟之间，一般无需抵押或担保。如仁怀厅人袁居政，嘉庆四年（1799）七月，向其二哥袁居金借钱三千六百文，八月二十八日，袁居金讨债未果争吵，发生命案①。又如松桃厅人陈文相，其兄陈文才向其借铜钱四千文，屡讨未还，酿成命案②。

异姓朋友之间的借贷关系也普遍存在，但有的需要抵押或担保。麻哈州人汪士顺，借用易添富银十二两，后因无银偿还，把地土一块抵当与易添富名下③。毕节人戚文礼，嘉庆十八年（1813），向高维仅借谷三市石，二十年（1815）五月，谷子长价，高维要照时价折算银一十五两，写立借字，每月每两认利银三分，戚文礼不肯，发生命案④。四川新宁县人康世元带着妻子儿女在威宁州的铅厂佣工度日，与威宁人吴美才认识，向其借银三两八钱，没有归还而逃，发生命案⑤。从这些案件中可知，借贷本是亲戚朋友之间一种互助行为，但在债务拖延时久之后，往往会发生矛盾。欠债久未归还，多数系因贫困持续的结果，然亦不乏故意迟迟不还之辈，这不仅信用全无，更为可怕的后果，则是矛盾升级为命案。

至于借贷利息，作为兄弟或家族成员之间的一种互助行为，多数借贷在案件的供词里并未言利，甚至直接言明无利，如贵筑县人高老二向高有义借银五两，"并不起利，也没写立借约"⑥。但在异姓朋友之间，则多数有利息。如嘉庆九年，班阿和向宋陇受借钱九两五钱，"每月二分行息"⑦，又如嘉庆十七年（1812），罗顺恒向包世任、包世惠兄弟借银四两，"立有借约，二分起利"⑧。清

---

① 南开大学中国社会史研究中心、中国第一历史档案馆编，杜家骥主编：《清嘉庆朝刑科题本社会史料辑刊》，天津：天津古籍出版社，2008年，第8页。

② 同上书，第187页。

③ 同上书，第637页。

④ 同上书，第689页。

⑤ 同上书，第831页。

⑥ 同上书，第1409页。

⑦ 同上书，第1553页。

⑧ 同上书，第1832页。

代借贷利率尽管复杂，但因清朝律法规定月息不能超过三分[①]，贵州民间的借贷利息多在三分以下。高利贷甚少见到，若是达到月利三分，当事人不愿意的例子就开始出现，比如毕节人高维仅要戚文礼每月每两认利银三分，戚文礼就不肯[②]。即便依靠"举放钱债生理"的放债者，也认为每月三分起利已是贪利[③]。

乡村社会里，土地买卖极为频繁，在土地流转的过程中，即便立有不许找价的"绝卖"契约文书，也往往出现找价现象。找价既是一种习俗，但更多的还是乡民在卖地之后经济状况进一步恶化，不得已而为之的生存行为。如思南府人陈添富之父曾于乾隆十九年（1754）买远房族叔陈子伦的田土，立有绝卖契纸，原价银三十九两。嘉庆九年（1804），陈子伦之妻王氏说其男人故绝，从前卖田得价贱了，要陈添富找补几十两银子[④]；桐梓县人周学级，其父周泳俸在日，曾于乾隆三十五年（1770），将水田三丘绝卖与杨文玉故父杨光照为业，原是契明价足，后来周学级贫难度日，向杨文玉找补过价银三次，第四次找补时发生命案[⑤]；仁怀县人姚志贵，嘉庆十四年（1809），用价银三百一十五两凭中赵帼贵，向焦仕彬绝买白果树地方屋脊田土一坵，契内载明不准再找价。十八年（1813），焦仕彬及其堂兄焦仕银并原中赵帼贵至姚志贵家，说从前卖价尚轻，要找补银十两，发生纠纷，酿成命案。后来官府判决如下："……焦仕彬以绝卖之产混向索找，以致肇衅酿命，应照不应重律，杖八十，折责发落。焦仕彬所卖田土契载绝卖，应听姚志贵管业，毋许再行找补。"[⑥]

因频繁的土地买卖，使得土地并非人人平均占有，地少人多甚至无地之人家，往往成为佃户，租佃土地在乡村社会里也极为常见。然因欠租、转佃、加租、退佃等原因，又成为乡村社会纠纷频发的领域。如刘石保佃种杨

---

① （清）沈之奇撰著，怀效锋、李俊点校：《大清律辑注》上册，北京：法律出版社，2000年，第364—365页。

② 南开大学中国社会史研究中心、中国第一历史档案馆编，杜家骥主编：《清嘉庆朝刑科题本社会史料辑刊》，天津：天津古籍出版社，2008年，第689页。

③ 同上书，第1577页。

④ 同上书，第89页。

⑤ 同上书，第280页。

⑥ 同上书，第961—962页。

德元地土，因欠租撤佃，佃与刘廷飏耕种^①；李世富家有田地一处，嘉庆四年（1799）三月佃与黄玠耕种，每年议交田租谷五石，地租银五两，八年（1803）十月，因见田地垦种成熟比前宽阔，叫黄玠酌量加租，两下争闹，发生命案^②；仁怀厅人赵元足佃种袁张氏田土，嘉庆二十五年（1820）三月，袁张氏因他种田不好，要撤回自种，赵元足说春耕时候不该撤田，不肯退还，发生纠纷^③。

另外，贵州乡村社会里，雇工经营极为常见，民众找工作也较为容易。嘉庆七年（1802），铜仁府人向思武使性出门，随至江口大溪吴老大家佣工，三年不回^④。贵州镇宁州民吴应珑家有雇工阿羊^⑤。易添富家有佣工罗老四^⑥。肖登泮家有佣工王乔保与王德^⑦。李荣华常在青溪县庙旺场地方佣工^⑧。黄平州民张文标家有雇工张阿苗，而卜世溙家有长工彭老三^⑨。威宁州猡民布苏，父母俱故，娶妻坡鸠，没有生子，家有雇工张受元^⑩。镇远府苗人阿彦在阿老家佣工^⑪。普定县期满吏员程上孔雇有长工何老二^⑫。

至于雇佣劳动的工价，多数案例并未言明，但据明言的事例来看，每日工价在银1—3分之间，未成年人则无工价。嘉庆八年（1803），仁怀人母盛在其姐夫家帮工，"议明每日工给银三分"^⑬。嘉庆九年（1804），牟老大在郑松庭的

---

①　南开大学中国社会史研究中心、中国第一历史档案馆编，杜家骥主编：《清嘉庆朝刑科题本社会史料辑刊》，天津：天津古籍出版社，2008年，第374页。

②　同上书，第1250页。

③　同上书，第1365页。

④　同上书，第84页。

⑤　同上书，第302页。

⑥　同上书，第637页。

⑦　同上书，第690页。

⑧　同上书，第796页。

⑨　同上书，第943页。

⑩　同上书，第1581页。

⑪　同上书，第1587页。

⑫　同上书，第1738页。

⑬　同上书，第422页。

饭店中受雇工作，每月议给工价银六钱（日均 2 分）①。嘉庆七年（1802），贵筑县铜匠高老二在安顺府城高有义铺内打铜器，每年工价银四两八钱（日均约 1.315 分）②。嘉庆十八年（1813），镇宁州人陈大幅与其弟陈大贵一同受雇至陈大品家帮工，每月议给其工钱五百文（日均约 1.666 分），其弟陈大贵因为只有 13 岁，没有工价③。当然，因工种的不同，亦有计件给价者，如镇宁州人谢上品受雇于严文通，为其烧造盖屋的瓦，议定每万块给工价银二两④。另外，村寨雇人巡夜守卫的工价较高。如贵筑县人班阿和就被同寨居住的人户公雇为"支更守夜"，议定"每年每户给工食米七升，每牛一只给工食银一钱，寨内约有二百多户、牛一百多只"。但有附加条件，即"如遇被窃，要他查缉，若查缉不获，赔还失赃"⑤。这种附带条件是工价较高的原因。

五、结语

众所周知，清代的贵州，先是经历了明末清初社会变乱带来的重创，继而康乾盛世时期，亦多纠缠于改土归流与开辟苗疆的行动之中，即至乾嘉，亦受"苗民起义"席卷，这些大的政治变动均伴随着战乱，不利于社会经济的增长。然而，嘉庆朝贵州农村社会经济，既未随清王朝全面衰落而枯萎，亦未因清初至嘉庆时期的政治变动和社会变乱而极度萧条，反而呈现出各行各业均较为活跃的面相。

从乡村社会的基层管理来看，以乡约为主的乡村管理体系已建立。就人口、家庭与婚姻而言，家庭内部呈多样性结构，但极具小农经营能力的核心家庭与直系家庭成为主要的家庭形态，兄弟分爨另居普遍存在；晚婚晚育的事例较为多见，很多人超过 30 岁都没有生育，也存在着光棍群体；改嫁、卖婚及要彩礼

---

① 南开大学中国社会史研究中心、中国第一历史档案馆编，杜家骥主编：《清嘉庆朝刑科题本社会史料辑刊》，天津：天津古籍出版社，2008 年，第 1384 页。

② 同上书，第 1408 页。

③ 同上书，第 1440 页。

④ 同上书，第 1467 页。

⑤ 同上书，第 1553—1555 页。

的现象多有存在。

生计方式灵活多样，农业、商业成为主要的谋生手段，服务业也较为多见，并呈现出一人多业的情况，生活水平较有保障。贵州农业以水稻种植为主，由于山多，包谷种植漫山遍野，农民的劳动围绕着耕种、锄草、收割稻谷、摘取包谷等方面进行，题本中很多案件就发生在这种生产生活的过程中。乡村集市是人们进行日用品交换的重要场所，许多案件提到了赶场。经营日用商品而开店、开铺成为重要的谋生手段，在乡村社会里经营饭馆、酒店也比较多见。各类手工业者普遍存在，专门性的铜匠和矿工，也因贵州铜、矿业的发展而成为人们谋生的去处。人们的衣、食、住整体而言还过得去，无冻死饿死的现象。

日常生产生活中的借贷与雇佣极为常见。乡村里的社会关系，经济上的借贷关系是至为重要的一种，借贷虽多在熟人之间发生，但涉及经济利益尤其是借期延宕之后，又极易产生矛盾。借贷最易发生在兄弟之间，异姓朋友之间的借贷关系也普遍存在。清朝律法规定民间借贷月息不得超过三分，贵州乡村的借贷利息多在三分以下。土地买卖极为频繁，但即便立有"绝卖"的契约文书，也往往出现找价现象，找价虽是一种习俗，但更多的还是卖地之后经济状况进一步恶化，不得已而为之的生存行为。租佃土地普遍流行，然因欠租、转佃、加租、退佃等原因，又成为乡村社会纠纷频发的领域。很多普通家庭都有雇工，雇佣劳动每日工价多在银 1—3 分之间。

另外，传统史学忽视下层民众历史的书写，现代历史学话语中亦缺乏对普通百姓日常生活史之研究。事实上，日常生活史是历史研究的一个新视角，同时亦为深入观察社会经济、伦理法制研究的新窗口。清代刑科题本于普通民众日常生活史研究的重要意义在于，其详细记录了乡民凶案发生之经过，当中蕴含着极为丰富的下层民众日常生活史料，举凡人口、婚姻、家庭、人口移动、借贷典当、买卖雇佣、土地交易、生计方式、衣食住行、服饰发式、村社事物、骂人习俗、日常休闲、随身带刀、医药知识等等都可在其中找到相关史料。若再以之与已大量发现的民间历史文献（契约文书、族谱、碑刻等）结合起来，再证之以正史，展开区域社会史研究，既可呈现出各地区下层民众的日常生活画卷，又可清晰地看到事实与定见之间，还存在着很长的一段距离。已据之而展开的零星研究，即可证所言非虚①。因此，以档案资料研究日常生活史，将成为史学研究的重要内容之一。

---

① 譬如前揭常建华先生对河南之研究指出，河南农村并未随嘉庆朝全面衰落而明显衰退，仍然呈现的是比较繁荣的景象，亦指出人们的健康状况并非想象中的糟糕等。王跃生也以刑科题本展现了清代中期扬州市镇经济水平和民众生活的诸多侧面，参见王跃生：《清代中期扬州市镇经济水平和民众生活初探——以刑科题本档案资料为基础》，《清史研究》2011 年第 2 期。

清民鼎革之际的商人与乡绅：
吴锦堂的慈北水利事业

蒋宏达

吴锦堂（1855—1926）是近代海外宁波商人中的代表性人物。1855 年，他出生在浙江省宁波府慈溪县北部鸣鹤乡一个名叫东山头的濒海小村。东山头一带地近海滨涂地，居民多是晚近从外地迁入的贫苦农民，大都从事艰苦的涂垦作业。吴锦堂幼时念过一阵私塾，后因太平天国战乱而辍学，之后便在家务农。1881 年，他经人介绍进入宁波一间豆腐坊充当小工；次年，又迫于生计，前往上海谋生，在当地一家香烛店里佣工三年，期间自学文字、算数，掌握了最基本的经商技能，后被派至苏州等地代理业务。1885 年，由于中法战争之后国内经济不景气，吴锦堂筹措一千元钱东渡日本，前往长崎发展。后转至大阪、神户，从事两地间的棉纱和杂货运销活动。以此为起点，他逐渐扩张经营项目，并利用甲午战争和日俄战争带来的两次商机，积累起巨额财富，一跃成为阪神地区首屈一指的华商领袖。

无论在日本还是在中国国内，吴锦堂都以成功的商人和慈善家的形象为世人所知。在日本，他是神户中华会馆、中华义庄、中华同文学校的创建者或重要捐助者，并先后对万国医院、孤儿养育院、盲哑院、红十字会、同仁会、掖济会等慈善组织捐献巨款。此外，他还持续救助日本多地因灾受困的民众。商业和社会事业上的双重成就为他在日本带来了巨大的声誉。与此同时，吴氏也十分热心国内慈善救济。1900 年，他为长江水灾灾区捐银 3 万两；翌年，又为直隶、东三省、广东、云南等荒歉地区捐资 8.8 万元。吴氏形容自己从事慈善已经到了"拼输性命与金钱"的地步[①]。巨额的捐助也让他不断获得官府赏赐的

---

① 宁波市政协文史委和政协慈溪市委员会编：《吴锦堂研究》，北京：中国文史出版社，2005 年，第 1—77 页；慈溪市地方志编纂委员会编：《慈溪县志》，杭州：浙江人民出版社，1992 年，第 982—983 页。

各种官衔，从而使他具备绅商的地位①。

　　大约从 20 世纪 80 年代开始，中日关系、近代商业和华侨研究等领域的学者对吴锦堂这一人物加以关注，有关他的政治、商业和社会事业的研究业已积累不少成果。特别是他在中日两国的慈善活动，引起了广泛而深入的讨论②。过往的研究多聚焦于吴锦堂的个人事功，以此探讨清末民初华侨商人的历史特质，而较少将他在特定地域从事的社会活动放置到清民鼎革之际复杂的地方情境和权势结构中去。本文以清末民初吴锦堂在慈溪北部的水利事业为例，通过对《续修杜白两湖全书》③（以下简称《续湖书》）内收录的档案文书的梳理，探究吴氏

---

　　① 如光绪二十六年（1900）吴氏为刘坤一、张之洞捐助的"东南互保"运动捐助防务费一万元，被赐予二品花翎道衔；次年，又因赈灾捐银被加赐三品金堂候补衔；辛亥之际，他因参与慈溪、余姚、镇海三县的赈灾平粜，被赏给五等嘉禾勋章。

　　② 相关研究包括：王泰栋：《爱国华侨吴锦堂》，载政协宁波市委员会文史资料研究委员会编：《宁波文史资料》第二辑，1984 年；陈德仁、［日］安井三吉：《孙文与神户》，神户：神户新闻总合出版センター，1985 年；［日］山口政子：《在神华侨吴锦堂（1854—1926）について》，载［日］中村哲夫：《移情阁遗闻：孙文与吴锦堂》，京都：阿吽社，1990 年；许琼丰：《十九世纪末二十世纪初神户华侨之研究——以吴锦堂为中心的考察》，中国文化大学史学研究所硕士论文，2000 年 12 月；过放：《日本神户华侨华人研究史概论》，《华侨华人历史研究》2001 年第 1 期；虞和平：《吴锦堂与民国初年的中日商人外交》，《宁波大学学报》（人文社会科学版）2010 年第 5 期；蒋海波：《日本华侨与近代中国火柴业——以华中和华东地区为例的考察》，《华侨华人历史研究》2010 年第 4 期；徐文永：《吴锦堂与辛亥革命》，《中共宁波市委党校学报》2012 年第 1 期。此外，2005 年，为纪念吴锦堂诞辰 150 周年暨锦堂学校创办 100 周年，宁波市政协文史委员会会同慈溪市政协专题征编出版了《吴锦堂研究》一书。此书分为三编，除第一编"生平事略"和第三编"史海经纬"分别记录吴锦堂的生平事迹和相关的文书史料外，第二编"文苑撷汇"辑录了山口政子、中村哲夫、许琼丰、虞和平、沈之良等学者撰写的七篇专题论文。

　　③《续刻杜白两湖全书》初刊于民国六年（1917）。此书的原编者为杭州人叶瀚（系清末维新派人士），续编者为宁波人杨振骧。正文部分计 147 页，并录有序跋 6 篇，照片 61 幅，湖图 2 张。本书主要记载清光绪三十三年（1907）至民国六年近十年间吴锦堂续修慈溪北乡杜湖和白湖水利的事情，收录相关禀呈、奏咨、照会、公函、会议记录等通计一百件。日本水利史家森田明教授曾利用这一史料探讨过吴锦堂在慈北投身修治杜白两湖水利事业的过程，对吴氏在其家乡的社会活动做了先行性的研究。这也是目前所见有关吴锦堂参与两湖水利事业最为详尽的研究。但是，森田氏这篇文章的主旨在于讨论两湖水利的修治过程和管理方式，以此弥补日本学界对吴锦堂在中国从事社会事业的研究空白；文章更多的是对此书所记载的水利修治活动及若干重要事件进行梳理和介绍，并没有充分考虑史料背后复杂的人群关系和结构异变过程，因此他对史料的解读和运用尚留有很大的空间。

在修治慈北水利时所面对的种种人群关系和利益纠葛，从而展示近代华侨商人历史性格中的若干复杂面向。吴锦堂参与慈北水利事业经历了一个逐步深入的过程，即从依托本地乡绅推进水利建设，到培植自己的势力以控制水利局的运作，进而通过水利局的人事重组和章程制定来寻求一种制度性的控制机制。从中不难看出，清民易代之际的华侨商人正身处一个从人情关系到合约关系的制度化建构过程之中。

一、慈北水利概述

关于慈溪县的水利状况，历代地方志多依地理特征将其分成南北两个界限分明的区域。如光绪《慈溪县志》引嘉靖《宁波府志》所述：

> 慈邑层峦叠嶂，横亘东西，东临定海（今镇海）之境，西达余姚而切其郛，相去百里许，跨山南北。南则江水萦回，去海尚远；北为鸣鹤乡，际大海而地尽斥卤。若天限其壤，殊势异宜。其故水泉灌溉，彼此不相资也。①

地理上，慈溪县东西介于镇海和余姚两县之间，北濒杭州湾，南抵句余群山，中部有东西走向的丘陵山地将全县分为南北两部。南部因有姚江和甬江流经，灌溉水源充足。北濒大海，南阻群山，没有大江大河流经，只能依靠南部山麓的两个人工水库——杜湖和白洋湖——获得灌溉水源②。故此，其基本的水利问题集中于确保杜湖和白湖的顺利蓄泄。在"蓄"的方面，为确保二湖湖水贮蓄以备旱时灌溉，须修治坚固的堤坝，整饬碶闸以防止漏水，并及时清理湖中淤泥以保持湖身蓄水容量。在"泄"的方面，为保证涝时排水顺畅，须及时疏浚松浦、洋浦和淹浦三条主要通海河道，清理河口由海潮挟带而来的泥沙，防止淤积③。除了两湖和三浦以外，慈北水利的另一个关键是在雨季阻挡从西部毗邻的余姚县东注而来的水流。由于余姚在地势上高于慈溪，每逢暴雨季节，余姚境内上林湖无法容纳巨量雨水，横溢的水流就会直接冲进处于低位的鸣鹤

---

① （清）杨泰亨修，（清）冯可镛纂：《慈溪县志》，据清光绪二十五年（1899）刊本影印，台北：成文出版社，1975年，第210页。

② 同上。

③ （清）王相能：《杜白二湖全书》，清嘉庆十年（1805）崇德堂刻本。

乡境内。为了阻挡这一股来水，从宋代开始，就有人在两县边界修筑双河界塘——漾塘——来截断西水[①]。漾塘的培护和水闸的启闭成为历代两县民众矛盾的焦点。

在"两湖—三浦——一塘"构成的慈北水利体系中最突出的问题是杜白两湖上下游居民因湖田而引发的纷争。在吴锦堂插手之前，当地人已为此扰攘数百年[②]。从明朝正德年间（1506—1521）开始，两湖的管理就已陷入混乱。近湖"豪右"之家或私自掘堤盗水，或修筑土堤将近岸淤浅的湖地围起来，改造成湖田，又或圈围湖面低洼之处，养鱼自肥。无论是对湖水的直接盗取，还是圈占湖面，都直接影响到两湖的蓄水能力，威胁下游田地的灌溉，由此引发上游占湖者与下游复湖者之间激烈争斗，以致持刃相向。由于械斗双方人多势众，地方官员往往无力加以节制，"讼牒纷如，而争不止"[③]。

这一纷争延续到清代。到了清中叶，侵占湖田的状况已变得十分严峻。嘉庆十年（1805）三月间，鸣鹤乡绅王相能前往杜湖附近祭祖，他"遍览湖湄"，发现"侵占作田者，累累皆是，年增一年，湖废不久矣"。与此同时，湖塘也因年久失修而不断圮坏。尽管有殷绅富户数次出资修筑塘闸，清理湖滩，但都未能根绝占湖、盗水的问题[④]。到道光二十八年（1848），慈溪县令段光清亲自考察杜白二湖，遍历湖滨，"见湖边山脚，非湖非田，不乏闲地，使开辟以成田，可得良田数十万亩（引按：此数不免夸张）"[⑤]。他一度有意将湖中淤浅之地开垦成田，但很快意识到自己的井田之举将激化上下游之间的矛盾，只得悻然作罢[⑥]。

占湖者与复湖者之间剑拔弩张的紧张关系一直延续到晚清民国之际，由此

---

① 据南宋宝庆《四明志》卷四《叙水》之"双河塘"条所述："鸣鹤乡与余姚之上林乡同一河，上林之水泛溢，则流入鸣鹤，每年苦涝。乾道元年，里人曹阗捐钱二千缗，倡率乡豪，益以二千缗，创建双河界塘六百余丈。自是截断西流。鸣鹤之田遂为膏腴。"

② ［日］好并隆司：《浙江慈溪县杜白二湖の盗湖问题》，载［日］森田明主编：《中国水利史の研究》，东京都：国书刊行会，1995年，第331—361页。

③ （清）王相能：《杜白二湖全书》，清嘉庆十年（1805）崇德堂刻本。

④ 同上书，序一。

⑤ （清）段光清：《镜湖自撰年谱》，北京：中华书局，1960年，第33页。

⑥ 同上书，第33—34页。

形成的人群关系和利益格局直接影响了吴锦堂的水利事业。

二、张力：乡绅合作下的水利建设

在吴锦堂兴办水利之前，当地乡绅已为整顿两湖付出多年努力。早在同治年间（1862—1874），湖争导致了上下游之间的新一轮械斗，酿成人命官司。在缠讼多年以后，官府才通过丈量湖田平息了讼端，最终"由众绅筹集公款，赎回占田八百八十二亩，其粮开入杜白将军户"。不过，当时"众绅"尚无能力有效控制湖田，占湖活动并未受到遏制。光绪八年（1882），大讼复兴，官府重新丈量，发现两湖共有湖田 1088 亩，比同治年间多出 206 亩。由于公款不继，新一轮的赎田活动被延搁下来，滨湖"势豪之家"遂乘势而起，重行侵占。到了光绪三十一年（1905），众绅公议收租，很快又起讼端，各方互控不止。这一年秋，吴锦堂回乡省墓，适值淫雨成灾，塘坍湖溢，花稻尽没。吴氏"触目伤怀，不忍坐视"，决定出资续修水利①。

在最初的水利工程上，吴锦堂主要负责垫资，具体事务则由慈北本地乡绅负责。如光绪三十一年修筑漾塘时，吴氏身在日本，整个工程均由叶、柴、沈姓乡绅主持：

> 然镆（引按：吴锦堂本名作镆）矢志筑复[漾塘]，不吝巨资。倩叶鸿年君，百方计画，购得漾塘基田三十一亩二分八厘零四丝七忽，其契据现存镆处。是年冬，即倩柴启标君，鸠工庀料，建筑石塘；沈遐泉君，专司出纳。……自光绪三十一年冬起，至三十三年，大工告成，共用洋二万二千余圆。柴、沈二君，始终其事，不受报酬，其急公好义之诚，尤可感荷。②

光绪三十二年至三十三年间（1906—1907），吴氏又先后出资助建竺浦三眼闸和淹浦五眼闸，委托乡绅沈醉渔监造。

在最为艰巨的湖田清理工作上，吴锦堂更仰仗绅耆的支持。光绪三十三年九月初一日，吴氏邀集鸣鹤乡五都绅士在崇寿宫道观中聚会，"公议妥办湖田

---

① 叶瀚原编，杨振骧续编：《续刻杜白两湖全书》，民国六年（1917）印本，第1—2页。

② 同上书，第2页。

事宜及弥讼之策"。在吴氏于次月上呈县衙吁请巡抚派员清丈湖田的禀文中，共有 101 名绅耆联合签字画押①。湖田清理过程也充满了各种矛盾。据吴锦堂回忆：

> 至光绪三十一年，公收田租，讼端复起，互控不已。镆邀请全乡绅耆，调处息讼。复因讼端由于田亩，更出己资，公议验明有新旧契串者，依前官价，每亩作二十千文，经镆增作二十圆。赎回白洋湖占田二亩零，杜湖占田五十亩零。其新旧田契五十八纸，领价据廿八纸，现在镆处。……嗣蒙委员吴剑泉，会同慈邑尊吴喜孙来北，邀集本乡绅耆，秉公会丈钉界。所有前后赎回占田九百三十四亩。其余占田，既无新旧契串，显系私垦之田，一律归公。②

吴锦堂利用了当地湖田纠纷，以协调者的身份介入到两湖水利中去。最终收回的湖田共有三种：其一，同治年间，湖讼平息后由五乡绅耆共同出资赎回的 882 亩；其二，由吴锦堂出资向拥有新旧地契的湖田占有者回购的 50 多亩；其三，将没有新旧地契的"私垦之田"充公而来的 150 多亩。为集中管理回赎、充公而来的土地，吴锦堂与五乡绅耆专门成立了"慈北全乡水利局"，作为管理五乡水利的议事机构。将千余亩湖田"归局出租"，使部分失去湖田的沿湖居民转变成水利局的佃户③。

当然，吴锦堂与慈北绅耆间的利益并非全般一致，双方的合作也不如表面上那么精诚团结。这一点在光绪三十三年修建淹浦五眼闸的过程中已经表现出来。在吴氏着手修治淹浦水利前，淹浦的水路和碶闸已被沿浦的"土豪势恶"把控，"上闸左右，开设两行，代客买卖鱼猪粮食为营业"，"恃有势豪为护符，大小海船任意出入，至门前招徕商贩，以图近便"。由于启闭无时，浦道淤积严重，航船出入需要用牛车拉纤。尽管间或公议开浚，但都因"势豪"强力阻拦而无法进行④。由于当年严重的灾歉引发民怨，当地绅耆决定以工代赈，按亩摊派浚浦费用。吴锦堂捐洋八千余元，在原有的淹浦上下闸之外，新建桥闸一

---

① 叶瀚原编，杨振骧续编：《续刻杜白两湖全书》，民国六年（1917）印本，第 17—18 页。
② 同上书，第 7 页。
③ 同上。
④ 同上。

座。吴氏在设计新闸时卯足了心思。他改变桥闸形制，将闸洞缩小，以此杜绝海船出入。显然，这一举措未经当地乡绅首肯，桥闸的修筑损害了控制淹浦的"势豪"以及与之相连带的乡绅的利益，遭到各方反对和非议。以至于在光绪三十四年（1908）九月的崇寿宫水利会议上，吴锦堂仍不得不向与会绅耆代表解释自己的这一行为，提出："或有訾其便农而不便商者。乡晚则谓便公而不便私，亦复何所顾忌，故仍毅然为之。区区苦衷，亦当为诸公所同谅者也。"①

吴锦堂与慈北绅耆之间一直存在协作与分歧。由于清理湖田后建立了水利局，两者的矛盾焦点逐渐集中到其个人与水利局的关系上来。为实现对慈北水利事务的掌控，吴氏开始在其中培植自己的势力。不过，初期的尝试并未成功，剧烈的冲突随之而起。

三、冲突：以"沈衍周事件"为线索

吴锦堂与慈北绅耆的紧张关系，已在开浚淹浦、修筑五眼闸的事件中现出端倪。可以说，两者之间自始至终都伴随着合作、角力，以至激烈冲突。此前有关吴锦堂从事慈善活动的研究基本都倾向于塑造吴氏本人作为满怀桑梓之情的爱国商人的形象，强调他与慈北乡绅间的通力合作，却忽视了两者之间的分歧与矛盾。本节尝试运用《续湖书》中的史料，以"沈衍周事件"为例，对吴锦堂与水利局之间紧张关系加以辨析。

通读《续湖书》，不难发现吴锦堂本人多次提及"沈衍周事件"，这一事件对吴氏在慈北开展的水利事业影响颇大。在书中，吴锦堂（及其追随者）始终将沈氏作为一个贪婪、暴戾的贪污分子进行描述，两人之间因公仇私怨而势同水火。据吴氏回忆：

> 惟当时设水利局，由经理人沈衍周——即增辉，又名韵莲——主持。初本冀其清白乃心，力图公益。乃自前清光绪三十三年十月起，至宣统三年夏止，仅三年有半，先后向镇逐时支借，名曰"酬劳"，计洋四千圆。前此彼捐官进京时，又向镇贷川资一千两。屡次函恳，迄今未还。外又诬

① 叶瀚原编，杨振骥续编：《续刻杜白两湖全书》，民国六年（1917）印本，第20页。

取锦堂学校购料洋四百十圆。又宣统元年三月，……杜湖塘外应开河一条。当时为水利局之款由，镇垫付洋贰千圆，订明是年冬，公租项下交还。及至十月二十日，公租收到，沈增辉并不付还……一面多结党羽，声势赫赫，强假镇之篮舆，出入护卫，威同官府。湖田公事，独断独行，视同己产；出入之账，并不照章报告。迨经众查询，始怫然册报。观其叙跋，骄横恣睢，俨然强占。①

这一段文字是吴沈关系破裂之后，吴锦堂对当日之事的追记，因此很多细节被刻意掩盖或模糊化了。不过在字里行间，两人曾经的私交仍可见一二。如沈衍周在担任水利局经理期间可以向吴锦堂支取数额不小的"酬劳"；当他进京报捐江苏试用知县时，又由吴氏提供千两川资。可以想见，正是有吴锦堂的背后撑腰，沈衍周才得以在慈北横行无忌，声势喧天，以致"强假镇之篮舆，出入护卫，威同官府"，最终得以一手独揽湖田公事。吴锦堂在事后充满道德义愤的叙述和定性并不能掩盖一个基本的事实，即沈衍周一度是吴锦堂极为倚重之人，由吴氏一手栽培。在宣统二年（1910）底交恶前，两人的亲密关系非比寻常。吴氏曾将修建慈北锦堂学校和管理慈北水利局的重任全权托付给沈氏。据师桥沈氏族人讲述，吴锦堂甚至曾将沈衍周收作义子。

尽管《续湖书》将沈氏描写成一个彻底的恶霸无赖，但其中一些信息也透露出他原是慈溪县的"在籍绅士"②。另据光绪三十二年（1906）《东方杂志》的报道，沈衍周曾奉知府谕在师桥一带劝办乡约，显然是慈北一带相当有势力的人物③。吴锦堂与沈衍周建立私交，并委以重任，绝不仅仅只是吴氏个人的交游癖好所致。吴氏本人曾在民国元年（1912）写给当时慈溪县知事的信函中提到："惟昔年经营伊始，委因二湖痼疾已深，任用沈衍周即沈增辉，以毒攻毒。"④ 从"以毒攻毒"一词可见，吴锦堂欲假借沈衍周来帮助自己扫清慈北水利事务中的各种阻碍，从而扩大自己在慈北的势力。在这个意义上，吴锦堂同沈衍周的

① 叶瀚原编，杨振骥续编：《续刻杜白两湖全书》，民国六年（1917）印本，第8页。

② 同上书，第51页。

③ 《地方自治汇志》，《东方杂志》1906年第3卷第12号。

④ 叶瀚原编，杨振骥续编：《续刻杜白两湖全书》，民国六年（1917）印本，第63页。

争斗并不只是吴、沈二人之间的私人隙怨，很大程度上是吴氏与以沈氏为代表的一批慈北乡绅之间为夺取水利局控制权而爆发的冲突。

吴沈两人关系彻底破裂的标志性事件，是宣统二年冬沈衍周围攻锦堂学校一事。据吴氏所述：

> 镆自愧付托不当，几至反利为害，不得已于宣统二年冬回里。正在锦堂学校，拟订期邀请全乡绅士，公议办法间。不意沈增辉，恐将其水利局弊窦查出，先发制人，本欲暗中谋刺，有亲笔密书为据。乃毒计未遂，胆敢纠党数百人，持械围校，意图杀镆而甘心；兼以耀武扬威，为永占公田，敲诈乡愚之计。幸事闻于当道，派兵保护出险。[1]

当时的局势无疑相当紧张，但沈衍周是否真的要"暗中谋刺"，"意图杀镆而甘心"，由于我们只知道吴锦堂的"一面之词"，个中复杂情形不得而知。从《续湖书》收录的宣统二年的《浙抚札慈溪县查拿痞棍滋扰密札》和三年的《浙抚札慈溪县管束沈衍周札》可见，当时官方虽然接受吴锦堂对沈衍周持械围校意图滋事的控告，但并未明确认可沈氏具有谋杀吴氏的企图[2]。经此险境，两人的关系彻底破裂。吴氏通过动用浙江巡抚方面的力量促使慈溪县署查办此案，最终将沈衍周"江苏试用知县"的功名革去，永不叙用，并交地方官严加管束。但这并没有从根本上挫伤沈氏的势力，随着清朝的覆灭，民国初年沈氏重又活跃起来：

> 今乘民国初定，[沈衍周]不法更甚。又捏造公租报销，虚付吕祖殿叶秋记等款项千余元；又重支薪水七百余元，再捏倒欠该痞薪水二千余元，竟将向镆支取薪水四千元，一字不题（提）鲸吞公款，黑白倒置。近且假自由党为名，广招匪类，狼狈为奸，纵党拷诈，无恶不作。甚敢纠众威吓，干涉选举之权，破坏公论机关，阻挠公益，扰乱治安。[3]

从"捏造公租报销"、"重支薪水"等条不难看出，自宣统二年吴、沈交恶至民国元年，沈衍周仍然能够对慈北水利局施加影响，当时的水利局基本不在

---

① 叶瀚原编，杨振骧续编：《续刻杜白两湖全书》，民国六年（1917）印本，第 8 页。

② 同上书，第 50—51 页。

③ 同上书，第 64 页。

吴锦堂的掌握下，很多事务仍操控在沈衍周手中。

为取得水利局的控制权，吴锦堂采取了两个步骤。其一是在宣统三年二月乘慈溪县推行地方自治之机，提请浙江巡抚将水利局改归慈北自治会经管，清查旧账：

> ［镆］伏思兴此水利，原所以保乡里农田，事关地方公益，拟请专归本乡自治会收管。水利局务，即由会内公举经理之人；原订章程，如未妥协，亦由会内公议修正，冀求尽善。……［理合］禀祈大公祖大人鉴核，俯赐派员赴慈，查明湖塘情形，约同本乡自治会绅，议定接收慈北水利，并清理湖田事宜。水利局务，亦即督商自治会，公举经理人，妥订办法，俾垂久远。一面会县，勒令沈衍周交清账款，由会接收，实为公便。①

吴锦堂已经意识到，凭其一己之力无法与根底深厚的沈衍周对抗，所以只能借助上层官僚的力量将沈衍周及其党羽从水利局清除出去，造成水利局权力真空，以便在"公举经理人"时重新布局。他的这一步目标不久即达到，大约两个月后，浙江劝业道就下达了《照会浙抚委员会县查勘学校水利成绩批文》。次月，"委员候补知县陶霖"驰抵慈溪，会同慈溪知县监督慈北自治会乡绅代表接收水利局，并勒令沈衍周"交账候查"②。

其二是夺取崇寿宫的控制权。崇寿宫是慈北一处重要道观，系历年北乡绅耆公同议事的地方，是象征当地公共权力的地标性建筑。这一宫观为全北乡供奉，香火鼎盛，香金收入丰厚。清民易代之际，崇寿宫已被沈衍周等人控制，"命其兄恩辉入宫盘踞，据为私产，所收香金尽入私囊"。民国元年八月，吴锦堂致信慈北自治会绅耆，要求他们呈请官府，将沈衍周一党"传案勒缴，驱逐出宫"，并将崇寿宫改作水利局的办公之所③。从后续的事情来看，这一目标也得以实现。

与此同时，吴锦堂并未放松对沈衍周个人的直接打压。他积极动用自己的社会关系，多次向新的慈溪县署、浙江都督府呈文，请求严查沈氏弊案，终于获

---

① 叶瀚原编，杨振骧续编：《续刻杜白两湖全书》，民国六年（1917）印本，第52页。
② 同上书，第56—58页。
③ 同上书，第72—73页。

得都督府响应，派员查拿，查封沈衍周家产。沈氏被迫逃往青岛、上海等地①。

在驱逐沈衍周后，吴锦堂一步步推进对水利局的控制。正是在此过程中，他与慈北乡绅的冲突进一步暴露出来。据宣统三年《委员陶慈溪县仲会禀水利湖田改管查账情形禀并抚院批》的记述：

> 至沈衍周呈账，本应督绅彻查。第据各绅声称，吴绅作镆，从前付给沈衍周各款，多系亲手交付，事已数年，该绅等并未接洽，仅按簿籍，恐亦不足为凭。知县等检阅所呈各簿，一时亦无从察其弊之所在。再四思维，若必待清查，始议接管，深恐耽延时日。……现既由叶绅〔鸿年〕等接收管理水利，即责有攸归。从前吴绅所交沈衍周款项，该绅等既未接洽，自应随后核算。又吴绅禀沈衍周向借银贰千元，作为浚河之费，指拨湖田租息归还，请为催追一节。查沈衍周呈账，并据禀称该款借作浚河业已开支无存。而湖租频年收不足数，以致无从归款。自未便信其一面之词，应俟将来彻查湖田租息时，一并公同核算。②

可见，当慈北自治会接管水利局成为实际控产者之后，以叶鸿年为首的绅耆代表出于自身利益不愿承认吴锦堂与沈衍周之间因私相授受而造成的债务。

更为深刻的矛盾在于，自治会绅耆有意将水利局的湖田租息作为本乡自治活动的经费来源，将水利局作为自治会的下属组织。这一点大大违背了吴锦堂的初衷，他的立场非常明显，要严格执行水利局管理水利工程的职责，确保其独立性和功能单一化。两者围绕湖田公租的使用问题发生了激烈交锋。为此，吴氏在民国元年九月先后写了《复永义乡（即鸣鹤乡）诸公不得将湖田公租移作别用启》和《函请各区自治会书》，并授意与其相善的两位乡绅撰写两篇《提议建筑陪塘启》，以修筑杜湖陪塘资金不足为由，强力反对将水利局租金挪作他用③。

为了在制度上确保水利局湖租专款专用，吴锦堂积极推动水利局人事改组和水利章程的制定，将水利局的职能以制度化的形式固定下来。经过不懈努力，

---

① 叶瀚原编，杨振骥续编：《续刻杜白两湖全书》，民国六年（1917）印本，第60—72页。
② 同上书，第57—58页。
③ 同上书，第75—78页。

民国二年十一月，水利局公议通过了吴锦堂草拟的《慈北全乡水利局善后章程》。吴氏在章程中不但确认了水利局公租只用于慈北水利事业，而且将水利局与自己创办并任总董的锦堂学校联系起来，后者成为与自治会并列的水利局账目的呈报机构。与此同时，水利局管理层也实现了改选，新晋水利局总理为吴作贤，即吴锦堂（作镆）的亲弟[1]。前任总理叶鸿年则"以年老辞退"[2]。至此，吴锦堂基本完成了对水利局的控制[3]。

余论

前文梳理了侨商吴锦堂在清民鼎革之际为修治慈北水利逐步卷入到当地复杂的人群关系和利益纠葛的过程。吴氏在《续湖书》开篇的《续修杜白二湖水利自志》一文中，曾对自己竭力推动慈北水利事业的缘由有过这样的表述。他说："镆亦慈北一分子，来自田间，深知稼穑之艰难，旱潦无备，为害最烈。"[4]怀抱桑梓之情，助力故乡建设，这一点无疑是吴氏竭力修复慈北水利不可忽视的动因。不过，在商言商，作为商人的吴锦堂在其桑梓情怀之外仍有其精细的商业盘算。正如他在民国二年（1913）十月《致慈北绅耆请即筹议水利善后事宜书》中写到的："查我乡花田五十万亩，每亩扯花款十元，合有五百万之数。自用约四十万，尚余四百六十万；又加一切杂项种作，统共约有五百余万。延迟四五天，其利息何止数万。"[5]除了乡民福祉外，吴锦堂不可能忽视当地的大宗农产——棉花的存在。

事实上，吴锦堂商业帝国的崛起与中日之间的棉花运销有着紧密的联系。早在 1896 年，他就结交了日本钟渊纺织兵库工厂的经理，并承担起这家工厂

---

① 叶瀚原编，杨振骧续编：《续刻杜白两湖全书》，民国六年（1917）印本，第 86—90 页。

② 同上书，第 10 页。

③ 由于各种利益纠葛，吴锦堂与慈北绅耆的冲突仍在在继续。如民国三年（1914），沈衍周父子客死异乡后，吴锦堂仍强烈要求拍卖沈家遗产以赔补欠款，但这一要求遭到众多乡绅在道义上的反对，而吴锦堂的申述几乎到了声嘶力竭的地步。见吴锦堂：《致慈北水利局总理协理等公函》，载时瀚原编，杨振骧续编：《续刻杜白两湖全书》，民国六年（1917）印本第 99—101 页。

④ 叶瀚原编，杨振骧续编：《续刻杜白两湖全书》，民国六年（1917）印本，第 12 页。

⑤ 同上书，第 82 页。

的棉花进口和棉纱棉布出口的生意^①。1911 年，吴氏又创办"大阪棉针织股份公司"，并大量购入日本几家主要棉纺织企业的股票^②。可以说，中日之间棉花、棉纺织产品的运销一直是其主要的商业活动和利润来源。如果将三北丰富的棉花资源与吴锦堂在中日之间的纺织贸易联系起来，我们有理由相信吴氏在慈北大兴水利与确保当地棉花生产有着直接的关系。至于他为何要排除万难，坚决阻止水利局绅耆将湖田公租移作他用，并费尽心思控制水利局的运作，大致也可以从这一关系中得到合理解释。

---

① ［日］山口政子：《侨居神户的华侨——吴锦堂》，载宁波市政协文史委和政协慈溪市委员会编：《吴锦堂研究》，北京：中国文史出版社，2005 年，第 92 页。

② ［日］中村哲夫：《"吴锦堂财阀"与孙中山》，载宁波市政协文史委和政协慈溪市委员会编：《吴锦堂研究》，北京：中国文史出版社，2005 年，第 111 页。

清代重庆史研究述评 [①]

周　琳

对于历史学家而言，清代的重庆是一个耐人寻味的城市。它是一个方兴未艾的移民社会，是长江上游商品贸易中心，是川东道、重庆府、巴县三级行政机构的驻节地，也是长江上游重要的军事驻防地。它的兴衰历程既具鲜明的个性，又是当时中国经济、社会发展的一个缩影。更为难得的是，长达11万余卷的《巴县档案》历经动荡兵燹，居然较好地保存了下来，细致入微地讲述了从衙门到市井，从城市到郊区，从朝廷命官到升斗小民的故事[②]。本文即尝试着对近三十年来的清代重庆史研究做一简要回顾，以备学界同仁参考。笔者虽尽力搜集相关文献，但遗漏之处仍在所难免，恳请学界先进批评指正。

改革开放以后，系统的中国城市史研究开始起步，重庆是最早得到全面研

---

① 因篇幅有限，本文将重点回顾对清代重庆城市地区进行研究的论著。对于清代重庆周边乡村和重庆府下辖各州县的研究成果，除与本文论题关系特别密切的，将不做专门叙述。

② 《巴县档案》是现存案卷数最多的清代县级衙门档案，其史料价值参见赖惠敏：《清代巴县县署档案：乾隆朝（1736—1795）司法类》，《近代中国史研究通讯》（台北）1999 年第 28 期；刘君：《中国县级地方历史档案之最——清代四川巴县档案概览》，《档案》2000 年第 3 期；Yasuhiko Karasawa, Bradley W. Reed, and Mathew Sommer. *Qing County Archives in Sichuan*: *An Update from the Field, Late Imperial China*, vol.26, no.2（December 2005）.邱澎生：《十八世纪巴县档案：一件商业诉讼中的证据与权力问题》，载刘铮云主编：《明清档案文书》，台北：台湾政治大学人文中心，2012 年，第 421—491 页；吴佩林：《清代县域民事纠纷与法律秩序考察》，北京：中华书局，2013 年，第 5—7 页。

究的城市之一①。在此过程中，隗瀛涛和他的研究团队做了开拓性的工作②。在以《近代重庆城市史》③为代表的一系列论著中，他们从庞杂的历史文献中勾勒出晚清重庆由"传统"向"近代"转变的历程。所展现的内容包括商业、交通、工业、金融、人口、城市生活、城市建设、行政管理、城市文化等诸多方面，晚清重庆经济、社会的概貌渐次显现出来。

在此之后，王笛的著作《跨出封闭的世界——长江上游区域社会研究（1644—1911）》，又为清代重庆社会经济史研究注入了新的灵感④。这部著作更加注重对年鉴学派治史方法和西方社会科学理论的借鉴，尤其是计量的方法、生态的视角和"中时段"的叙事节奏，在当时的学界非常抢眼。在王笛笔下，清代前中期的长江上游社会（包括重庆），并不是全然封闭自足的，而是正在经历从"传统"向"近代"的转变。尽管这种变化艰辛备至，尽管这种变化有时缓慢得连当时人都察觉不到，但它毕竟发生而且影响着许多人的生活。

对于清代重庆区域经济和社会的专题研究大约集中在五个方面：市场发育、商业制度与商人群体、司法与诉讼、社会生活与基层权力分割、地方行政与财政，下面逐一进行评述：

市场发育

清代重庆究竟孕育了一个怎样的市场？这是研究这一区域社会经济史的学

---

① 1986 年，国家社会科学基金会将近代中国城市史研究列入了国家社会科学"七五"期间重点科研项目。国家社会科学基金会中国近代史学科组先后将上海、天津、重庆、武汉四个近代城市研究列为重点课题。到 1992 年，这四个城市的研究专著相继出版。

② 阶段性成果：隗瀛涛、周勇：《重庆开埠史》，重庆：重庆出版社，1983 年；周勇、刘景修编：《近代重庆经济与社会发展》，成都：四川大学出版社，1987 年；隗瀛涛主编：《重庆城市研究》，成都：四川大学出版社，1989 年；周勇主编：《重庆：一个内陆城市的崛起》，重庆：重庆出版社，1989 年；王笛：《清代重庆移民、移民社会与城市发展》，载《城市史研究》第一辑，天津：天津教育出版社，1989 年，第 58—79 页；谢放：《关于近代中国城市史研究的几个问题》《近代重庆城市兴起的原因初探》，载《城市史研究》第三辑，天津：天津教育出版社，1990 年。最终成果：隗瀛涛主编：《近代重庆城市史》，成都：四川大学出版社，1991 年。后续成果：周勇主编：《重庆通史》，重庆：重庆出版社，2002 年。隗瀛涛：《近代长江上游城乡关系研究》，成都：天地出版社，2003 年。

③ 隗瀛涛主编：《近代重庆城市史》，成都：四川大学出版社，1991 年。

④ 王笛：《跨出封闭的世界——长江上游区域社会研究（1644—1911）》，北京：中华书局，1993 年。

者无法回避的问题。目前的研究一致认为，清代重庆市场经历了关键的转型。但是关于这种转型肇始于何时？如何渐次展开？最终将这个市场带向何处？不同的研究者却持不同的观点。

隗瀛涛和他的研究团队认为，在1891年开埠以前，重庆虽是川东商业都会和长江上游商品集散中心，但其市场主要是为盆地内贸易服务，仍是一个“封闭和半封闭的封建性城市”①。开埠以后，重庆才真正成为开放的、向近代化迈进的长江上游商贸中心②。龙登高、许檀和林成西不同意前者对开埠前重庆商业的贬抑，认为早在乾嘉道时期，重庆就已凭借与国内其他地区的巨额贸易突破了内向型的经济发展模式，崛起为长江上游和西南地区最大的流通枢纽城市③。而山本进对上述两种观点均持保留意见。他认为：一方面，在清代的全国性市场中，像四川这样重要的区域市场不可能是“封闭”的。但另一方面，四川也并未毫无保留地迎合国内市场。为避免区域经济的依附化，四川从18世纪后半期就开始尝试输入替代，形成了一个有独立性的“区域经济圈”。清代的重庆，正是酝酿和上演此种双向进程的历史舞台④。

就具体贸易门类而言，学界对桐油、粮食、山货、药材、鸦片、猪鬃都有专门的研究⑤。从这些研究中可以看到清代重庆作为长江上游商品集散地的职

---

① 隗瀛涛：《近代长江上游城乡关系研究》，成都：天地出版社，2003年，第143—169页。

② 隗瀛涛主编：《近代重庆城市史》，成都：四川大学出版社，1991年，第96—114页。

③ 参见林成西：《清代乾嘉之际四川商业重心的东移》，《清史研究》1994年第3期；龙登高：《中国历史上区域市场的形成及发展——长江上游区域的个案研究》，《思想战线》1997年第6期；许檀：《清代乾隆至道光年间的重庆商业》，《清史研究》1998年第3期。在《跨出封闭的世界》一书中，王笛也不同意以开埠作为重庆市场转型的起点，但这部著作的相关章节只是介绍了清代重庆市场的渐进发展历程，没有对各时期的市场性质提出鲜明的结论。

④ ［日］山本进著，李继锋等译：《清代社会经济史》，济南：山东画报出版社，2012年，第18—38页。［日］山本进：《明清时代の商人と国家》，东京：研文出版，2002年，第11—50页。

⑤ 田永秀：《桐油贸易与万县城市近代化》，《文史杂志》2000年第1期；张丽蓉：《长江流域桐油贸易格局与市场整合——以四川为中心》，《中国社会经济史研究》2003年第2期；梁勇：《近代四川桐油外销与市场整合》，《重庆三峡学院学报》2004年第1期；唐春生、丁双胜：《清代重庆地区的桐油业》，《重庆师范大学学报》2013年第3期；谢放：《清前期四川粮食产量及外运量的估计问题》，《四川大学学报》1999年第6期；邓亦兵：《清代前期内陆粮食运输量及其变化趋势》，《中国经济史研究》1994年第3期；周邦君：《晚清四川鸦片贸易及其相关问题研究》，《成都理工大学学报》2007年第1期；向春凤：《重庆开埠前后四川的鸦片贸易》，《宜宾学院学报》2011年第2期；陈岗：《清末民国洋行对四川猪鬃业的开发与经营》，《四川文理学院学报》（社会科学版）2009年第3期；张学君：《清代四川酒业的几个问题》，《社会科学研究》2000年第3期；严奇岩：《论近代四川的山货及山货经济》，《西南师范大学学报》2005年第6期；陈镜颖：《四川药材贸易研究——以1891年至1949年为主的考察》，四川大学硕士学位论文，2007年；周琳：《重庆开埠前川东地区的商品市场》，《西南大学学报》（社会科学版）2009年第4期。

能，但是这类研究总体而言数量不多，选题分散，大多数还止步于对文字史料的描述，缺少基于大量数据的、较为精确的计量分析，尚不能对清代重庆市场的发展程度进行准确的评估。

商业制度与商人团体

得益于《巴县档案》的全面开放，清代重庆的商业制度和商人团体渐次从尘封的案卷中显现出来。但到目前为止，研究者们的立场和视角还大异其趣，笔者将这一领域的研究结论分为三类：

第一类，乐观型。认为在清代的重庆，商业制度和与商业运作有关的司法实践已经出现了重要的、有意义的演变，商人团体在处理自身事务方面有了更多的自主性，但不同研究者的切入点与结论仍不尽相同：

一些学者特别关注商人团体的构成与影响力。王笛首先提出，清代重庆的"八省会馆"和商会与地方官府密切合作，造就了一个介于"官"与"私"之间的"公共领域"，深刻地介入了这个城市的工商行政与市政管理[1]。陈亚平也基本同意官民合作维系商业秩序的观点，但更倾向于用"第三领域"来界定这种管理机制[2]。而笔者认为，王笛笔下的晚清长江上游"公共领域"与黄宗智所揭橥的"第三领域"概念其实差别不大[3]。

---

① 王笛：《晚清长江上游地区公共领域的发展》，《历史研究》1996 年第 1 期。

② 在较早的研究成果中，陈亚平也将这种机制称为"公共领域"。参见陈亚平：《咸同时期的巴县"绅商"》，《近代史学刊》第四辑，武汉：华中师范大学出版社，2007 年，第 1—11 页。后来则代之以"第三领域"，参见陈亚平：《18—19 世纪的市场争夺：行帮、社会与国家——以巴县档案为中心的考察》，《清史研究》2007 年第 1 期；陈亚平：《清代巴县的乡保、客长与"第三领域"——基于巴县档案史料的考察》，载《中西法律传统》第七卷，北京：北京大学出版社，2009 年，第 168—203 页；陈亚平：《清代商人组织的概念分析——以 18—19 世纪重庆为例》，《清史研究》2009 年第 1 期。

③ 1997 年于洛杉矶召开的"中国近现代史研究中的理论适用"研讨会中，黄宗智系统地阐述了"第三领域"的概念，详见黄宗智：《中国的"公共领域"与"市民社会"？——国家与社会间的第三领域》，载黄宗智主编：《中国研究的范式问题讨论》，北京：社会科学文献出版社，2003 年，第 260—285 页。黄宗智认为："第三领域"是"公共领域"的一种特殊形态，是介于"国家"与"社会"之间，并在二者的交接、互动中形成与变迁的关键地带。王笛在描述晚清长江上游"公共领域"时，也特别强调士绅与国家之间的合作与冲突，是这一机制形成和扩张的基础。所以，王笛与黄宗智的观点实质上非常接近。只是王笛特别关注"公共领域"中的士绅，而黄宗智和陈亚平则将士绅、乡保、客长、衙役、亲邻、会馆、行帮等都视为"第三领域"的载体。

另一些学者更加关注商业制度的真实面貌及变动过程。林秀静的研究认为，乾隆至道光时期的重庆牙行已经能够灵活地因应重庆独特的商业、社会和司法环境，发展出适合买卖的市场秩序①；邱澎生对乾隆至道光时期重庆船运纠纷的研究也揭示出，当时重庆船运业的整饬既不拘泥于粗疏划一的"国法"，也不完全依赖自生自发的"帮规"，而是依据不同情况在二者间灵活地选择，促使其相互调适或巧妙地揉合在一起②。戴史翠（Maura Dykstra）基本认同邱澎生对清代重庆商业制度的判断，但她的研究更加凸显此制度环境中人的选择。她以细腻的笔触剖析了商业纠纷处理过程中"协议"的生成过程，展现了人们追求利益平衡的共谋。尤为独到的是，她刻画了地方官府在商业讼案中自我约束、谨小慎微的一面，当能激发学术同仁深入探研的兴趣③。

第二类，谨慎乐观型。认为清代重庆的商业制度环境确有明显改善，但是体制性的障碍仍潜伏于其中。张渝的《清代中期重庆的商业规则与秩序》集中阐述了这一观点④。在此书中，作者一方面揭示了乾隆至道光时期重庆地方官府构建商业秩序的努力，由商人自觉发起的行业自治，以及县级法庭对于商业纠纷的灵活处置。一方面也明确指出：在清代的地方行政体制之下，官府不可能持久不懈地维护商业秩序；在地方官府的强势介入之下，商人团体没有足够的影响力来独立推动商业活动。商业惯例、行规等并不能构成自足的民间习惯法。周琳对于八省客长调处商业纠纷活动的研究也表明：八省客长在商业纠纷调处方面的确积累了有效的经验，可是一旦纠纷涉及官府利益，这些经验或规则就

①   林秀静：《清代中期重庆牙行组织的结构与演变》，台湾"暨南大学"历史学系硕士学位论文，2005 年。

②   邱澎生：《国法与帮规：清代前期重庆城的船运纠纷解决机制》，载邱澎生、陈熙远编：《明清法律运作中的权力与文化》，台北：联经出版事业公司，2009 年，第 275—344 页。

③   ［美］戴史翠：《帝国、知县、商人以及联系彼此的纽带：清代重庆的商业诉讼》，载王希主编：《中国和世界：历史中的重庆》，重庆：重庆大学出版社，2013 年，第 166—180 页。Maura Dykstra. *Beyond the Shadow of the Law: Firm Insolvency, State-building, and the New Policy Bankruptcy Reform in Late Qing Chongqing, Frontiers of History in China*, Vol.8, No. 3（Sept. 2013），PP.406−433.

④   张渝：《清代中期重庆的商业规则与秩序：以巴县档案为中心的研究》，北京：中国政法大学出版社，2010 年。

必须让步①。

第三类，悲观型。认为清代重庆的商业和商人久已被视为地方财源，故在得到官府扶植的同时，也注定无法抵御日益贪婪的权力寻租。最早提出此论点的是台湾学者刘铮云。他描述了乾隆至道光时期重庆牙帖承顶过程中的诸多乱象并指出，地方官府之所以坐视甚至助长这些违规现象，乃是因为在雍正税制改革后必须以牙行差务弥补萎缩的财源②。范金民则进一步揭示出，在当时的重庆，承应差务的不仅仅是牙行，还包括几乎所有的工商铺户。而工商业者甘愿应付此种繁重的需索，是因为地方官府以承差为条件赋予他们垄断经营的权利③。周琳的研究也发现，清代重庆地方官府并未积极应对与差务无关的牙业纠纷。而重庆牙行的差务之所以较江南牙行更加苛重，主要是因为其集中、规模小且易于管控④。

诉讼与司法

《巴县档案》中的数万份诉讼案卷⑤，使学者们犹如置身于清代重庆的诉讼和司法现场，展开细致入微的观察。

最早透过《巴县档案》研究法律秩序的是曾小萍（Madeleine Zelin）。她以

---

① 周琳：《城市商人团体与商业秩序——以清代重庆八省客长调处商业纠纷活动为中心》，《南京大学学报》（哲学社会科学版）2012 年第 2 期。

② 刘铮云：《官给牙帖与牙行应差——关于清代牙行的几点观察》，《故宫学术季刊》（台湾）2003 年第 21 卷第 2 期。

③ 参见范金民：《把持与应差：从巴县诉讼档案看清代重庆的商贸行为》，《历史研究》2009 年第 3 期。在范金民之前，刘君已经对清代巴县工商业者差役做了简要的梳理，但是没有解释此种现象与地方财政、商业秩序之间的关系。参见刘君：《清前期巴县城市工商业者差役初探》，《历史档案》1991 年第 2 期。

④ 周琳：《"便商"抑或"害商"——从中介贸易纠纷看乾隆至道光时期重庆的"官牙制"》，《新史学》（台湾）2013 年第 24 卷第 1 期。

⑤ 《巴县档案》中各朝案卷数量请参见吴佩林：《清代县域民事纠纷与法律秩序考察》，北京：中华书局，2013 年，第 6—7 页。

120 件租佃纠纷案卷为素材，勾勒了乾隆至同治时期重庆的土地租佃制度[①]。向读者展现了一个变动不居、错综复杂的土地租佃市场，各种规则日益细密、成熟，既包含理性的、商业化的运作，也存在着显而易见的剥削与不平等。此外，作者还自始至终将土地租佃制度的各种细节放在清代重庆经济、社会变迁进程中理解，并提醒人们关注同一制度在不同历史时空中的不同面貌。在中国学界尚未摆脱意识形态话语，区域史研究尚在起步阶段的 20 世纪 80 年代，这样的研究取向是极具前瞻性的。

在此之后，黄宗智的研究令《巴县档案》的史料价值进一步为学界所知[②]。他使用 1760 年至 1850 年间的 308 件民事诉讼案卷，挑战了马克斯·韦伯（Max Weber）的"卡迪审判"说。提出中国清代民事法律拥有一种"实体理性"，即在道德和意识形态化的表达之下，用现实主义的、程序化的方式维护民众的合法权利。这种表达与实践之间既背离又抱合的状态，构成了清代民事法律的精髓。这一理论问世后，引发了法制史学界旷日持久的讨论[③]。但从社会经济史的角度来看，黄氏将乾嘉道时期的重庆视为一个"简单小农社会"，对于卷帙浩繁的商业讼案甚少关注和提及，既误读了当时重庆经济社会的真实面貌，也不可避免地会削弱其理论的事实依据。

与黄宗智相反，范金民在《明清商事纠纷与商业诉讼》一书中，使用了大量乾嘉道时期巴县商业诉讼档案[④]。该书是笔者目前所见第一部系统研究明清商业纠纷与诉讼的著作。与美国学者和日本学者的论著相比，该书的资料更加充

---

①　Madeleine Zelin. *The Right of Tenants in Mid-Qing Sichuan*：*A Study of Land-related Lawsuits in the Baxian Archives*, The Journal of Asian Studies, Vol. 45, No. 3（May 1986），PP. 499−526.

②　Philip C.C.Huang. *Civil Justice in China*：*Representation and Practice in the Qing*, Stanford：Stanford University Press, 1996. 中文修订版为黄宗智：《清代的法律、社会与文化：民法的表达与实践》，上海：上海书店出版社，2007 年；Philip C.C.Huang. *Code, Custom, and Legal Practice in China*, Stanford：Stanford University Press, 2001. 中文版为黄宗智：《法典、习俗与司法实践：清代与民国的比较》，上海：上海书店出版社，2007 年。

③　参见［日］寺田浩明：《清代民事审判：性质及意义——日美两国学者之间的争论》，载《北大法律评论》第 1 卷第 2 辑，北京：北京大学出版社，1998 年，第 603—617 页；林端：《中国传统法律文化："卡迪审判"或"第三领域"——韦伯与黄宗智的比较》，载中南财经政法大学法律文化研究所编：《中西法律传统》第六卷，北京：北京大学出版社，2008 年，第 425—453 页。

④　范金民：《明清商事纠纷与商业诉讼》，南京：南京大学出版社，2007 年。

实，对案例的剖析更加细腻，结论也更加平实、稳健。但若在使用巴县案例的同时，深入探讨这些案例与当地经济、社会的微妙互动，当能描绘出一幅更加清晰、精准的历史画卷。

清代重庆乃是一个充斥着暴力与争斗的城市①，所以《巴县档案》也为研究清代地方刑事司法制度提供了不可多得的素材。廖斌与蒋铁初即透过相当数量的案卷，对于清代四川地区的刑事司法制度进行了研究②。得出了清代地方刑事司法制度与中央刑事司法制度共性多、个性少，清代中后期刑事司法的实践与立法渐趋背离的结论③。

在各类刑案中，与妇女有关的案件相当吸引学者的眼球。李清瑞完成于2001年的硕士学位论文，关注到乾隆时期重庆猖獗的拐卖妇人案件。通过对119个案例的分析，展现了移民社会中动荡、脆弱的人际关系，涉案妇女危险而受限制的生活处境，以及国家立法与州县司法之间的落差④。苏成捷（Matthew H. Sommer）通过对乾隆至光绪年间重庆卖妻案件的研究，发现州县法庭对卖妻案件的裁定往往是实用主义的弹性手法，与大清律例的规定相差甚远⑤。但他

①　滋贺秀三和夫马进在阅读《巴县档案》后，有一个共同的体会，即清代的重庆社会非常粗野，尤其是在同治以后，暴力行为在各类诉讼案卷中特别引人注目。参见［日］夫马进：《中国诉讼社会史概论》，载中国政法大学法律整理研究所编：《中国古代法律文献研究》第六辑，北京：中国社会科学出版社，2013年，第1—74页。

②　廖斌、蒋铁初：《清代四川地区刑事司法制度研究》，北京：中国政法大学出版社，2011年。

③　但是令笔者感到疑惑的是，清代巴县的刑事司法实践，是否足以反映当时地方刑事司法制度的一般情况？与主体章节条分缕析的论述相比较，本书的结论还有待于拿捏更准确的分寸。

④　李清瑞：《乾隆年间四川拐卖妇人案件的社会分析：以巴县档案为中心的研究（1752—1795）》，太原：山西教育出版社，2011年。

⑤　［美］苏成捷著，林文凯译：《清代县衙的卖妻案件审判：以272件巴县、南部、宝坻县案子为例证》，载邱澎生、陈熙远编：《明清法律运作中的权力与文化》，台北：联经出版事业公司，2009年，第345—396页。早在2000年，苏成捷就利用《巴县档案》研究清代的性犯罪问题。参见 Matthew H. Sommer. *Sex, Law, and Society in Late Imperial China*, Stanford: Stanford University Press, 2000. 但是因为此书中仅使用了16个《巴县档案》案卷，且并没有专门探讨清代重庆的经济、社会、司法状况，所以本文未在正文中评述此书。

也特别强调，这种现象的成因乃是清代司法体系的功能不足与管控乏力①。

此外，Quinn Doyle Javers 利用 350 个命案卷宗，剖析了充斥于 19 世纪末重庆社会的多种暴力犯罪②。除了对审判原则和诉讼技巧的观察，作者还利用一些看起来琐碎的诉讼细节勾勒这个过往社会的样貌。如利用当事人上呈的地图复原县级政府的权力空间，利用状纸中的谎言理解国家与社会的交流，利用证物单推测当事人的生活状况和社会角色等等。虽然一些论证还有斟酌的空间，但其不拘一格的思维却令读者难忘。与此相似的还有王大纲对于乾隆中后期 550 件窃盗案的研究③。除了揭示出乾隆中后期重庆经济走势与窃案形态之间的关联，也倾向于将县级法庭对于窃案弹性宽容的处理方式归因于法制建设的滞后和官方干预能力的局限。

以上是针对司法或诉讼方面具体问题的研究，从宏观上探讨清代重庆司法和诉讼的作品目前还很少。吴吉远曾利用乾嘉道时期的部分《巴县档案》案例研究清代地方政府的司法职能④。但这项研究重在勾勒清代州县司法的一般情况，未特别关注巴县的特殊作法及其背后的运作逻辑。直至 2011 年，夫马进的研究终使人们得窥清代重庆"诉讼社会"的概貌⑤。在这篇论文中，夫马进和他的同事付出巨大精力，统计了现存《巴县档案》中各年的诉讼案卷数量，并对同治年间的诉讼案卷进行了更为精细的分类整理，直观地展现出席卷着巴县及其周边乡村的"诉讼战"，以及诱使人们"缠讼""渎讼"的法律、

---

① 这一观点主要是针对此前学者对于清代司法审判制度的两种结论，即黄宗智的"依法审判说"和岸本美绪的"权衡说"。黄宗智的相关研究参见上文注释；岸本美绪的相关研究参见〔日〕岸本美绪著，李季桦译：《妻可卖否？明清时代的卖妻、典妻习俗》，载陈秋坤主编：《契约文书与社会生活》，台北："中央研究院"台湾史所筹备处，2001 年，第 225—264 页。这篇论文也使用了 6 个巴县卖妻案例。

② Quinn Doyle Javers. *Conflict, Community and Crime in Fin-de-siecle Sichuan*, Doctoral Dissertation of Stanford University, May 2012.

③ 王大纲：《从窃案来看清代四川重庆的社会变迁（1757—1795）》，台湾"暨南大学"历史学研究所，2012 年。

④ 吴吉远：《清代地方政府的司法职能研究》，北京：中国社会科学出版社，1998 年。

⑤ 〔日〕夫马进：《中国诉讼社会史概论》，载夫马进编：《中国诉讼社会史の研究》，京都：京都大学学术出版会，2011 年。

社会架构 ①。

社会生活与基层权力分割

清代的重庆一直被视为一个"移民社会"。从 20 世纪 40 年代起，学者们就开始关注在大规模人口迁徙过程中，这个社会所形成的种种特质。这些研究成果大部分收录在梁勇关于清代四川移民史的综述性论文之中 ②。在这篇论文中，作者将过去 70 年的研究成果概括为两种取向——人口史方法下的移民史研究和区域史方法下的移民史研究，并提出未来应加强地方基层管理制度、移民会馆、移民祖源地传说、地域社会长时段演变机制的研究。但除此之外，笔者认为未来的研究还应更多地考虑"移民社会"自身的多样性。

从既有的研究成果和史料来看，即使同在清代四川省境内，平原地区和山区、丘陵区，水陆交通枢纽和腹地，城市和乡村，工商业城市和军事驻防、行政治所城市，在移民规模、移民构成、移民迁徙模式、移民潮起止时间、移民社会治理等诸多方面都存在着明显的差异。清代重庆作为集行政治所、军事要塞、水陆交通枢纽、商品集散市场于一身的城市，其移民社会自有不同于全川各地的独特面貌。但到目前为止，以清代重庆城为单位的移民社会研究大致仅有如下几项：

1943 年，窦季良《同乡组织之研究》出版 ③。该书用西方社会学的理论和概念，诠释清代至民国时期重庆的会馆、公所、同乡会等移民同乡组织的兴衰历程，是目前笔者所见关于清代重庆移民社会最早的研究著作。但是因为作者事实上是将重庆同乡组织视为一种"标本"，所以更加注重用重庆同乡组织的

---

① 中文翻译请参见［日］夫马进著，范愉译：《中国诉讼社会史概论》，载中国政法大学法律古籍整理研究所编：《中国古代法律文献研究》第六辑，北京：社会科学文献出版社，2012 年，第 1—74 页。

② 梁勇：《清代四川移民史研究的回顾与前瞻》，《西华师范大学学报》（哲学社会科学版）2011 年第 4 期。

③ 窦季良：《同乡组织之研究》，重庆：正中书局，1943 年。

具体表现来说明中国同乡组织的一般情况①，并未刻意对重庆社会进行深入的刻画。

直到近些年，这个移民社会的鲜明个性才逐渐显现出来。在此方面用力甚勤的学者是梁勇。他以移民社会的关键人物——客长为线索，勾勒了清代重庆移民社会百余年的变迁②。这项研究除了展现清代重庆城乡移民社会的差异，还揭示了"移民社会"的复杂性与变动性。在大篇幅的制度史分析中，读者可以感受到"客长""士绅""移民""土著""团保"等称谓并不是固定的身份标签。其身份界定和立场其实在不断变化，其行为也并没有明确的此疆彼界之分，而是在持续的互动中形成你中有我的权力网络。也正是在这个过程中，一个主要由外来人口组成的社会渐趋安定和转型③。

行文至此，必须提及的是山田贤对清代云阳、合州移民社会的研究。虽然其论题不在本文设定的范围之内，但对于理解清代四川移民社会大有裨益。这项研究独辟蹊径之处在于：1.以往的清代四川移民社会研究更加关注城市中的地缘组织（如会馆）或业缘组织（如行会），这项研究却将乡村中的宗族、宗教组织（如白莲教、红灯教）置于讨论的中心，揭开了清代四川移民社会重要却较少被触及的一面；2.不仅探讨移民社会的整合，也探讨这个社会的分裂。在"向心力"与"离心力"的交替之中，展现地域社会张力十足的变动轨迹；3.不仅对各种社会组织进行结构功能分析，还从文化、宗教和心理层面再现移

---

① 在该书"自序"中，作者写道："至在资料的选择上是以重庆市内的各省府县同乡组织的资料为主，而以其他各地的资料为补充。一方面是因重庆市的资料可以亲手整理，比较可靠，一方面也表示着资料的贫乏。将来倘能继续得到各地的多量资料，则因以发见的例外，容或多有，修正补充，容俟异日。"

② 梁勇：《移民、国家与地方权势——以巴县客长制为中心》，北京师范大学博士学位论文，2007年。

③ 除此之外，梁勇关于清代重庆移民社会的作品还包括：梁勇：《重庆教案与八省客长：一个区域史的视角》，《社会科学研究》2007年第1期；梁勇：《清代四川客长制研究》，《史学月刊》2007年第3期；梁勇：《"麻城孝感乡"：一个祖源地记忆的历史解读》，《学术月刊》2009年第3期；梁勇：《清代重庆八省会馆》，《历史档案》2011年第2期；梁勇：《啯噜与地方社会的治理——以重庆为例》，《社会科学研究》2013年第1期；梁勇、周兴艳：《移民、善堂与地方权力结构——以清代巴县至善堂为例》，《西华师范大学学报》（哲学社会科学版）2013年第3期。

民的精神世界，使全书既生动又充满人性关怀①。

迄今为止，大多数研究者将清代重庆移民视为"湖广填四川"移民潮的一部分，而苏粹博（Judith Wyman）的研究视角却截然不同②。她指出：在"湖广填四川"终止之后，奔赴重庆的移民不仅未有减少，反而日渐增加；在新到来的移民中，不但包括普通的汉族民众，还包括秘密社会成员、匪徒、游方术士、西方传教士、外国殖民者等等，这令当时重庆的种族、宗教和文化构成相当复杂；频繁的人口流动也没有让重庆成为一个来者不拒的城市，反而促使人们清晰地划出"本地人"（insider）与"外来者"（outsider）的界限。19世纪中期日益严重的经济和社会问题，使得"本地人"与"外来者"的矛盾愈加凸显，最终以"排外""反洋"的形式爆发出来。

除了移民之外，清代重庆的其他社会群体也进入了研究者的视野。吕实强的《重庆教案》一文，深入剖析了绅士在两次打教事件中的行为与策略，并论及绅士、民众、官府之间的微妙关系③。梁勇对清代重庆绅粮、团正、学董、僧团、庙首、会首等地方势力进行了相当细致的研究，呈现出复杂多元的清代重庆城乡社会，及其中暗流汹涌的权力渗透和转移过程④。而白德瑞（Bradley W·Reed）对于清代重庆三费局的研究则加入了对于"公共领域"的探讨。他认为"三费局"并不代表着一个正在形成中的"公共领域"，而是在士绅与地方官府之间的一个缓冲地带，它具有争取地方利益的诉求，但也成为一种非正式的行政机制，正是这一点使它难以发展成为一种士绅自治⑤。

---

① ［日］山田贤著，曲建文译：《移民的秩序——清代四川地域社会史研究》，北京：中央编译出版社，2011年。

② Judith Wyman. *The Ambiguities of Chinese Antiforeignism*：*Chongqing, 1870-1900, Late Imperial China*, Vol.18, No. 2（1998），pp.86-122.

③ 吕实强：《重庆教案》，《"中央研究院"近代史研究所集刊》（台湾）1972年第3期（下册），第457—473页。

④ 梁勇：《清末"庙产兴学"与乡村权势的转移》，《社会学研究》2008年第1期；梁勇、周兴艳：《晚清公局与地方权力结构——以重庆为例》，《社会科学研究》2010年第6期；梁勇：《团正与乡村社会权力结构——以清代中期的巴县为例》，《中国农史》2011年第2期；梁勇：《从〈巴县档案〉看清末"庙产兴学"与佛教团体的反应》，《宗教学研究》2011年第4期。

⑤ Bradley W·Reed. *Gentry Activism in Nineteenth Century Sichuan*：*the Three Fees Bureau, Late Imperial China*, Vol.20, No.2（December 1999），pp.119-123.

地方行政与财政

迄今为止，这方面的研究数量不多。但是基于《巴县档案》所提供的基层衙门运作细部信息，已形成了可观的研究方法和研究结论。

早在 1989 年，李荣忠就依据《巴县档案》梳理了清代巴县衙门的书吏和差役制度，尤其强调这一群体的冗滥与贪蠹[①]。此后，白德瑞（Bradley W·Reed）又从另一个角度描绘了巴县书吏与差役的世界[②]。他承认这一群体中的很多人不具有合法身份，而且普遍深陷于贪污滥权的行为模式。但是他更倾向于将这些行为视为体制的产物。在法律和儒家信条难以覆盖的领域，必须依赖这种"法外模式"（extra statutory patterns）去解决一些现实的问题；而贪蠹的行为除了折射一个群体的道德败坏，更可以理解为一种现实主义的生存策略。另外作者还强调：这一群体在弄权寻租的同时，也在努力使本群体"合法化"、职业化。而他们处理衙门日常事务的技巧，甚至是某些寻私舞弊的行为，都是地方官府正常运作"不可或缺"（indispensable）的倚仗。另外，苟德仪对驻节在重庆的川东道进行了细致的研究，展现了川东道台在地方行政监督、司法、税收、文教、社会事务、对外事务等方面的角色[③]。并提醒研究者，应重视对帝国行政层级中承上启下的中层官员的研究。

在地方财政方面，现有的研究结论存在着很大的分歧。虽然研究者们都意识到太平天国战争引发了中央与地方财政关系的重整，但是对于这个新格局的理解却各不相同。史玉华认为，咸同以后巴县地方政府虽获得了一定的财权，却并没有形成独立的、制度化的地方财政。但是在州县府库中的确存在着相当数量的财物，如家产一般供知县支配[④]。梁勇对巴县仓政的研究则认为，在赋税

---

① 李荣忠：《清代巴县衙门书吏与差役》，《历史档案》1989 年第 1 期。

② Bradley W. Reed. *Money and Justice*: *Clerks, Runners, and the Magistrate's Court in Late Imperial Sichuan, Modern China*, Vol.21, No.3（July 1995）, pp. 345-382. Bradley W·Reed. *Talons and Teeth*: *County Clerks and Runners in the Qing Dynasty*, Stanford: Stanford University Press, 2000.

③ 苟德仪：《川东道台与地方政治》，北京：中华书局，2011 年。

④ 史玉华：《清代州县财政与基层社会——以巴县为例》，上海师范大学博士学位论文，2005 年。

不断加征的过程中，州县财政得到了强化①。山本进的研究则指出，由于督抚是这一轮财政改革的主导，故真正得到加强的是省级财政②。而何汉威的研究则认为，中央财权和各省财权并不是此消彼长的关系。晚清川省当局为中央财政做出了巨大的贡献，并没有明显的专擅迹象。但即便如此，中央政府也已很难对地方实施有效的监管③。

余论：清代重庆史研究的几个问题

通过国内外研究者近 30 年的努力，清代重庆的形象愈见清晰、丰满。但作为受学界关注较早且有丰富文献资源的城市，重庆史的研究无论是在内容上还是在方法论上都有继续延伸的空间。笔者将自己体会到的目前研究存在的问题总结如下，或可供学界同仁在未来的研究中参酌：

第一，研究选题的不平衡。

在上文述及的五个专题研究领域中，"诉讼和司法"无疑是最热门的一个。其研究方法更加成熟，研究课题更加多样，研究团队也更加国际化。这当然是因为《巴县档案》中保留了大量的诉讼案卷，法制史研究者更容易意识到这批文献的史料价值。但是问题在于，这些诉讼发生在清代重庆的历史时空之中，若没有对这个城市政治、经济、社会的深刻理解，很难精准地解读这些案卷。而从法制史层面进行研究的学者大多出身于法学专业，使用《巴县档案》的目的是为了解答一些法制史领域的宏观问题，而非深入剖析这个特定的地域。

---

① 梁勇：《清代州县财政与仓政关系之演变——以四川为例》，《中国社会经济史研究》2008年第 4 期。

② 邱澎生：《国法与帮规：清代前期重庆城的船运纠纷解决机制》，载邱澎生、陈熙远编：《明清法律运作中的权力与文化》，台北：联经出版事业公司，2009 年，第 51—90 页。

③ 何汉威：《晚清四川财政状况的转变》，《新亚学报》（香港）1984 年第 14 卷；何汉威：《清末赋税基准的扩大及其局限——以杂税中的烟酒税和契税为例》，《"中央研究院"近代史研究所集刊》（台湾）1988 年第 17 期下册；何汉威：《清季中央与各省财政关系的反思》，《"中央研究院"历史语言研究所集刊》（台湾）第七十二本第三分（2002 年 9 月），第 597—698 页。上述研究虽未专门讨论重庆的情况，但对于厘清重庆地方财政的脉络有重要的参考价值。

因此区域史研究的相对薄弱，容易使一些法制史学者对这一区域形成不确或不实的印象，继而影响对案卷的选取，甚至影响整个研究的方向和结论。典型的例子当属黄宗智的民法研究。由于黄氏将清代重庆视为一个"简单小农社会"，故对《巴县档案》中大量的商业讼案甚少关注和提及，这至少使得这项研究的文献基础失于偏颇。此外，在对区域社会缺少深入了解的情况下，也很难确定哪些现象是这个区域特有的，哪些现象是具有普遍性的。因此，未来的清代重庆史研究必须要在经济、政治和社会的层面上有所突破。而试图利用《巴县档案》探讨宏大历史问题的学者，也至少要从区域研究中了解这个城市的个性和内在变迁脉络。这样一来，各个不同领域的研究才有可能互相激发、相得益彰。

第二，《巴县档案》研究的各自为政。

目前，国内外学界致力于《巴县档案》研究的学者越来越多。然而仔细阅读现有的研究成果会发现，绝大部分研究都是在各自为政的状态下完成的。一个研究通常使用数十或数百个案卷，但这些案卷大多是研究者随机选取的。研究相同问题的学者，可能使用的是基本上没有重合的案卷。不同的研究论著连案卷号的标注方式都无法统一。目前，除了前文提及的夫马进的论文之外，还没有任何一项研究是对整套档案相关案卷的全面统计和分析。当然，这是因为《巴县档案》的规模太大，任何一个研究者都很难穷尽所有资料。对于只能短期赴中国调研的外国学者而言，要完整地搜集相关案卷更是难上加难。但是这也势必造成研究者自说自话、盲人摸象的情况。

要改变这种现状，只能通过研究者们自觉地进行整合。比如增加学术交流，就重要的、典型的案卷展开研讨，通过网络和数据库实现资源共享等，务必使大家能够站在同一个平台上。除此之外，计量方法的使用也非常必要。目前，计量方法已经被越来越多地运用到历史研究中。在处理司法、人口、教育等篇幅浩大的档案资料时，也体现出独特的优势[1]。而《巴县档案》中也存在着许多

---

[1]　此方面的方法论回顾和有代表性的个案研究参见孙圣民：《历史计量学五十年——经济学和史学范式的冲突、融合与发展》，《中国社会科学》2009 年第 4 期；陈志武、龙登高、马德斌主编：《量化历史研究》第一辑，杭州：浙江大学出版社，2014 年。

连续性的、成系统的数据，所以今后的《巴县档案》研究完全可以尝试引入计量方法。虽然使用计量方法不可避免会损失一部分案卷的细节，但却可以使研究者探索和共享规范的研究方法，且更精准地把握某一现象的长期变动趋势。若擅长计量研究的学者与擅长微观案例分析的学者能够协同合作，《巴县档案》研究必将提升入一个新的阶段。

第三，语言的障碍尚有待突破。

目前，中文、英文和日文学界都参与到清代重庆的研究之中①。研究团队的国际化自然有助于生成多元化的研究视角和研究方法，但目前研究者们还未能很好地突破语言障碍，充分了解和借鉴其他语言的研究成果。许多研究成果的参考文献仅限于作者自己熟悉的语言。根据笔者个人的经验，许多非常有分量的英文或日文研究论著，在被译成中文之前，并不为众多国内同仁所征引。因此，未来的研究需要研究者们更加熟练地掌握语言工具并积极地参与学术成果的译介。

---

① 除了独立展开研究的学者之外，近年来，重庆本土的高校和学术研究机构也开始大力组建国际化的重庆史研究学术共同体。2012 年，在重庆大学人文社会科学高等研究院，即举办了一次由大陆、香港、台湾、美国学者共同参与的"重庆史研究国际研讨会"，实现了卓有成效的对话与交流。会议论文现已结集出版，请参见王希主编：《中国和世界历史中的重庆：重庆史研究论文选编》，重庆：重庆大学出版社，2013 年。

清代四川移民史研究的回顾与前瞻

梁　勇

在区域社会史研究正逐步成为当下历史学研究热点的同时，在区域社会史研究内部，也有一些热点中的热点问题，如学界经常讨论的宗族、秘密会社、移民等。在有关移民史的研究中，四川的移民史研究同时也是从事四川区域史研究同行经常涉及的问题①，相关的文章和专著不可谓不多。在这里笔者试图通过个人对清代四川移民史的理解，尝试着对前辈学人有关的见解做一简单的梳理。目的有二，一方面是展示清代四川移民史研究取得成绩的过程，另一方面，也想在此基础上对移民史研究的未来走向及与具体地域的关系做一简单的探讨。

一、人口史视野下的移民史研究

（一）移民过程

"张献忠剿四川""湖广填四川""麻城孝感乡"，这些在巴蜀乡间妇孺皆知的民谚反映了明末清初那场规模宏大的移民运动对清代四川的影响。因此，在清代四川移民研究中，有大量的作品对移民过程，包括移民的原因、移民来源、移民的人口数量及分布，进行了探讨。下面分而述之。

关于清代"湖广填四川"的时限。田光炜认为"湖广填四川"移民运动，其上限为顺治十六年（1659），一直绵延到同治以后，时间长达两个多世纪，

---

① 本文所讨论的四川，地理范围指的是清代四川的行政版图。

高潮在康熙中后期至乾隆年间①。李世平先生认为清代的"湖广填四川"，始于顺治末年清第一次平定四川之后，终于雍正五年（1727），前后延续60余年②。郭声波先生认为"湖广填四川"应从崇祯末年张献忠起义部众入川算起③。刘正刚先生认为这场大规模的移民运动开始于康熙初年，至雍正初年一直受到清政府的鼓励，到乾隆末年才渐趋停止④。而曹树基认为这场移民运动"至嘉庆年间已基本停息"⑤。

关于移民原因。1934年，顾颉刚、黎光明就指出明末清初四川的两件大事：一是张献忠"屠川"，二是清初的招民入川，屠川造成了四川地广人稀，而招民政策则使四川人口迅速增长⑥。王纲先生全面总结了四川在明末清初遭受严重破坏的原因，其因有五，具体为：明万历年间平定杨奢叛乱、张献忠入川作战多年、明官军与地主武装的掠杀、吴三桂反清后其部在四川的烧杀及天灾瘟疫所带来的大量的人口死亡⑦。张大斌认为用"张献忠剿四川"来作为四川移民的原因是毫无根据的，四川地广人稀是明清统治者在四川长期战争造成的⑧。

同时，一批受过社会经济史训练的学者从另外一个角度解释移民的原因。1949年，罗尔纲先生发文指出，人口压力是当时湖广等省人入川的最大动力，四川由于地广人稀，吸引了大量的外省人口入川⑨。李中清认为清代外省人口大量向四川移民，主要是经济机会增加的结果，是对劳动力需要增加的一种反应，

---

① 田光炜：《"湖广填四川"的历史过程》，《四川师范学院学报》1987年第2期。

② 李世平：《四川人口史》，成都：四川大学出版社，1987年，第157页。

③ 郭声波：《四川历史农业地理》，成都：四川人民出版社，1993年，第100页。

④ 刘正刚：《闽粤客家人在四川》，南宁：广西教育出版社，1997年，第87页。

⑤ 曹树基：《中国移民史》第六卷，福州：福建人民出版社，1997年，第86页。王笛的看法和曹的一致，认为四川"大规模的移民活动在嘉庆时便已基本结束"，见王笛：《跨出封闭的世界——长江上游区域社会研究（1644—1911）》，北京：中华书局，2001年，第61页。

⑥ 顾颉刚、黎光明：《明末清初之四川》，《东方杂志》1934年第31卷第1号。

⑦ 王纲：《清代四川史》，成都：成都科技大学出版社，1991年，第166—176页。

⑧ 张大斌：《谈谈清初所谓"湖广填四川"的问题》，《教学研究集刊》1956年第7期；胡昭曦先生也持类似的观点，见胡昭曦：《张献忠屠蜀考辨——兼析"湖广填四川"》，成都：四川人民出版社，1980年。

⑨ 罗尔纲：《太平天国革命前的人口压迫问题》，《中国社会经济史研究集刊》1949年第8卷第1期。

具有自愿意向的移民占绝大多数，此次移民对四川社会经济的发展极为重要。一方面，移民通过扩大可耕地提高作物产量来大规模扩展乡村基地；另一方面，他们也为建立城市网络提供了资本和劳动力，导致了新型城市阶层——"城市移民"的产生①。刘正刚先生从实证的角度也认为清代闽粤客家人移民四川主要是经济方面的原因，如趋利求富、逃荒等因素②。

在探讨移民原因方面，谭红的观点可以说是最全面且系统的，认为移民入川主要有四个方面的原因，包括经济原因、政治或行政原因、社会原因、主观心理原因等③。相对于其他学者的分析，谭先生从心理的角度来分析移民定居四川，值得称道，可惜，谭文在此点的分析还略显薄弱。

关于移民政策。在鼓励各省老百姓入川开垦的措施上，王纲先生认为有以下几点：招还流移、准许外省老百姓入籍并给予土地、减免赋税、将劝垦作为官员的考成等④。彭雨新讨论了清政府的四川移民政策对移民活动的影响⑤。谭红先生进一步考察了清代移民四川的政策在执行过程中出现的问题和弊端，如官员虚报开垦土地和招徕的移民人数、移民充分利用政府的优惠政策而出现的投机行为⑥。

陈世松的《大迁徙："湖广填四川"历史解读》，以陈氏家族移民四川为个案，分原乡篇、迁移篇、创业篇，对外省移民四川的过程进行了完整的考察⑦。可以说，展现了一个完整的家族移民、定居、发展的过程，是一个十分难得的个案研究。

（二）移民人口的数量与分布

复旦大学葛剑雄、曹树基研究团队在其《中国移民史》及此后的系列作品中，对清代四川的移民数量、分布也有较多的研究。其研究与人口史研究相

---

① 李中清：《一二五○—一八五○年西南移民史》，《社会科学战线》1983年第1期；《明清时期中国西南的经济发展和人口增长》，载中国社会科学院历史研究所清史研究室编：《清史论丛》第5辑，北京：中华书局，1984年。

② 刘正刚：《闽粤客家人在四川》，南宁：广西教育出版社，1997年，第26—35页。

③ 谭红主编：《巴蜀移民史》，成都：巴蜀书社，2006年，第556—569页。

④ 王纲：《清代四川史》，成都：成都科技大学出版社，1991年，第176—184页。

⑤ 彭雨新：《四川清初招徕人口和轻赋政策》，《中国社会经济史研究》1984年第2期。

⑥ 谭红主编：《巴蜀移民史》，成都：巴蜀书社，2006年，第480—484页。

⑦ 陈世松：《大迁徙："湖广填四川"历史解读》，成都：四川人民出版社，2005年。

结合，基本思路是"确定移民的分布范围——确定各地移民在总人口中的比例——确定各地标准时点的人口数"，着眼点是"求证本期各次移民的数量和规模"，这一思路在曹树基所负责的该书第五、六卷中得到充分体现，这可以说是人口迁移史，也可以称之为历史人口学研究。

长期的战争，使四川人口急速减少，王纲先生认为，顺治十八年（1661），根据四川布政使司的统计，四川总人数为80480人，为全国总人数的0.0769%，万历六年（1578）四川人数的6.1%①。曹树基分地区考察了土著在清初四川总人口中的比例，如川东地区的土著残存不足5%、川中地区北部约为15%、南部不足10%、成都平原及川西平原地区不足10%，合计四川土著残存人口约为50万人，为明后期的10%②。谭红主编的《巴蜀移民史》推测认为清初四川的人口"大概会超过10万人"③。在对四川人口的估计中，康熙末年，移民占四川总人口数的42%，到乾隆四十一年（1776），移民及其后裔人口数已达到617万，占总人口的比例已达到62%④。而王笛先生认为，到嘉庆中期，川省人口中的移民或移民后裔至少占85%⑤。刘正刚先生认为，清前期康雍乾三朝，闽粤两省入川的客家人总数，不会少于100万人，并认为闽粤移民占移民总量至少达到25%的比例⑥。在入川移民的分布上，谭红认为"入川移民的原籍和移民入川的防卫，共同决定清前、中期入川移民在四川的地理分布"⑦。

关于移民来源与分布。王纲先生认为明末清初入川的移民大致有下列几类：湖广人⑧、随张献忠入川的秦晋豫皖等省人、入籍四川的闽粤人⑨。但王先生在各

① 王纲：《清代四川史》，成都：成都科技大学出版社，1991年，第166页。

② 曹树基：《中国移民史》第六卷，福州：福建人民出版社，1997年，第77页。

③ 谭红主编：《巴蜀移民史》，成都：巴蜀书社，2006年，第471页。

④ 曹树基：《中国移民史》第六卷，福州：福建人民出版社，1997年，第77页。

⑤ 王笛：《跨出封闭的世界——长江上游区域社会研究（1644—1911）》，北京：中华书局，2001年，第61页。

⑥ 刘正刚：《闽粤客家人在四川》，南宁：广西教育出版社，1997年，第97—98页。

⑦ 谭红主编：《巴蜀移民史》，成都：巴蜀书社，2006年，第550页。

⑧ 王先生还细致地区分了入川湖广人的类型，如随张献忠入川的湖广人、入川开垦的湖广人、避赋入川的湖广人、逃荒入川的湖广人、到川工商的湖广人等等，见王纲：《清代四川史》，成都：成都科技大学出版社，1991年，第184—192页。

⑨ 王纲：《清代四川史》，成都：成都科技大学出版社，1991年，第184—199页。

省移民数量及不同省籍的移民在四川总人口中所占的比例并没有给出一个明确的数据。对明清时期四川移民的研究，也有部分学者考证移民的来源。如黄友良运用家谱和地方志的有关材料考证四川客家人的来源①。在移民的分布方面，曹树基先生认为，川东各县的移民均以湖广移民为主，另有广东、江西、福建、贵州和陕西移民。在四川中部，湖广移民人数最多，其次才是粤人和江西人，而在川北的保宁府，移民最多的是陕西人，其次才是湖广和其他地区的移民。而在川西平原地区，粤人、江西人在当地所占比例大幅度上升，甚至在个别地区有超越湖广人的势头。但湖广籍移民数量在总人口中的比例不会低于60%②。

至于移民方式，刘正刚先生认为，闽粤的客家人有如下三种类型前往四川：分段性家庭移民、一次性举家迁移、裂变性家庭迁移③。谭红在此基础上，进一步考察了以多次重复移动为特征的迁徙形式，即移民多次迁移入川和往复迁移入川④。

二、区域社会中的移民史

区域社会中的移民研究，具体来说是将移民史研究与具体区域社会相结合，从区域社会发展的角度来讨论移民在移入地的生活及由此而带来的对移入地已有社会形态、文化生活、政治制度的冲击，并在此基础上与大历史进行对话⑤。

（一）移民对四川社会经济所带来的影响

20世纪80年代，随着社会经济史研究路向的兴起，人们逐渐对移民的社会与经济活动投入了较多的关注，对移民与四川经济的恢复和发展，多持正面

---

① 黄友良：《四川客家人的来源、移入及分布》，《四川师范大学学报》1992年第1期。

② 曹树基：《中国移民史》第六卷，福州：福建人民出版社，1997年，第95—98、100页。

③ 刘正刚：《闽粤客家人在四川》，南宁：广西教育出版社，1997年，第71—83页。

④ 谭红：《巴蜀移民史》，成都：巴蜀书社，2006年，第575页。

⑤ 这方面的研究可参见梁洪生：《从"异民"到"怀远"——以"怀远文献"为重心考察雍正二年宁州移民要求入籍和土著罢考事件》，《历史人类学刊》（香港）2003年第1卷第1期；谢宏维：《化干戈为玉帛——清代及民国时期江西万载县的移民、土著与国家》，《历史人类学刊》（香港）2005年第3卷第1期。

肯定的观点。

郭松义考察了移民对清代四川经济恢复、发展所起的作用[1]。郭声波认为，清初移民四川，为四川农田水利的兴修、新的农作物引进、农村景观的改变、农村经济的恢复与发展做出了贡献[2]。刘正刚认为闽粤移民习于山地农业的耕种，在四川的农业生产开发中起到了极大的作用，如开山造田、改良土壤、引种新型农作物如甘蔗、烟草、苎麻等[3]。与其他学者仅关注移民在农业生产领域的活动不同，刘正刚先生还花了大量的笔墨来叙述闽粤移民在手工业（如制糖业、制纽扣业、制盐业、酿酒业）、商业贸易方面的活动[4]。曹树基先生也描述了移民对四川经济增长所带来的积极作用，如耕地和粮食产量的增加、技术和物种的传入特别是番薯和玉米的种植[5]。

日本学者森纪子认为，清代四川移民的高峰在乾隆朝，同时移民经济活动也呈现多元化特征[6]。中国台湾学者吕实强通过对南溪、合川、云阳三部县志氏族志内容进行分析后认为，由于移民的"刻苦垦殖，勤劳不息"，为清代四川的发展带来了新鲜的血液，积极地影响到了整个清代四川的经济文化[7]。

谭红还进一步考察了移民来到四川后积极参与地方公共设施的修复，捐助地方文化教育及慈善事业的发展[8]。

（二）移民与会馆

在清代四川，移民的活动往往与会馆相关。可以说，在一定程度上，清代

---

[1]　郭松义：《清初四川外来移民经济发展》，《中国经济史研究》1988 年第 4 期。

[2]　郭声波：《四川历史农业地理》，成都：四川人民出版社，1993 年。

[3]　刘正刚：《闽粤客家人在四川》，南宁：广西教育出版社，1997 年，131—148 页。

[4]　同上书，第 181—212 页；谭红也按这样的逻辑考察了移民与四川社会经济发展的关系，见《巴蜀移民史》，成都：巴蜀书社，2006 年，第 609—647 页。

[5]　曹树基：《中国移民史》第六卷，福州：福建人民出版社，1997 年，第 111—118 页。

[6]　［日］森纪子：《清代四川的移民活动》，载叶显恩主编：《清代区域社会经济研究》下册，北京：中华书局，1992 年，第 838—849 页。

[7]　吕实强：《近代四川的移民及其所发生的影响》，《"中央研究院"近代史研究所集刊》（台湾）1978 年第 6 期。

[8]　谭红：《巴蜀移民史》，成都：巴蜀书社，2006 年，第 505—517 页。

四川移民史研究即是会馆史研究。

20 世纪 40 年代，窦季良先生在重庆收集到了大量的会馆碑刻资料、会馆账簿，对重庆地区同乡组织的演化、乡土神崇拜及会馆功能进行了分析。他认为，会馆的功能主要集中在"神道功能"和"互助功能"两个方面。咸丰以后，"八省会馆"逐渐成为地方的权力中心，承担了大部分的地方事务①。由于资料的限制和理论上的缺失，他的研究显得较为简单，但如果我们把窦的研究放到会馆史研究近百年的序列之中，我们会发现，窦氏的研究奠定了国内学术界会馆史研究的大体框架。

20 世纪 60 年代，何炳棣先生在《中国会馆史论》一书中也同样讨论到了重庆地区的移民会馆，此书对会馆的地理分布进行了考证，该书最有特点的是，从"心态"史的角度，探讨会馆与地域观念的互动过程，认为会馆在近代演变中地域观念有日渐消逝的趋势②。

而 20 世纪 50—80 年代，国内的会馆史研究基本上是在资本主义萌芽的框架下进行的，讨论集中在会馆与工商业行会的关系问题上，为我国资本主义萌芽寻求证据③。吕作燮一反这种寻找论据式的会馆史研究模式，认为四川境内除成都、重庆外，其他地区的会馆只能是由农民创建的，将会馆还原到了它应该有的身份④。蓝勇发表了一系列论文继续了这一实证的研究风格，对清代四川的移民地理分布特征、移民会馆的名实、兴建、职能进行了考证，认为移民会馆具有两大职能：政治经济职能和文化宗教职能⑤。刘正刚先生认为闽粤移民所创建的会馆保守估计也有 425 所，并认为会馆有联谊乡情的功能，通过设置客长、会首参与地方行政管理事务⑥。

---

① 窦季良：《同乡组织之研究》，重庆：正中书局，1943 年。

② 何炳棣：《中国会馆史论》，台北：学生书局，1966 年。

③ 有代表性的论文如李华：《明清以来北京的工商业行会》，《历史研究》1987 年第 4 期；洪焕椿：《论明清苏州地区会馆的性质和作用——苏州工商业碑刻资料剖析之一》，《中国史研究》1980 年第 2 期。

④ 吕作燮：《明清时期的会馆并非工商业行会》，《中国史研究》1982 年第 2 期。

⑤ 蓝勇：《清代四川土著和移民分布的地理特征研究》，《中国历史地理论丛》1995 年第 2 期；《清代西南移民会馆名实与职能研究》，《中国史研究》1996 年第 4 期。

⑥ 刘正刚：《闽粤客家人在四川》，南宁：广西教育出版社，1997 年，第 214—255 页。

需要提及的是，20世纪八九十年代，四川大学隗瀛涛教授领导的近代重庆城市史课题组，在关注近代重庆城市发展的背景之下，分类别地对清代重庆的家庭规模、人口增长及总量、移民与会馆之关系进行了讨论。他们的讨论虽然不能纵向地勾画出移民家庭、会馆发展的线索，但从横向展示了城市社会中不同移民群体之间及群体内部的相互联系[1]。

王东杰先生对四川地区移民会馆所崇祀的"乡神"内涵进行了十分有创意的分析。他认为来自于不同原籍的"乡神"一方面作为移民原乡的认同象征，同时，随着移民在四川的定居，又逐步被赋予超地域性的内涵，容纳了新的认同[2]。

王日根的《乡土之链——明清会馆与社会变迁》可以说是这种路径研究的集大成者。该书共分四部分对明清的会馆史研究进行了归纳和分析，即：明清会馆的演进；明清会馆的兴盛背景及内部运作；明清会馆的社会功能；明清会馆的文化内涵。与前有研究不同的是，王氏的研究也深入到了会馆与地方基层制度关系的层面，并认为它"发挥着与乡约、族规等相同的作用"，在某种程度上体现了作者对会馆史研究的一种新的思考[3]。

上述对会馆的研究，基本上还是"就事论事"、功能性研究为主，把着眼点放在会馆自身的考察，讨论会馆对移民所具有的独特作用，隔离了会馆与所处地方社会的联系，看不到会馆的演进与地方社会变化的有机联系，也没有对会馆事务的参与者——移民个体的讨论。

关于移民家族组织的发展。刘正刚先生对闽粤移民的家族重建过程进行了详细的考察，如祠堂的修建与祭祀活动、族谱的编撰、族产的设置与功能、家族组织的内部管理等方面，用力甚勤[4]。王东杰先生也考察了移民迁移过程中，移民与原籍家族的联系和在四川创建新的家族，在逻辑上并没有脱离刘先生的

---

① 隗瀛涛主编：《近代重庆城市史》，成都：四川大学出版社，1991年，第394—410页；这个课题组出版了大量的有关近代重庆城市史的研究专著，如隗瀛涛：《重庆城市研究》，成都：四川大学出版社，1989年。

② 王东杰：《"乡神"的建构与重构：方志所见清代四川地区移民会馆崇祀中的地域认同》，《历史研究》2008年第2期。

③ 王日根：《乡土之链——明清会馆与社会变迁》，天津：天津人民出版社，1996年。

④ 刘正刚：《闽粤客家人在四川》，南宁：广西教育出版社，1997年，第261—327页。

框架。

刘先生在其后续作品《东渡西进——清代闽粤移民台湾与四川的比较研究》中，对闽粤移民在台湾与四川的家族组织、会馆、移民与土著的关系、政府的角色异同进行了详细的比较研究，揭示了移民社会经济发展的海洋性特征与内陆化特征的不同①。

（三）移民与地域社会的发展

在探讨移民与区域社会发展的关系上，山田贤的《移住民的秩序——清代四川地域社会史研究》一书值得称道。该书主要以重庆云阳县为研究个案，从移住民与地域统合、移住民与地域变动、移住民社会的最终形成三个方面考察了有清一代云阳移民社会的发展历程。本书对"绅粮"与"公局"的探讨颇为精彩，由于嘉庆白莲教起义诸因素的影响，在四川地域社会中，最终形成绅粮——公局这一为学界所忽略但又颇有特色的地方权势体制，可以说一语抓住了清中期以后四川地域社会发展的特点②。

三、区域社会移民史研究前瞻

清代四川移民史研究走到今天已有 70 多年的历史，从笔者前面的梳理过程来看，不管是人口史视野下的移民史研究还是区域社会史中的移民研究，都取得了很大的成绩，厘清了许多基本的历史事实，也给予移民较多的正面评价。但是，笔者认为，如果我们仅把视野停留在移民的过程、移民人口的规模、移民对移入地所带来的社会经济影响，这还不足以清晰地展现移民在四川定居、发展的过程，也不能合理地解释四川自明末以来的发展脉络。笔者在这里，不揣浅陋，认为清代四川移民史的研究（当然也可包括其他区域的移民史研究），仍有大量的工作可以做。分述如下：

---

① 刘正刚：《东渡西进——清代闽粤移民台湾与四川的比较研究》，南昌：江西高校出版社，2004 年。

② ［日］山田贤：《移住民的秩序——清代四川地域社会史研究》，名古屋：名古屋大学出版会，1995 年。

（一）移民社会地方基层管理制度的研究

对于以移民为主体的区域社会来说，政府既有的一套里甲、保甲体制往往并不能有效地发挥作用，因此，移民社会地方管理制度往往在某些方面不同于其他地方。在对移民社会地方制度研究中，对台湾移民社会的研究走在了前面。20 世纪五六十年代，台湾大学的戴炎辉教授主要利用淡新档案，讨论了台湾移民社会中自然乡庄、联庄、垦隘制、保甲、团练及清庄联甲等制度的历史演变，它们在法律上的性质、任务及相互间的影响①。

笔者在梳理资料过程中，看到地方志、族谱、档案文书中都有大量有关客长②的材料。可以说，客长是理解清代四川移民社会的关键词。而现在国内学术界对此的探讨还不够充分，很多历史现象还难以得到充分合理的解释。如客长的设置、客长的个体身份、选充过程、客长与会馆首事的关系、客长与政府的关系、客长在城乡社会的表现等等，这些都需要我们做更多的研究工作。

（二）移民会馆史研究的深化

从前面的叙述过程中我们可以得知，四川会馆史的研究可以说是成果丰硕。大量的资料都已表明，会馆普遍存在于清代四川的区域社会之中。会馆的成立、发展、壮大、衰落的过程同时也是四川移民社会发展的过程。与其单向度地研究会馆在移民社会中所发挥的各种不同的功能，还不如将会馆的讨论放入具体的地域社会中，将会馆的发展与区域社会的发展结合起来进行研究。在这方面，罗威廉（William T. Rowe）与顾德曼（Bryna Goodman）的研究给我们提供了新的视角。

罗氏以清代汉口为讨论的时空背景，以该地的商业发展与社会的冲突和控

---

① 戴炎辉：《清代台湾之乡治》，台北：联经出版事业公司，1979 年。

② 关于四川地区客长制度的探讨，可参见拙作《清代四川客长制研究》，《史学月刊》2007年第 3 期；《重庆教案与八省客长：一个区域史的视角》，《社会科学研究》2007 年第 1 期；钞晓鸿在研究清代陕南移民的过程中，注意到了大量移民的存在及地方设置客长的现象，并在一定程度上揭示了客长制的历史成因，见钞晓鸿：《晚清时期陕西移民入迁与土客融合》，《中国社会经济史研究》1998 年第 1 期；《晚清至民国初期陕西农村经济研究》，厦门大学历史系博士论文，1997年，第 7—9 页。

制为研究对象，分结构、功能与地方权利等方面对会馆（行会）进行了分析，认为清代汉口"形成了一个以行会为中心的、实质层面的市政管理机构"①，将会馆史研究纳入了地方权势的网络结构之中。

顾德曼从会馆、地方社会与国家之间的互动关系的角度，梳理了不同时期，会馆所面临的中心问题。她发现，在近一百年的时间里，会馆不仅面临的问题不同，处理的策略也各异。作者将这些看似零散的故事按一个时间脉络串起来后，让我们惊讶地发现，原来作者已经描述了一个被近代以来学界所公认的"传统"组织迈向近代的完整过程。可以说，顾的研究在两方面摆脱了此前会馆史研究的窠臼：其一，作者将对会馆史的研究置于具体区域发展的脉络之中，从会馆史的近代化过程能够看到本地区域的发展过程；其二，作者将近代以来发生在上海的大历史有机地纳入到她对上海地区会馆史研究之中，并从她的角度丰富了我们对以前所熟知的历史故事的理解②。

（三）移民祖源地传说的研究

明以来中国移民祖源地传说，与麻城孝感乡齐名的还有山西洪洞大槐树、广东南雄珠玑巷、福建宁化石壁等地。这些移民传说的背后有着不同的历史意义。赵世瑜教授在对山西洪洞大槐树的解析中发现了蕴藏其后的北方族群关系变化的历史、卫所制度等地方基层制度的历史③，而刘志伟教授则从南雄珠玑巷传说中读出了明初在广东的地方社会中，由于王朝政府编排里甲，面临入籍困境的土著、贱民为了能够被纳入王朝的户籍之中，而附会出来的一个祖源地传说④。那么，"湖广填四川""麻城孝感乡"背后又蕴涵着什么样的历史深意呢？它是历史事实还是由地方精英建构出来的历史过程？在不同的历史时期它反映

---

① ［美］罗威廉著，江溶等译：《汉口：一个中国城市的商业和社会（1796—1889）》，北京：中国人民大学出版社，2005年，第418页。

② ［美］顾德曼著，宋钻友译：《家乡、城市和国家——上海的地缘网络与认同（1853—1937）》，上海：上海古籍出版社，2004年。

③ 赵世瑜：《祖先记忆、家园象征与族群历史——山西洪洞大槐树传说解析》，《历史研究》2006年第1期。

④ 刘志伟：《附会、传说与历史真实——珠江三角洲族谱中宗族历史传说的叙事结构及其意义》，载上海图书馆编：《中国谱牒研究》，上海：上海古籍出版社，1999年。

了老百姓怎样的期望与诉求？这些都需要我们在此后的研究中做进一步的探讨。

（四）地域社会长时段的演变机制

在对移民社会自身演变机制的认识方面，有关台湾移民社会的讨论可以增加一些我们对移民社会的认识。李国祁认为台湾移民社会的发展趋势是"转变成与中国本部各省完全相同的社会"，即"内地化"的过程①。而陈其南认为台湾移民社会的发展是一个"土著化"的过程，即祖籍地认同为台湾本籍认同所取代，地缘认同为血缘认同所取代②。陈孔立则认为"土著化"与"内地化"都不能客观地说明台湾移民社会的发展模式，提出了"双向型"的发展模式③。我国东北、四川等区域社会，同样也存在着这样一个重建或新建的过程。在移民社会的发展过程中，哪些因素影响到了它的发育？移民社会如何与其他区域沟通？大的王朝历史与移民社会的个性特征如何互动？这些都是我们需要思考的问题。

---

① 李国祁：《清代台湾社会的转型》，《中华学报》（台湾）第5卷第2期；《清季台湾的政治近代化——开山抚番与建省（1875—1894）》，《中华文化复兴月刊》（台湾）第8卷第12期。李氏认为推动台湾内地化有四个因素：一是宗族制度的形成，二是宗教上"尊奉神祇的统一"，三是台湾北部的日渐繁荣及人口的流动；同时，清政府的努力也推动了台湾的内地化过程，如科举制度的推行；而士绅阶级的建立则是台湾社会转型的最大表征。

② 陈其南：《台湾的传统中国社会》，台北：允晨文化实业股份有限公司，1994年，第158—160页。陈氏从分类械斗的变化和宗族的形成两方面来论证台湾移民社会的"土著化"进程，即祖籍人群械斗由极盛而趋于减少，同时本地寺庙神的信仰则形成跨越祖籍人群的祭祀圈，宗族的活动由以返唐山祭祖的方式渐变为祭祀台湾的开山祖。

③ 陈孔立：《清代台湾移民社会研究》，北京：九州出版社，2003年，第87页。陈氏的"双向型"发展模式认为台湾移民社会在发展过程中，"在社会结构以及政治、文化、风俗习惯等方面，都更加接近闽粤社会，而在经济方面和大陆的关系则有所削弱，台湾居民日益扎根在台湾当地"。

近三十年来的清代州县长随研究述评

吴佩林　褚　艳

州县政府虽是清代政权的基层政权，是最低一级行政机关，然其权轻责重，"须周一县一州而知之"①。为处理衙门里各种繁杂事务和日常管理，州县官之下设立幕友、书吏、衙役、长随等职辅佐。其中长随，也称"家人"，虽然作为州县官的一种仆役，因其服务于官员而又参与办理事务，同时对地方政府其他工作人员具有牵制作用，故而成为清代州县衙门组织的重要群体，是清代地方行政运作链条中的重要环节。由于长随这种独特而重要的地位，20世纪以来陆续有研究成果问世，本文拟就80年代以来的相关研究成果做一述评，以期对它有一个更清晰明了的认识。

一、长随的渊源

"长随"，俗称"家人"，关于其名字的源流，据赵翼《廿二史札记》记载："前明谓之'参随'。"② 在明代，"长随"指宫中的低级宦官，从明朝中后期开始，一类服役于军职机构的长随在地方驿站中已经开始行事，这时的长随一职属于"役"的一种③。到了清代，长随已经成为州县官雇佣的跟班④，协助官长处理地方政务。虽然长随属于州县官私人仆役的一种，但与同样作为仆人的家奴有所

---

① 汪辉祖:《学治臆说》卷上《尽心》，清汪龙庄先生遗书本。

② （清）赵翼:《廿二史札记》卷三十六《长随》，清嘉庆五年（1800）湛怡堂刻本。

③ 周保明:《清代州县长随考论》，《华东师范大学学报》（哲学社会科学版）2008年第5期。

④ 刘文瑞:《漫谈古代的长随》，《华夏文化》2009年第3期。

不同，长随是为衙门办事，而家奴更多的是为官长私人服务①，并且不同于长随的"事无常主"，家奴的服务是终生的。也有学者认为清代"长随"的直接渊源是明中后期将帅的亲兵，也就是"家丁"，只是到了清代和平时期，家丁跟随州县官"民政为主"职能的变化也相应地成为官府中的行政人员②。至于长随出现在清代何时，郑秦认为与雍乾时期幕友的大量出现是同一时期③。乾隆至嘉庆时期长随最盛，不仅数量多，且极为傲慢专横④。

二、长随的构成

州县官新到一地，通常对本地情况不了解，也不会对来自本地的书吏、衙役过于信任，再加上衙门事务繁多，使得他们不得不借助一些群体来控制和监督书吏、衙役，减轻自身压力⑤。

长随成为州县官合适选择的一个重要原因在于长随来源的可靠性。长随由州县官私人雇佣，不需要经过科举考试的层层选拔，凭借其私人关系的亲近便可得到聘用，具有极强的私人性⑥。一般认为长随由以下几类构成：一是州县官的家仆；二是州县官的亲属朋友，即官亲⑦；三是受上司、亲友、同级官等推荐和嘱托之人；还有一类是"带驼子"长随，也称"带肚家人"、"带肚"长随，即州县官的债主。最后一类主要是由于乾隆时期捐纳的盛行使得官员不得不向富人借贷以维持资财，以当官后任用其来管理州县事务为抵押担保，且这些长

---

① 郭润涛：《长随行政述论》，《清史研究》1992 年第 4 期。

② 郭润涛：《清代的"家人"》，载朱诚如、王天有主编：《明清论丛》第一辑，北京：紫禁城出版社，1999 年，第 377 页。

③ 郑秦：《清代司法审判制度研究》，长沙：湖南教育出版社，1988 年，第 140 页。

④ 潘洪刚：《细说清人社会生活》，北京：中国社会科学出版社，2008 年，第 183 页。

⑤ 瞿同祖著，范忠信、晏锋译：《清代地方政府》，北京：法律出版社，2003 年，第 123、124 页。该书的英文版于 1962 年由哈佛大学出版社出版，其中有"长随"专章。但之后到 80 年代学界基本没有关于长随的研究，故在题目上仍定为"近三十年来"，特此说明。

⑥ 张研：《清代知县的"两套班子"——读〈邓凤治日记〉之二》，《清史研究》2009 年第 2期。

⑦ 郭润涛：《清代的"家人"》，载朱诚如、王天有主编：《明清论丛》第一辑，北京：紫禁城出版社，1999 年，第 377 页。

随在官员上任后继续设法使官员借贷①。也有一些学者认为长随主要由以长随为业谋生者构成，并依《偏途论》中按长随品才的高低和发展前途将其分为三等，即"超等长随""特等长随""次等长随"②。总体而言，学界普遍认为私人雇佣和推荐是州县官获得长随的主要方式，而且清代长随才识不一，经济地位有异。

三、长随的数量

长随的人数，各地并无统一标准，一般取决于州县衙门地方事务的繁重与大小。郭润涛认为，从长随的来源看，只要身在紧密繁琐的私人关系网中，欲以长随为业者，便可通过各种支线得到推荐或自荐，这样一来往往形成一个州县长随人数多达百人的现象，即使康熙、乾隆年间对长随的数量做了限定，但大多一纸空文，州县长随的实际人数也是繁多的③。周保明从长随名目的繁多来说明长随人数上百也是有可能的④。瞿同祖则认为从康熙四十一年（1702）长随有了雇佣定额后，长随数量虽多，但州县当差长随一般少则五人，多则二三十人⑤。

四、长随的类目与职掌

清代州县衙门作为基层政府，事务琐杂，担任辅佐人员的长随名目繁多，而学术界关于长随类别的划分各有不同。在研究长随的名目与职能之前，我们需首先了解清代州县衙门的建置格局。州县衙门通常分为外衙和内衙，以宅门为分界。一般来讲，外衙由大堂、仪门、东西吏廊构成，是州县官长和各房书

---

① 魏光奇：《有法与无法：清代的州县政府及其运作》，北京：商务印书馆，2010年，第133页；经君健：《清代社会的贱民等级》，杭州：浙江人民出版社，1993年，第120页。

② 周保明：《清代州县长随考论》，《华东师范大学学报》（哲学社会科学版）2008年第5期。

③ 郭润涛：《清代的"家人"》，载朱诚如、王天有主编：《明清论丛》第一辑，北京：紫禁城出版社，1999年，第379页。

④ 周保明：《清代州县长随考论》，《华东师范大学学报》（哲学社会科学版）2008年第5期。

⑤ 瞿同祖著，范忠信、晏锋译：《清代地方政府》，北京：法律出版社，2003年，第128页。

吏及差役办理日常公共事务的场所；内衙则包括处理重大事件的二堂、州县官接待访客和商议公事的花厅、州县官的办公室签押房、幕友书房和宅内[①]。"州县政治的核心区在'内衙'。"[②] 从州县衙门的建筑布局可以看出衙门内各群体的职能划分与地位。

大体来看，清代长随分为以下几类：

（一）门上，也称门丁、司阍、门房等。宅门地位重要，把持宅门的门上因而事务繁杂关键。州县官对门上有着严格要求，除会读书识字[③]，还要"明白事理，忠诚老练，不出差错和事故"[④]。郭润涛根据《偏途论》记载又将门上划分为"门总"（门房的总管）、"司稿门上"（专管刑钱案件的稿案、登记人犯的簿籍及各种告示）、"司钱槽门上"（税务相关事宜）、"司差门上"（照应宅门关闭、出入人等和传唤差事）和"司执贴门上"（负责州县官礼节事宜）等，述其分工办事[⑤]。概括而言，门上的职责主要有：

1. 掌管各类人员的进出及接待工作。衙内衙外人员的进出要经过门上的稽查或禀报。此外，门上还接待各类人员包括亲友、乡绅、同僚、上级官员、过往犯人等，待向官长禀明请示后，根据其意见做出不同处理，并在引见后差使柬房做出登记[⑥]。

2. 收发一切公文、信件及私函。

（1）外来文件的收发。"公事出入无不由门丁经手"[⑦]，来自上级衙门或是同级衙门的外来文件由差役接手后，送门丁处，由门丁做登记，并按公文种类与

---

① 郭润涛：《清代的"家人"》，载朱诚如、王天有主编：《明清论丛》第一辑，北京：紫禁城出版社，1999年，第380、381页；郭润涛：《明清州县衙门的格局与体制》，《文史知识》2008年第5期；苟德仪：《清代州县衙署内部建置考》，《西华师范大学学报》（哲学社会科学版）2009年第3期。

② 郭润涛：《明清州县衙门的格局与体制》，《文史知识》2008年第5期。

③ 朱声敏：《明清时期的门子》，《文史天地》2012年第7期。

④ 李乔：《清代官场百态》，北京：中国人民大学出版社，1990年，第164页。

⑤ 郭润涛：《长随行政论》，《清史研究》1992年第4期。

⑥ 郭润涛：《清代的"家人"》，载朱诚如、王天有主编：《明清论丛》第一辑，北京：紫禁城出版社，1999年，第382页。

⑦ （清）方大湜：《平平言》卷二《门丁不可用》，清光绪十三年（1887）常德刻本。

重要性进行检查核实，及时上呈。从衙内发出的文件也需交由门丁亲自登记核查后方可发出①。

（2）州县衙门内文件流转的中介。长随与幕友、书差职责上的不同在于"幕友在署内合议批拟、书吏在六房办理文稿，衙役做吏差，而长随在官、幕、吏、役中往来传达"②，并在传递过程中进行核查、督促。

3. 依严格作息时间管理宅门，维护安全。州县衙门的运行有严格的作息时间，梆鼓由门上负责和配合，控制宅门的开与关。一般来说，黎明头梆打点响应时，门上开启宅门；辰时二梆打点响应时，门上将当日公文或案件核查清楚，经承发房交由各房书吏来接办；下午日落打点响应时，承发房将正稿交门房，门房交签押房进行标判，最后再到门房处，衙门的一天公务完成；晚梆打点响应时，若无特殊情况，门上打更关宅，强调注意安全③。

4. 与司法有关的职能。主要表现为：

（1）接受诉状。吏役首先将控告人的词状经承发房交给门丁，由门丁交给签押长随。

（2）核查确认。门丁每日要确认当日案件正确与否，相关衙役、书吏、原被告及证人等相关人员是否及时到场。确认人员到齐后，门丁填写"到单"④。

（3）传唤差遣。包括遣使差役处理突发诉讼或传唤原被告及人证等案件人员，一般由门丁掌握差役出差顺序⑤；通知州县官、相关书吏、衙役升堂；遇到人命案件差遣相关衙役、仵作、书吏陪同州县官到现场勘验⑥。

（4）案卷传递。审前准备就绪后，门丁"将到单、案卷依次转送稿案、值堂，

---

① 郭润涛:《清代的"家人"》，载朱诚如、王天有主编:《明清论丛》第一辑，北京:紫禁城出版社，1999年，第381页。

② 郑秦:《清代司法审判制度研究》，长沙:湖南教育出版社，1988年，第140页。

③ 郭润涛:《清代的"家人"》，载朱诚如、王天有主编:《明清论丛》第一辑，北京:紫禁城出版社，1999年，第381页。

④ 瞿同祖著，范忠信、晏锋译:《清代地方政府》，北京:法律出版社，2003年，第133页。

⑤ 魏光奇:《有法与无法:清代的州县政府及其运作》，北京:商务印书馆，2010年，第128页。

⑥ 瞿同祖著，范忠信、晏锋译:《清代地方政府》，北京:法律出版社，2003年，第134页。

呈官阅看"①，审案后的口供、原被告签押的声明最终被送到门房，由门丁经承发房交给各房书吏来存档。

5. 安排州县官的出门事宜及各种礼节工作。"官员拜会请客、朔望行香、寻常祭祀、踏勘相验、考试观风和迎接差事等等，都由门上安排有关夫役、轿马、执事、礼物、食物和银两等伺候。"②

6. 与赋税征解相关的职能。包括催督相关书吏税收资料表册的齐全完备，核查税务记录，确保材料的可靠性；责问户粮房征税完欠情况，报官催征；提请官长惩治失职衙役；监督书差上缴税款③。此外，官长向各房各班的指令及相关告示也由钱槽来传达、张贴④。

7. 门房还负责按季节给发茶房、壮役、站夫、轿夫、差役、仵作、禁卒、更夫等工食银米工作⑤。

（二）签押。州县官通常在内衙的花厅之内设签押房作为处理政务的办公室，签押就是专门帮助处理公文运转及各种组织工作的一类长随。郭润涛认为签押长随最初的职能只是"保管和使用官印"，并根据《偏途论》记载将签押分为"稿签""发审""值堂""用印""号件""书禀"六类，但其分类各地不一，依据当地政务的多寡有所增减⑥。州县官对签押同样具有严格要求，即"道德上要特别讲忠孝礼义廉耻，业务上要明白笔墨款式，熟悉文件、律例、案情等；应当让幕友和书吏悦服"⑦。

---

① 魏光奇：《有法与无法：清代的州县政府及其运作》，北京：商务印书馆，2010年，第128页。

② 郭润涛：《清代的"家人"》，载朱诚如、王天有主编：《明清论丛》第一辑，北京：紫禁城出版社，1999年，第382页。

③ 瞿同祖著，范忠信、晏锋译：《清代地方政府》，北京：法律出版社，2003年，第137—139页。

④ 郭润涛：《长随行政述论》，《清史研究》1992年第4期。

⑤ 郭润涛：《清代的"家人"》，载朱诚如、王天有主编：《明清论丛》第一辑，北京：紫禁城出版社，1999年，第383页。

⑥ 同上书，第384页。

⑦ 李乔：《清代官场百态》，北京：中国人民大学出版社，1990年，第168页。

1. 稿案。即"签押房中专门伺候本官判阅簿书案牍的签押长随"①，总揽签押之职，负责内衙中官、幕友及各类长随之间公文的签批收转工作。门丁接收外衙公文后，送到签押房，由稿案根据文件事务的轻重缓急交由长官或幕友批阅，批阅后再做下一步处理；批阅完成后也需经由稿案从而分送各房书吏办理。

2. 号件。即"专门登记由门房送进的公文信件和内署发出各种文案的签押长随"②。公文进出签押房都要由号件协助稿案进行登记和分类，并负有校对公文和催办公事之责③。

3. 用印。即"专管在簿书案牍中加盖印信的签押长随"④，衙门中各种公文稿案都要加盖官印方可生效，用印依事务轻重缓急决定何时加盖，并设立号簿记录所印何事，一一对照。

4. 值堂。即"专司本官升堂听讼事务的签押长随"⑤，州县官坐堂审案和外出勘验时均由值堂协助处理事务。案卷、到单等由值堂交给州县官，协助官员进行审前工作（如令门上传唤衙役召集书吏、原被告、人证等）；案件审理时，站官身侧听口供以防书吏舞弊；当堂释放或收押人犯时，报官或刑、招二房做相应处理；庭上用刑或验伤时随时查看与询问，以监督书差；案件审理结束后，由值堂一一审查招房誊写的口供、原告遵依、被告甘结，并呈官批阅后将其封卷，交给稿案；此外，值堂还负责陪同、协助、监督本官及仵作现场勘验之事⑥，因而有"值堂一行，长随本官出门，因又名'外堂'"⑦一说。

---

① 郭润涛：《清代的"家人"》，载朱诚如、王天有主编：《明清论丛》第一辑，北京：紫禁城出版社，1999年，第385页。

② 同上。

③ 郭润涛：《长随行政述论》，《清史研究》1992年第4期。

④ 郭润涛：《清代的"家人"》，载朱诚如、王天有主编：《明清论丛》第一辑，北京：紫禁城出版社，1999年，第386页。

⑤ 同上。

⑥ 郭润涛：《清代的"家人"》，载朱诚如、王天有主编：《明清论丛》第一辑，北京：紫禁城出版社，1999年，第386页；瞿同祖著，范忠信、晏锋译：《清代地方政府》，北京：法律出版社，2003年，第134、135页；李乔：《清代官场百态》，北京：中国人民大学出版社，1990年，第168页；魏光奇：《有法与无法：清代的州县政府及其运作》，北京：商务印书馆，2010年，第130页。

⑦ 郭润涛：《清代的"家人"》，载朱诚如、王天有主编：《明清论丛》第一辑，北京：紫禁城出版社，1999年，第386页。

5. 发审。即"专管上司衙门委发的承审案件事务的签押长随"[①]，一般只在刑名案件尤为繁杂的省会首县衙门中设立，专门负责刑名案件的各种文书处理事务，以区别其他案件。除分发文件，还有计算结案限期的职责。

6. 书启或书禀。即"专管本官及官亲、幕友等书信的收发、登簿和过往信件的转邮等事务的签押长随"[②]，负责州县官应酬禀帖或公事禀帖的"登记、送阅、送办、送核、挂发，以及誊清、原稿保存等事务"[③]，外来禀帖或信函，由门房收到送进之后，也由书启进行登记等相关工作。

（三）管事。郭润涛在《长随行政述论》与《清代的"家人"》中，将专门管理厨房、粮仓、银库、驿站、牢房等事务的长随统一概括为"管事"[④]，并进行分述：

1. 管厨。专管厨房之事，如核查衙门中各类人员的日常饮食、厨房所需的购买、宴请菜单的选择等。

2. 管仓或司仓。管理粮仓，即早晚查验封条；协助官员查验、调度存粮；对"斗级"进行监督或协调；每月亲自发兵米等事务。

3. 管库。管理银库，其职责包括"按稿本收放银两、锁封印花封条、留神银两平色"等[⑤]。

4. 管号。长驻驿站，管理驿站马房之事，负责验查马匹；监督马夫喂料；往来官员马匹的管理和饲养；各类往来信函、公文的查收、递送；接待往来官吏等事。

5. 管监。管理内、外二监，其职责有押新犯入监或提监之事；令刑房上缴

---

① 郭润涛：《清代的"家人"》，载朱诚如、王天有主编：《明清论丛》第一辑，北京：紫禁城出版社，1999 年，第 387 页。

② 同上书，第 386 页。

③ 同上。

④ 郭润涛先生将此类长随概括为"管事"，便于分类归纳，本文在此采用这一分类，参见郭润涛：《长随行政述论》，《清史研究》1992 年第 4 期；郭润涛：《清代的"家人"》，载朱诚如、王天有主编：《明清论丛》第一辑，北京：紫禁城出版社，1999 年，第 386 页。

⑤ 郭润涛：《长随行政述论》，《清史研究》1992 年第 4 期。

狱、班房人员名单；巡查监狱、班房内情况；监督书役、禁卒等①。

（四）办差或差总。郭润涛将专门办理宅门内外各种差事的长随归为"办差"一类，分为"司办旱差""司办马头""司出外差"等，其职责主要有负责衙门内各种生活、工作用品及房屋修缮工作；听从门上传唤准备本官出门事宜的用品及车马等；安排上级官员水陆过境差事并负责接待工作；出境投文、送礼及监督护送煤炭、粮米、地丁、人犯的押解工作②。设"流差"协助办差管理衙门之外的差事③。

此外还有"坐省家人"，又称"省友"④，此群体长驻省城，负责州县衙门在省级主管单位的相关事务。其职责主要有：办理州县交代册结；会同奏销局、皂司办理州县年例钱粮奏销、赦案事务；领解钱粮；投文解犯；打探上级官府或官员各种情报并回禀州县；负责照应官长在省做官亲属生活等。究其实质，"省友"是联络州县衙门与省级衙门的中介⑤。相应的还有"坐府家人"，被派往府驻地办理与府署间的有关政务，而"走府家人"则直接在府署与知府家人一起办理差务⑥。

瞿同祖则认为办差是"专门负责因公来衙和路过本地的上级官吏"，并为其提供公私用品⑦。

（五）跟班。指跟随州县官的长随，专门负责官长日常生活琐事，跟随官

---

①　郭润涛：《长随行政述论》，《清史研究》1992年第4期；瞿同祖著，范忠信、晏锋译：《清代地方政府》，北京：法律出版社，2003年，第136页；魏光奇：《有法与无法：清代的州县政府及其运作》，北京：商务印书馆，2010年，第130页。

②　郭润涛：《长随行政述论》，《清史研究》1992年第4期。

③　郭润涛：《清代的"家人"》，载朱诚如、王天有主编：《明清论丛》第一辑，北京：紫禁城出版社，1999年，第390页。

④　裴丹青：《清代"省友"初探》，《"中央研究院"近代史研究所集刊》(台湾)2015年第88期。

⑤　同上。

⑥　郭润涛：《清代的"家人"》，载朱诚如、王天有主编：《明清论丛》第一辑，北京：紫禁城出版社，1999年，第388页；瞿同祖著，范忠信、晏锋译：《清代地方政府》，北京：法律出版社，2003年，第141页；魏光奇：《有法与无法：清代的州县政府及其运作》，北京：商务印书馆，2010年，第132页。

⑦　瞿同祖著，范忠信、晏锋译：《清代地方政府》，北京：法律出版社，2003年，第140、141页。

长左右随时伺候官长而不参与行政事务。职责包括跟随州县官下乡和拜客（拜客时随身带有内装官长名帖的护书盒，并依所拜之人身份地位的不同递送不同名帖）、挡驾、服侍到访上司等[①]。州县官对跟班的要求是"练达勤能、聪明机警"[②]。一般来讲，跟班地位比较卑微。

由于清代各州各县衙门地位不同、政务繁重程度不一，长随组织的构成与类别也存在差异，一名长随身兼数职或数名长随在同一部门的情况并不鲜见。但门上、签押、管事、办差及跟班是衙门普遍存在的要素，他们只在具体职事的分工上存在差异[③]，并有其各自的职业规范。

从清代长随的分类及各自职能可看出其在地方行政中的影响不可低估。郭润涛、瞿同祖将长随置于清代地方衙门日常行政的运行中，通过整体与联系的角度既论述了长随的行政职能，也展现出长随在清代地方行政中的重要性[④]。

（一）长随沟通、协调衙门各部门的分工，是地方行政运行的重要环节与中介。清代地方衙门中，长随将公文运作的"吏叙稿、幕核办、官画行"三个点连接起来，使地方行政由点成线，这种沟通与中介体现在"公文传递""人情传达""信息反馈"三方面，并且做好公文的分类、判别公务的轻重缓急、调动各方人员行政工作、对公务的查核催办等工作，以协调官、幕、役间的行政分工[⑤]。

（二）长随协助官长处理各种日常事务，减轻了官长负担。地方衙门事务繁多且复杂，长随不仅协助官长管理衙门各种公文、人员出入等，还代表州县官管理粮仓、厨房、银库、监狱、驿站的相关事宜，此外，地方衙门中各类人员的行为规范、衙署纪律与安全也由长随来负责[⑥]。

---

① 魏光奇：《有法与无法：清代的州县政府及其运作》，北京：商务印书馆，2010年，第129页。

② 刘文瑞：《漫谈古代的长随》，《华夏文化》2009第3期。

③ 郭润涛：《长随行政述论》，《清史研究》1992年第4期。

④ 郭润涛：《长随行政述论》，《清史研究》1992年第4期；瞿同祖著，范忠信、晏锋译：《清代地方政府》，北京：法律出版社，2003年，第128页。

⑤ 郭润涛：《长随行政述论》，《清史研究》1992年第4期。

⑥ 郭润涛：《长随行政述论》，《清史研究》1992年第4期；瞿同祖著，范忠信、晏锋译：《清代地方政府》，北京：法律出版社，2003年，第142页。

（三）长随充当州县官的"耳目"，对书差的行政执行形成监督牵制，是州县长官的"贴身心腹"①。州县官正是用这种私人雇佣的长随组织来管理监督国家招募的公职人员，既使自身在一定程度上放心，也是一种"清代正印官独任制"的产物与体现②。

清代长随既有从属于州县官的依附性，又与衙门中官、幕、吏、役相区别而自成体系，是地方政府行政运作中的重要环节。长随犹如"一台工作机组的传送纽带，不仅链接各个部分，而且传送能量和信息，并且调节整个机组的协调运作"③，减少了地方行政的局限性，有助于日常行政的有效周转与运行，在一定程度上提高地方衙门的行政效率。

五、长随与州县官、吏胥等群体的关系

长随与州县官除了日常行政运作上的联系外，他们又是相互依赖、相互对立的。一方面，州县官依赖长随收取贿赂和陋规，州县官包庇长随的违法行为④。另一方面，长随的过度牟利和对"官声"的败坏⑤又使得他们矛盾尖锐⑥。由此可见，长随与州县官在共同利益的前提下可能会"抱成一团"，在利益不均的情况下又可能会"打成一团"⑦。

长随与吏胥在日常行政中联系紧密，长随对吏胥既监督核查，又与其相互勾结。一方面，在公文传递、案件审判、赋税征解过程中，吏胥要接受长随的调遣及监管；另一方面，长随与吏胥互为代理人和庇护者，内外勾结以达到各

① 刘鹏九：《内乡县衙与衙门文化》，郑州：中州古籍出版社，1999 年，第 108 页。
② 刘洋：《清代基层权利与社会管理研究》，南开大学博士论文，2012 年，第 58—60 页。
③ 郭润涛：《长随行政述论》，《清史研究》1992 年第 4 期。
④ 魏光奇：《有法与无法：清代的州县政府及其运作》，北京：商务印书馆，2010 年，第 134、135 页。
⑤ 李乔：《清代长随小考》，《阜阳师范学院学报》（社会科学版）1987 年第 3 期。
⑥ 魏光奇：《有法与无法：清代的州县政府及其运作》，北京：商务印书馆，2010 年，第 134、135 页；朱声敏：《明清时期的门子》，《文史天地》2012 年第 7 期。
⑦ 柏桦：《明清州县官群体》，天津：天津人民出版社，2003 年，第 86 页。

自目的[①]。

从整个州县衙门实际运作来看，长随与州县衙门的官长、幕友、书吏、衙役等其他群体既统一又冲突，但正是有这种矛盾的存在，各群体都在进行不断调整以争取和维护自身利益，也使得各群体的不当联合保持在有利的限度内，不至于使州县衙门的运转陷于崩塌[②]。

六、长随的收入

清代长随虽与奴婢有差别且在地方衙门行政中发挥重要作用，但仍归于"贱役"[③]，其薪水即工食十分微薄，难以负担基本生活，因而长随通常会想方设法赚取额外收益。卢忠帅提出长随工食银少的原因在于清代政府认为作为贱民阶层的长随应该义务为政府做事，本不应获取报酬，发给薪水只是由于雇役制的影响[④]。因此长随的经济来源主要靠陋规及各种规费来维持生活。魏光奇先生认为长随取得陋规主要有两种形式，一是在公务活动中直接获取的，二是与书吏陋规的分利[⑤]。瞿同祖先生在书中将长随陋规进行了更为细致的划分，这些陋规收入除供长随办公外，其余的按季度或节假日分发给长随，主要包括呈递诉状费、传唤被告等诉讼费用、税单费、各种证照费和征收税费时增加的规费，此外还有长随独享的"门包"、衙门公务中克扣的银钱及笼络长随之人所送的各种礼品[⑥]。其中"门包"收入或由长随全员分配，或由各门类长随按办事提

---

① 王雪华：《清代吏胥制度研究》，武汉大学博士论文，2004年，第102—104页。

② 周保明：《清代地方役吏制度研究》，上海：上海书店出版社，2009年，第144页。

③ 赵尔巽：《清史稿》卷一百二十志九十五《食货一·户口》，长春：吉林人民出版社，1998年，第2383页。

④ 卢忠帅：《明清社会贱民阶层研究》，山东师范大学硕士论文，2011年，第36页。

⑤ 魏光奇：《有法与无法：清代的州县政府及其运作》，北京：商务印书馆，2010年，第136页。

⑥ 瞿同祖著，范忠信、晏锋译：《清代地方政府》，北京：法律出版社，2003年，第146、147页。

成分配①。除工食、陋规外，长随还常通过各种贪赃枉法获得非法收入②。正由于清代长随有着多种牟利手段，使得这一群体即使卑微低下也有大量人群渴望加入③。

七、长随的弊端

从长随在地方行政的日常工作可以看出，长随正是利用"上下传达、内外交往"的咽喉地位来进行权势控制并增加财富④，弊端重重。学术界对长随组织弊端的论述可以概括为一点，即造成州县吏治的腐败。这种腐败主要表现为以下几方面：

（一）官亲、私人雇佣及推荐是长随来源的主要途径，作为私人势力承担州县行政职能，长随身处国家行政人员管理制度之外，没有有效的资格审查与政绩考核，且以牟利为第一目的，使州县行政"宗法化、人治化"⑤，造成"公权力的私人化、家族化"⑥，导致官长或他人面对长随的不法行为时难以约束或告发，使得长随组织愈加妄为。

（二）长随过度参与行政事务导致擅权、滥权。从地方衙门公文的运转到指挥、监督书差，再到衙中各项事务的组织与管理，长随参与了地方衙门中的各项行政事务和日常琐事。他们利用这种地位与权势，一方面把持地方政治，蒙骗长官，为切身利益使州县的信息传承与权力行使不畅⑦，另一方面通

---

① 郭润涛：《清代的"家人"》，载朱诚如、王天有主编：《明清论丛》第一辑，北京：紫禁城出版社，1999年，第383页。

② 瞿同祖著，范忠信、晏锋译：《清代地方政府》，北京：法律出版社，2003年，第147—150页。

③ 张泓：《〈阅微草堂笔记〉中的长随形象》，《河北理工大学学报》（社会科学版）2011年第6期。

④ 经君健：《清代社会的贱民等级》，杭州：浙江人民出版社，1993年，第116页。

⑤ 魏光奇：《清代州县治理结构述要》，《首都师范大学学报》（社会科学版）2003年S1期。

⑥ 魏光奇：《有法与无法：清代的州县政府及其运作》，北京：商务印书馆，2010年，第137页。

⑦ 李乔：《清代官场百态》，北京：中国人民大学出版社，1990年，第165页；柏桦：《明清州县官群体》，天津：天津人民出版社，2003年，第90页。

过各种方式为非作歹，如敲诈勒索、徇私舞弊、欺压民众、凌奸女犯等现象并不鲜见[①]。

（三）长随在日常行政中为攫取利益贪污、受贿、勒索，通过各种手段收取门包和各种陋规，并在此过程中常常与书差、衙役抱团合伙，朱声敏将其归因于相似的卑微地位、共同的利益追求及互补的便利条件[②]。除书差外，长随还与地痞流氓、讼师和官长串通勾结以达到自身目的[③]。

八、对长随的管理与整顿

长随弊端较多，且常与时风、政制相关，作为地方行政专制集权的代表[④]，州县官长意识到长随弊端不能避免但又不可不防。从整体上来看，清代对于长随的管理从力度到范围都较为薄弱[⑤]，长随制度在整个清代典制中没有制度依据，但清政府或是地方州县和官长都曾采取各种方式对长随进行过管制[⑥]。

（一）清政府规定："官亲犯法者，给予州县官本人处分"，"官员犯罪，长随负连带责任"[⑦]，通过把州县官和长随惩治绑定，加强州县官对长随的监督制约，规范长随行为；对"坐省家人""坐府家人"采取禁革措施，惩治严苛[⑧]；此外还有限制长随名额；登记年貌、姓名和籍贯等规定[⑨]。但在实际生活中长随

---

① 魏光奇：《有法与无法：清代的州县政府及其运作》，北京：商务印书馆，2010 年，第 139 页。

② 朱声敏：《清代州县司法实践中的门丁之弊》，《学术论坛》2014 第 7 期。

③ 同上。

④ 吴吉远：《清代地方政府的司法职能研究》，北京：中国社会科学出版社，1998 年，第 315 页。

⑤ 刘文瑞：《吏胥幕随与明清廉政》，《人文杂志》2008 年第 5 期。

⑥ 魏光奇：《有法与无法：清代的州县政府及其运作》，北京：商务印书馆，2010 年，第 133 页。

⑦ 同上书，第 133、134 页。

⑧ 瞿同祖著，范忠信、晏锋译：《清代地方政府》，北京：法律出版社，2003 年，第 141 页；裴丹青：《清代"省友"初探》，《"中央研究院"近代史研究所集刊》(台湾)2015 年第 88 期。

⑨ 魏光奇：《有法与无法：清代的州县政府及其运作》，北京：商务印书馆，2010 年，第 133 页。

制度仍是积弊难除，"坐省家人"和"坐府家人"更是屡禁不止。

（二）朱声敏认为虽各州县官做法不一，但对门丁的普遍态度是"既用之，又防之"，并从州县官自身角度总结了具体措施。州县官除了对门丁进行严格选用和严惩重责外，还要疏远门丁，避免出现因与门丁亲近而使其恃宠而骄的现象。州县官对门丁的防弊还体现在裁革规费，禁止拖延传案以威胁搜刮，还需说官话、懂乡音、懂律例、明情理、严格管理差票等，而州县官的尽职尽责则是防范门丁之弊的根本①。

鉴于长随与胥吏勾结而产生的弊端，一些州县官员在衙门规章中列出禁止长随同胥吏郊游、饮酒、赌博和在任何事件中为求不法利益而与胥吏相互勾结的规定②。此外，一些长随的必读书目中也涉及长随需遵守的行为准则。如"长随十要"，包括"办事谨慎、经手银钱来去清白、先公后私、食主忠禄尽心报效等"；"十不可"，包括"不可仗势欺人、不可袖里藏刀、不可轻出重入、不可贪杯误事、不可淫人妻女等"③。

结语

长期以来，学界认为清代州县是"一人政府"，州县官职掌繁重，无所不综，其属下扮演了无关紧要的角色。而从上面的综述来看，州县官并非凡事亲力亲为，而是由衙门组织的多个群体各执其事，共同完成衙门事务，简而言之，与其说清代地方政府是"一人政府"，毋宁说是"一人负责制政府"。

就对长随的研究而论，学界对其基本方面都有一定程度的研究，展现了长随的不同面相。不过，仍有一些具体而重要的问题需要进一步探讨，这一领域仍有较大的研究价值与提升空间。首先，我们要以更加开放的视野，扎实搜集各类文献，特别是保存在档案馆的原始档案，掌握海内外相关研究成果。较之清代州县衙门中的州县官、书吏、衙役、幕友等群体，学界对长随的专门性论

---

① 朱声敏：《清代州县司法实践中的门丁之弊》，《学术论坛》2014 第 7 期。
② 瞿同祖著，范忠信、晏锋译：《清代地方政府》，北京：法律出版社，2003 年，第 153 页。
③ 林乾：《清代衙门图说》，北京：中华书局，2006 年，第 50 页。

文或专著无论是数量还是分量上都还存在差距，究其根源，还是对原始文献和理论挖掘不足。

其次，不同学者对长随的认识存在歧义，一些研究结论差异明显，需要厘清。如长随的身份问题，黄冕堂在《清代"雇工人"问题考释》中将清代长随归于雇工人的一类①，郭润涛也认为长随的社会地位与雇工人相同②，而经君健《清代社会的贱民等级》则认为长随与雇工人不能等同③。又如长随的种类与职能划分，郭润涛将稿案、值堂、号件、用印、书启等归于签押长随名目下④；经君健却将稿案、书禀、值堂等归于门丁⑤；瞿同祖、魏光奇等则对各类长随的分类较为模糊、笼统。也有不少研究者将长随与其隶属者划等号，更有甚者，将长随与胥吏、衙役等同级群体混为一谈。

最后，还需进一步拓展长随的考察范围，关注各级群体关系中的长随、区域中的长随、生活中的长随。整体来看，有关长随的研究内容多重复，研究思路几乎雷同，问题意识和创新性不够。在整个州县衙门中，长随内部及与衙门其他群体的关系、长随在衙门事务中各个环节的链接和运作仍值得深入研究；长随在行政运行中的实际状况需要我们进一步考察；长随的生活史以及思想层面的研究也可成为一种新的话题；当然，我们还可将长随群体纳入区域史的研究范畴，通过在不同区域、不同时段的比较研究中找出他们的差异性与共性，进而可能找到符合实际的概念和理论。

---

① 黄冕堂：《清代"雇工人"问题考释》，《社会科学战线》1988 年第 1 期。

② 郭润涛：《清代的"家人"》，载朱诚如、王天有主编：《明清论丛》第一辑，北京：紫禁城出版社，1999 年，第 378 页。

③ 经君健：《清代社会的贱民等级》，杭州：浙江人民出版社，1993 年，第 114 页。

④ 郭润涛：《清代的"家人"》，载朱诚如、王天有主编：《明清论丛》第一辑，北京：紫禁城出版社，1999 年，第 384 页。

⑤ 经君健：《清代社会的贱民等级》，杭州：浙江人民出版社，1993 年，第 121 页。